コンサルティング実務体系

企業ライフステージ別アプローチ

日本政策投資銀行 編著

株式会社 きんざい

 きんざいプロフェッショナルとは、㈱きんざい出版センター刊行の出版物で金融実務において専門性が高く、かつ実務・体系的に解説されている書籍に対して付与される。

はじめに

　今、日本は大きな岐路に差しかかっています。

　以前からいわれている少子高齢化やグローバル化の進展に加え、この３月で１年が経過した東日本大震災による未曾有の被害、欧州の信用不安に端を発する急激な円高や企業の海外移転の進展など、数年前には予想もしていなかったことが発生し、日本の企業や経済に大きな影響を与えています。

　こうした影響は、地域経済を支える地方の中堅・中小企業にも当然及びます。このため、地域の中堅・中小企業を支える立場にある地域金融機関においても、従来型の金融サービスにとどまらず、企業の海外進出支援や外貨決済、シンジケート・ローンや事業再生の実施など、これまではあまり経験してこなかったサービス等の提供が求められています。

　金融庁では、こうした状況をふまえ、従前から取り組んでいた地域密着型金融の推進に関して、2011年５月16日に「中小・地域金融機関向けの総合的な監督指針」を改正しています。この改正では、地域の中堅・中小企業と金融機関の双方にとって、地域密着型金融がより実効性のあるものとなるよう、地域密着型金融の目指すべき方向性を示すとともに、その中核を担う地域金融機関に対し、コンサルティング機能の発揮を期待し、その具体像を提示しています。

　実際、地域金融機関にとっても、地域の企業や経済を取り巻く環境の変化、金融機関同士の競争の激化に伴い、サービス内容の差別化が求められており、コンサルティング機能の充実や積極化は喫緊の課題になっているものと思われます。

　しかし、一概にコンサルティング機能といっても、企業のライフステージやビジネスモデルによって、地域金融機関に求められるものは大きく異なるのが実情です。このため、本書では、監督指針の改正内容に従い、サービスの対象となる企業をそのライフステージごとに分類したうえで、各段階にお

ける企業の特徴をふまえつつ、求められる金融サービスやノウハウを解説することとしました。

　具体的には、第1章では「創業・新事業開拓期」と題して、企業のスタート段階における事業計画策定や資金調達支援について、第2章では「成長期」と題して、新たな金融手法の活用や海外進出・ビジネスマッチングに係る側面支援について解説しています。また、第3章「経営改善期」や第4章「事業再生・業態転換期」では、経営改善が必要となっている企業に関し、経営改善策の策定や実行の支援、私的整理や法的整理も見据えた事業再生等について考察を行っています。さらに、第5章「整理・破綻期」では企業の再生可能性や経営者の負担を考慮したうえでの法的整理の活用について触れ、第6章「事業承継期」においては、地域の中堅・中小企業において重要性が増している事業承継に係る金融サービス等について解説することとしました。

　本書が地域金融機関に勤める読者の皆さんにとって、今後ますます多様化するであろう業務の一助となれば幸いです。

　最後に、本書の出版にあたりまして株式会社きんざいの西野弘幸氏には、誠にお世話になりました。紙上をお借りして、深く御礼申し上げます。

2012年3月

株式会社日本政策投資銀行
常務執行役員　富　井　　聡

推薦のことば

広島銀行 本店営業部
副本店長兼営業第一部長　小　池　政　弘

　本書は実務書を超えた実務書である。リレバン10年を前に本書が著されたことは実に意義深い。多忙を極める実務家がまとめた書籍としては類稀な完成度であり、英知を結集された著者御一同の労苦がにじみ出ている。

　本書では、創業支援、資本政策、事業再生、債権回収、事業承継等の各項目が、平易な文章でわかりやすくコンパクトにまとめられている。それぞれ切れ味が鋭く、かゆいところに手が届くような構成になっている。単なる解説にとどまることなく、実際に業務に取り組んでいるからこそ言い切れる爽快感があり、実務者としての感性が伝わってくる。各項目ともに、実際に業務に取り組むにあたっての着眼点、関連法規、税務面の留意事項等が示され、事例研究やケーススタディが満載である。

　地域金融機関に求められるコンサルティング業務とは、地域の中小企業の悩みに誠実に耳を傾けてそれぞれのライフステージにあわせた最適なソリューションを提供することである。ソリューションは決して一つとは限らない。考えられるソリューションを吟味してメリットやデメリットをわかりやすく示す時に、本書は抜群の力を発揮するものと確信する。

　「パブリックマインド」の発露ともいうべき実務の集大成として、本書は多くの読者にさまざまな恩恵を与えるだろう。地域金融機関の営業現場は、多くの示唆を与えられてそれぞれの顧客サービスを充実させることができる。本部の企画セクションは、経営戦略や組織改革のヒントを見出す一助とすることができる。また、地域金融機関を顧客とするシステムベンダーは、次なるシステム開発の方向性を感じ取ることができる。

本書は「金融力で未来をデザインする」ための実務書であり、地域金融活性化によって国力を増進させようとする指南書となり、混沌とした世界情勢から未来を照らす明かりとなりうる。本書の作成に携わられた多くの方々に、心より最大限の敬意を表したい。

2012年3月吉日

推薦のことば

北日本銀行
常務取締役 石塚 恭路

「コンサルティング実務体系」は、地域密着型金融を推進するわれわれ中小・地域金融機関にとってまさに必携の実務書であり、時宜にかなった出版となったことを大変嬉しく思う。本書には、日本政策投資銀行がこれまで先進的に取り組み、実績をあげてこられたノウハウが惜しむことなく盛り込まれており、執筆された方々に心から感謝申し上げる。

昨年、改正中小企業円滑化法の成立・施行を受け、「中小・地域金融機関向けの総合的な監督指針」も一部改正された。同監督指針改正は、貸付の条件変更等の相談を受け付けた、または実行した中小企業者に対してのコンサルティング機能の発揮を定着させるねらいがある。

われわれは、同監督指針に基づき「コンサルティング機能の発揮」「態勢整備」に取り組んでいるところであるが、各論である「最適なソリューションの提案」に関してはノウハウが十分とはいえないという悩みを抱えている。この点で、本書は顧客企業のライフステージ等に応じて体系付けられており、詳細な解説とともに実に理解しやすくなっている。

そもそも、コンサルティング機能は当局等から求められるべきものではなく、顧客から求められているものであり、金融機関が自ら積極的に強化し取り組むべき課題である。貸出金需要の長引く低迷もあり、営業店の現場では激しい貸出金競争が行われており、その適用金利低下に歯止めがかからない。もはや預貸金ビジネスはコモディティ化しているといっても過言ではない状況である。したがって、伝統的資金仲介機能に先進的ともいえるコンサルティング機能を加え、顧客からみて付加価値の高い金融サービスをワンス

トップで供給することで、他行と差別化する等の戦略が重要である。

　特に、今般の東日本大震災により大きな被害を受けている地域においては、復興に向けてニューマネーの供給に積極的に取り組むことはもちろんであるが、人・物・情報とあらゆるニーズをサポートするコンサルティング機能の発揮が強く期待されている。なぜなら、被災債務者にとって、ゼロから再出発を図る「創業」支援が必要であったり、「経営改善」「事業再生」「事業承継」「業種転換」支援が必要であったり、「二重ローン」「廃業」等への対応が必要であったりと、置かれている状況とニーズは実にさまざまであるからだ。この状況とニーズは、まさに本書の体系とソリューションとに合致しており参考になる。

　ぜひ、本書を活用し中小・地域金融機関がコンサルティング機能を十分に発揮することで、東北のそして日本の明日を再興する大きな推進力となることを強く願い、推薦のことばとさせていただく。

2012年3月

推薦のことば

北日本銀行
常務取締役 石塚 恭路

「コンサルティング実務体系」は、地域密着型金融を推進するわれわれ中小・地域金融機関にとってまさに必携の実務書であり、時宜にかなった出版となったことを大変嬉しく思う。本書には、日本政策投資銀行がこれまで先進的に取り組み、実績をあげてこられたノウハウが惜しむことなく盛り込まれており、執筆された方々に心から感謝申し上げる。

昨年、改正中小企業円滑化法の成立・施行を受け、「中小・地域金融機関向けの総合的な監督指針」も一部改正された。同監督指針改正は、貸付の条件変更等の相談を受け付けた、または実行した中小企業者に対してのコンサルティング機能の発揮を定着させるねらいがある。

われわれは、同監督指針に基づき「コンサルティング機能の発揮」「態勢整備」に取り組んでいるところであるが、各論である「最適なソリューションの提案」に関してはノウハウが十分とはいえないという悩みを抱えている。この点で、本書は顧客企業のライフステージ等に応じて体系付けられており、詳細な解説とともに実に理解しやすくなっている。

そもそも、コンサルティング機能は当局等から求められるべきものではなく、顧客から求められているものであり、金融機関が自ら積極的に強化し取り組むべき課題である。貸出金需要の長引く低迷もあり、営業店の現場では激しい貸出金競争が行われており、その適用金利低下に歯止めがかからない。もはや預貸金ビジネスはコモディティ化しているといっても過言ではない状況である。したがって、伝統的資金仲介機能に先進的ともいえるコンサルティング機能を加え、顧客からみて付加価値の高い金融サービスをワンス

トップで供給することで、他行と差別化する等の戦略が重要である。

　特に、今般の東日本大震災により大きな被害を受けている地域においては、復興に向けてニューマネーの供給に積極的に取り組むことはもちろんであるが、人・物・情報とあらゆるニーズをサポートするコンサルティング機能の発揮が強く期待されている。なぜなら、被災債務者にとって、ゼロから再出発を図る「創業」支援が必要であったり、「経営改善」「事業再生」「事業承継」「業種転換」支援が必要であったり、「二重ローン」「廃業」等への対応が必要であったりと、置かれている状況とニーズは実にさまざまであるからだ。この状況とニーズは、まさに本書の体系とソリューションとに合致しており参考になる。

　ぜひ、本書を活用し中小・地域金融機関がコンサルティング機能を十分に発揮することで、東北のそして日本の明日を再興する大きな推進力となることを強く願い、推薦のことばとさせていただく。

2012年3月

【筆者一覧】

足立　正和	〈国際統括部〉第2章	
粟澤　方智	〈法務・コンプライアンス部所属（弁護士／奥野総合法律事務所）〉第4章	
伊藤　太輔	〈法務・コンプライアンス部〉第5章	
上嶋　英夫	〈国際統括部〉第2章	
内田　敏春	〈法務・コンプライアンス部〉第4章、第5章	
内山　春彦	〈DBJキャピタル㈱〉第1章、第2章	
片岡　明	〈東北支店〉第2章	
齊藤　操爾	〈企業戦略部〉第6章	
佐伯　裕司	〈企業ファイナンスグループ〉第3章、第4章	
高野　正男	〈企業戦略部〉第6章	
立脇　正義	〈国際統括部〉第2章	
鶴岡　義久	〈国際統括部〉第2章	
長野　裕一	〈企業ファイナンスグループ所属（税理士／税理士法人平成会計社)〉第6章	
中山　圭右	〈企業ファイナンスグループ〉第4章	
新美　正彦	〈企業ファイナンスグループ〉第3章、第4章、第6章	
本野　雅彦	〈企業ファイナンスグループ〉第3章	
福井　雅人	〈企業ファイナンスグループ〉第3章、第4章	
前田　絵理	〈審査部〉第3章	
三ヶ山正明	〈企業ファイナンスグループ〉第2章、第3章、第4章	
山田　洋幸	〈企業ファイナンスグループ〉第4章	
山本　昇	〈法務・コンプライアンス部所属（弁護士／奥野総合法律事務所）〉第4章	

目　次

第1章　創業・新事業開拓期

Ⅰ　創業・新事業の開拓……………………………………………… 2
　1　ベンチャー企業と中小企業……………………………………… 2
　2　事業計画の重要性………………………………………………… 3
　　(1)　事業計画書の重要性…………………………………………… 3
　　(2)　事業計画書の内容……………………………………………… 5
Ⅱ　創業期の資金調達………………………………………………… 9
　1　公的助成制度・増資の活用……………………………………… 9
　　(1)　自己資金………………………………………………………… 9
　　(2)　助　成　金……………………………………………………… 10
　　(3)　増　　　資……………………………………………………… 11
　　(4)　制度融資………………………………………………………… 11
　2　資本政策…………………………………………………………… 13
　　(1)　資本政策とは…………………………………………………… 13
　　(2)　資本政策の考え方……………………………………………… 14
　　(3)　資本政策の手法………………………………………………… 17
　　(4)　法令や証券取引所の規則……………………………………… 21
　　(5)　ストックオプション、従業員持株会………………………… 22
　3　ベンチャーキャピタルの活用…………………………………… 24
　　(1)　ベンチャーキャピタルへの相談……………………………… 24
　　(2)　種類株式と投資契約・株主間契約…………………………… 25
　　(3)　ベンチャーキャピタルの持株比率…………………………… 29
Ⅲ　創業期の企業経営………………………………………………… 30

1　会社の機関設計……………………………………………………30
　　2　人材の確保…………………………………………………………31
　　3　外部リソースの活用………………………………………………32
　　　⑴　中小企業基盤整備機構の活用………………………………32
　　　⑵　法　務　面……………………………………………………33
　　　⑶　会　計　面……………………………………………………33
　　　⑷　労　務　面……………………………………………………33
　　4　下請法、独占禁止法の適用………………………………………34

第2章　成　長　期

Ⅰ　成長期の企業と金融機関の役割……………………………………36
　　⑴　経営計画の充実………………………………………………36
　　⑵　客観的な判断が求められる金融機関………………………37
Ⅱ　成長期の企業を支える金融機関の支援策…………………………38
　　1　管理体制の構築……………………………………………………38
　　2　新しい金融手法等の活用…………………………………………40
　　　⑴　新株予約権付融資（新株予約権付社債）…………………41
　　　⑵　知的財産権担保融資…………………………………………43
　　　⑶　ABL（在庫・債権等担保融資）……………………………45
　　3　グロースキャピタルの活用………………………………………46
　　　⑴　優先配当権・残余財産優先分配権の付与…………………47
　　　⑵　償還権（金銭を対価とする取得請求権および取得条項）の付与……48
　　　⑶　普通株式転換権（普通株式を対価とする取得請求権および取得
　　　　　条項）の付与…………………………………………………49
　　4　上場の検討…………………………………………………………50
　　　⑴　上場目的………………………………………………………51

目　次　9

(2) 上場プロセス…………………………………………………52
　5　産学連携支援……………………………………………………56
　　(1) 共同研究………………………………………………………56
　　(2) ライセンス契約………………………………………………57
　　(3) その他の留意点………………………………………………58
　6　ビジネスマッチング支援………………………………………58
　　(1) 成長期の企業にとってのビジネスマッチング……………59
　　(2) 金融機関での取組事例………………………………………61
　　(3) ビジネスマッチングの将来像………………………………63
　7　海外進出に向けた情報提供等…………………………………64
　　(1) 新興国の台頭とアジア経済の拡大…………………………64
　　(2) 海外展開の進め方……………………………………………68
　　(3) 海外進出後の課題……………………………………………72
　　(4) 海外展開に関する企業の関心事項…………………………75
　　(5) 海外進出をサポートする機関………………………………78
　　(6) 海外における資金調達手法…………………………………80

第3章　経営改善期

I　経営改善を要する企業が抱えている問題点………………………86
　1　キャッシュフローのミスマッチ………………………………86
　　(1) 財務キャッシュフロー＞営業キャッシュフロー…………86
　　(2) 折り返し融資のリスク………………………………………87
　2　事業の赤字………………………………………………………88
　　(1) 赤字の要因……………………………………………………88
　　(2) 一過性の赤字…………………………………………………88
　　(3) 構造的な赤字…………………………………………………89

3　債務超過等財政状態の悪化……………………………………89
　　　(1)　純資産と損失耐性………………………………………89
　　　(2)　投資の失敗と債務超過………………………………90
　　4　その他の特殊要因……………………………………………90
　　　(1)　経営者等の死去………………………………………91
　　　(2)　不慮のリスク…………………………………………91
Ⅱ　経営上の問題の解決に向けてとるべき早期対応………………93
　　1　バランスシートの調整（負債・債務の圧縮）…………………93
　　2　損益の改善……………………………………………………94
Ⅲ　経営改善計画の策定と実行………………………………………95
　　1　経営改善計画策定のフレームワーク…………………………95
　　2　経営改善計画の項目とその概要………………………………98
　　　(1)　企業概要………………………………………………98
　　　(2)　環境分析………………………………………………99
　　　(3)　経営改善計画の基本骨子……………………………114
　　　(4)　経営改善計画…………………………………………115
　　　(5)　経営改善計画の実行…………………………………125
　　　(6)　モニタリング…………………………………………126
Ⅳ　経営改善の実例……………………………………………………127
　　1　（事例1）減収増益計画―外部環境に適合した損益構造に変化
　　　　させる―………………………………………………………128
　　　(1)　当社概要………………………………………………128
　　　(2)　外部環境………………………………………………128
　　　(3)　経営改善計画に至る経緯とその実行………………129
　　　(4)　まとめ…………………………………………………135
　　2　（事例2）組織の強化によるキャッシュフロー改善―目標設定
　　　　とモニタリングの重要性―…………………………………136

- (1) 当社概要 ……………………………………………136
- (2) 外部環境 ……………………………………………137
- (3) 経営改善計画に至る経緯とその実行 ……………137
- (4) まとめ ………………………………………………144

Ⅴ 金融機関における貸出金の条件変更 …………………147
1 条件変更の前提条件 ………………………………147
- (1) 資金繰り（収支）見通しの有無 …………………148
- (2) 利害関係人が適切な負担をしていること ………149
- (3) 金融機関の間で条件変更の実施について合意の可能性があること ………………………………………151

2 条件変更の実務 ……………………………………152
- (1) 元本返済猶予における返済原資 …………………152
- (2) 元本返済猶予における配分ルール等 ……………154
- (3) その他の条件変更 …………………………………158

3 モニタリングの実務 ………………………………160
- (1) 計画策定段階のモニタリング ……………………160
- (2) 計画策定後のモニタリング ………………………161
- (3) コベナンツ設定によるモニタリングの工夫 ……161

4 経営改善計画の効果（いわゆる「実抜計画」） ……162

Ⅵ 経営改善期におけるファイナンスの活用 ……………165
1 メザニン・ファイナンスの活用 …………………165
- (1) メザニン・ファイナンスの概要 …………………165
- (2) メザニン・ファイナンスの活用方法 ……………173
- (3) メザニン・ファイナンスの出融資目線 …………177
- (4) 「金融検査マニュアル〔中小企業融資編〕」の「資本的借入金」 ……………………………………………179

2 エクイティ・ファイナンスの活用 ………………182

(1) エクイティ・ファイナンスの目的およびメリット ………182
　(2) エクイティ・ファイナンスのデメリット ………………184
　(3) エクイティ・ファイナンスの手続 ………………………185

第4章　事業再生・業種転換期

Ⅰ　私的整理 ……………………………………………………………188
　1　私的整理手続 …………………………………………………188
　　(1) 私的整理のポイント …………………………………………188
　　(2) 私的整理を選択する理由 ……………………………………188
　　(3) 中小企業再生支援協議会スキーム …………………………189
　　(4) 事業再生ADRのポイント …………………………………193
　2　財務の再構築 …………………………………………………199
　　(1) DDS（Debt Debt Swap）……………………………………199
　　(2) DES（Debt Equity Swap）…………………………………202
　　(3) 債権放棄 ………………………………………………………207
　　(4) 財務の再構築と利害関係者の責任 …………………………211
　　(5) ケース「建設会社における事業再生」……………………212
Ⅱ　法的整理 ……………………………………………………………225
　1　法的整理手続 …………………………………………………225
　　(1) 民事再生手続 …………………………………………………225
　　(2) 会社更生手続 …………………………………………………228
　　(3) プレパッケージ型申立て ……………………………………230
　2　事業譲渡・会社分割 …………………………………………232
　　(1) 事業譲渡 ………………………………………………………232
　　(2) 会社分割 ………………………………………………………233
　3　DIPファイナンス ……………………………………………233

(1) DIPファイナンスとは何か …………………………………234
　　(2) DIPファイナンスの意義、必要資金の性質と主要プレーヤー …235
　　(3) DIPファイナンスの貸し手 …………………………………237
　　(4) DIPファイナンスの法的枠組み ……………………………238
　　(5) DIPファイナンスに対する担保権の設定 …………………240
　　(6) プレDIPファイナンスの法的枠組み ………………………241
　　(7) EXITファイナンスの法的枠組み …………………………244
　　(8) 窮境にある債務者に対する与信の合理性について ………247
　　(9) 案件相談経緯と関係当事者 …………………………………250
　　(10) DIPファイナンス検討時の着眼点 …………………………252
　　(11) 実行後のモニタリング ………………………………………259
　　(12) その他 …………………………………………………………262
Ⅲ　その他 ……………………………………………………………264
　1　ABLファイナンス ……………………………………………264
　　(1) はじめに ………………………………………………………264
　　(2) ABLの定義・意義 ……………………………………………265
　　(3) ABLにより取り組みやすい企業・業種等 …………………267
　　(4) ABLスキーム …………………………………………………268
　　(5) 地域金融機関におけるABL取組みの論点 …………………281
　　(6) ABLの活用が想定されるシナリオ …………………………283
　2　再生ファンド …………………………………………………284
　　(1) ファンドとは …………………………………………………285
　　(2) 日本におけるファンドの普及 ………………………………286
　　(3) 公的な組織 ……………………………………………………287
　　(4) 地域再生ファンド ……………………………………………288
　　(5) 再生ファンド活用のパターン ………………………………291
　3　ターンアラウンドマネージャー ……………………………293

(1) エクイティ・ファイナンスの目的およびメリット ················182
　(2) エクイティ・ファイナンスのデメリット ······················184
　(3) エクイティ・ファイナンスの手続 ····························185

第4章　事業再生・業種転換期

Ⅰ　私的整理 ··188
　1　私的整理手続 ··188
　　(1) 私的整理のポイント ··188
　　(2) 私的整理を選択する理由 ······································188
　　(3) 中小企業再生支援協議会スキーム ······························189
　　(4) 事業再生ADRのポイント ······································193
　2　財務の再構築 ··199
　　(1) DDS（Debt Debt Swap） ······································199
　　(2) DES（Debt Equity Swap） ····································202
　　(3) 債権放棄 ··207
　　(4) 財務の再構築と利害関係者の責任 ······························211
　　(5) ケース「建設会社における事業再生」 ··························212
Ⅱ　法的整理 ··225
　1　法的整理手続 ··225
　　(1) 民事再生手続 ··225
　　(2) 会社更生手続 ··228
　　(3) プレパッケージ型申立て ······································230
　2　事業譲渡・会社分割 ··232
　　(1) 事業譲渡 ··232
　　(2) 会社分割 ··233
　3　DIPファイナンス ··233

(1)　DIPファイナンスとは何か ……………………………………234
　(2)　DIPファイナンスの意義、必要資金の性質と主要プレーヤー …235
　(3)　DIPファイナンスの貸し手 …………………………………237
　(4)　DIPファイナンスの法的枠組み ……………………………238
　(5)　DIPファイナンスに対する担保権の設定 …………………240
　(6)　プレDIPファイナンスの法的枠組み ………………………241
　(7)　EXITファイナンスの法的枠組み …………………………244
　(8)　窮境にある債務者に対する与信の合理性について ………247
　(9)　案件相談経緯と関係当事者 …………………………………250
　(10)　DIPファイナンス検討時の着眼点 …………………………252
　(11)　実行後のモニタリング ………………………………………259
　(12)　そ の 他 ………………………………………………………262
Ⅲ　そ の 他 ……………………………………………………………264
　1　ABLファイナンス …………………………………………………264
　　(1)　はじめに ………………………………………………………264
　　(2)　ABLの定義・意義 ……………………………………………265
　　(3)　ABLにより取り組みやすい企業・業種等 …………………267
　　(4)　ABLスキーム …………………………………………………268
　　(5)　地域金融機関におけるABL取組みの論点 …………………281
　　(6)　ABLの活用が想定されるシナリオ …………………………283
　2　再生ファンド ………………………………………………………284
　　(1)　ファンドとは …………………………………………………285
　　(2)　日本におけるファンドの普及 ………………………………286
　　(3)　公的な組織 ……………………………………………………287
　　(4)　地域再生ファンド ……………………………………………288
　　(5)　再生ファンド活用のパターン ………………………………291
　3　ターンアラウンドマネージャー …………………………………293

(1) ターンアラウンドマネージャーとは ……………………………293
　　(2) ターンアラウンドマネージャーの種類 …………………………294
　　(3) ターンアラウンドマネージャーの選び方 ………………………297
　　(4) ターンアラウンドマネージャーの評価 …………………………298
　　(5) 地域再生案件における効果と留意点 ……………………………299
Ⅳ　産業再編・業態転換等 ……………………………………………………300
　1　産業再編とその重要性 …………………………………………………300
　　(1) 市場の縮小と変化 …………………………………………………301
　　(2) 地方の実例から学ぶ ………………………………………………301
　2　面的再生・業態転換 ……………………………………………………302
　　(1) 面的再生への取組み ………………………………………………302
　　(2) 業態転換への取組み ………………………………………………304

第5章　整理・破綻期

Ⅰ　事業の持続可能性の判断と顧客説明 ……………………………………306
　1　監督指針 …………………………………………………………………306
　2　事業の持続可能性の判断 ………………………………………………307
　3　顧客説明 …………………………………………………………………308
Ⅱ　事業継続が困難な場合の債務整理方法 …………………………………309
　1　破産手続 …………………………………………………………………310
　　(1) 破産手続の特色 ……………………………………………………310
　　(2) 破産手続の概要 ……………………………………………………310
　2　特別清算 …………………………………………………………………312
　3　私的整理 …………………………………………………………………313
　4　その他 ……………………………………………………………………314

第6章　事業承継期

- Ⅰ　事業承継の選択肢の整理 …………………………………………318
  - 1　何を、だれが引き継ぐのか ……………………………………319
    - (1)　引き継ぐべき経営資源 ……………………………………319
    - (2)　経営権の現状の整理（株の分散、担保の状況ほか）………320
    - (3)　現時点のビジネス環境を前提とした目指すべきゴール ………321
  - 2　どうやって引き継ぐのか（選択肢の整理）……………………322
    - (1)　経営権の集中の方向性 ……………………………………322
    - (2)　実現可能性の検討 …………………………………………324
  - 3　事業承継のプロセス ……………………………………………325
    - (1)　事業承継の方針の決定 ……………………………………325
    - (2)　事業承継のツール（選択肢）や経済上の課題の整理 ………325
    - (3)　選択したツールの実行 ……………………………………326
- Ⅱ　事業承継におけるツール …………………………………………327
  - 1　利用できるツールの整理 ………………………………………327
  - 2　各ツールの解説 …………………………………………………334
    - (1)　相続・贈与による承継 ……………………………………334
    - (2)　自己株式（金庫株）の活用 ………………………………349
    - (3)　種類株式の活用 ……………………………………………361
    - (4)　資産管理会社の活用 ………………………………………371
    - (5)　信託の活用 …………………………………………………376
    - (6)　M&Aの活用 ………………………………………………383
- Ⅲ　株式の評価 …………………………………………………………398
  - 1　企業価値評価の目的 ……………………………………………398
  - 2　第三者との取引目的の評価 ……………………………………398
    - (1)　時価純資産法（ネットアセット・アプローチ）……………401

(2) 類似会社比較法（マーケット・アプローチ）……………402
　　(3) DCF法 ………………………………………………408
　3　税務上の評価 ……………………………………………417
　　(1) 法人税法上の時価 ……………………………………417
　　(2) 所得税法上の時価 ……………………………………419
　　(3) 相続税法上の時価 ……………………………………419
　　(4) 低額譲渡・高額譲渡の取扱い …………………………428
　　(5) 有利発行の取扱い ……………………………………429
Ⅳ　ケーススタディ ……………………………………………431
　1　A社のケース ……………………………………………431
　　(1) 会社概要 ………………………………………………431
　　(2) 事業承継の経緯 ………………………………………431
　　(3) 第三者への株式譲渡手続へ ……………………………432
　　(4) 検討プロセス（一次入札）……………………………434
　　(5) 二次入札プロセス ……………………………………435
　2　B社のケース ……………………………………………436
　　(1) 会社概要 ………………………………………………436
　　(2) 事業承継の経緯 ………………………………………437
　　(3) 金融機関への相談、MEBOの実現へ …………………437
　3　C社のケース ……………………………………………440
　　(1) 会社概要 ………………………………………………440
　　(2) 事業承継の経緯 ………………………………………441
　　(3) 社長の決意と、金融機関の支援対応確立へ ……………442

第 1 章

創業・新事業開拓期

　日本や世界を代表するどんな大企業や有望な事業も、もともとは小さな企業や事業として創業または開拓されたところから始まっている。事業者がリスクをとって興した事業を、投資家や金融機関等もリスクをとって支えることで、小さな事業が大きく育ち、たくさんの利益や雇用を生んでいるのである。まず初めに、本章では、企業や事業のスタート段階となる事業者の創業や新たな事業の開拓を取り上げ、その時期に重要となる事業計画の作成、資金調達、リソースの確保や活用等に関して考察していくこととする。

I

創業・新事業の開拓

1

ベンチャー企業と中小企業

　創業期の企業へコンサルティングを行う際には、当該企業が、ベンチャー企業型なのか、それとも中小企業型なのか、またはその中間型なのかによって、アドバイスの仕方も変わってくるため、経営者がどちらを指向しているか、事業の性格上どちらに適しているか等を考えながら行うべきであろう。

　ベンチャー企業、中小企業の定義はさまざまあるが、金融機関が企業のニーズにあわせてコンサルティングするという観点で区分すれば、ベンチャー企業は、主にファンド等からのエクイティ資金を活用して急成長を図り短期間での株式上場を目指す企業、中小企業は、主に借入金を活用し着実な成長を図り株式は創業者一族や経営陣で保有する企業、といえるだろう。ステレオタイプ的な区分ではあるが、誤解をおそれずあえてまとめれば図表1－1のイメージとなる。

　実際には、ベンチャー企業的な成長を企図したが上場に至らず中小企業的になっている企業もあれば、中小企業的に着実な成長を果たし、設立から数十年後に上場する企業もある。前者の場合は、ファンド等第三者の株主が入っていることが多いので、その株主のエグジット（株式売却）が問題になる場合が多い。また最近は、ソーシャルアプリケーションソフト分野に代表されるように、小さな資本で大きな市場に挑戦できる事業分野では、ファンド等からのエクイティ資金をまったく活用せずに短期間で上場を果たす企業も

図表1－1　ベンチャー企業と中小企業の特徴比較

	ベンチャー企業	中小企業
主な資金調達方法	増資	借入
上場・非上場	上場を目指す	非上場
成長スピード	急成長	緩やか
市場	大きく成長する分野	成熟市場もあり
事業戦略イメージ	差別化、攻め、先行	着実、地域密着

ある。

いずれにしても、その企業のタイプによって、資金調達の方法等も変わってくるため、ある程度意識しながら助言すべきであろう。

2

事業計画の重要性

創業期の企業に対しては、金融機関がプロパー融資を行うことは困難な面もあり、支援内容としては、資金調達方法に関する情報提供のほかは、事業計画書作成支援等がメインとなろう。

(1) 事業計画書の重要性

事業計画書は、資金調達のために金融機関に提出するだけではなく、以下のような観点でも企業経営にとって重要なものである。本章は創業期の企業を対象にしているが、そもそも、上場企業等どのような企業であっても、中期計画等の事業計画は必ず作成しているはずである。

a　経営者のアイデアをプランへ

経営者の頭のなかにある段階はアイデアや思いつきであり、それを文書化する過程で経営者自身のアイデアが明確になりプランへ昇華する。極端な言

い方ではあるが、「事業計画は、できあがったものには意味がない、作成する過程に意味がある」という人さえいる。その意味で、事業計画作成は外部にアウトソースしては意味がなく、(少なくとも骨子や後述のエグゼクティブサマリーは)経営者自身が作成し、金融機関としては、議論の相手となりながら、事業計画作成の手助けをするスタンスが望ましい。また、文書になったことにより、第三者の目でも検討されるため、成功確率が上がっていく効果も期待できる。

b　チームプレーの鎹（かすがい）

いうまでもなく企業の事業活動はチームプレーである。さまざまな役割をもった人が、一つのベクトルに向けて進む必要がある。「いつまでに」「だれが」「何を」「どのように」するべきか文書化の過程を通じて明確にし、チーム全員が常にそれを確認しながら、時には修正しながら、自分の役割に専念することにより、組織として一つのベクトルに進むことが可能になる。

c　変化への対応

事業が事業計画どおりに進むことはまずないといっても過言ではない。かといって、事業計画に意味がないということにはならない。逆に、だからこそ意味がある。事業計画作成の過程で、さまざまなシミュレーションが頭のなかやスプレッドシートのなかで行われていれば、事業環境などに変化が起こった場合などに、その変化でどのような影響があり、それに対しどのような対策が必要か、戦略・戦術の迅速な見直しが可能となる。

d　金融機関への説得材料

金融機関から資金調達する際には、銀行であれば「〇年後までに必ず返済できる」、ベンチャーキャピタルであれば「〇年後までに上場できて、投資した資金が〇倍になりうる」ということを納得してもらう必要がある。また、その事業計画をみた金融機関からの助言は貴重なものとなるはずである。

(2) 事業計画書の内容

a　エグゼクティブサマリー

　事業計画は一本筋が通った論理的なストーリーがあると理解されやすい。経営者に対して事業計画書の様式等を渡して、いきなり詳細な事業計画から書いてもらっても、木をみて森をみずとなり、なかなか論理的なストーリーとしてまとまらない場合が多い。まずはエグゼクティブサマリーと呼ばれる事業計画の要約版を議論の相手となりながら作成してもらい、骨子が固まったところで事業計画書の詳細版を作成してもらい、そしてエグゼクティブサマリーに戻ってまた骨子を確認するというサイクルを何度か行うことが望ましい。米国には、「エレベーターピッチ（Elevator Pitch）」という言葉がある。初対面の投資家とエレベーターのなかで一緒になったときに、目的階に到達する数十秒以内に、事業の魅力を簡潔に伝えて、投資家から「詳しく話を聞きたい」といわしめるためのショートプレゼンのことである。事業計画書では、エグゼクティブサマリーがこれに当たり、この部分で金融機関に「本格的にデューデリジェンス（Due diligence、企業や計画の調査や検証のこと）したい」と思わせる必要がある。

　経営者との議論は、「どのようなニーズに対して」「どのようなソリューションを提供し」「それはなぜあなたたちでなければできないのか」ということを常に意識しながら議論するとよい。エグゼクティブサマリーの主な項目としては、次のものがある。これらをＡ４判１～３ページ程度にまとめられるとよい。各内容については、次項において後述する。

① 理念
② 市場
③ 製品、技術、差別化
④ 競合
⑤ ビジネスモデル

⑥　開発計画、マイルストーン
⑦　3〜5年間の収支計画
⑧　資金計画
⑨　経営チーム・会社概要

b　本　　編

　エグゼクティブサマリーに続く事業計画書の本編ではその詳細について記述する。

　(a)　理　　念

　経営者自身に自分と向き合ってもらい、なぜこの事業をやりたいのか、何のためにやるのか、この会社をどんな会社にしたいのか、書いてもらう。会社経営は一人でできるものではないので、成功するには人（含むパートナー企業・金融機関）を惹きつける何かが必要である。金持ちになりたい、有名になりたい、という起業動機は否定するものではないが、それだけでは人を惹きつけることはできないだろう。

　成長期の企業に設立時の理念を確認すると、成功している会社ほどしっかりした理念をもつ企業が多いように思う。最近は多くの経営書の影響からか一見立派な企業理念も見かけるが、心に響くような企業理念を経営者から引き出したいものである。

　(b)　市　　場

　どのようなターゲット顧客の、どのようなニーズをビジネス機会としてとらまえているのか明確にする。市場規模等の客観的なデータも付加する。

　(c)　製品、技術、差別化

　そのターゲット顧客のニーズに、どのようなソリューションを提供するのか明確にするとともに、それのどこが凄いのか（強み）、なぜ他社ではできないのか（他社よりうまくできるのか）を明確化してもらう。小売業やサービス業等では、創業期からコアコンピタンス（Core competency、他社にまねできない核となる能力、強みのこと）を明確にするのはむずかしい場合もある

が、一見ありふれた事業内容でも成長を持続している優良企業には必ず他社にはないコアコンピタンスができているので、創業期の段階でも何をコアコンピタンスとしていくのかを明確にしておいたほうがよい。

(d) 競　　合

競合他社を分析研究し、自社の製品・サービスがどのようなポジションにあるかを明確にする。金融機関など第三者が事業計画をみた場合、ここがきちんと書かれているかは、事業計画が信頼に足るものかどうかの重要な指標となる。「競合はない」とする事業計画もあるが、ないほうがおかしいと考えたほうがよい。本当にない場合は、製品やサービスがなくても満足している（実はニーズがない）場合もある。本当に「ない」とするのであれば、その判断理由を明確にしてもらう必要がある。

(e) ビジネスモデル

どのような方法で収益をあげるのか、明確にする。最近のインターネット関連事業では、○万人の会員を保有、○万人のページビューがある等とする一方で、マネタイズ（サービスの収益化）の方法が固まってない場合もあるが、それらは例外である。継続的に収益を生むために必要なバリューチェーン（Value Chain、価値の連鎖を意味する）の各プロセスを明らかにしてもらう必要がある。

(f) 開発計画、マイルストーン、必要資金額

現時点で、どこまでできていて、何ができていないのか、ステータスを明確にし、今後越えるべきハードルはいつ頃、どのようなものなのかを示してもらう。できていることとできていないことがあいまいであったり、一般的に既知のものや他社の実績と自社の実績が混乱している場合もあるので留意が必要である。

(g) 3～5年間の収支計画

前段までの流れを受け、「だからこれだけ儲かる」という事業計画の結論であり、この実現性の心証形成が金融機関のデューデリジェンスの目的であ

る。当然ながら、前段までの各論から論理的に導き出されることが必要であり、通常は悲観ケース、標準ケース、楽観ケースの3種類が作成される。必要経費はもちろんのこと、販売計画も「市場規模の〇%」ではなくできるだけ積上げで算定する。大雑把すぎても意味がないし、あまり精緻に作成しすぎても、後からシミュレーションが困難になるので、適度な精緻さが必要である。

精緻に積み上げるとできあがった事業計画を正しいと思いがちだが、金融機関の目線でチェックし、たとえば同業他社の利益率と比べて「儲かりすぎ」の場合はなんらかの費用的要素を見落としていたりするので、多くの企業をみて培ってきた金融機関の「相場観」からのアドバイスは有効である。

(h) 資金計画

対金融機関向けの場合は、結局いくら、どんなかたちで必要なのか、資金計画を示してもらう必要がある。そして、銀行であれば必ず返済できる、ベンチャーキャピタルであればリスクに見合ったリターンが得られるということを納得してもらえるようにする必要がある。

(i) 経営チーム・会社概要

主要な経営チーム各人の略歴や経験を書いてもらう。日本の場合はプロの経営チームなど少ないので、なかなか苦しいところであるが、経営体制としてどこまでそろっているのか（どの機能が不足しているのか）、示してもらう必要がある。また、すでに会社を設立済であればその基礎情報を整理して記載する。

II

創業期の資金調達

1

公的助成制度・増資の活用

　創業期の苦労として最も大きいのは資金の確保であろう。逆にいうと、この部分で金融機関が適切なアドバイスができれば、大変感謝されることにもなる。

　創業期で使うべき資金の優先順位は、(1)自己資金、(2)助成金、(3)増資、(4)制度融資の順であろう。

(1) 自己資金

　創業時にはまず、経営者が自己資金を最大限拠出することが重要となる。一義的には自己資金が多いほうがその後の資金計画が多少なりとも容易になるからであるが、金融機関やベンチャーキャピタル等との交渉でもプラスに働く要素となる。日本では、経営者の覚悟を経営者個人が負う資金的リスクで測る傾向がある。金融機関が資力のない経営者であっても個人保証を徴求する慣習もそれに類似した考え方であろう。一方で、家族を養う身でありながら、家財すべてなげうって事業に投じさせる必要があるかは疑問が残るところである。

　何をもって「最大限」とするかむずかしいところであるが、金融機関としては、いきなり経営者の財布の中身を探りながら助言するのは困難な面もあり、経営者の年齢やそれまでの職業等から推測して、相応の自己資金を拠出

するように助言するしかないであろう。

(2) 助成金

助成金は、返済の必要がない資金であり最優先で検討すべきツールである。

a 自治体関連

多くの自治体で中小企業振興の一環として複数の助成金プログラムを用意している。たとえば、東京都であれば、「公益団体法人　東京都中小企業振興公社」が助成金を提供している。

金額は数百万円程度が多く、必要資金に一定の助成率（50％程度が多い）を掛けた金額が上限となる。後払いとなっている助成金も多いのでつなぎ資金の確保が必要となる場合がある。申込期間は限定されている場合が多いので、タイミングにも注意が必要である。

b 厚生労働省関連

厚生労働省が提供している雇用関連の助成金はぜひ活用したい。従業員を雇い入れるときなどを中心に利用できる助成金プログラムが用意されている。手続は創業者自身がすべて行うのは困難な面もあるので、社会保険労務士に相談することも一案である。

c その他

自治体以外にも数多くの助成金がある一方、実際に使える助成金を探すのは大変である。そのようなときは、以下のサイトが有益である。

① 資金調達Navi（提供：独立行政法人中小企業基盤整備機構）
http://j-net21.smrj.go.jp/srch/navi/index.jsp

② 助成金最新情報（提供：独立行政法人中小企業基盤整備機構）
http://j-net21.smrj.go.jp/headline/index.shtml

なお、技術系の事業には大型の助成金プログラムが適用できる場合もある。主に、以下の組織の助成金情報はチェックしておきたい。

① NEDO（独立行政法人新エネルギー・産業技術総合開発機構）
② JST（独立行政法人科学技術振興機構）
③ IPA（独立行政法人情報処理振興機構）

(3) 増　　資

　増資により調達する資金は、タダ金と勘違いしている経営者もいるが、理論上は最も調達コストが高い調達資金であり、株主がリスクに見合うリターンを確保できるようにすることが必要である。その点、安易に考えている経営者がいれば、きちんと認識させるべきであろう。一方で、万が一の場合にも返済義務はない、いわゆるリスクマネーであり、創業段階では助成金に次いで、検討すべき調達手段である。

　ただし、増資は会社の持分をシェアすることでもあり、経営権を失うことにもなりかねないので、計画的な調達が必要となる。当該企業が、中小企業タイプであれば親族など身内からの調達が基本となり、ベンチャー企業タイプであればベンチャーキャピタルなど外部資本の活用が基本となろう。ベンチャー企業タイプの場合に、親族・友人等からの増資とベンチャーキャピタルからの増資と両方から調達することも可能だが、創業期の発行株式はエンジェル投資と呼ばれるようにリスクが大きい反面、**スウェットエクイティ**とも呼ばれることがあるように経済的なメリットも大きいため、実質的な資金調達にならないような形式（廉価な株価での大量株式発行等）で事業に貢献しない個人株主が多く入っていると、ベンチャーキャピタルからの調達に支障をきたす場合もあるので、注意が必要である（ベンチャーキャピタルの活用については、次項で取り上げる）。

(4) 制度融資

　助成金、増資に次いで考えられる調達手段は、政府系金融機関・自治体・信用保証協会等が提供する制度融資であろう。しかし、金融機関自身がよく

認識しているように安易な利用は経営者個人の将来にも禍根を残しかねず、慎重な利用をアドバイスすべきであろう。特に物的担保提供や個人保証を行う場合は、返済計画の慎重な検討が必要である。政府系だから回収姿勢が甘いということはなく、万が一の場合には彼らにも最大限回収する義務が生じる。キャッシュフローがある程度見通せる段階までは、できるだけ助成金や増資の範囲で事業を行うべきであろう。

そのなかでも比較的使いやすい制度融資としては、「日本政策金融公庫の新創業融資制度」があげられる。担保・保証人は不要となっている。

【日本政策金融公庫　新創業融資制度の概要】
- 対象……次の①〜③のすべての要件に該当すること
  ① 創業の要件
    新たに事業を始めること、または事業開始後税務申告を2期終えていないこと
  ② 雇用創出、経済活性化、勤務経験または修得技能の要件を満たすこと
  ③ 自己資金の要件
    創業時において創業資金総額の3分の1以上の自己資金が確認できること
- 使途……事業開始時または事業開始後に必要となる事業資金
- 融資額……1,000万円以内
- 返済期間……設備資金7年以内〈うち据置期間6カ月以内〉
  　　　　　　運転資金5年以内〈うち据置期間6カ月以内〉
- 担保・保証人……不要

自治体の制度融資は、各地区の信用保証協会と取扱指定金融機関の三者が協調して行っている融資制度で、事業者が金融機関から融資を受けやすくするためのものが多い。信用保証協会の保証を前提としており、制度によって

は、その保証料の一部を自治体が補助している場合もある。金融機関は各地域の自治体の制度融資を研究し、事業者にマッチした制度を紹介できるようにしておくべきである。

信用保証協会には、自治体の制度融資のほかにも、金融機関が行う創業融資に関する保証制度があり、信用保証協会に直接相談・申込みを行うことも可能である。東京信用保証協会であれば、「創業アシストプラザ」という相談窓口を設けており、ビジネスプラン作成のセミナー等も行っているので、合わせて活用を促すと良いであろう。

多くの制度融資は、信用保証協会の保証を前提としていることから、制度融資の利用可能金額は（日本政策金融公庫等のプロパー制度融資を除き）、信用保証協会の保証枠との兼ね合いとなる。信用保証協会の無担保無保証人枠（小規模企業者限定、代表者個人保証必要な場合もあり）は1,250万円、無担保保証枠は8,000万円であるが、このほかに中小企業新事業活動促進法などの法律の認定を受けることによって、別枠で枠が拡大することが可能な場合があり一考に値する。

2 資本政策

資本政策に関しては、多くの専門書が出版されており、内容的にも多岐にわたるので、ここでは金融機関が最低限押さえておくべきポイントに絞って記すことにする。

(1) 資本政策とは

「増資による資金調達」と「適正な株主構成」を両立するための計画を資本政策という。いうまでもなく増資による資金調達は株式の希薄化をもたらし、既存株主の持株比率を低下させる。「適正な株主構成」の定義はさまざ

第1章 創業・新事業開拓期　13

までであり成長ステージによっても異なるが、創業期から成長期にかけての目安は、創業株主や経営陣による発行済株式の3分の2以上（株主総会特別決議の成立要件）、もしくは、過半数の維持（株主総会普通決議の成立要件）となろう。

金融機関では、貸付実務に必要な民法（債権）の理解から入るのは当然のことであるが、資本政策に関しては会社法についても最低限の知識習得は必要となる。

(2) 資本政策の考え方

以下の思考順を何度も繰り返すことになる。
① **収支計画策定**
② **資金調達計画（時期、必要額およびそのうちの増資額）の策定**
③ **増資時の時価総額（株価）の設定**
④ **上場までの持株比率推移のシミュレーション**
⑤ **手法の検討**

以下では、上場を目指すベンチャー企業を想定して詳しく述べる。

a **収支計画策定**

事業からキャッシュフローが生み出されるまでの間にどのくらいの資金が必要になるのか、営業キャッシュフローが生み出された後でもまかないきれない資金需要がどのくらい発生するのかを収支計画策定のなかで把握する。実際の収支が計画どおりいくことはまずないが、どのような収支計画を前提に資本政策を策定したのかが頭に入ることになるので、収支計画がズレた時に資本政策などに与えるインパクトがおおよそシミュレーションできるようになるはずである。

b **資金調達計画（時期、必要額およびそのうちの増資額）の策定**

aで把握した資金需要がいつ発生し（借入する場合はその返済も考慮）、それをどのような調達手段（増資、借入、補助金等）で調達するのかを検討す

る。

　調達手段について大雑把にいえば、研究開発など回収に中長期を要しリスクが高い部分は補助金か増資、売掛と買掛のサイト差など運転資金については借入、その中間で立上げ期の赤字運転資金についてはできるだけ補助金か増資だが借入もやむなし、といったところだろう。

　増資時期については、手間を考えると回数を少なくできたほうがよいが、低い時価総額（株価）で一気に調達すると株式は希薄化することになるので、複数回に分け時価総額を上げながら、増資したほうがよい場合もあり、そのバランスが重要となる。複数回に分けて増資する場合でも、その間隔は１年程度以上あったほうがよい。それ以上間隔を短くすると年がら年中増資活動をしているような状態となるおそれがある。

c　増資時の時価総額（株価）の設定

　増資による資金調達を行いながら希薄化を抑える（既存株主の持株比率維持）には増資時の時価総額（株価）を上げるのが最も効果的である。しかし、増資時の時価総額は既存株主と新規投資家の利害が最も対立する部分であり、双方が納得感のある時価総額とするのは簡単ではない。資本政策策定時点では、そのような時価総額を正確に設定することは困難であり、ある程度の決めで数値を置くしかない。

　なお、古い話になるが、2001年の旧商法改正により額面株式が廃止され無額面株式に統一されて以来、１株当りの「株価」自体にはほとんど意味がない。いまだに新聞等に「○○会社の株価が△△会社の株価を逆転した」という記事もみられるが、これは額面株式時代の名残であり、あくまで時価総額（＝株価×発行済株式数）で企業価値を議論する必要がある。また、借入がある企業の場合は、時価総額（株主価値）に加え、事業価値や企業価値も意識して議論する必要がある。以下に、資本政策の議論のときに時価総額に関連して使われる用語を列挙する。

① 　増資前時価総額（Pre-money Valuation）＝株価×発行済株式数

図表1-2 増資前時価総額の目線イメージ

創業期	資本金＋α。＋α部分は事業計画書と経営陣のバリューとなるが、国内でこれだけで価値をつけられる例は少ない。
開発期	開発費累計額＋α。決算書上は累計赤字（繰延資産）だが、それがバリューになっているとみられるか。バイオベンチャー等の場合の考え方。
売上計上期（赤字）	DCFや予想利益の利益倍率（EBITDA、PER）等
利益計上期、成長期	EV/EBITDA倍率3～5倍、PER倍率6～10倍等
安定期	PBR1倍と利益倍率（EBITDA、PER）との間

② 増資後時価総額（Post-money Valuation）＝株価×増資後発行済株式数
③ 増資後時価総額＝増資前時価総額＋増資額
④ 増資参加する投資家の持株比率＝増資額／増資後時価総額
⑤ 既存株主の増資後の持株比率＝増資前時価総額／増資後時価総額

　資本政策の議論のときに基本となるのは、上記のなかで①の増資前時価総額である（ベンチャーキャピタルでは単に「プレ」という場合もある）。企業価値算定は、数多くの専門書が出ているように、奥が深く、とても本書で取り上げきれるものでもない。かなり乱暴ではあるが、ここであえて増資前時価総額の目線を示すならば、図表1-2のとおりである。ただし、実際には、業種、事業内容、ステージによってさまざまである点はいうまでもない。

d　上場までの持株比率推移のシミュレーション

　上記a～cまでの作業を通じて、株主構成の推移がシミュレーション可能となる。上場するとなると、公募増資や売出しを行うのが通常なので、さらに10％程度は持分が減少する可能性がある。

　株主構成は一般的に、A創業株主（オーナー一族等）、B役員、C従業員・従業員持株会、D金融機関（銀行・生損保等）、E取引先、Fファンド、Gその他、に分類される。上場後に、Aで3分の1以上、A～Cで過半数、A～

Eで 3 分の 2 以上の確保が望ましい。

e 手法の検討

目標とする株主構成が達成されていなければ、上記 a ～ c に戻って、増資による資金調達額を減らす、増資時期を時価総額が高い時期にずらす、収益性をあげて増資時の時価総額を上げる等により、「増資による資金調達」と「適正な株主構成」のバランスを得られるように工夫する。

また、ひとくちに増資といってきたが、増資にも、株主割当増資、第三者割当増資、種類株式による増資等があり、株主構成に与えるインパクトは異なる。特に種類株式はさまざまな工夫が可能となっている（後述）。増資と借入の中間的な位置づけとしては、新株予約権付社債（融資）もある。このほかに付帯的な手法として、新株予約権（ストックオプション）、株式分割、株式併合、株式移動等の手法がある。新株予約権については、本来の役員・従業員向けのストックオプションとは別に、経営権維持のために新株予約権を利用する場合がある（後述）。

(3) 資本政策の手法

資本政策の手法のなかで、限界もあるが適正な株主構成の維持のために有効な手法として、以下 3 点をあげたい。

a スウェットエクイティ

スウェットエクイティは、文字どおり「汗で取得した株」で、創業者が会社を設立する際、自分の研究で得られた新技術開発や発明などの成果を出資金がわりに提供して株式を取得することである。創業者は、少ない資金負担で大量の株式を取得し、その後の増資では高い株価で株式を発行することにより、創業者の持株比率を維持することが可能となる。たとえば、米国では、創業者が 1 株 1 セントで大量の普通株式を取得し、ベンチャーキャピタル（以下「VC」という）は 1 株 1 ドル（株価100倍）で優先株式による増資を引き受ける等の方法で行われる。

図表1-3　スウェットエクイティの効果

	設　立	増　資
創業者	1万株 (100%)	1万株 (91%)
VC	—	1,000株 (9%)
計	1万株 (100%)	1万1,000株 (100%)
株　価	100円	1万円
調達額	100万円	1,000万円
増資前時価総額	—	1億円

　日本でも、株式の無額面株式化や最低資本金制度の廃止により法的には可能になっており、実例も珍しくなくなってきた。たとえば、創業者が1株100円で1万株の株式を取得し資本金100万円の会社を設立し、その後VCなど外部投資家から1株1万円（株価100倍）で1,000株の発行により1,000万円の資金調達をする等の事例である（図表1-3参照）。この場合、創業者の100万円の資金負担に対し、VCがその10倍の1,000万円の資金負担をしているが、創業者の持株比率は9％程度しか低下していない。

　創業者にとって一見すばらしい手法に思えるが、実現はそう簡単なことではない。図表1-3の例で増資前時価総額をみると、VCには、100万円の資本しかない会社に、1億円の価値（株価1万円×増資前発行済株数1万株）があると評価してもらう必要があり、この差額の9,900万円が合理的な金額であるかが問われる。米国では、VCが引き受ける株式の種類を優先株式としていることが実務上定着していること等から一般的になっているが、資本充実の原則の考え方がある日本では、汗による出資はまだ一般的とまではいえず、増資前時価総額の合理的な説明が求められる。

　あまり低い株価でスタートした場合、思惑がはずれると発行株数が増大す

るので、1株5,000円や5万円程度で設立して、外部株主が増資に参加する際に、企業価値にあわせて株式分割をするほうが、（株式併合より株式分割のほうが簡易であるため）資本政策のハンドリングはしやすいと思われる。

b　種類株式

　前述のように既存株主が持株比率を維持するためには、株価を高くして増資することが効果的であるが、種類株式を活用することでそれが可能となる場合がある。時価総額自体は発行する株式の種類によって変動することはないはずなので、既存株主に対して相対的に価値を高めた種類株式を発行することになる。また、無議決権株式とすることにより、議決権ベースの持株比率に影響のない増資等も可能となる。

　具体的には、配当優先株式（優先配当権を付与した株式）がそれに当たる。剰余金からの配当や会社清算時の配当の際に、既存の株式に比べ有利な配当方法を約束することにより、高い株価での発行が可能となる。米国では創業株主は普通株式（Common Stock）、VC等の投資家は優先株式（Preferred Stock）とするのが一般的であり、優先株式の株価は普通株式の株価の10倍といわれている（たとえば、優先株式を発行した後に、普通株式を対象とするストックオプションを発行する場合、その行使価格は優先株式の株価の10分の1程度に設定する）。

　日本でも2001年の旧商法改正等により、ほぼ同等の使い方が可能となっているが、定着しているとは言いがたく、株価を高める方法として機能しているとも言いがたい。どちらかというと、普通株式では引き受けてもらえない会社が、投資家からの要求をのんで安い株価で優先株式を発行しているのが実態であろう。背景としては、合併などの会社組織再編時の対価が日本では優先分配権の対象とならないと解釈されており（米国では「Deemed Liquidation」といい、清算とみなして優先分配が可能となっている）、優先株式の投資家側のメリットが明確でないという事由があるようである。

　また、無議決権株式は当面の議決権比率への影響を抑えることは可能とな

るが、通常は上場前には普通株式に転換されるため、その効果が永久に続くわけではない。

ただし、これら以外にも、種類株式はさまざまなバリエーションが可能となっており、一考の価値はある（詳細は本章Ⅱ3(2)参照）。

c　新株予約権

新株予約権は、発行会社に対して一定期間内においてあらかじめ定めた価額でその発行会社の株式の交付を受けることができる権利をいう。一般的には、会社が自社の役員や従業員等に対するインセンティブプランとして付与するものだが、創業株主等の特定の者の持株比率維持のために利用することも可能である。

新株予約権は潜在株式ともいい、そのままの状態では議決権はないが、必要なタイミングで権利行使をして株式を取得（顕在化）することで議決権比率を上げることができる。たとえば、上場時の公募・売出しにより、創業株主等の持株比率が低下してしまう場合、あらかじめ付与しておいた新株予約権を上場前に権利行使して持株比率を維持する等である。一般的には、上場前に借入金などにより権利行使（による払込み）を行い、上場後に取得した一部株式を売却して借入金を返済する方法がある。しかし、借入金により権利行使したがマクロ環境の悪化などで上場中止となり、多額の借入金を抱え込む結果となったケースも少なくない。新株予約権の行使価格（原則、発行時の時価）は安いほうが権利行使時の資金負担が少なくてすむため、時価総額が小さいときに新株予約権を発行することが重要になる。

一方で、新株予約権は潜在株式ではあるが、VC等が増資前時価総額を算定するときには、発行済株式に含めて算定するため、大量に発行していると増資前時価総額が実態企業価値から乖離し、株価交渉が難航するケースも多く、バランスが重要となる。また、新株予約権は上場時に持越し（権利行使せずに上場）も可能であるが、潜在的な売り圧力とみられるので、資本政策上は発行済株式総数の10〜15％程度以内に抑えるのが一般的（事例としては

20%超もある）である。

また、役員や従業員等に対するストックオプションは、あらかじめ税制適格の要件を満たすような設計が可能であるが、発行済株式総数の3分の1超を有する大口株主には税制適格は適用されないため、権利行使時（権利行使により取得した株式の売却収入がまだない段階）に多額の税金がかかる場合もあるので注意が必要である。

(4) 法令や証券取引所の規則

a 金融商品取引法

増資をする際に友人知人など多くの人に1億円以上の増資を引き受けてもらったり、ストックオプションを社外の人などにも付与することがあるが、それらの人数が50名以上となると「募集」に該当し有価証券届出書の提出が必要になる場合があるので、注意を促す必要がある。有価証券届出書の作成は、会社にとってきわめて大きな負担となるので、「募集」とならないように注意喚起する必要がある。分割して増資を実施して募集を避けようという方法も浮かぶかもしれないが、これには通算規定もあり、一度に1億円（1年間通算）や50名（6カ月通算）にならなくても、「募集」に該当することもある。

ストックオプションは、特に忘れがちなので注意を要する。1名でも社外の人に付与する場合で50名以上となる場合は注意が必要である。

細かな取決めもあり、金融機関の職員が覚えておくのは困難な面もあるので、「**50名以上、1億円以上は注意**」と覚えておき、それにヒットしたときには、法令や解説書を確認することをおすすめする。

b 証券取引所の規則

上場直前に行われる増資や新株予約権の付与が短期的な利得獲得に利用されることは、上場制度の公正性・信頼性を確保する観点から、証券取引所から一定の規制がなされている。最近は、上場直前に行われた増資株価を上場

後の株価が下回る例も多いので、以前のような意味合いは薄れているが、上場を目指す会社にとっては遵守する必要がある。

　基本的な仕組みは、上場直前の一定期間を制限期間として、その制限期間に株式や新株予約権の割当てを受けた株主は、一定期間の継続保有の義務を負うというものである。義務を負うのは当該株主なのだが、これに違反した場合は、発行会社の上場申請が受理されないことになるので注意が必要である。これも細かな取決めがあり、金融機関の職員が覚えきれるものではないので、「上場申請日の直前事業年度の末日の1年前の日以後」（3月決算の会社でX年9月に上場申請する場合は、X－1年の4月1日以降から上場日までが制限期間となる）に増資や新株予約権を発行した場合はその有価証券の譲渡には注意を促すとともに証券取引所の規制を確認するということで足りるであろう。

(5) ストックオプション、従業員持株会

　ストックオプションと従業員持株会は似て非なる性質をもっており、双方に異なる役割がある。ストックオプションは、経営側のインセンティブプランであり、だれに付与するか（がんばってほしい人）は経営側が決める。一方、従業員持株会は、福利厚生の一環として、従業員の財産形成を促進するのが主目的で、原則として購入を希望する従業員が、会社の補助（奨励金）を得ながら、（間接的に）自社株を取得することができる。

a　ストックオプション

　ストックオプションに関する留意点としては税務がある。原則として、ストックオプションの権利者が権利を行使して権利行使時の株価（時価）より安い価格で新株を取得した場合には、時価と行使価額との差額を給与所得と認定され所得税が課される。しかし、一定の要件を満たすストックオプション（税制適格）については、権利行使時点では課税せず、当該株式を売却した時点で株式譲渡益として課税される。権利行使時に課税されると、納税資

金確保のために権利行使と同時に株式を売却する必要が生じるが、税制適格とすれば、従業員に長く株式を保有してもらうことも可能になるので、税制適格になるように設計したほうがよいだろう。なお、前述した資本政策上の新株予約権とは、税務上の扱いも、取引所規則上の扱いも異なる。

また、ストックオプションの付与契約となる新株予約権割当契約書には、退職時には会社側が取得することができる旨が定められることになるが、取締役会の承認があれば例外扱いとすることも盛り込んでおくと役立つ場合がある。たとえば、付与時には期待していた社員だが期待どおりにはならず逆の結果となった場合、会社都合で退職という事態にもなりうる。こうした場合、割増退職金の交渉が難航する場合があるが、ストックオプションの一部を残してあげることでスムーズな退職が可能となった場合があった。

また、米国ではごく一般的であるが、行使期間のなかでも実際に権利行使できるペースを定めておくベスティングという方法がある。外資系や上場会社等では3～5年で徐々に行使できるようにしておくことが多いようである。ベンチャー企業では、上場まで行使できないようにしたり、税制適格やロックアップ規制(**公開前企業の株主が、その株式が公開された後に一定期間、市場で持株を売却することができないよう公開前に契約を交わす制度のことをいう**)も考慮する必要があるので、少し複雑になるが、うまく設計すれば一気に全量行使して売却後退職してしまうこと等を防止できる。付与される役員・従業員にとっても、長い間会社に貢献したのに行使前に退職せざるをえなかった場合などでも、ストックオプションがゼロになるのを防ぐことにもなり、双方にメリットがある。

ストックオプションの付与は、貢献(期待)度に応じて決めることになるが、社員・従業員の納得性が重要であることはいうまでもない。入社時期が異なる社員に随時付与する場合は、発行決議が複数回となり、行使価格も変わってくるので、そこも考慮に入れる必要が出てくる。

b　従業員持株会

　従業員持株会は、安定株主にもなりうるうえ、従業員個々人で自社株を取得するより、持株会規約という一定のルールに従った統一的運用ができる等のメリットもある。また、従業員にとっての経営参加意識の向上効果もあるといわれる。未公開段階では従業員退職時の取扱い等の煩わしさもあるが、資本政策のなかで利用を検討する価値はある。

3
ベンチャーキャピタルの活用

　ベンチャー企業が短期間で成長を果たすための有効なツールとして、リスクマネーを提供するベンチャーキャピタル（以下「VC」という）の活用がある。VCから投資を受けることにより資金面のみならず、提携・顧客候補の紹介や経営全般についてのアドバイスを受けられることもある。企業がVCから投資を受ける際の注意点を以下に述べる。

(1)　ベンチャーキャピタルへの相談

　企業にVCを紹介できるようにVCネットワークを数社でももっておくとよい。企業がVCの代表電話に直接アプローチしても話くらいは聞いてくれるだろうが、紹介があったほうが優先的に検討される可能性が高い。グループ会社にVCがある場合は、そこを起点にすればネットワークは広がりやすい。上場を果たすようなベンチャー企業の多くは東京に集中しているため、VCの多くも東京に集中している。地方の場合は不利も否めないが、キラリと光るベンチャー企業には東京のVCからの投資も十分ありうる。また、地方でも地元に根を張るVCもあるので、普段から情報交換することを心がけるとよい。

　また、最近はビジネスプランコンテストが複数開催されており、VCの担

図表 1 − 4　VC投資で一般的に規定される権利内容と規定の方法

権利内容	種類株式		普通株式
	定款	契約	契約
① 剰余金の優先配当	○	—	×
② 残余財産の優先分配	○	—	×
③ 議決権制限（※）	○	—	○
④ 譲渡制限（※）	○	—	○（定款）
⑤ 取得請求権	○	—	○
⑥ 経営者への買取請求権	×	○	○
⑦ 取得条項（※）	○	—	○
⑧ 拒否権	○	—	○
⑨ 取締役・監査役選任権	○	—	○
⑩ 会社再編時の優先分配（Deemed liquidation）	×	○	○
⑪ 希薄化防止条項	○	—	○
⑫ 先買権	×	○	○
⑬ 強制売却権（Drag along）	×	○	○
⑭ 共同売却権（Tag along）	×	○	○

（注）　※は主に発行会社側の権利。○は規定可能、×は規定不可。

当者も多く聴衆側に参加しているので、まずはビジネスプランコンテストでプレゼンテーションすることを促すのも一策である。

(2) 種類株式と投資契約・株主間契約

　VCから投資を受ける際には、投資契約（含む株主間契約）などの契約締結を求められることがほとんどである。これらの契約はなくても、会社法上、株主には権利が規定され、会社側には義務が規定されているが、VCはベンチャー企業ならではのリスクコントロールのために、会社法とは別に、投資

契約で投資家の権利を補完している。

　一方、種類株式の導入によって、会社法の枠組みのなかで、かなりの部分を株主の権利として規定できるようになった。したがって、種類株式の場合は、種類株式の内容として定款に規定される部分と、それ以外の投資契約に盛り込まれる部分とに分けられ、普通株式の場合は、基本的にほとんどの内容が投資契約に盛り込まれる（図表1－4）。種類株式でも普通株式でも内容的にはあまり変わらず、いずれの場合でも法的拘束力を負うことになるが、投資契約に比し、定款で規定される種類株式のほうが会社法上の権利となるため強制力がある。

　なお、種類株式の権利内容の詳細については、会社法の教科書をみていただきたい。ここでは、特に注意を要する条項については詳細に記述するが、その他は概略にとどめる。

a　剰余金の優先配当

　優先配当を受けた後の残余の配当に普通株式とともにあずかれるかどうかにより参加型・非参加型に区分され、ある期において所定の配当金額に達しないときにその不足額が累積するかどうかにより累積型・非累積型に区分される。普通株式の場合は、投資契約で規定することは困難である。

b　残余財産の優先分配

　優先配当と同様に参加型・非参加型に区分される。残余財産が発生するのは会社清算時であり、合併等の会社再編時の対価の分配には適用されないと解されているようである。普通株式の場合は、投資契約で規定することは困難である。

c　議決権制限

　株主総会の全部または一部について、議決権の行使を制限する権利。事業会社から投資を受ける場合、当該事業会社の事情で持分法適用や連結化を避けるために、完全無議決権とする場合があるが、VCからの投資の場合、議決権を制限する規定を設けることはまずない。

d　譲渡制限

譲渡につき会社の承認を要する権利。上場直前までは、すべての株式について、譲渡制限を付すべきである。

e　取得請求権

株主がその保有する株式を会社に取得することを請求できる権利。対価は、柔軟に定めることができるが、一般的には金銭か普通株式であろう。対価が金銭の場合は貸付に近い性格となる。

普通株式の場合は、投資契約に、投資家が要求したときに自己株買いをするように盛り込むことになるが、会社に株主総会の議題として提出するところまでは縛れるが、株主総会決議までは縛れないので、実効性は高くない。

f　経営者への買取請求権

金銭を対価とする取得請求権は会社に対するものであり、それも分配可能額の範囲内に限定される。それとは別に、投資契約のなかに、あらかじめ定めた事由に該当した場合に、経営者への買取請求権（経営者による買取義務）が盛り込まれている場合が多い。どのような事由が定められているか、特に経営者個人が買取義務を負う場合は注意を要する。会社の表明保証（提出した資料が適正、反社会的勢力との関係がない等）や会社の特約（重要事項決議の事前協議や報告等）に違反した場合のほかに、上場を一定期日までに達成できなかった場合（上場が可能な状態なのに上場しない場合に限定する契約もある）や投資家側のファンド期限が到来した場合など、リスクマネーの役割に疑問符がつくような条件を示される場合もある。買取価格は投資家の取得原価など、経営者個人では到底負担できないような金額となっている場合が多い。

当該条項は、融資の個人保証との並びでVCが批判されることもあるが、VCが買取請求権を行使したとしても、これまで個人破産をさせてまで投資資金を回収しようとした事例は聞いたことがない。VCはファンド資金を運用しているため、ファンドの解散期限までにはどうしても現金化する必要が

あり、当該条項を使いながら経営者個人の資力の範囲で買取りを求めている例が多い。しかし、契約は契約なので、本当にその条件を受け入れるべきか慎重に検討する必要がある。

g 取得条項

会社が一定の事由が生じたことを条件としてその株式を取得することができる権利。一般的には上場が決議された時に種類株式から普通株式に転換される内容が多い。

h 拒否権

株主総会または取締役会において決議すべき事項のうち、その株主総会のほかに種類株主総会の決議を必要とする旨の定めを設けるもの。

普通株式の場合は、投資契約のなかに、重要決議事項に関する事前承認の条項を設けることになるが、仮にそれに違反して決議されたとしても、会社法上は有効であり限界がある（ただし、投資契約違反にはなるため、投資契約に基づくペナルティーを科すことは可能）。

i 取締役・監査役選任権

その種類株式において取締役や監査役が選任できる権利。

普通株式の場合は、投資契約のなかで、取締役や監査役の指名権を定めることになるが、株主総会の決議まで縛ることはできない。

j 会社再編時の優先分配（Deemed liquidation）

合併、株式移転、株式交換等の会社組織再編時に、合併等の対価が優先的に分配されるようにする。種類株式の場合でも、定款で定めることはできないといわれており、投資契約に盛り込むことになる。

k 希薄化防止条項

新規の増資において、前の増資の株価よりも低い株価で株式が発行される場合、取得請求権および取得条項の普通株式への転換比率を変更することによって、既存株式の持分比率の希薄化を緩和する権利。

普通株式の場合は、投資契約のなかに新株引受権（持分に応じて割当てを

受ける権利）を規定するか、新株予約権などの付与を義務づけたりすることも考えられるが、同等の権利とするのは困難。

l　先買権

経営株主や他の株主が株式を売却しようとする場合、それ以外の株主が通知を受け、売却対象となっている株式を買い取る機会が与えられる権利。

m　強制売却権（Drag along）

投資家等一定の比率の株主が株式を売却する場合に、経営株主等それ以外の株主に対して、すべての所有株式を自らと同じ条件で同じ相手先に売却することを強制できる権利。相手先が、100％取得を望むM&Aの場合に売却を可能とするためのもの。投資家の比率のほかに、時価総額の下限などを規定する場合が多い。経営株主にとっては非常に重大な事象であり慎重な検討を要する。金融機関にとっても債権管理上留意を要する。

n　共同売却権（Tag along）

既存株主が先買権を行使せず、経営陣や他の株主による株式売却を認めた場合、既存株主が、その保有株式の一部を経営陣と同じ条件で第三者に売却できる権利。

(3)　ベンチャーキャピタルの持株比率

VCを活用する場合、留意しなければならない点にその持株比率がある。経営権の問題もあるが、上場後の株価形成への影響も大きい。VCは基本的に上場後は売却することになるので、売り圧力となり、需給が緩む（株価が下がる）こともある。上場時の浮動株比率を40％程度とすると、VCの許容される持株比率は20〜30％程度となる。

一方で、VCの持株比率がそれ以上に高くても立派に上場して企業価値を上げている会社もあるので、VCの持株比率による売り圧力を吸収するような成長性等投資魅力があれば問題にならないことはいうまでもない。

III

創業期の企業経営

1
会社の機関設計

　会社法では、旧商法時代の有限会社を廃止し、株式会社に統一したため、従来の有限会社型の簡易な機関設計から、大会社の機関設計まで、その成長ステージにあわせた機関設計が可能となっている。いろいろなバリエーションが考えられるため、その選択をアドバイスする際には、たとえば図表1－5のような事例が考えられる。

　設立当初は、最低限の機関でかまわない。旧商法時代は、要件を整えるため、会社に実質的に関係のない親族などが取締役や監査役に就任していた例も多くあったが、現在その必要はない。

　取締役会非設置会社では、株主総会の権限が大きくなるので、VC等の外部株主から投資を受けるタイミングで、取締役会設置会社に移行することが

図表1－5　会社の機関設計のイメージ

成長ステージ	イメージ	機関設計の例（非公開会社の場合）
スタートアップ	株主＝経営者	株主総会＋取締役（1名以上）
アーリー～ミドル	VC等社外の株主あり	株主総会＋取締役会（3名以上）＋監査役
レイター（大会社）	資本金5億円以上	株主総会＋取締役会＋監査役（会）＋会計監査人

考えられよう。取締役会設置会社では監査役（非常勤の1名で足りる）は必須になる。コストとの兼ね合いもあり、監査役候補がなかなか見つからない場合もあるが、監査権限を会計監査に限定することも可能である（ただし、その場合は株主に監査役権限の一部が与えられる）。

資本金5億円以上のいわゆる大会社となると、会計監査人が必要となる。監査役も3名以上として監査役会（半数以上は社外監査役である必要）を組織したほうが望ましいが、1名でも可能である。

2

人材の確保

創業期の苦労として、資金確保の次にあげられるのは、人材の問題である。共同創業者が複数いるようなケースであればまだよいが、一人で会社を起業したような場合は、まさに猫の手も借りたい状況になる。一人でやっていたところへ、一人、二人と社員をふやすと、できることは幾何級数的にふえていく。一方で、社員を雇うとなるとコストの問題はもちろん、一人であっても法令上のさまざまな義務が生じる。後回しになりがちだが、労働法規遵守は世の中の流れになりつつあり、足元をすくわれることにもなりかねないので、早めに社内体制を整備しておくべきであろう。

金融機関としては、望ましいかたちとはいえないのでなかなかアドバイスしづらい面もあるが、家計を一つにしている家族に手伝ってもらうというのは、現実的に有効な方法としてある。なんといってもコストを抑えられる。多少の無理も利く。そして、パートナーに苦労を理解してもらえるのも大きい。もちろん、事業がある程度軌道に乗ってくれば、夫婦で社長と経理部長というパターンは、できるだけ早期に解消したほうがよいことはいうまでもない。

家族を巻き込むことが適切でない場合は、いろいろな伝手や方法で適切な

人を探すことになるだろう。知人・友人関係は安心感がある一方、しがらみがあるので苦労する局面もある。インターネットの人材サービスを活用してよい人材を確保できた事例も最近は多く聞く。金融機関の系列で人材紹介会社があればつないであげるのも一策ではないか。金融機関OBや結婚退職した女性事務職など、ベンチャー企業にとっては人材の宝庫に映るだろう。

新卒の人材育成は非常に手間がかかり責任も重い。新卒採用は教育体制をきちんと整えてからでないと困難であろう。仕事内容にもよるが、早いところでも従業員30人規模で年間新卒一人、平均的なイメージは、従業員数との比率では1～3％であろう。

また、人材を採用した際には、厚生労働省の雇用関連の助成金はぜひ活用したい。

3

外部リソースの活用

創業期のリソース不足はいかんともしがたいところではあるが、外部リソースは積極的に活用したい。コストとの兼ね合いで二の足を踏むところもあるかもしれないが、行政による支援制度も用意されている。

(1) 中小企業基盤整備機構の活用

同機構のホームページは情報も充実しており、各種支援策もあるので、一度チェックしておいたほうがよい。経験豊富なアドバイザーによる経営相談もある。また、専門家派遣事業（http://www.smrj.go.jp/venture/consult/index.html）も行っており、費用補助もあるので、企業に対し活用を勧めたい。

(2) 法務面

　法務面は、内容によっては後戻りできないミスを犯すこともありうるので、特に上場を目指すようなベンチャー企業であれば、増資や業務提携等の重要な局面での弁護士への相談は必須であろう。ベンチャー企業を主なクライアントとし、弁護士報酬体系もパッケージ型（時間チャージではない）を提供している弁護士事務所もある。スポット的に相談することも可能だが、固定フィーを負担しても、聞きたいことができたときに気軽に聞けるような顧問弁護士をもっておくことをおすすめしたい。

　株主総会手続や定款整備など通常の会社法関連実務については、信託銀行（三菱UFJ信託銀行、三井住友信託銀行、みずほ信託銀行など）の証券代行部の活用がコストパフォーマンスとしてよい印象がある。証券事務代行契約を締結すれば、定額フィーは発生するが、早い段階のベンチャー企業でも対応してくれる。

(3) 会計面

　経理業務のアウトソーシングは、かなり成長した企業でも行っていることがあるように（一定の要件を満たせば上場審査の際も例外的に容認されている）、検討に値すると思われる。アウトソーシングする場合、税務申告業務とのセットになると思われるが、将来上場を目指すようなベンチャー企業の場合は、税務のみならず、会社法や金商法の会計にも精通した会計士がいる事務所へアウトソーシングするのがよいと思われる。

(4) 労務面

　社会保険労務士は、労働法規に関する相談のほか、人事施策や助成金など、人に関することであれば幅広く相談に乗ってくれる。労務関係の法令遵守は上場の際も重要視される事項となっており、いわゆるサービス残業問題

が発覚して上場が見送られる例もある。労務関係の法令遵守を土台とした人材の確保・定着は、会社の成長性、継続性、安定性の観点や、財務報告に係る内部統制という観点からもみられることになるので、成長ステージにあわせながら、きちんと対応すべきであろう。

4
下請法、独占禁止法の適用

　ベンチャー企業や中小企業と大企業との取引では、大企業から「買い叩き」や「支払遅延」等の不当な扱いを受けないように、下請法などの法律が制定されている。下請法の対象は、取引事業者の資本金と取引の内容の両面から定められている。対象となる取引としては、「製造委託」「修理委託」「情報成果物作成委託」「役務提供委託」の四つに大別されている。

　たとえば、ベンチャー企業が、大企業からコンピュータ・ソフトウェア作成を受託した場合、下請法が対象取引としている「情報成果物作成委託」に該当する可能性があり、受領拒否、代金支払遅延、代金減額、不当返品、買い叩き等を大企業側（親事業者）の禁止行為としている。また、情報成果物の著作権帰属や二次利用権についてはトラブルになることも多いが、一方的取扱いを受けた場合は、優越的地位の濫用として独占禁止法が適用できることがある。

　金融機関としては、これらの法律違反に該当するような取引があれば（実際には今後の取引への影響を懸念して泣き寝入りすることも多いと思われるが）、ベンチャー企業や中小企業に対して、公正取引委員会や弁護士へ相談を促し、場合によっては、これらの法律に基づく大企業に対する改善の申入れを検討すべきであろう。

第 2 章

成 長 期

　創業した事業や新たに開拓した事業について、販路の確保等から相応の収入が確保できるようになり、その収入で費用をまかなうメドがつく、投資家からの出資等により当面の開発費用等をまかなうだけの資金繰りにメドがつく等すれば、企業としては創業・新事業開拓期を脱皮し、ある程度落ち着いて、もう一段の事業発展を考えることが可能となる。本章では、企業のそのような状態を「成長期」とし、成長期の企業の特徴、それをふまえたうえで金融機関が果たす役割や支援策（新たな投融資手法の活用、ビジネスマッチング、海外展開に係る情報提供等）について考察することとしたい。

I

成長期の企業と金融機関の役割

(1) 経営計画の充実

　成長期の企業で目立つのは、引き続き旺盛な投資・開発意欲と、それを支える企業の管理体制のアンバランス感、事業が安定したとはいえ十分とは言いがたい資産や財務の脆弱性と情報量の不足である。

　新事業が、厳しい時期を脱して事業として十分やっていけるだけのメドが立ったことで、経営者のほうでは大きな自信とますます旺盛な事業意欲が芽生えている時期である。加えて近時は、消費者の嗜好も移り変わりが激しくスピード感が要求されることから、成長期の企業においては、引き続き、すばやく次の事業拡大へと舵を切るケースが多いと思われる。これ自体は、成長期の企業の戦略として間違ったものではないが、誤解を恐れず述べれば、創業期の企業とは異なり、一つの事業体、一つの企業として、これまでよりも厳密な評価が下される時期を迎えたのだから、経営者には、創業期の延長線上で、次の事業展開や計画策定に取り組むことでは不十分だと認識してもらう必要がある。加えて、自社の資産や財務の現状をふまえたうえで、経営基盤をしっかり固め、地に足をつけたかたちで次の事業展開を進めてもらう必要がある。このため、企業として、今後の発展に耐えうる計数管理や管理体制の構築を実施するとともに、自社の状態に応じた実行可能な事業計画の策定、実施が期待されるものである。

(2) 客観的な判断が求められる金融機関

　また、成長期の企業を支援する立場の金融機関においても、こうした企業の特徴をよく理解したうえでの対応が求められる。成長期の企業は、事業が安定化することで、その資金調達手段を助成の活用やエクイティからローン等に大きくシフトしていく傾向にある。こうした企業の次の事業展開や今後の発展を支えていくうえで、金融機関からの投融資、販路紹介や情報提供等直接・間接的な支援は必要不可欠であり、積極的な支援が求められるのは疑いようがない。その一方、成長期の企業が今後も順調な成長軌道を描くためにも、需要見通しの甘い計画をもとにした過大投資への融資、その企業のニーズや成長戦略にあわないM&Aや取引先紹介等は安易に行わず、その企業の身の丈（管理体制、資産・財務状態、保有情報量等）にあった、そして成長戦略にあった投融資、販路紹介や情報提供等の支援を心がける必要がある。

　企業は、成長期に入ってようやく、ローン等の交渉を通じて、金融機関との関係構築を本格的に経験するため、よい意味でも悪い意味でも、金融機関とのやりとりは成長期の企業にとって大きな影響を及ぼす。ゆえに、金融機関においては、その企業を本当の意味で独り立ちさせるためにも、経営者や投資家とは異なった視点で客観的に評価するとともに、その企業の置かれた状況や今後の成長戦略を十分に共有するなかで、その企業のニーズに応じた助言・指導や成長支援を行うことが求められるのである。

II

成長期の企業を支える金融機関の支援策

1 管理体制の構築

　第1章においても、創業・新事業開拓期の企業における事業計画の重要性を説いているが、成長期の企業における事業計画やその根拠となる経営面での計数管理は、創業期の企業のそれよりもいっそう重要なものとなる。金融機関の融資とは、当たり前ではあるが、その企業の過去および現在の実績から将来の業績と融資資金の回収可能性を予測し、担保等の保全の状況を加味したうえで総合的なリスクを評価し、それに見合う金利を設定して実行されるものである。それゆえ、金融機関が融資の適否を判断するうえで、過去および現在の営業実績や業績はきわめて重要な材料となり、それらに係る管理状況が金融機関として満足いく水準であることは今後取引を継続していくうえで不可欠である。ところが、創業期を脱した成長期の企業においても、こうした計数管理を含む管理体制の構築については不十分であることが多い。もちろん、貸借対照表や損益計算書等の決算書は作成しているだろうが、売上げや原価等の明細整理や分析はおろそかにされている場合が多い。物を売る企業でも、仕事を受注する企業でも、どこに、どの程度の量や単価で商品やサービスを提供して売上げを得たのか、さらに、それらに要した原価等のコストはどの程度で、いまその企業はどんな事業（商品やサービス）から利益を得ているのか、または、損失を被っているのか、それらは整理すれば明らかになるはずであるし（整理や分析の仕方は「第3章　経営改善期」を参照

されたい)、これらの情報は、単に金融機関との取引円滑化という観点だけでなく、企業として次の事業展開を検討するうえでもきわめて有益な材料になる。しかしながら、上述のとおり、往々にしてこの点をあいまいにする企業が多いのが実態であり（もしくは経営者の頭のなかには整理されているが、それが社内外の人に伝わるかたちで整理されていないことも非常に多い)、逆に、この後いっそうの成長軌道に乗る企業は、この管理が徹底されていることが多い。

　金融機関の側からすると、上記に係る助言や指導は、率直にいって企業側から敬遠されることも多い。しかし、企業の経営管理の現状が必ずしも金融機関を含む社外の取引先とのコミュニケーション上最適なものではないことを理解してもらえれば、企業の経営管理と金融機関取引等の両面から有用な計数管理のあり方を検討できるはずで、金融機関にはその最適解を一緒になって考える役割がある。こうした助言をした場合、おそらくは、険悪な状態になることも多いと思われるが、最後には必ず、感謝されるはずである。

　また、こうした管理体制を整備していくうえでの悩みは企業における人材不足だろう。創業・新事業開拓期の企業も人材不足は悩みの種だろうが、成長期の企業においては、創業期より事業や企業の規模が大きくなっていることから、外部からの人材登用も必要になるため、人材不足はよりいっそう深刻な問題になることもありうる。それだけに、成長期の企業においては、創業期に続き、十分な管理体制の構築に向けた人材の確保や育成は必要不可欠である。また、事業の成長という観点からは、企業として、現場の人材ではなく、管理ポジションの人材を採用したり育成したりする点を軽視しがちであるが、今後の成長の根幹を支えるものだという認識をもち、さまざまなポジションにおいて外部人材の確保や内部人材の育成に腰を据えて対応する必要がある。同様に、支援する金融機関の側においても、こちらの要望に応えられない体制だからといって諦めるのではなく、当該企業を支える人材の育成や体制の整備に必ず寄与するという認識のもと、日々の取引上のやりとり

を通じ、適切な管理体制が構築されるよう支援する姿勢が必要と思われる。

2
新しい金融手法等の活用

　先に述べたとおり、成長期の企業は、資金調達手段を助成の活用やエクイティからローン等に大きくシフトさせる傾向が強い。その際、企業および金融機関双方にとってネックとなるのが不動産担保等の保全の確保であろう。上記のとおり、成長期の企業は、事業がある程度安定したとはいえ、資産や財務の状態が十分とは言いがたいうえ、創業・新事業開拓期の開発・投資の際になけなしの資産を担保提供していることも多く、次の事業展開や資金調達時において、金融機関が満足する担保を供することはむずかしいことも多い。こうしたなかにあっても、その企業の成長を信じ、無担保で融資を行う金融機関もあると思われるが、その一方、担保提供資産がないことを理由に融資に二の足を踏んだり、信用保証協会の保証等公的制度の活用がないと話を先に進めない金融機関もかなり多いものと思われる。しかし、成長期の企業で資産や財務の状態が十分な会社はほとんどなく、公的支援制度等にも限界はある。しかも、金融機関には、今後こうした企業へのコンサルティング機能の発揮が求められているとなれば、従前どおりの対応をするだけでは不十分であり、もう一歩踏み込んだ対応が求められよう。

　そう考えた場合、融資という観点で金融機関に求められるものは、不動産担保等の保全のみに依拠した融資姿勢の転換であろう。つまり、保全に頼らずにその企業の生み出す収益や今後その企業が成長した場合のアップサイドに着目した融資手法の活用、不動産以外の価値物を担保とする保全手法の活用が求められているということである。この点に関して、前者であれば新株予約権付融資（新株予約権付社債）、後者であれば知的財産権担保融資やABL（Asset Based Lendingの略、在庫等の流動資産を担保にした融資のこと）が実施

されている。これらの手法は、それぞれにおいて、条件設定、評価手法や保全の実効性確保等いまだにむずかしい側面があるのは事実だが、相応の実績を積むことで、検討するうえでのポイントや留意点等のノウハウも蓄積される。地域における金融機関の競合が激しさを増し、金融機関の独自性やコンサルティング機能の発揮が今後強く期待されるなか、金融機関では、こうした新しい金融手法等の活用も積極的に検討していく姿勢が必要であろう。以下では、その参考として、これらの手法の概要とポイント等について解説する。

(1) 新株予約権付融資（新株予約権付社債）

新株予約権付融資は、不動産担保等に過度に依存しない成長期の企業への融資手法の一つとして位置づけられる。日本政策金融公庫が新事業育成資金制度のなかで実施しており実績としても豊富である一方で、民間金融機関では定着している状況にはない。

新株予約権付融資の特徴は、実績不足や担保不足等の事由により、利息のみではまかなえない与信リスクを新株予約権の値上り（期待）により補うことにある。金融機関としては、通常の融資と比べ企業成長のアップサイドを享受することが可能となる（新株予約権は担保ではない）。日本の金融機関にはミドルリスク・ミドルリターン（金利でいえば10％前後のイメージ）のレンジがないといわれるが、新株予約権付融資はその部分を補完する手段となりうる。また企業にとっては、無担保等であったとしても、理論的には通常の融資より低利の資金調達が可能となる（たとえば、無担保等のため上乗せされる金利が新株予約権によりディスカウントされる等）。

なお、新株予約権付融資で検討すべき主要事項は、以下の内容となる。

a 行使価格

株式の時価が原則となる。ベンチャーキャピタル等への第三者割当てが同時期に実施されればその株価を基準とすることになるが、特に発行事例がな

い場合は独自の算定と企業との交渉が必要になる。

b 付与率

新株予約権行使総額／融資額として計算する。日本政策金融公庫の場合は原則100％で50％下限となっている。行使価格は時価で恣意性がないものとすると、本来は付与率が、金融機関側の格付（デフォルト率）を根拠とする要求利回りと、企業側の調達コストとの間の重要な調整変数となるが、オプション価値などの算定は実務上困難であり、ある程度直感的な決めで運用せざるをえないと思われる。実務的には一律100％としたいところだが、（既存株主との合意やベンチャーキャピタルとの競争もあり）有望な企業であるほど付与率下げの要請は強まると思われる。このため、考え方としては、新株予約権の将来価値を予想し、そこからの逆算による予想利回りが、要求利回りを満たすような付与率を個別に設定するのが一つの方策となろう。

c 行使期間

日本政策金融公庫では償還期限までとしている。新株予約権はそれだけでも保有可能であり、法的には残高とミートさせる必要はないが、新株予約権のみでは（通常は無償発行となるため）金融機関の簿価には載らず管理がむずかしい。実例としては、完済後2年程度を行使期間として設定していたところ、完済後しばらくして上場を果たし、簿価ゼロが数億円に化けたという話もある。

d 新株予約権の処分方法

日本政策金融公庫では、新株予約権の行使はせず、経営者等への売却を前提としている。方法としては、権利行使後の株式での売却や代用払込みなどいろいろなバリエーションがあろうが、企業の資本政策との関係上、十分な配慮が必要となる。

e 融資と社債

銀行引受私募債と銀行借入のどちらがよいかという議論とほぼ同様であり、基本的にどちらでもかまわないと思われる。しかしながら、新株予約権

付融資・社債は、成長期でも初期の企業を対象とすることが多いと思われ、万が一の場合などは融資のほうがハンドリングしやすいのではないかと思われる。

(2) 知的財産権担保融資

知的財産権担保融資は、企業が保有する工業所有権（特許権・意匠権・商標権）やプログラム著作権などを担保にした融資で、不動産担保に過度に依存しない企業への融資手法の一つとして位置づけられる。同融資は2000年前後から始まり、一部の金融機関では相応に実績がみられたが、現状では残念ながら定着しているとは言いがたい。考えられる原因としては、以下があげられる。

① ハイリスク・ローリターンの融資となりやすい傾向

破綻する企業の知的財産権は破綻するなりのもの、ということになる場合が多く、破綻時には実質無担保融資になってしまう可能性も高い。経営や事業環境に原因がある破綻の場合など、理論的には知的財産の価値は別物、ということもいえるが、現実的には破綻した企業の知的財産権に価値は乏しい。また、それのみで価値がある知的財産権は多くなく、ノウハウや人材と一体となってはじめて価値が生じる場合のほうが多い（医薬品の化合物特許等はそれだけで価値が生じる場合もある）。

一方で、まったく担保として意味がないかといえばそうではなく、法的破綻などの場合に、別除権として、かつ、事業継続に不可欠な財産として認められ、（全額の回収は無理でも）再生債権等に比べ、一定の回収が可能となる場合も実際にある。また、当初あまり担保価値を評価していなかった商標権が一定の値段で売却された事例もある。

② 実務負担の重さ

融資時の知的財産権の評価、抵当権の設定手続（譲渡担保か質権設定）、徴求した知的財産権の管理等（特許関連訴訟や特許料納付のチェック等）、

実務負担が非常に重い。

③　知的財産権の担保評価が困難

　金融機関が知的財産権を担保として評価する場合、潜在的な部分まで含めた技術そのものの価値を評価することは、高度な専門知識を要し、かつ不確定要素が多すぎて非常に困難であり現実的ではない。このため、一部の金融機関では、「特許製品等についての事業性を評価し、これに必要十分な知的財産権を担保に徴する」という考え方で、具体的にはDCF法により、当該知的財産権を第三者に譲渡した場合に、譲受人がどれだけのキャッシュフローを創出できるかを査定し、担保価値としていた。

④　知的財産権の流通市場の欠如

　徴求した担保も処分できなければ意味がないが、知的財産権やそれを含めた事業譲渡先を探すことは融資担当者の片手間ではできない。実質的にはM&Aを1件仕上げるようなものである。

　以上、知的財産権担保融資については、若干その難点を強調してしまったが、企業の競争力の源でもある知的財産権を担保にとることは、企業に対する牽制効果が強く、少なくとも、プロパー融資がある程度検討可能な企業への補完的融資手段としての意味は十分にある。しかし、企業にとって虎の子の知的財産を担保として供してまで調達する企業ではあるので、リスクは通常の融資よりは高くなると思われる。

　同融資の運用当初は、デフォルトが先行する可能性もあり、審査部門等の牽制部門からの風当たりが強まったり、業績評価に影響したりすれば担当者の精神的なダメージも大きく、明確なオーソライズのもとで実施しなければ、早々と同融資の運用は挫折することになろう。成長初期の企業に対する資金供給業務は、実務面の整備のみならず、何のためにやるのか、どこまでならやり続けるのか、金融機関経営陣の明確な理念が必要となろう。

(3) ABL（在庫・債権等担保融資）

　ABLは、Asset Based Lendingの略で、企業が保有する流動資産（集合動産、在庫、売掛債権等）を担保にした融資で、(2)に記載した知的財産権担保融資と同様、不動産をあまり保有していない企業や保有する不動産をすでに担保に提供してしまい、それ以上担保提供物がない企業にとっては、新たな資金調達手段として有益な手法である。ABLは、日本では2000年頃に始まったDIPファイナンス（米国の倒産手続（チャプター11）における「Debtor in Possession（占有継続債務者）」に対するファイナンスに由来。日本では、一般的に私的整理手続および法的再建手続を含めた事業再生手続中にある企業に対する運転資金その他必要資金の供与をいう）の延長としてこれまで相応に実績が出ている。詳細は「第4章　ABLファイナンス」に譲るが、ABLの実施にあたっては、担保となる流動資産の評価、担保物である在庫等の確認や管理等のモニタリング、いざという時の担保実行など、通常の融資とは異なった論点があるのは事実であり、知的財産権担保融資同様、広く一般的に活用されている状況とは言いがたい。しかしながら、動産担保や債権担保自体は、金融検査マニュアルにおいて、資産査定上、一般担保として認められており、これらの諸点をクリアすれば、成長期の企業にとっても、それを支援する金融機関にとっても、企業の資金調達を支える有効な手段になりうるはずである。

　ところが実際は、こうした動産担保や債権担保については、担保として徴求している金融機関はあるものの、金融検査マニュアルどおりに一般担保として取り扱っているところはほとんどない。この矛盾については、上記にあげた論点について金融検査マニュアルの取扱いが明確ではないから、という意見もたしかに耳にするが、少なくとも一部の金融機関においては、一般担保として取り扱っており、金融検査マニュアルの明確化ばかりに要因を求めるのは酷であろう。

上記にあげたような論点は、金融機関の担当者が一人で知見を積んでも解決することはできないうえ、それでは、その金融機関でABLを広めていくことにはつながらない。ABLを実施するうえであげた上記論点は、やはり組織としてABLに取り組み、実績を積むなかで、その金融機関なりの水準感が確立されるものであり、その結果として、いっそうの活用が促されるものである。それだけに、知的財産権担保融資でも述べたように、こうした新しい金融手法を金融機関が運用していく場合には、組織的な実施とノウハウの蓄積が求められることになる。

3
グロースキャピタルの活用

　成長期の企業の資金調達では、上述のとおり、将来の事業計画を主な審査対象とするハイリスク・ハイリターン型のエクイティから、企業の決算などの実績が蓄積され始めることで、それらの実績を（ベースとした事業計画を）審査対象としたローリスク・ローリターン型のローンに調達の比重が移ることが想定される。

　一方で、ローン調達力がある企業の場合でも、M&Aや大規模設備投資等（たとえば、償還年数が10年超）により成長加速をねらう際に、財務健全性維持の観点から、ローンだけではなくエクイティによる調達をあわせて検討すべき場合も多い。グロースキャピタルはそのような場合に合致する調達手段である。

　グロースキャピタルの概念は新しく、まだ確立されたものではないが、ベンチャーキャピタルとバイアウトの中間的な位置づけにあるといえる（図表2−1）。ベンチャーキャピタルのレイターステージ投資やPre-IPO投資といわれる投資に近いが、それらがシェアで数％の経営非関与型の投資でありもっぱら上場による早期売却を目的とするのに対し、グロースキャピタルの場

図表2-1 エクイティ調達手法の比較

	ベンチャーキャピタル	グロースキャピタル	バイアウト
対象ステージ	創業〜成長期	成長期	成長期・経営改善・再生
上場・非上場	非上場	非上場または上場	非上場または非上場化
投資規模	数千万円〜数億円	数億円〜	数十億円〜
獲得シェア	数％〜	さまざま	過半数
目標IRR（目安）	20％以上	10〜20％	15〜25％
エグジット	上場	上場またはM&A	M&Aまたは上場
投資家	ベンチャーキャピタル	主にベンチャーキャピタル	バイアウトファンド

合は、数十％から時には過半数のシェアをとりM&A等を主導して企業のバリューアップを図る点などに違いがある。国内での担い手は、投資規模が大きくなることから、一部の大手ベンチャーキャピタルに限られているのが現状である。

　グロースキャピタルにはさまざまな手法が考えられるが、種類株式を工夫することにより、企業と投資家の双方の目的により合致した調達が可能となる場合がある。たとえば、次のような権利を盛り込むことが考えられる。

(1) **優先配当権・残余財産優先分配権の付与**

　投資ファンドの場合、高い利回りが要求されるが、株主全体にそのような高い配当を行うことは困難である場合、優先配当権を付与した優先株を活用することにより、投資ファンドに対してのみ要求される配当を行うことが可能となり、企業にとって全体的な配当負担を限定することができる。

　グロースキャピタルの場合、無議決権としない場合も多いと思われるが、

企業側としては、優先配当権や残余財産優先分配権を付与することにより、1株当りの発行価格を高め、議決権比率を一定程度抑制することも可能となる。投資家側としては優先配当を確実にするために、優先配当を実施しなかった場合のペナルティーとして、無議決権優先株の場合の議決権の発生や実施しなかった優先配当の累積（分配可能額があるのに配当しない場合に限定することも可）等を定める場合もある。

(2) 償還権（金銭を対価とする取得請求権および取得条項）の付与

企業が上場を前提としていない場合、投資家としてはエグジットを確実なものとする必要があり、また企業側としては、一定の目的を達成した後の高い配当負担回避や第三者への売却回避が必要である。

株式の償還は、自己株式取得に近い概念だが、自己株式の取得は、株主総会決議が必要であるのに対し（特定株主からの自己株買いになるので通常の自己株取得よりさらにハードルが高い）、あらかじめ償還権が付与されている種類株式の場合は、分配可能額の範囲内で、投資家が請求したとき（取得請求権）または企業側が請求した時（取得条項）に、総会などの手続を経ずに企業による取得が可能となる。ただし、取得のためには分配可能額が必要であり、その範囲内で投資家が取得請求権を行使した場合、投資家に支払うだけの現金があれば当該株式は償還されるが、現金がなければ当該株式は金銭債務になる。金融機関としては自己資本と認識していた株式が突然償還されて自己資本が減少したり、自己資本が負債に転換されている可能性もある。だからこそ、本償還権のみならず、種類株式の各種権利は株主総会の特別決議を経て企業の定款に記載されるのであり、金融機関として種類株式を発行している企業への融資等を行う場合、企業の定款およびその種類株式の権利事項の確認は欠かせない。なお、償還の際の1株当りの単価は、1株当り純資産価格としたり、一定の算式の取決めにより割増償還とすることも可能である。

(3) 普通株式転換権（普通株式を対価とする取得請求権および取得条項）の付与

　前述の金銭による償還は企業の財務体質を脆弱化させる可能性があるが、企業の提携先など第三者との資本提携や上場は、投資家に対してエグジットの手段を提供するとともに企業がさらなる成長を図るために有効な手段となりうる。そのような場合を想定すれば、第三者への譲渡や上場前に種類株式が普通株式に転換されることが望ましい。これは、企業にとっては、不利な種類株式のままの譲渡を防止することができることに加え、上場の場合は普通株式を上場させることが一般的なためである。投資家にとっては、前述の優先配当権や償還権の設定により確度の高い利回りを確保しつつ、企業がグロースキャピタルをうまく活用して成長を果たした場合に、上場によるアップサイドを得ることができるため、発行条件は企業側に有利な交渉が可能となる。

　転換条件は、種類株式1株に対して普通株式1株が一般的であるが、その比率を高める（普通株を2株以上にする）ことも可能である。ただし、その場合は企業側および他の株主としては希薄化のリスクを抱え込むことになるので注意が必要である。

　また、一般的には、企業側は上場決定時の権利（取得条項）として保有し、投資家側は一定の期日以降やコベナンツヒット時の権利（取得請求権）として保有する場合が多い。前述の償還権と普通株への転換権が、企業側と投資家側で対立する場合もあるので、あらかじめ取決めが望ましいケースもある。

　このような優先配当権＋償還権＋転換権＋議決権の種類株式が、普通株式と比較し、企業にとって実際どのくらい有利な（発行価格を高くできる）調達となるのかは、上場株式では唯一㈱伊藤園が優先株式を上場させているくらいで、明確なことはいえない。米国では、発行価格が普通株の10倍になる

ともいわれるが、みなし清算が可能など米国特有の事情もあり、あまり参考にならない。国内では、普通株式を前提に算定したフェアバリューに、前述の各種権利のオプション価値を上乗せさせるということにはなっておらず、企業側は種類株式発行のメリットを享受していないケースが多いと思われる。

金融機関としては、グロースキャピタルに関し、顧客企業に対して、成長資金確保の一つの手段として助言する一方で、ファンドが提案する種類株式や株主間契約などの内容を注意深くチェックし、債権管理にも支障がないようにすべきである。

4
上場の検討

成長期の企業にとって、資金調達の選択肢拡大という観点からも、株式上場のメリットは間違いなく大きい。また、上場により株式交換などによるM&Aも行いやすくなる。金融機関としても、間接金融の位置づけは低下するとしても、上場のプロセスを通じて、企業のコーポレート・ガバナンスや内部管理体制が整備され、決算数値など企業内容開示の信頼性が向上するなどの効果があり、企業との取引基盤を強固にするためにも、株式上場は（意思決定スピードなどオーナー系のよさが失われる可能性を割り引いても）後押ししたいところである。

一方で、そのメリットを享受するためには、企業にはさまざまな制約やコストも発生するため、企業から株式上場の是非を問われた場合、金融機関としては明快な回答はしにくいのが実情と思われる。

逆に、資金調達がそれほど必要ない企業については、特殊な事情（株主にファンドが入っている場合や事業承継対策の場合等）がある場合を除き、特に昨今の株式市況下では、上場メリットは小さくなっているといえる。その意

味では、企業としては、社内体制整備などいつでも上場できるような準備は行っておき、実際に上場するかどうかは市況をみながら判断、というのが望ましい面もある。

(1) 上場目的

　企業から上場の是非を問われた場合、上場目的に関する企業とのディスカッションを通じて企業自らが上場の是非を判断する手助けをすることが望まれる。なお、一般的には、企業の上場目的に応じて、以下のようなメリット・デメリットがあげられる。

a　資金調達、M&A→◎

　上場目的の基本。資本市場の期待利回りを上回るような成長戦略を描けるかどうかが重要となる。

b　信用度向上→○

　営業面では、新規取引先とスムーズな取引開始が可能となったり、人材採用面では、優秀な人材が集まりやすくなる場合もある。

c　事業承継→△

　円滑な事業承継（相続税納付資金確保など）は企業の継続に欠かせない要素であり、必ずしも否定はできないが、中小企業経営承継円滑化法やそれに伴う事業承継税制が導入されるなど、ほかにも事業承継対策の選択肢は広がっている。これがメインの理由になると、市場からの評価は低くなり、上場コスト（含む上場維持コスト）には見合わないケースが多くなると思われる。

d　借入返済→△

　財務体質改善という点で否定はできないが、デットからエクイティへ、より調達コストが高い資本に置き換えるということでもあり、明確な成長戦略がないと、市場からの評価は低くなり、コスト的には見合わないことになる可能性が高まる。

(2) 上場プロセス

　上場の意思を固めてから上場までは、財務諸表等について2期分の監査法人監査が必要となること等から、最短でも約3年は見込んでおくべきと思われる（図表2－2）。プロセスとしては、主に以下のようなものがある。

a　主幹事証券会社の選定

　主幹事証券会社は、株式上場までの数年間を二人三脚で歩むパートナーとなる存在である。上場時のみならず、上場後もさまざまなかたちで付合いが続くことになる。金融機関としても、直接金融の担い手である証券会社の上場や株式市場等に係る目線を知ることは非常に有意義であり、意見交換をおすすめしたい。

　主幹事証券会社からはプロセスにあわせて複数の部門が登場する。まずは営業部門がマンデート（主幹事宣言書）獲得のために営業に来る。この主幹事宣言書は、企業側が証券会社に対して主幹事を任せることを宣言するもので、証券会社が企業に対して株式上場を約束するようなものではなく、また

図表2－2　上場プロセス

			（直前々期）	（直前期）	（上場申請期）	
	X－4期	X－3期	X－2期	X－1期	X期	
取引所規則				制限期間（継続所有義務）		
			開示対象期間			
主幹事証券		主幹事宣言	コンサルティング		引受審査	
監査法人	ショートレビュー・監査契約		適正意見	無限定適正意見		
証券取引所					上場審査	上場
上場準備室		設立	社内管理体制整備・運用 申請書類作成			

法的拘束力もない。

　証券会社と本格的に上場準備を進めることに合意した場合、公開引受部門と株式上場準備のためのコンサルティング契約を締結し、具体的に上場準備を進めることになる。

　公開引受部門の指導（約1年超の期間）が終わると、審査部門の審査を受けることになる。営業部門や公開引受部門は、株式上場を後押しするような立場であるが、審査部門は、牽制部門として、上場するに耐えうる会社かどうか、厳しく審査することになる。証券会社の審査部門を通過すると、証券取引所への上場申請および取引所審査へ移行する。

　取引所による審査期間自体は、新興市場を中心に短縮化が図られているが、上場申請から上場承認までは3～4カ月程度は見込んでおいたほうがよいと思われる。

　このように主幹事証券会社の役割は、企業の成長戦略上、非常に重要であり、その選定には金融機関としても関心をもって、必要に応じて助言することが望ましい。

　なお、主幹事証券会社の選定のポイントとしては、以下があげられる。一方で、組織としての証券会社に加え、実際にはその担当者（主に公開引受部門に属する担当者）の能力によるところが大きいことはいうまでもない。

(a)　企業の事業および属する業界を深く理解しているか

　社内体制や会計制度の整備、資本戦略、IR戦略等、上場プロセスを進めるうえで、主幹事証券会社が企業の事業および業界の慣習や動向を理解しているかどうかが重要となる。同じ業界に属する企業の株式上場を数多く手がけた実績をもつ証券会社や当該業界について継続してウオッチしている証券アナリストがいるような証券会社が望ましい。

(b)　十分な販売力（株式引受能力）を有しているか

　証券会社の販売力は、会社やステークホルダーにとって重要となる公開価格の設定にも影響する可能性がある。株式市況が堅調な時期の新興市場への

上場であればそれほど気にする必要はないが、昨今のような低迷する新規上場市場では証券会社の販売力は重要となる。機関投資家等多くの投資家ネットワークをもつ証券会社であれば適切な公開価格の設定も可能である。

単純に販売力のみを考えると、大手証券会社ということになるが、大手以外のほうが当該企業の属する業界に関する理解が深い場合や、きめ細かいサービスが可能な場合もあり、それらのバランスのなかでの判断となる。

そもそも新興市場への小規模な上場となると大手証券側のコストがあわず引き受けてもらえない場合も多い。主幹事証券会社の販売力に不安があれば、シ団（引受シンジケート団）でカバーする（例：多くの個人投資家口座を有するネット証券会社等を入れる等）ことも可能であろう。

(c) 上場後もさまざまなサービスを提供する能力を有するか

企業にとっては、上場も重要であるが、上場後はさらに重要である。もちろん、そのつど主幹事証券会社を変えることは不可能ではないが、上場時のパートナーとの付合いは継続するほうが合理的である。上場後にアナリストレポートでカバーしてもらえるのか、最適なファイナンス戦略をアドバイスしてもらえるのか、M&A等のバリューアップ機能を有するのか、等は重要な観点となろう。

b 監査法人の選定

株式上場に際しては、証券取引所の規則により、財務諸表について最低2期分（東証1部・2部では3期分の場合あり）の監査（直近1期分は無限定適正意見）が必要となっており、原則として上場申請直前々期の期初には監査契約が締結されている必要があった。日本において株式上場準備期間が長期に及ぶ要因として指摘され、遡及監査を認める流れもあるため、今後必要期間は短縮化される可能性はあるが、株式上場の意思が固まったら早めに監査法人を選定するほうがよいと思われる。監査法人とは監査契約を締結する以外にも、ショートレビューの実施やコンサルティング契約等、事前にいろいろな指導の受け方があるので、金融機関としても、財務諸表の信頼性向上のた

めにも、早めに監査法人の指導を受けながら財務諸表の整備を進めていくように助言するのがよいだろう。

どの監査法人を選定するかについては、上場会社監査事務所登録制度が導入されており、そのなかから選定することになろう（2011年12月時点で約150事務所）。監査法人の選定にあたっては、会計方針について、主要な部分は（特に業界特有の会計慣行を認めてもらう必要がある場合など）、すりあわせをすべきであろう。上場準備期間に入ってから、会計方針の違いなどを理由に監査法人を変更することは、できるだけ避けたい。

c 社内上場準備室の設置

上場準備作業は、述べてきたように主幹事証券会社や監査法人などの指導のもと、部門横断的に全社をあげて進めていく必要があるが、主幹事証券会社や監査法人の対応窓口、上場準備の進捗管理、膨大な上場申請書類の作成統括など、コントローラーとしてプロジェクトチームが必須となる。

上場準備室は社長直轄の機関として、担当役員をトップに据え、経理、総務、企画、購買、生産、販売等の各部門から各部門の業務に精通した人を最低1名選出し構成されるのが一般的である。現実的には、管理部門に人数を割く余裕がない会社も多く、3～5人のチームが激務に耐えながら上場準備を進めている例が多いようである。

上場準備室の設置時期は、前述した主幹事証券会社によるコンサルティングや監査法人監査が始まる時期前後の上場申請直前期末から2年前までには編成する必要がある。上場申請直前期の1年間は、これらによって整備された社内管理体制のもと、会社運営される必要があり、その運用実績が上場審査の対象ともなる。

5
産学連携支援

　産学連携は、いわゆる大学発ベンチャーのように大学等研究機関の発明そのものを主事業として企業化する場合もあれば、企業がさらなる成長を企図して、大学等研究機関の発明を利用し、自社製品に改良を加えたり、製品ラインアップに新製品を加えたりすることもありうる。

　1999年の日本版バイ・ドール（産業活力再生特別措置法の一部）の施行や2004年の国立大学の法人化を大きな契機として、大学の知的財産本部やTLO（Technology Licensing Organization（技術移転機関）の略で、大学研究者の研究成果を特許化し、それを企業へ技術移転する法人のこと）に産業界の人材が活用され、大学等研究機関内のルール（権利帰属、利益配分、役員兼業など）が整備されたことで、産学連携は一部の大企業と有名教授個人の関係ではなく、どのような企業でも活用できるツールとなっている。なお、具体的には、以下のような活用方法や留意点があげられるが、金融機関としては、企業のニーズに応じ、適切な情報提供や注意喚起ができれば、付加価値の高いコンサルティングが可能となろう。

(1) 共同研究

　技術系の企業であればおそらく、自社の事業に関連して、先端的な研究を行っている研究者は把握している場合が多いと思われる。いきなり特許の導入もありえなくはないが、まずは受託研究や共同研究から始めるのが現実的であろう。研究者に直接依頼するか、伝手がなければ各大学等研究機関の専門部署経由でアプローチする方法もあろう。各大学等研究機関のホームページには多くの場合、産学連携センター、知的財産本部、TLO等のページがあり、具体的な方法についての記述もある。費用は、当該研究遂行に必要な直接経費のほか、間接経費（直接経費の10〜30%）が通常必要となる。

なお、共同研究契約に関しては、多くの専門書が出ているのでそれらを参考にしていただきたい。国立大学の法人化により、大学教職員の発明は原則として大学に帰属することとなり、大学側の権利意識が急速に高まったことを背景に、いわゆる「共有特許の不実施補償」の問題など、共同研究契約の交渉は従来以上に手間のかかる仕事となっている。

(2) ライセンス契約

すでに大学等研究機関に特許がある場合、それらのライセンス契約を通じて、新事業進出を図ることも考えられよう。ライセンスには、通常実施権、専用実施権、独占的通常実施権などの種類があり、どれを選択するかは、企業における当該新事業の重要性とコストとのバランスで検討することになるが、サブライセンスの確保も重要である点には留意したい。なお、ライセンス契約のポイントについても多くの専門書があるのでそれらを参考にしていただきたい。ライセンス契約締結時には知的財産権に詳しい弁護士によるチェックは必須である。

また、その新事業が企業にとって企業価値の根幹となりうる場合などは、企業としてはライセンスではなく譲渡を交渉することもあろう。法的には専用実施権でほぼ同等の効果が得られるが、IR的な効果、特許戦略上の観点、トータルコストの観点で譲渡を受けたほうが望ましい場合もある。譲渡のほうが初期コストはかかるが、成功した場合の実施料は払う必要がないので、トータルコストは安くなる。逆に、大学等研究機関側は、よい特許であるほど、将来の実施料収入を期待できるので、ライセンス交渉以上に譲渡交渉のハードルは高い。

なお、最近では、国立大学法人でも、大学側がライセンスの対価として企業のストックオプションを受領したり、大学側が特許を企業に現物出資する等の事例もあり、スキーム面の工夫により、企業側の当初コストを抑えつつ、大学側の将来的なアップサイド受領の余地を残すことも可能になってい

る。

(3) その他の留意点

　共同研究はもちろんのことライセンスでも、産学連携は人的な交流がベースとなる。大学等研究者の取締役兼務や株式等の取得は、大学ごとに定めた一定のルールのなかで認められている場合が多い。しかし、そのルールは複雑であったり、大学内の手続が煩雑であったりする。研究者は必ずしも得意とはしない部分ではあるので、企業側は大学事務部門との調整など適切にフォローすることが求められる。企業の上場直前にそれらの手続に不備が見つかり上場が延期になったり、研究者がなんらかの処分を受けたりすることは避けなければならない。

　また、企業が研究者に対して取締役就任などを依頼する場合は、求められる役割、権限の範囲、取締役としての責任等について十分に理解してもらうことも重要である。一部の大学発ベンチャーのように、企業が大学等研究者の分身であるかのような場合は、金融機関としては注意が必要である。アカデミアのなかで研究者が行いたい研究と企業として行うべき研究は当然ながら違いがある。企業と研究者の役割分担については、事前に十分な意思疎通と合意が重要となる。

6
ビジネスマッチング支援

　ビジネスマッチングは、銀行法上に定める「その他付随業務」として、顧客に対して金融機関が提供するコンサルティングサービスの一環としてすでに定着し、各行さまざまな取組みを行っている。近時では、全国地方銀行協会が東日本大震災の被災地企業を支援するため、「被災地企業支援情報ネットワーク」の運用を開始し、被災地銀の取引先の要望を協会が仲介し、被災

地エリア外の会員各行と情報を共有する仕組みを展開している。具体的には、①被災地産品の仕入れや購入希望、②被災地への機器・機材などの無償提供希望などである。

ビジネスマッチングとは、このように、企業の事業展開を支援するうえで、事業パートナーとの出会いの場をネット上もしくはリアルな場で提供することにほかならないが、コンサルティングサービスを提供する金融機関としては、より実質的な、人と人、企業と企業の引合せを行うことができたか、という顧客満足度に着目する必要がある。

また今後は、展示会形式による集合ビジネスマッチングだけではなく、より当該企業独自のニーズをふまえつつ、新市場開拓や将来の提携・再編の可能性まで視野にとらえた、金融機関から提案するビジネスマッチングの構想が求められていくことになるであろう。

以下では、本章で対象としている成長期の企業に対するビジネスマッチングについてのポイントや実例を紹介するとともに、ビジネスマッチングの将来像について考察する。

(1) 成長期の企業にとってのビジネスマッチング

成長期の企業にとってのビジネスマッチングは、事業拡大の大きなチャンスとなりうることから、企業側・金融機関双方にとっても重要な取組みとなる。ここでは、企業規模の点からビジネスマッチングの形態を俯瞰する。

a 成長期の企業と大企業のビジネスマッチング

成長期の企業と大企業のビジネスマッチングにおいては、成長期の企業の製品・サービスを大企業に紹介する形態が一般的である。

成長期の企業にとっては販路拡大、売上向上に直結するためニーズも高い。また、成長期の企業の製品・サービスに関し、そもそも提供可能な大企業が限定される場合には、両社の経営戦略をふまえつつ、どの企業を紹介するか、という選択自体に付加価値が生じる。他方、製品・サービスが汎用的

であれば、いかに効率的で継続可能な紹介の仕組みを金融機関が提供するか、という運用面に付加価値が生じる。

なお、本ケースでは、以下の2点に留意する必要がある。

① だれとだれを引き合わせるのか

　大企業の場合、意思決定システムはボトムアップのケースが多く、その場合、たとえば、社長―役員―部長―課長―担当という組織のなかでは、ファーストコンタクトとしては担当がターゲットになるものの、その後の検討に時間を要する可能性がある。他方、トップ営業と称して社長に直接アプローチをした場合、役員以下の現場との今後の交渉に支障をきたすケースもある。当然ながら、成長期の企業側の「だれ」を引き合わすのか、というバランス面での考慮も不可欠である。この点については、より実質的な効果を生むために、という視点と大企業のより円滑な意思決定を引き出すために、という視点をふまえて、引合せを検討する必要がある。

② 金融機関が同席するか否か

　提供する製品・サービスが専門的であって、その内容自体の優劣が紹介の成否を握っている場合には、当事者間での交渉に委ね同席は不要であるが、そもそも成長企業の属性や紹介金融機関との関係性などが議論になる場合には、関係者の同意を前提に同席するほうが望ましい。

　いずれにせよ、本ケースでは金融機関側でも部署をまたがる紹介になるケースがほとんどであることから、上記いずれの点においても、部署間で事前に十分すりあわせを行う必要がある。担当する取引先企業の規模の大小にとらわれず、そもそも互いの取引先企業の事業発展に寄与する提案である、という共通目標をもって臨むことが求められる。

b　成長期の企業同士のビジネスマッチング

　成長期の企業同士の紹介は、製品、サービスの相互提供に加え、より高い成長を実現するための業務提携等も視野に入る。金融機関も、成長期の企業の場合、経営者との距離が近いケースが多く、より実質的かつスピーディに

進められる特徴がある一方、双方の思惑や距離感等を十分に見極めながら進める必要もあり、金融機関としての日頃の関係性が問われることとなる。

なお、成長期の企業同士のビジネスマッチングでは、業務提携にとどまらず、M&Aや再編に発展する可能性も少なくない。このため、金融機関にとっては、将来のファイナンス等につながる可能性もあるビジネスチャンスとなる。

(2) 金融機関での取組事例

一部の金融機関では、ビジネスマッチングの推進部署が存在し、組織的に取り組んでいる。D銀行では、行内において、各部店の取引先の販路開拓ニーズ集などの情報を集約したシステムをベースに、部店間の情報共有を図り、取引先ニーズの実現のため、部店間の連携体制を構築している。以下、D銀行における具体的な取組みを紹介する。

a 異業種交流会

D銀行においては、主に成長期の企業を担当している部署が中心となり、中堅企業を対象に、異業種の取引先間相互の紹介を積極的に支援する枠組み（ビジネスマッチングのための取引先会）を創設している。

同会は過去2回開催されているが、同会での引合せをきっかけに、取引先間相互で個々の製品・サービスの提供や購入にとどまらず、新たな業務提携などの案件も進んでおり、D銀行では、今後も成長期の企業支援の大きな柱の一つとして取り組んでいくこととしている。なお、D銀行における同会の特徴は、以下の2点である。

① 講演は取引先によるビジネスマッチングを展望した事業紹介

同会は取引先間の親睦という目的ではなく、あくまでビジネスマッチングに特化した実質的な会との位置づけのため、講演は取引先の社長に依頼し、当該企業の事業紹介を中心とした内容となっている。

② 事前に参加企業リストを交付し、各企業から紹介希望先を聴取、当日の

会場では、担当者は当該希望に応じて引合せをサポート

　異業種間の取引先会ということもあり、企業情報の事前共有は不可欠との認識のもと、参加企業の了解を得て、公開情報をベースとした紹介リストを作成し事前配布している。紹介希望企業を事前にヒアリングし、当日は担当者2名（紹介企業、被紹介企業）が相互に連携し、引合せを実施している。

　b　広報支援

　D銀行では従前より、ホームページやディスクロージャー誌上で積極的に投融資事例を公開していたが、成長期の企業にとっては知名度向上も大きな経営課題ということもあり、以下のように、顧客サイドに立ったより積極的な広報支援へと拡充を図っている。

　(a)　自行広報媒体への掲載

　知名度向上には、本来テレビ・新聞等への取上げが最も効果的なものの、掲載の可否や時期について能動的に関与できないため、取引先の広報支援の展開上、制約がある。他方、自行の広報媒体については、対外効果に限界はあるものの、両者の合意により任意に進められるものであることから、広報セクションと連携しながら積極的に進めることが可能である。

　D銀行では、自行ホームページへの掲載（投融資事例）、広報誌への社長インタビュー記事掲載、関係企業月刊誌への事業紹介記事掲載などを実施。こうした取組みは、前述のように対外的な知名度向上には限界があるものの、D銀行内でビジネスマッチング上の個社情報を共有する点で有効であることや、掲載媒体を企業側が自らの営業活動に活用できる等の効果もあるとのことである。

　(b)　自行スペースの活用を通じた取引先紹介

　同様にD銀行では、本店のロビースペースを利用し、取引先の製品、サービスの紹介展示を行っている。テーマに応じて半年ごとの入替展示を行っており、これまでに相当数の紹介展示を行っている。当該スペースは、待合せ

スペースになっているため、来客への露出頻度が高く、展示内容をみた人から問合せもあるようで、相応の広報支援効果が出ているとのことである。

c　復興支援

D銀行では、震災復興の主要支援業務として、取引先および関係先（東北エリア企業一般も対象）の製品やサービス拡販、観光客誘致等に協力するビジネスマッチングも「Buy & Visit Tohoku」と称して積極的に展開している。今後、復興が本格化していく過程において、こうした東北域内外のビジネスマッチングの機会は増加するものと思われ、またそのような機会を能動的につくりあげていくことが復興の加速や具体的な成果に結びつくと思われることから、D銀行では、今後も組織的な展開を進めていく予定である。

(3)　ビジネスマッチングの将来像

ビジネスマッチングという、製品、サービスを媒介とした企業間の紹介は、従前から金融機関は「営業あっせん」「商材あっせん」と位置づけて行ってきた活動である。しかしながら、ファイナンスを企業向けのソリューションのゴールと考える立場からみれば、こうした活動はあくまで傍流であり、取引先からの依頼に基づいて、あくまで受身かつ補助的に取り組んできた活動にすぎず、そうした印象をいまだにもつ金融機関関係者も少なくない。他方、収益源の多様化という経営施策のもと、有償ビジネスマッチングを積極的に展開しフィービジネスの柱に育成しようという考え方もあり、「コンサルティング機能の発揮」という名のもと、取り組まれている活動の背景は各行さまざまである。

いずれにせよ、金融機関を取り巻く競争環境が厳しくなることが見込まれるなか、取引先企業の金融機関を選別する目線も上がっていくことが見込まれよう。特に成長期の企業については、オーナー社長といかに問題意識を共有できるかが大きな鍵となるため、ファイナンススキームの組成ノウハウや金利競争力といった資金回りだけにとどまらない対応力が求められる。すな

わち、いかにその企業の製品・サービスを熟知したうえで、日常的に当該企業の成長支援を提案できるか、という能力が問われることとなる。一見迂遠ながら、日々ビジネスマッチングを継続的に行うことでこうした能力は培われ、またその企業との信頼関係は深度を増していくものである。

7

海外進出に向けた情報提供等

　企業との金融取引を考えるうえで、これまで以上に意識しなければならないのは海外との関係である。金融機関の現場でも、これまで外国為替も扱ったことがない企業から、突然、海外進出や、新興国への輸出の相談が持ち込まれ、対応に苦慮する場面がふえている。この背景には世界経済の構造的な変化があるのではないだろうか。ここからは、まだ発展段階にある成長期の企業等中小企業と海外とのかかわりがふえてきた背景や海外事業展開における課題を理解することにより、それに対応して金融機関にどのような情報・ノウハウの提供が求められているかをみることとしたい。

(1)　新興国の台頭とアジア経済の拡大

a　アジア経済の概観

　まず、近年特に重要度を増しているアジア経済・新興国経済の状況をみてみる（本項におけるアジア経済には、日本を含めない）（図表2-3）。

　国際通貨基金（IMF）が2011年9月に推計した世界の国内総生産（GDP）の合計は、62.9兆ドルである。1980年に約2兆ドルのGDP規模だったアジア経済は、2010年には16兆ドルを超え、世界全体の2割強に達した。IMFは、2015年には、約24.4兆ドルと米国を超え、NAFTA（北米自由貿易協定）、EU（欧州連合）を超える経済圏になると予想している。

b 生産拠点＝「工場」としてのアジア

次に、アジアと日本の結びつきを、製造業の生産活動の面からみると、アジアの生産拠点＝「工場」としての位置づけが鮮明となる。図表2－4のと

図表2－3 世界の名目GDPに占める新興国・先進国のシェア

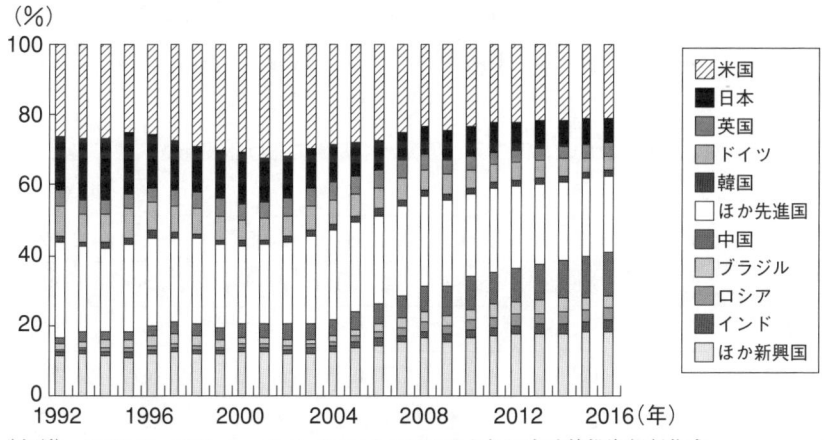

(出所) IMF World Economic Outlook April 2011より日本政策投資銀行作成。

図表2－4 主要工業製品の国・地域別世界生産シェア

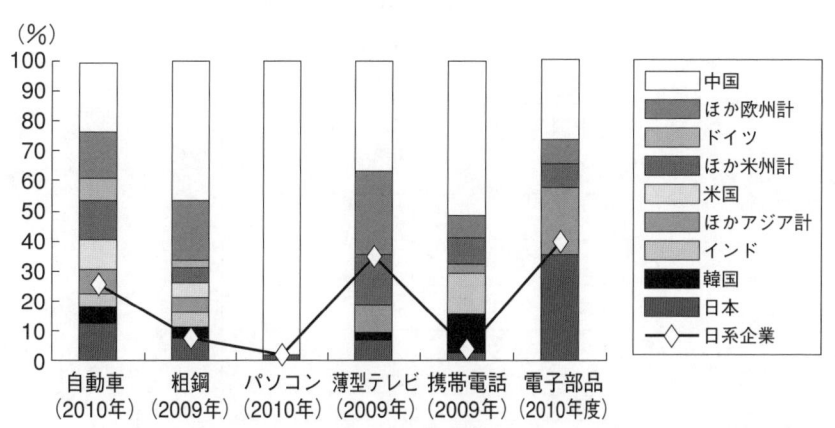

(出所) 日本国勢図会2011／12、電子情報技術産業協会ホームページより日本政策投資銀行作成。

おり、電子機器、自動車、粗鋼等の各製品の生産状況ではアジアの比率が大きいが、電子部品については日本のシェアが非常に高い。これは、この十数年日本企業が中心となって構築してきた日本で部品を製造・輸出し、中国やアジアで最終組立てを行う生産ネットワークによる製造工程の結果である。こうした状況を受け、アジアがわが国最大の進出地域となっており、法人数も年々増加している。2009年度には、わが国のアジア現地法人数は1万社を超えていたが、その内訳は中国が40％を占め、ASEAN各国がこれに続く。

図表2－5　わが国の北米、アジア、欧州、中南米における現地法人数の推移

（単位：社）

	1997年度	1999	2001	2003	2005	2007	2009
北　米	3,122	3,082	2,596	2,630	2,825	2,826	2,872
中南米	756	888	738	766	823	892	900
アジア	6,231	6,762	6,345	7,496	9,174	9,967	11,217
欧　州	2,373	2,452	2,147	2,332	2,384	2,423	2,522

（出所）　経済産業省「海外事業活動基本調査」より日本政策投資銀行作成。

図表2－6　わが国のアジア現地法人数の国・地域別内訳

2009年度	11,217社
中国	40％
香港	9％
タイ	8％
シンガポール	7％
マレーシア	4％
インドネシア	4％
台湾	2％

（出所）　経済産業省「海外事業活動基本調査」より日本政策投資銀行作成。

アジア生産ネットワークの拡大を受け、セットメーカーから部品メーカー、完成品から加工業者といったかたちで、中小企業も多数進出している（図表2－5、図表2－6）。

c 「市場」としてのアジア

また、アジアについては、「市場」として、すなわち商品やサービスを売る先としても注目する企業がふえている。この背景にあるのは、世界人口の約5割を占める33億人にのぼる人口規模だろう。アジアには、人口13億人の中国、12億人のインドといった人口大国が存在し、アジア全体で世界人口の約5割を占めている。巨大な人口を抱えるアジアが経済成長し、人々の購買力が向上する影響が今後の世界経済を動かす要因となるだろう（図表2－7）。

d 中小企業にとってのアジア

以上のように、生産拠点としてのアジア、市場としてのアジアがそれぞれに存在感を増すなかで、中小企業の対応の必要性はこれまで以上に高まっている。大手製造業がアジアへの生産シフトを速めるなか、関連する中小製造業もいつまでも国内にとどまってはいられない。また、消費市場としてのアジアの台頭は、これまで「日本国内でしか売れないと思っていた」商品がアジアで売れる可能性を秘めている。日本の果物や高級箸が、アジアのデパー

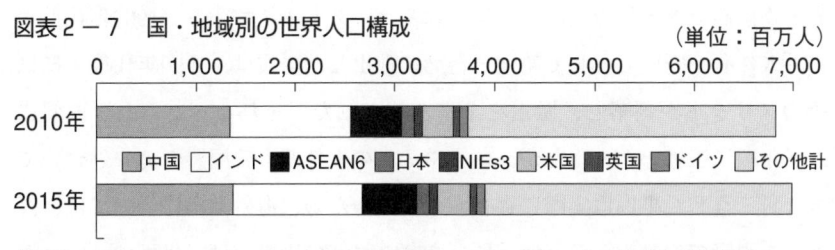

図表2－7　国・地域別の世界人口構成　　　　　　　（単位：百万人）

(出所)　国連World Population Prospects 2008 revisionより日本政策投資銀行作成。
　　　　ASEAN 6：シンガポール、インドネシア、タイ、マレーシア、フィリピン、ベトナム
　　　　NIEs 3：韓国、台湾、香港

トに贈答用として並び、富裕層に飛ぶように売れているのが一例である。アジアからの観光客の宿泊・飲食や、土産物の販売も、アジアの消費市場を取り込む手法の一つだろう。輸出も輸入もしたことがない企業がアジアに目を転じることで大きなチャンスを手にする時代が目の前に迫っているのである。しかし、チャンスは課題でもある。安易な取組みは失敗するし、警戒しすぎも機会を逃す。このため、金融機関にはこれら企業の海外ニーズを汲み取り、正確な情報を提供することが求められている。

(2) 海外展開の進め方

次に、海外進出の具体的な流れをみていくことにしたい。なお、作成にあたっては独立行政法人日本貿易振興機構（JETRO）ウェブサイトの「初めての海外進出」を参考にした。

a 最初に検討すべき事項

成長期の企業を含む中小企業が海外進出の検討を始める場合、最初に検討すべきはその目的である。市場の開拓、生産コストの削減、部品・商品の調達拠点設置、新規事業の立上げ等進出を考えるきっかけは各社さまざまであるが、重要なのは、進出の目的と自社の事業戦略のなかでの位置づけを明確にすることである。

以前は、コスト削減目的での海外進出が多くみられたが、急速な賃金の上昇・物価高で進出先の見直しを迫られるケースもふえている。1980年代前半に「人件費が安い」として韓国・台湾に進出した企業は、1990年代後半にはそのメリットが剥落し、撤退を余儀なくされた。それならと、上海近郊に2000年頃に工場をかまえたが、いまやそこの人件費も韓国・台湾に近づいてきた。こうした事例は実際に存在する。そのため、海外進出については、長期的な視野で検討することが重要であり、最初の段階では、以下のチェックポイントを確認すべきである。

① なぜ、いま進出しなければならないのか。
② 国内への投資ではダメか。
③ 自社の体制は十分か（人材、資金繰り）。そうでない場合の対策は何か。
④ 社内の合意は得られるのか。説得材料は何か。
⑤ 進出しないとしたら、どういう選択肢があるのか。

　十分な検討の結果、「やはり進出」となれば、次に具体的な進出イメージをつくっていく。まずは、事業が成立するための売上げ、投資回収のメドを検討し、多少大雑把でも進出計画案を策定することが重要で、3～5年で黒字転換するプランが最初のたたき台となろう。表の形式は、時期と工程を検討し、EXCELなどのスプレッドシートで作成するのがよい。
　「大企業ではないのだから、社内決定にそこまでの手間をかけなくても……」という企業もあるだろう。ただ、海外当局は外資に投資許可を出すにあたってフィージビリティ・スタディ（実行可能性調査、略称F/S）の提出を求めることも多く、早い段階でこの「たたき台」をつくっておくことは、決してムダにならない。

b　進出先の検討

　また、進出先の候補がいくつかある場合は、さまざまな角度から各国の事情を比較・検討する。自分の目でみて確認することも重要である。これだけにとどまるわけではないが、以下にややマクロ的な視点での代表的なチェックポイントをあげておく。

① 各国の法規制上進出が可能なのか（自社のビジネスが現地でできるのかどうか）。
② 外資規制の厳しさ。

③ 政治・経済の安定度。
④ 人件費・労働者の質。
⑤ 信頼できるパートナーがいるか。
⑥ 日系企業・外資系企業の進出状況はどうか・市場はあるか。
⑦ 物流事情はどうか。

c 進出の法的形態

続いて検討が必要なのは進出の法的形態である。現地法人設立が典型例だが、国によってさまざまな形態がある。図表2－8に代表的な法的形態を列

図表2－8　海外進出の代表的な法的形態

現地法人……進出先国の国内法人になる。
支店……日本本社と同一法人で、日本本社が支店の法律行為についてもすべて責任を負う。営業活動が可能であるが、国によっては設置そのものが認められていないことや、外資の出資比率に制限のある分野での活動ができないことがある。
駐在員事務所……現地での営業権をもたず、日本本社の一部として連絡業務、情報収集、市場調査、販売代理店の支援などを行うことが一般的。

図表2－9　現地法人の資本関係分類

単独出資
自社の出資のみで会社を設立するため、完全子会社となる。自社の裁量で会社経営をできる一方、慣れない土地での当局との折衝や販売網の構築も独自に行わなければならない。国によっては、外資100％の企業設立が認められないこともある。
合同・合弁出資
合弁企業は現地企業のノウハウを生かした経営が期待できる一方、経営の自由度に制約があり、解散・撤退の際にさまざまなトラブルになることもある。国・業種によっては法律で、外国資本の出資比率が制限されていることもある。信頼できるパートナー探しが成功の鍵となるであろう。

挙するとともに、典型例である現地法人の資本関係分類を図表2－9に例示する。

d　撤退時の判断基準

また、撤退時の判断基準を想定しておくことも重要である。カントリーリスク（戦争、動乱、災害、政策変更）、採算、パートナーとのトラブル、労務問題等海外での事業展開には予想外のリスクが発生する可能性がある。ここまでのリスクは負うが、ここまできたらストップする、という基準をあらかじめ決めておくことが重要である。撤退の手続についても事前に調べておく必要がある。

e　ビジネスプランの検証

最後に、ここまでの要素をもとに、ビジネスプランの検証を行う。進出先の国・地域での法律上の規制、労務環境、進出形態などについて、ある程度、実行可能であるとの感触を得たうえで、調査した諸データを入力して、国内での予備調査（プレFS）に移る。ここでも、進出計画は表形式にして、当初作成した計画表を更新していくかたちがよい。この段階では、より詳細な情報にも目配りしていく。当初は資本金送金ですむとしても、進出後の資金調達や利益送金の情報は、途上国ではよくわからないことが多い。駐在員のビザ・住環境の調査も重要である。

具体的な候補地を決めたら、現地に行って、生の情報を得ることも必須である。もちろん、中小企業にとって海外出張のコストは小さくない。国内でできるだけ多くの情報を集め、検討したうえで、現地でしか得られない情報を効率的に得ていくことが必要である。金融機関が候補地に現地拠点を設けていれば、金融機関にとっても、この調査に同行することで取引深耕を図る大きなチャンスとなるだろう。現地で行うべき調査のポイントは、以下のとおりである。

① 国内で調べたことが実際に合致しているのかの検証

②　国内で調べられなかった細かな事項の調査
　③　現地事情を自分の目で確認
　④　パートナー・取引先候補を対面で確認

　なお、特にアジアへの進出にあたっては、日本人、現地人を問わずさまざまなコンサルタントが介在する。良心的な業者も多いが、「玉石混交」というのが実情である。「現地政府にコネがある」「日本の有力者と親しい」などの言葉に乗せられ、大金を失ったオーナー経営者のうわさもしばしば耳にする。金融機関としては、こうした面にも目配りが欠かせないだろう。

(3)　海外進出後の課題

　ここでは、海外進出を果たした企業が、現地企業経営においてどのような課題を抱えているかをみることにしたい。

a　全体傾向

　中小企業白書2010年版によると、中小企業の現地における課題としては、①生産調達関係40.0％（品質管理36.5％、納期管理3.5％）、②営業販売関係22.5％（販路の確保・拡大18.5％、信頼できる現地パートナーの確保4.0％）、③経営管理関係11.5％（コスト管理11.0％、インフラの未整備0.5％）、④人事労務関係10.5％（人材確保・労務管理等）、⑤経理財務関係7.0％（投資費用の調達・資金繰り等）、⑥法令制度関係6.5％（法制度・行政手続等）、⑦技術研究関係1.0％（技術流出対策・知的財産権保護等）、⑧その他1.0％の順となっている。全体としては、生産調達関係と営業販売関係の比率が高く、6割強を占めている（図表2－10）。

b　個別課題

①　生産調達

　　生産調達関係の内容としては、生産・品質管理の困難性、原料の品質・安定調達、調達コスト・生産コストの上昇、納期短縮化・納期の不安定、

図表2-10　中小企業の現地における課題

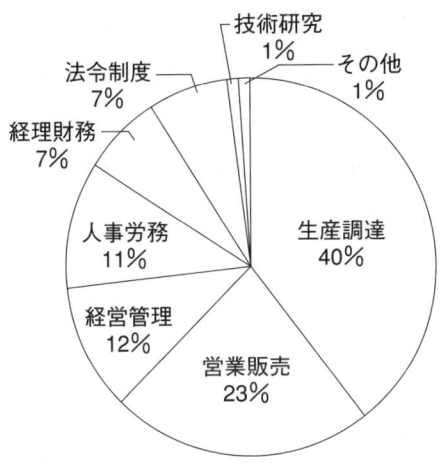

- 生産調達 40%
- 営業販売 23%
- 経営管理 12%
- 人事労務 11%
- 経理財務 7%
- 法令制度 7%
- 技術研究 1%
- その他 1%

（注）　小数点以下を四捨五入した関係で、合計すると100%以上となっている。
（出所）　中小企業白書2010年版再編加工。

現地の調達先企業の開拓等があがっている。生産調達を適切性・安定性・効率性の各々を着実に担保しつつ行うという視点といえよう。

② 営業販売

営業販売関係の内容としては、現地の消費志向・需要動向の把握、販売力の高い販売代理店の開拓、現地販売先（日系企業・地場企業）の開拓、現地の商習慣への対応の複雑さ等があがっている。営業販売を推進するには、マーケットの状況確認、販売代理店との関係構築、日系・地場の顧客開拓をいかに行うかが肝要との観点であろう。

③ 経営管理

経営管理関係の内容としては、輸送・物流コストの増大、現地の社会不安・治安等の悪化、収益性の悪化、現地への権限譲渡の方法等があがっている。経営全体を総合的に管理するとともに、電力・物流等を筆頭とするインフラ等、外部環境をチェックするものである。

④ 人事労務

　人事労務関係の内容としては、質の高い管理者層・従業員・技術者等の確保、賃金コストアップ等があがっている。ことに中間管理者層（現地職員）は、日本人管理職と現地職員の橋渡しをし、効果的な業務運営を行ううえで枢要な役割を担うところ、かかる人材の確保を行うことが重要な課題として認識されていると思われる。

⑤ 経理財務

　経理財務関係の内容としては、為替変動への対処、現地の会計・税制制度への対応、資金調達の困難性・資金調達コスト等が指摘されている。為替対策、財務会計、資金調達は、密接にリンクしており、日本の親会社の関与がどの程度あるかにより、大きな影響を受けるといえよう。

⑥ 法令制度

　法令制度関係の内容としては、商標ブランドの侵害・模倣品の防止、発注契約など契約行為の確実性、現地適用法規制度の厳格化・改定対応等があがっている。法令制度については、体系的な全容、改定状況、そして実際の運用状況を把握することが必ずしも容易でない場合もあり、注意が必要といえるであろう。

⑦ 技術研究

　技術研究関係の内容としては、技術情報の漏えい防止・監視、知的財産権の管理、海外との共同研究・開発等があがっている。特に中小企業には、高い研究開発力をどのように自己防衛するかという観点とともに、これを高めるための研究開発等をどのように進めるかという戦略が求められていると考えられる。

c　資金面での課題

　次に、資金面での課題を細かくみてみる。現地における資金調達手法をみると、大企業・中小企業ともに「現地資金は主に本社からの資金送金でまかなっており、現地での資金調達はほとんど行っていない」と回答する企業の

図表2－11　現地での資金調達方法

■ 主に現地金融機関から資金調達を行っている
□ 主にグローバルなネットワークをもつ金融機関から現地で資金調達を行っている
▨ 自社グループ内の金融会社を設立しており、現地資金は主にその金融会社からの資金送金でまかなっているため、現地での資金調達はほとんど行っていない
▨ 現地資金は主に本社からの資金送金でまかなっており、現地での資金調達はほとんど行っていない

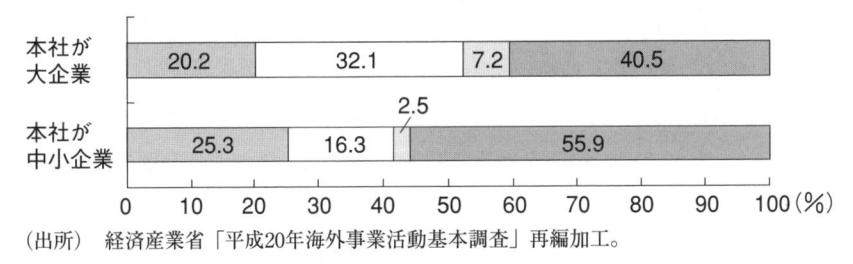

本社が大企業	20.2	32.1	7.2	40.5
本社が中小企業	25.3	16.3	2.5	55.9

（出所）　経済産業省「平成20年海外事業活動基本調査」再編加工。

割合が高く、その傾向は中小企業のほうがより顕著である（図表2－11）。ここから、中小企業は国外における資金調達が困難であることがうかがえる。とりわけ直接投資を行う場合は、国内に加えて国外の事業に必要な資金も国内で調達しなければならない「二重の資金負担」を抱えており、中小企業の国際化を支援する際には、金融面での支援も重要であると考えられる。

(4)　海外展開に関する企業の関心事項

ここでは、中小企業が海外展開にあたってどのような関心事項をもつか、実際に金融機関に寄せられた質問を通じて考えることとしたい。

a　（事例1）進出前のマーケット調査

〈A社概要〉
業種：中古自動車販売業
〈相談内容〉

> a国で現地法人を設立し、中古車を現地で仕入れ、東南アジア、インド、中国に向け輸出していきたい。それにあたり、a国における中古車市場の状況、中古車の売買方法、中古車販売業者の概要、中古車売買や輸出における法規制について教えてほしい。

　中古車販売は地方の中小企業が得意とする業態である。国内市場が頭打ちのなか、海外に活路を求める戦略は妥当だろう。ただ、中古車売買は国によって規制がさまざまである。新車市場はプレイヤーが完成車メーカーなので、業界事情もわかりやすく、比較的情報も入手しやすい。一方、中古車については、まとまった情報を得ることが容易ではないため、金融機関に情報提供を依頼したものと思われる。金融機関としては、業界の規制・競争環境を調査することで、取引先が進出計画を適切に検討できるように努めるべきだろう。進出となれば、外国為替、事業資金の日本での借入など、ビジネスチャンスにつながる。進出に伴うリスクを事前に把握することも与信管理上重要である。

b　（事例2）協力工場の候補先探し

> 〈B社概要〉
> 業種：金型メーカー
> 〈相談内容〉
> 利益率改善を主目的として「鋼材」の下処理を行える協力工場を探している。b国における協力工場となりうる企業の情報が必要。できれば、b国企業とのマッチング（パートナーシップ）や仕入れについてあっせん等を行っている公的機関を紹介してほしい。

　中小企業はニッチな競争力で生き残っている企業が多い。この「ニッチであること」により、海外に進出する際に協力先を見つけにくいという壁に突

き当たったのがこの事例である。日本でも海外でも、「鋼材の下処理」を手がけるのは、どうしても中小規模の工場になる。本件の場合、どういった鋼材のどういった処理が必要かによって、対象企業の絞り込みが必要になるだろう。こうした案件でマッチングを依頼できる先があるかについての悩みもうかがえる。現地法人や合弁企業の設立であれば、現地コンサルタントを雇うケースも考えられるほか、現地の公的機関（工業団地の運営会社など）の前向きな対応も期待できる。一方、本件のような委託加工の協力先というケースでは、あっせんを依頼できる先はかなり限られる。本件のような相談を金融機関が受けた場合、b国企業のデータベースから「鋼材加工」に該当する企業をリストアップして渡すところまでは対応できるが、そこから先、できることは限界があるように思われる。

c （事例3）輸出市場の開拓

〈C社概要〉
業種：青果野菜類の卸売業者
〈相談内容〉
新たにc国向けに青果野菜類の輸出を検討中。c国における食品物流・販売に関する仲介業者や日本食材に対する評価を教えてほしい。

世界的な日本食ブームに着目し、日本の食材を海外にも売り込めるのではないか、というアイデアだろう。未成熟の市場に先手を打とうという（事例1）、コスト低減をねらった（事例2）と異なり、ある程度成熟した市場を目指す戦略のため、経済的には先進水準であるc国がターゲットに浮かんできた。ただ、所得水準が高いとはいっても、c国は欧米とは異なる制度や商習慣が多く存在する。製造業の進出が集中する中国やタイと比べて、新規進出が少ないc国については情報が少ない。C社は、信頼できる現地仲介業者を確保できれば、これらの不安が解消できると考えたのだろう。なお、本件

を調査してわかったことは、意外にも日本の食材への人気にはかげりがみえるという事実だった。すでに日本の食材は多く入っており、贈答用など限られたニーズは確保しているが、一般大衆の「たまの贅沢」としての消費は、これ以上拡大が見込めないかもしれない。

d　（事例4）海外送金の実務

〈D社概要〉
業種：電機メーカー
〈相談内容〉
d国での現地合弁設立に向け準備を進めることとなったが、設立準備に係る経費等を現地にて開設した社長個人名の口座に日本国内より送金し、決済することを検討中。d国における関連制度を教えてほしい。

　中小企業には、オーナー企業も多いことから、海外との取引についても、法人名義で生じる煩雑な手続を省略するために、オーナー個人の名義を利用するという発想は珍しいものではないだろう。
　国によってさまざまだが、海外当局が公表している外資関連の規制は、法人を前提にしているため、法人の場合と個人の場合で、規制の厳しさが異なるようにみえることがある。ただ、海外当局も「抜け道」を認めることはありえない。金融機関としても、個人関連の規制までは調べきれない部分もあろうが、本来あるべき姿に立ち返って、抜け道的な取引は極力避けるようアドバイスするのがよいだろう。

(5)　海外進出をサポートする機関

　海外進出においては、文化、習慣、制度の違いによりさまざまな予見不可能な事象が起こりうる。しかし、海外進出に何の知見もない企業であってもインターネット等を活用することによってかなりの情報を入手することが可

能である。企業が情報収集のために利用できる機関として、以下のような先があげられる。各機関のホームページにアクセスすることや無料相談を受けるだけでも豊富な情報に接することが可能なので、企業から情報提供要請があった場合、まず利用されることをおすすめしたい。

① ジェトロ（独立行政法人 日本貿易振興機構）

http://www.jetro.go.jp/indexj.html

独立行政法人日本貿易振興機構法の定めるところにより、2003年10月設立。ジェトロのホームページ上では、各国の投資関連情報、レポートが掲載されているほか、貿易・海外進出に関するさまざまな疑問に対し、国内外の制度・手続や関連法規をQ&A形式で紹介している。海外進出を考えるなら真っ先にみてほしいサイトの一つである。

② 中小機構（独立行政法人 中小企業基盤整備機構）

http://www.smrj.go.jp/keiei/kokusai

独立行政法人中小企業基盤整備機構法の定めるところにより、2004年7月設立。海外進出を検討する中小企業向けに中小企業国際化支援アドバイス制度が実施されており、海外投資や国際取引などの海外ビジネスに悩みをもつ中小企業に対し、実務知識・経験・ノウハウをもつ海外ビジネスの専門家が無料でアドバイスを行っている。

③ AOTS（エー・オー・ティー・エス／財団法人 海外技術者研修協会）

http://www.aots.or.jp

海外の産業技術研修者の受入れ・研修等を行う機関として、1959年設立。開発途上国等の技術者・管理者を対象に国内外での研修を通じて技術協力を推進する研修専門機関であり、将来、海外拠点のリーダーとなるべき人材の発掘、育成に有用である。

④ OVTA（オブタ／財団法人 海外職業訓練協会）

http://www.ovta.or.jp

国際化に対応した人材養成など海外職業訓練について、企業への支援活

動を行う機関として1982年11月設立。国際化人材の育成（海外赴任前職員の研修）、外国人への日本語研修、教材の開発・提供などのほか、海外経験のあるスタッフが各種相談に応じている。

(6) 海外における資金調達手法

a 適切な情報提供ができる体制

海外における資金調達は、現地法人の経営における重要事項であり、取引金融機関では直接的な資金提供の要請のみならず、各種のアドバイスや関連情報の提供を求められることも多い。このため、金融機関としては、自身においてどのようなサポート（海外向け資金の日本でのバックファイナンス、海外金融機関の紹介、海外金融機関に対するスタンドバイL/Cの差入れ等）ができるのかを検討するとともに、適切な情報提供を行えるよう準備をしておくことが必要である。

海外での資金調達に関する企業へのアドバイスに際しては、日本国内での資金調達に比べ、相手国の外貨管理制度、金融政策、税制、さらに通貨の違いによる為替リスク等、考慮すべき事項が多くなることから、専門人材の配置や適切な専門家に相談できる体制を整えておくことが求められる。

b 最近の中国でのケース

以下では、日本企業の進出が最も多い中国を例に、中国に設立した現地法人における資金調達手法やその留意点について記載する（図表2－12）。

中国における現地法人の資金調達手段は、大きく、海外（一般的には日本が多い）からの資金調達と中国国内での資金調達に分けられる。海外からの資金調達は基本的には外貨（日本円、米ドル等）が中心で、中国国内での資金調達は人民元が中心となることから、現地法人において必要な通貨を考慮しつつ、以下に記載する諸点もふまえて最適な資金調達手法を選択することが望ましい。

海外からの資金調達のなかで、比較的多くみられる方法は、（主に親会社か

らの）増資と親子ローンである。増資は現地法人にとっては最も安定した資金調達方法といえるが、増資手続にそれなりの時間を要するほか、親会社にとっては資金を固定化させることになる点がネックとなる。親子ローンも親会社の判断により資金を機動的に供給できることから、特に中小企業にとっては最もポピュラーな資金調達手法となっているが、中国においては、次に述べる点に留意する必要がある。

> 中国において海外からの資金調達（親会社借入、海外金融機関からの借入やファイナンス・リースを含み、これらは「外債」と呼ばれる）は「外債登記」と呼ばれる外貨管理当局への登記が必要とされており、またこの金額は「投注差」の範囲内にとどめなければならない。「投注差」とは、現地法人の総投資額と登録資本金との差額であるが、総投資額は中国当局の認可事項であり、また登録資本金については総投資額に応じて図表2－13の規定があるため、「外債」額は一定の制約のもとに管理されることとなる。このため、中国現法としては、常にこの「投注差」を意識しながら資金調達を行うことになる。

一方、中国国内での資金調達は、日本において取引のある邦銀の中国現地法人や支店から行うケースが比較的多いとみられる。また、中国において相応の業歴がある現地法人や中国企業との合弁で現地法人を設立している場合には、地場銀行からの借入を行うケースもみられる。

国内での資金調達においては、外貨を調達するケースも含め上記の「外債登記」は不要である。ただし、海外からの保証が付された調達の場合には、保証履行がなされた段階で「外債登記」の必要が生じる点留意が必要である。その際、仮に「投注差」を超えている金額があればその部分は「外債登記」ができず、その結果、保証人の債権回収に支障が生じることになる。

また、中国国内で借入を行う場合、現地での銀行管理・貸出政策に影響を

受けることになるが、たとえば2011年10月時点において中国政府は銀行に対する窓口規制を行うなど金融引締め策をとっており、現地法人の資金調達において大きな制約が生じている。金融機関としては、こうした状況を適切に把握しつつ、企業に対するアドバイスを行うことが重要であろう。

図表 2 －12　中国における資金調達方法

	主な通貨(注)	留意点等
海外からの資金調達		
増資	円、米ドル等	安定した資金調達手段であるが、董事会決議→当局認可→工商登記等一連の手続が必要となるため、相応の時間を要する。増資目的に従った金額・時期の人民元転換は可能。
親子ローン	円、米ドル等	親会社（関係会社）からの中国現地法人向け貸出。主要な資金調達手段の一つ。借入可能額は「投注差（総投資額と登録資本金の差額）」の範囲内。利息送金時に企業所得税10％と営業税 5 ％が源泉徴収される。
邦銀からの借入	円、米ドル等	借入可能額は「投注差（総投資額と登録資本金の差額)」の範囲内。利息送金時に企業所得税10％と営業税 5 ％が源泉徴収される。
経常取引による資金調達	円、米ドル等	主に親会社との間の取引（原料・部材購入、製品販売等）における決済時期のズレを利用するもの（輸出前受け、輸入延払い等）であり、一定の場合には外債登記が必要（通常の外債枠とは別枠管理）。
リース	─	ファイナンス・リースは、リース料支払時にリース料のうち金利相当部分に対して企業所得税10％と営業税 5 ％が源泉徴収される。外債登記必要。オペレーティング・リースはリース料支払時にリース料全体に対して営業税 5 ％が源泉徴収される。外債登記は不要。
中国国内での資金調達		
日系銀行からの借入	人民元、外貨	一般的には人民元。調達金利は基準金利×90％以上。一般的に日系銀行は親会社保証を要求。海外からの保証付きの場合、借入実行時に銀行による登記、保証履行時に借入人による「外債登記」が必要。
地場銀行からの借	人民元	調達金利は基準金利×90％以上。一般的に地

入		場銀行は不動産担保を要求。海外からの保証付きの場合、借入実行時に銀行による登記、保証履行時に借入人による「外債登記」が必要。
手形割引	人民元	一般的には銀行引受手形。基準金利以下で調達可能。
委託貸付	人民元、外貨	中国では企業間融資は禁止。銀行を仲介させることで、委託者の預金を他者に資金融通することが可能。一般的にはグループ企業間で行われる。金利設定は自由で、基準金利以下による調達可能。銀行に対して委託貸付にかかる事務手数料を支払う。
リース	—	ファイナンス・リース、オペレーティング・リース。自社が所有する資産をリース会社に売却し、当該資産をリース会社からリースバックして使用する「セールス＆リースバック」も利用可能。

（注） 海外から人民元を調達することも制度上は可能であるが、現状ではまだ一般的な資金調達方法とはなっていない。また、海外から外貨を調達し、国内で人民元に両替することは、一定の条件のもとで可能。

図表２－13　投注差の考え方

投注差 ≧中長期外債累計＋短期外債残高＋海外からの保証履行額

総投資額と登録資本金に関する規定

総投資額	登録資本金比率
〜300万米ドル	≧70%
〜1,000万米ドル	≧50%（最低210万米ドル）
〜3,000万米ドル	≧40%（最低500万米ドル）
3,000万米ドル超	≧33.3%（最低1,200万米ドル）

総投資額 ｛ 投注差 ／ 登録資本金 ｝

第3章

経営改善期

　事業が順調に成長・安定軌道に乗り、業況拡大を図る企業がある一方、なんらかの要因により、経営面で問題を抱えてしまう企業も決して少なくない。企業が問題を抱えてしまう要因には、需要を過大に見込んだ設備投資の失敗等内的なものや、バブル崩壊やリーマンショックなど国内外の経済・景気の低迷等外的なものまでさまざま考えられるが、それら要因により、企業が抱えてしまう問題にはどのようなものがあるのか。
　また、残念ながら問題を抱えてしまった場合、早期にその状態を解消し、経営改善を図るため、当事者である企業やその支えとなるべき金融機関は、どのようにして経営改善策の策定や実施を進めるべきなのか。本章では、図らずも経営改善を要するに至った企業について、よくみられる問題点、経営改善策の策定や実行等に関し、実例を交えつつ考察していく。

I

経営改善を要する企業が抱えている問題点

　企業が抱える経営上の問題はさまざまだが、以下は、そのなかでも、窮境に至るきっかけとして、経営改善を要する段階の企業によくみられるものである。なかには、事態が深刻になるまで見過ごされがちなものもあるが、金融機関としては、日々の取引のなかで、その兆候を適切に把握しておく必要がある。

1
キャッシュフローのミスマッチ

　企業の経営状況を判断するうえで、貸借対照表や損益計算書はきわめて重要である。しかしながら、損益計算書が黒字だからといって、その企業の経営状況に問題がないとは言い切れない。近年、「黒字倒産」という言葉がよく聞かれるが、実際に、利益を計上しながらも倒産する企業は存在する。これは、企業の経営状況を判断するうえで、貸借対照表や損益計算書以外にも注意すべき点があることを示している。その代表例がキャッシュフロー、端的にはその企業の資金繰りであり、経営改善を要する企業には、このミスマッチを抱えている企業が多い。

(1) 財務キャッシュフロー＞営業キャッシュフロー

　企業は、事業で得た収入から事業運営に要した費用を差し引いて残る営業

キャッシュフローを投資や借入返済に充当して資金を繰り回している。しかし、このキャッシュフローの状況をよくみると、営業キャッシュフローを超える財務キャッシュフロー支出があるため、その不足分を同じく財務キャッシュフロー収入で穴埋めしている企業もみられる。これは、企業が毎期、利益以上の借入返済を抱え、その穴埋めに一定の折り返し融資を受けているということである。実は、こうした企業は驚くほど多い。たとえば、企業が工場建設等の設備投資を行った場合、それらの耐用年数は一般的に20～30年程度であり、企業としては、中長期的な投資回収を見据えて投資を実行する。しかし、いまの金融情勢では、10年を超えるような融資を行う金融機関は少なく、企業側が毎期一定額の折り返し融資を前提に中長期的な資金繰りを組まざるをえないケースがありうる。また、その企業自体が、期間の短い借入のほうが低金利となるため、あえて折り返し融資を前提に期間の短い借入を希望するようなケースや設備投資により新たに獲得する利益を過大に見積もることで、あえて短い期間の借入を希望するようなケースもあると思われる。このように、さまざまな事情から、企業がキャッシュフローのミスマッチを抱えているケースは多いのだが、実際のところ、企業の経営状況に係る懸念が強まるまでは、問題として表面化しないことが多い。

(2) 折り返し融資のリスク

しかし、よく考えれば、キャッシュフローのミスマッチが生じているということは、折り返し融資がなされなかった場合、その企業が資金繰りに行き詰まることを意味し、その企業の経営懸念の強まりや国内外の景気動向の冷込み等から金融機関の姿勢が変われば、急転直下、大きな経営上の問題となる。折り返し融資を前提とした金融取引は至極当然のように行われているが、金融機関としては、こうしたキャッシュフローのミスマッチは、その企業にとって大きな問題になりうることも十分考慮し、企業の経営状況とあわせ、適切なチェックが必要となることを認識しておくべきである。

2
事業の赤字

(1) 赤字の要因

　企業経営において、黒字の確保はきわめて重要である。利益を確保してはじめて、次の事業展開に向けた投資や株主への配当が可能になる。しかし、特に近年のような景気低迷下においては、残念ながら黒字を確保できず、赤字となってしまう企業も多い。赤字は、事業による収入で事業運営に必要な費用をまかないきれていない状態であり、たとえば赤字運転資金借入等なんらかの資金補てんがなければ、資金繰りにも支障をきたしてしまう。企業が赤字に陥るということは企業経営上きわめて重大な問題であり、実際、経営改善を要する企業の多くは、赤字に陥っていることが多い。しかし、ひとくちに赤字といってもその要因は一過性のものと構造的なものとに大別され、どちらの要因によるものかで、企業経営に与える深刻度は大きく異なるので注意を要する。

(2) 一過性の赤字

　たとえば、ある観光事業を営む企業の赤字要因が売上げの減少にあったとする。しかも、その売上げの減少が偶然の台風通過等天候災害によるものであるならば、当年度の赤字については、一時的なものとみることが可能かもしれない。また同様に、ある製造事業を営む企業の赤字要因が遊休工場の評価損やリストラ損等の特別損失計上にあり、しかもその損失計上が当期だけのものであるならば、その赤字については、一過性のものとみることもできよう。このように、売上げが低下しても今後回復が確実に見込まれる、損失が発生しても当期だけに限られるのであれば、その事業の赤字は一過性と分析することが可能であり、最も簡便には、その一時的な赤字により生じた不

足資金をなんらかのかたちで調達すれば、事業継続は可能となろう。

(3) 構造的な赤字

一方、上記とは異なり、ある観光事業者の売上減少が慢性的な利用者の減少にあるならば、新商品の開発や投資により、商品や施設の魅力回復を図ることで利用者の拡大を図るか、ある程度利用者の減少を見込んでも利益が出るようにコスト削減を図る等抜本的な対策が必要になるはずである。また同様に、ある製造事業を営む企業の製造原価上昇がこれまで使用していた原材料の高騰や燃料費の上昇にあるのであれば、より安価な代替原材料への切替えや製造ライン・人員体制・エネルギー効率の見直し等大幅な改善を施さざるをえない。このように、企業の赤字の要因が抜本的な対応を要する構造的な要因によるものであれば、単に当面の資金繰りをつないだとしても、問題の先送りにしかならない。この場合、まずは抜本的な経営改善計画を策定することが重要であり、資金をつなぐにしても、その計画に基づいたかたちで適切な支援を行う必要があると思われる。

3
債務超過等財政状態の悪化

(1) 純資産と損失耐性

資金繰り状況や損益と同様、財政状態も企業の経営状況を見極めるうえではとても重要である。貸借対照表に表れている企業の財政状態は、その企業のこれまでの経営状況の蓄積であり、手元資金の余裕度、保有資産の状況等その企業の状況が一目瞭然で理解できる。そのなかでも、最も重要なものの一つに、純資産の状況があげられる。純資産は、単純化して考えれば、企業の資産と負債の差であり、純資産が厚ければ、その企業はこれまで相応の利

益を確保してきており、一定の損失耐性を備えているといえる。しかし、経営改善を要する企業の多くは、純資産が負の値になる債務超過に陥っていることが多い。これは、その企業がなんらか大きな損失の計上を余儀なくされたことを意味し、損失に対する耐性がすでに著しく損なわれている状態にあることを示している。

(2) 投資の失敗と債務超過

　企業が債務超過に陥る要因についてはさまざま考えられるが、過去の負の遺産に伴う特別損失の計上による場合が多いと思われる。しかも、なんといっても多いのは投資の失敗であろう。事業に要する設備投資や他の企業への買収投資を行ったものの、期待どおりの収益を確保できず、取得価格を下回る価格での売却や減損処理を余儀なくされるようなケースである。特にひどいものでは、主にオーナー系の企業に多いのだが、企業の事業とはまったく関係のない資産（例示すればキリがないが、本当にひどいものでは、古美術品、競走馬、リゾート施設等があげられる）への運用等が失敗して大幅な損失計上を余儀なくされるケースも散見される。それでも、その損失が一過性のもので、売却可能資産を保有しているなり、本業が黒字であれば対処のしようもあるが、損失の要因が慢性的な本業の赤字によるのであれば、単に財務面での対応策を検討するにとどまらず、すみやかに赤字を止血するための対応も必要となってくる。

4

その他の特殊要因

　これまで例示したキャッシュフローのミスマッチ、事業の赤字、債務超過等財政状態の悪化は、企業の窮境要因の代表例であり、経営改善を要する企業によくみられるものであるが、これら以外にも、企業の窮境を招く要因は

存在する。

(1) 経営者等の死去

特に、オーナー系の中堅・中小企業で散見されるものとしては、社長等その企業の経営を左右する重要人物の死去等である。企業の経営状態を計るうえで、実は経営者の能力はきわめて重要なポイントとなる。よく「カリスマ経営者」という言葉を耳にするが、オーナー系の中堅・中小企業では、一代でその企業の礎を築き、取引先や従業員に対して大きな影響力をもつ経営者も多い。こうした企業では、その企業の経営そのものが、その経営者の存在や判断等に依拠していることから、これまで安定した業績を確保してきていたとしても、その経営者が死去等により不在となった時から、一気に業況が悪化してしまう可能性がある。こうした場合は、これまでの経営者にかわる経営者を据えるか、何人かの経営陣によりその経営者を代替できるような体制を敷く等の経営改善策が必要になるはずである。

(2) 不慮のリスク

また、今般の東日本大震災のような天災や不慮の火災等により企業や工場等の施設が大きく棄損してしまうケースもある。罹災の程度が軽微であれば、早期の復旧も可能であろうが、程度が重い場合、これまでの業況がいかに良好であったとしても、大きな危機を迎えてしまうことも少なくない。たとえば、罹災が火災保険等でカバーできていたとしても、施設の復旧までに時間を要する場合には、長期の休業を余儀なくされるため、取引先や顧客、従業員のつなぎ止めが必要になるであろうし、保険等でのカバーが不十分であれば、これまで以上の借入負担等を背負わざるをえず、資本増強やデットリストラクチャリング等の対策も必要になるはずである。

その他、古くはカネボウ、直近ではオリンパスのように、粉飾決算や不正取引等により市場や取引先から信用を失い、結果、経営改善が必要となるよ

うなケースもある。粉飾決算や不正取引は、経営状態が芳しくない場合、誘惑に駆られて行ってしまうのであろうが、結局はその場しのぎにしかならず、それにより失う信用の代償は、企業の経営を根幹から揺るがすものであることを経営者は肝に銘じるべきであり、企業を支える金融機関にも、絶対にそのようなことがなされないよう、注意・指導していく姿勢が求められる。

II

経営上の問題の解決に向けてとるべき早期対応

　上記のような経営上の問題が発生した場合、企業や金融機関においては、できるだけすみやかに、問題解消に向けた対応策を練る必要がある。

1
バランスシートの調整（負債・債務の圧縮）

　この際、まず考えられるのは、バランスシートの調整であろう。発生している問題が、キャッシュフローのミスマッチや債務超過等財政状態の悪化であれば、その企業に相応の価値を有し、売却可能な資産があれば、そうした資産を売却して負債を圧縮するのは有効である。キャッシュフローのミスマッチ、財政状態の悪化とも、過大な負債が問題の本質である。このため、バランスシート調整による負債圧縮が可能ならば、その実施により、早期の改善も可能となる。ただし、資産売却を行う際には、売却資産と当該企業の事業との関連性や売却により生じる損益等を吟味する必要がある。目先の負債圧縮は重要だが、そのために、企業にとって重要な事業資産を売却したり、過大な損失を計上しては本末転倒である。また、キャッシュフローのミスマッチについては、売掛金の縮小や回収サイトの短縮、買掛金の増加や支払サイトの延長等資金繰りの調整も即効性があり有効である。ただし、こうした資金繰り調整は、取引先にしわ寄せがいくことになるため、その実施については留意を要する。業界一般からみて、その企業の取引条件にもともと

見直す余地があるならば、こうした状況では思い切って改善を図るべきであるし、金融機関もそれを後押しすべきである。ミスマッチの程度が軽ければ、取引条件の改善だけで問題の解決を図れる可能性も十分ある。しかし、もともと一般的または有利な取引条件であるならば、信用不安の惹起等もあり、こうした資金繰り調整は長くは続けられず、抜本策を講じるまでの一時的な対応策として考えておく必要がある。

2
損益の改善

　ミスマッチや財政状態の悪化に限らず、事業の赤字解消という観点では、損益改善を図り、営業キャッシュフローの増加を図ることも重要である。不利な仕入条件の見直しや不要不急の経費支出の見直し等はすぐにでも実行可能であり、損益改善、営業キャッシュフロー増加に対し、一定の効果が見込めるはずである。ただし、損益の改善は一筋縄ではいかないことも多い。損益改善を図ろうとすると、売上拡大自体がむずかしいことから、すぐに手をつけやすい費用削減に目がいく。赤字が軽微で、かつ、上記のような不利な仕入取引や経費支出に問題があるならば、その見直しで十分な効果が得られるだろうが、慢性的な赤字等問題の根が深ければ、どうしても人件費の削減等を検討せざるをえない。そうなれば、小手先の削減では問題解消はむずかしく、今後の事業戦略や継続性を十分考慮したうえでの抜本的なコスト構造見直し等が必要になる。

III

経営改善計画の策定と実行

　IIで述べたような一定の対応で早期の経営改善が可能となる企業もあろうが、経営改善を要する企業のなかには、その内外に複雑かつ大きな問題を抱え、小手先の対応では経営改善がむずかしい状況に陥っている企業もある。こうした企業については、経営の現状を分析して問題点を明確化するとともに、現在の状況をふまえたうえで、問題点解決に向けた新たな経営方針や戦略を策定して実施することが不可欠である。以下では、問題を抱えた企業にとってきわめて重要となる抜本的な経営改善計画の策定についてポイントを整理していきたい。

1
経営改善計画策定のフレームワーク

　経営改善計画をより厳密に定義すれば、経営状況が悪化しつつある企業が、現状の問題点や課題を認識し、早期に経営改善を図って将来あるべき姿に到達するための行動計画といえよう（図表3−1）。
　一般的に企業は、存続と成長を実現していくために経営戦略を策定するが、企業を取り巻く厳しい環境変化に従来の経営戦略では対応しきれない場合に、その経営戦略を見直す必要性が生じる。そういう意味では、経営改善計画の策定とは、従来の経営戦略を再策定することに等しく、その策定にあたっては、図表3−2のように、経営戦略策定の体系と同様の手順で進めていくことが必要であり、その項目についても、図表3−3のように整理でき

図表3-1　経営改善計画の位置づけ

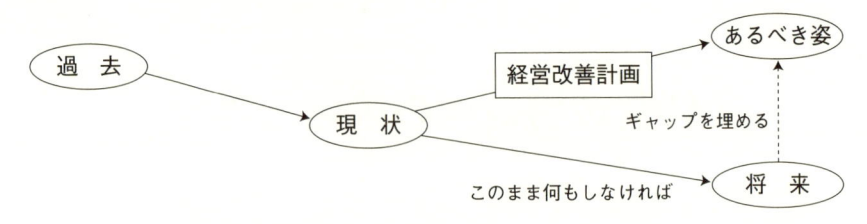

- 過去 → 現状
- 現状 — 経営改善計画 → あるべき姿
- ギャップを埋める
- 現状 — このまま何もしなければ → 将来

図表3-2　経営戦略や経営改善計画の策定に係る体系

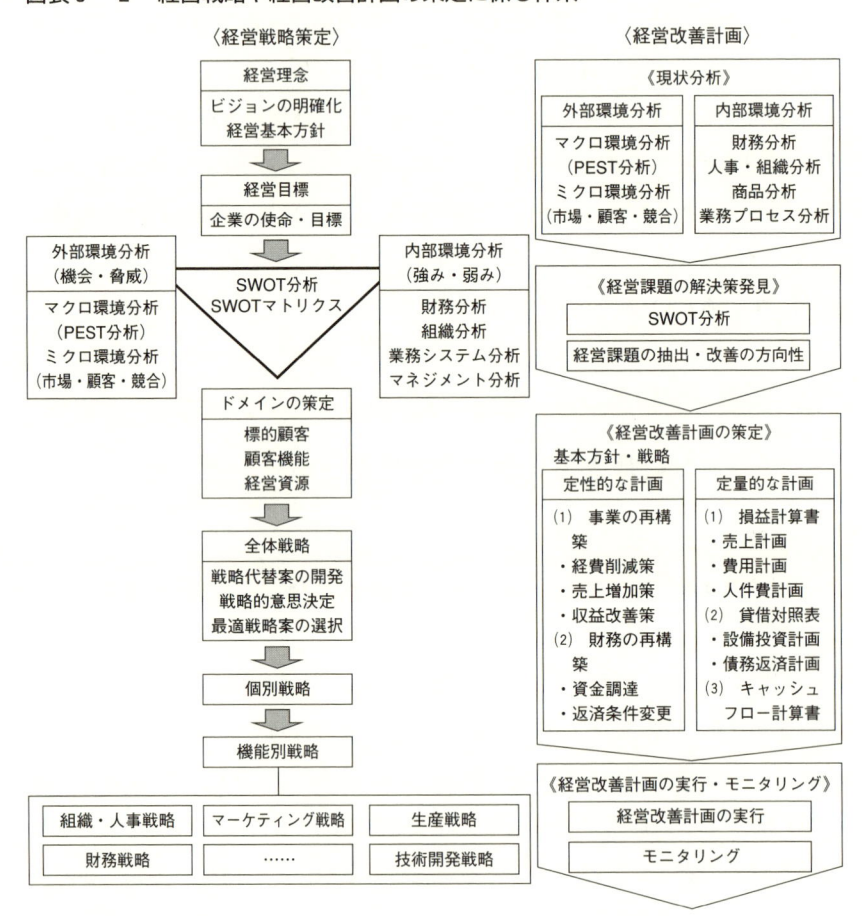

〈経営戦略策定〉

- 経営理念／ビジョンの明確化／経営基本方針
- 経営目標／企業の使命・目標
- SWOT分析／SWOTマトリクス
  - 外部環境分析（機会・脅威）
    - マクロ環境分析（PEST分析）
    - ミクロ環境分析（市場・顧客・競合）
  - 内部環境分析（強み・弱み）
    - 財務分析
    - 組織分析
    - 業務システム分析
    - マネジメント分析
- ドメインの策定／標的顧客／顧客機能／経営資源
- 全体戦略／戦略代替案の開発／戦略的意思決定／最適戦略案の選択
- 個別戦略
- 機能別戦略
  - 組織・人事戦略
  - マーケティング戦略
  - 生産戦略
  - 財務戦略
  - ……
  - 技術開発戦略

〈経営改善計画〉

《現状分析》
- 外部環境分析
  - マクロ環境分析（PEST分析）
  - ミクロ環境分析（市場・顧客・競合）
- 内部環境分析
  - 財務分析
  - 人事・組織分析
  - 商品分析
  - 業務プロセス分析

《経営課題の解決策発見》
- SWOT分析
- 経営課題の抽出・改善の方向性

《経営改善計画の策定》
基本方針・戦略

- 定性的な計画
  - (1) 事業の再構築
    - ・経費削減策
    - ・売上増加策
    - ・収益改善策
  - (2) 財務の再構築
    - ・資金調達
    - ・返済条件変更
- 定量的な計画
  - (1) 損益計算書
    - ・売上計画
    - ・費用計画
    - ・人件費計画
  - (2) 貸借対照表
    - ・設備投資計画
    - ・債務返済計画
  - (3) キャッシュフロー計算書

《経営改善計画の実行・モニタリング》
- 経営改善計画の実行
- モニタリング

図表3-3　経営改善計画の項目

現状分析	Ⅰ　企業概要 　(1)　沿革 　(2)　株主の状況 　(3)　組織体制 　(4)　役員・従業員の状況 　(5)　グループ会社の状況 　(6)　事業の概要 　(7)　経営改善計画を策定するに至る経緯 Ⅱ　環境分析 　(1)　外部環境分析 　　1)　マクロ環境分析 　　2)　ミクロ環境分析 　　　①　市場分析 　　　②　業界分析 　　　③　競合分析 　(2)　内部環境分析 　　1)　財務分析 　　　①　時系列分析 　　　②　経営指標分析 　　　③　損益分岐点分析 　　　④　キャッシュフロー分析 　　　⑤　実態貸借対照表 　　2)　SWOT分析 　(3)　経営課題の抽出・改善の方向性	経営再建計画の策定	Ⅲ　経営改善計画の基本骨子 　　基本方針・戦略の設定 　(1)　事業の再構築 　(2)　財務の再構築 Ⅳ　経営改善計画 　(1)　損益計算書 　　1)　売上計画 　　2)　費用計画 　　3)　人員計画 　(2)　貸借対照表 　　1)　設備投資計画 　　2)　債務返済計画 　(3)　数値計画 　　1)　損益計算書計画 　　2)　貸借対照表計画 　　3)　キャッシュフロー計算書計画
		PDCA	Ⅴ　経営改善計画の実行 Ⅵ　モニタリング

る。

　ただし、中小・零細企業の場合には、一般的に経営改善計画を独自に作成することが困難であることが多く、監督指針（金融庁が定める「中小・地域金融機関向けの総合的な監督指針」を指す）にもあるとおり、金融機関には、コンサルティング機能を発揮して、経営改善計画の策定を支援することが求め

られている。なお、経営改善計画の主体はあくまでも企業であるため、金融機関が経営改善計画の作成のために必要な協力やアドバイスを行うにあたっては、企業がその計画に対して主体性を失うことのないよう留意する必要がある。

2 経営改善計画の項目とその概要

以下では、経営改善計画を策定するにあたり、上記に示した経営改善計画の項目に関し、項目別に、具体的な内容について整理していきたい。

(1) 企業概要

最初に、経営改善計画を策定するにあたっては、まず企業の成り立ちを含む基礎的な情報を収集、整理する必要がある。

① 沿革（会社案内から記載）

　会社設立以降、現在に至るまでの会社の主要な出来事や取引状況等。

② 株主の状況（株主名簿から記載）

　主要株主名、株式数・シェア、代表者との関係等。

③ 組織体制（組織図から記載）

　社長以下、会社の組織体制等。

④ 役員・従業員の状況

　・役員名とともに、担当業務や代表者との関係等。

　・従業員推移や部署ごとの人員構成、有資格者数等。

⑤ グループ会社の状況

　子会社および関係会社の概要や関係等。

⑥ 事業の概要

　事業ごとに主要な製品、販売先、仕入先、地域や特徴等。

⑦　経営改善計画を策定するに至る経緯

経営改善計画を策定するに至った主な理由等について、外部的・内部的な要因に分けて記載。

(2) 環境分析

企業を取り巻く環境は絶えず変化しているため、企業は常にこの環境変化を見極め適切に対応していくことによって、事業の継続、発展および成長を遂げることができる。この環境変化への対応を間違えれば、事業に変調をきたし、場合によっては企業の破綻へとつながってしまう。このため、企業が経営改善計画を策定する場合には、まず当該企業を取り巻くさまざまな環境を把握し、経営改善を要するに至った外部環境および内部環境の変化を特定する必要がある（図表3－4）。

a　外部環境分析

(a)　マクロ環境分析

代表的な分析手法として、「政治（Politics）」「経済（Economics）」「社会

図表3－4　企業を取り巻く環境のイメージ

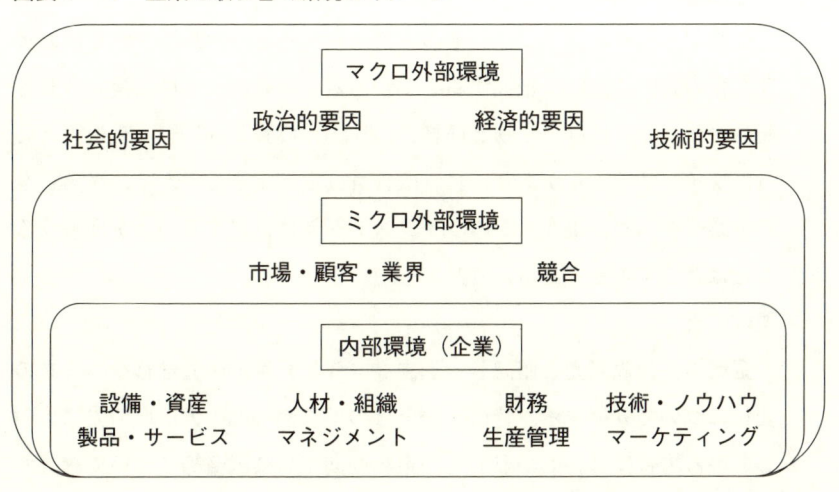

```
┌─────────────────────────────────────────┐
│            マクロ外部環境                │
│                                         │
│  社会的要因  政治的要因  経済的要因  技術的要因  │
│  ┌───────────────────────────────────┐  │
│  │          ミクロ外部環境            │  │
│  │                                   │  │
│  │      市場・顧客・業界    競合      │  │
│  │  ┌─────────────────────────────┐  │  │
│  │  │       内部環境（企業）       │  │  │
│  │  │ 設備・資産  人材・組織  財務  技術・ノウハウ │  │  │
│  │  │ 製品・サービス マネジメント 生産管理 マーケティング │  │  │
│  │  └─────────────────────────────┘  │  │
│  └───────────────────────────────────┘  │
└─────────────────────────────────────────┘
```

図表 3 − 5　PEST分析のイメージ

	例
政治的要因 （Politics）	法律改正、税制改正、環境関連規制、政権交代
経済的要因 （Economics）	景気動向、為替・金利動向、失業率悪化
社会的要因 （Society）	人口統計、少子高齢化、ライフスタイル・価値観の変化
技術的要因 （Technology）	既存技術の衰退、陳腐化、新技術の開発と普及

（Society）」「技術（Technology）」という四つのマクロ的変動要因から分析するPEST分析がある（図表 3 − 5 ）。それぞれの企業を取り巻く変動要因ごとに、当該企業に与える大きなプラス面、マイナス面をあげて整理、分析する。

(b)　ミクロ環境分析
① 　市場分析
　➤市場規模・成長性
　　企業が生き残るうえでは、その企業が属する市場の規模、成長性および変化の動向について把握する必要がある。一般的に市場に投入される製品やサービスには、生物と同様、「誕生」「成長」「成熟」「衰退」といったライフサイクルがあり、経営改善計画を策定するうえで、当該企業の事業や製品が、現在、どのライフステージに位置するのかを理解することはとても重要である（図表 3 − 6 ）。
　➤顧客分析
　　企業の主要販売先を確認し、過去 3 〜 5 年程度の販売推移やニーズの変化について分析する。特に、売上げの多くが一部の大口取引先に集中している場合には、その取引先の業績動向や事業戦略等について確認す

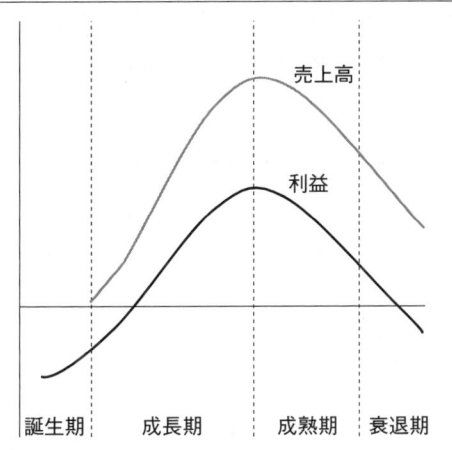

図表3-6 製品および商品のライフサイクル

```
                    売上高
                 利益

  誕生期 | 成長期 | 成熟期 | 衰退期
```

(誕生期) 初期投資や費用がかかる一方で、需要は小さいため、売上げも少なく利益もマイナスとなる。
(成長期) 需要が急速に拡大し、売上げがふえ利益がプラスに転じる。需要の拡大とともに市場規模も大きくなるが、競合企業がふえ、競争が激しくなる。
(成熟期) 急拡大してきた売上げはしばらく高いままで推移し、大量生産による生産性の向上等により、利益が最大となる時期を迎える。しかし、市場では競合企業との競争が激しくなり価格も下がるため、競争に敗れた企業の淘汰も始まる。
(衰退期) 需要の縮小とともに撤退する企業がふえ、市場規模も小さくなる。企業の売上げは減少するなかで、一定の固定費が必要となるため、利益は減少し、場合によってはマイナスに転じることがある。

ることも重要となる。また、販売先が一般消費者である場合には、主要な顧客ターゲットや販売推移およびニーズの変化等について確認する必要がある。

② 業界分析

企業が位置する業界の特徴について理解するとともに、業界特有の課題、動向および展望等について確認する。

③ 競合分析

　企業が市場で生き残るためには、競合企業との競争に勝ち残っていく必要がある。すなわち、企業を取り巻く競争状況について把握するとともに、競合企業に対して、いかに「競争優位性」を築いていけるかが重要となる。なお、著名な米国の経済学者であるマイケル・ポーターは、特定の競合企業に勝ち抜くための戦略として、図表3－7の三つの基本戦略（競争の基本戦略）を提示している。

図表3－7　競争の基本戦略

		競争優位のタイプ	
		特異性	低コスト
戦略ターゲット	市場全体	差別化戦略	コスト・リーダーシップ戦略
	特定市場	集中戦略	

➢差別化戦略
　企業の製品やサービスに、顧客にとって魅力的な独自性があり競合他社が模倣しにくい特異性をもたせることによって、価格以外で競争優位性を築く戦略。
➢コスト・リーダーシップ戦略
　競合企業よりも、低いコストで生産・販売する戦略。一般的には、豊富な経営資源を有する規模の大きい企業にとっては有効な戦略といえる。
➢集中戦略
　市場を細分化し、企業の能力に適した特定の市場に焦点を当て、企業の経営資源を集中的に投入して競争優位性を築く戦略。差別化戦略やコスト・リーダーシップ戦略が比較的広い市場をターゲットとする戦略であるのに対し、集中戦略は特定の狭い市場をターゲットとする戦略であり、経営資源の限られた中小企業に適した戦略といえる。

b 内部環境分析

(a) 財務分析

　地域金融機関としては、顧客企業から定期的に決算報告書や試算表等の提供を受けている立場であることから、各種分析のなかでも、財務分析が経営改善計画を策定するうえで、真っ先に取り組むことができる重要な作業となる。顧客企業から入手した財務情報をもとに、経営の「収益性」「安全性」「成長性」「生産性」等を総合的に分析し、その数値の背景やその数値がもたらされた原因を経営活動に照らし合わせて考え、数値でとらえきれない事柄まで踏み込んで経営の実態について考えることが必要である。

① 時系列分析

　最低10〜20年程度の期間で、損益計算書、貸借対照表等を時系列で並べ比較し、できれば重要な数値（売上高、営業利益、借入金等）についてはグラフ化して、その傾向や推移を確認する。これにより、企業のライフステージの変化とともに、財務状態の変化を大枠で把握することができる。この10〜20年の間に、顧客企業がなぜ経営改善計画を策定せざるをえない状況に至ったのか、その原因を財務的観点からつかむきっかけとなるは

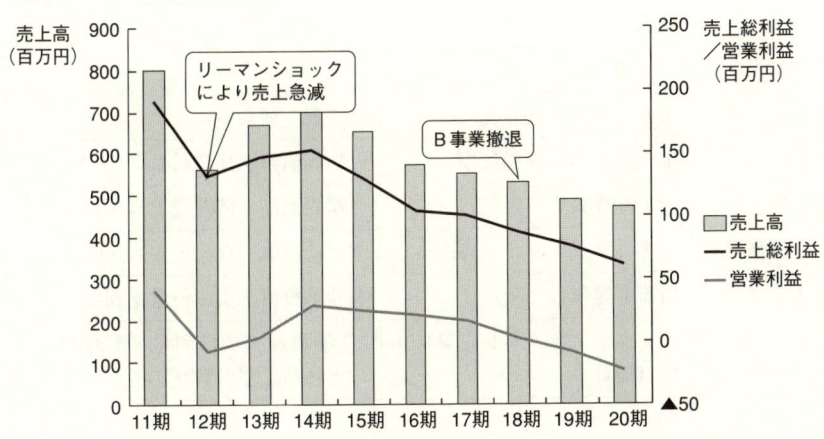

図表3－8　時系列分析の例

図表3-9　分析すべき経営指標

分類	経営指標	算式
総合力	総資本営業利益率（％）	営業利益÷総資本×100
	総資本経常利益率（％）	経常利益÷総資本×100
収益性	売上高総利益率（％）	売上総利益÷売上高×100
	売上高営業利益率（％）	営業利益÷売上高×100
	売上高経常利益率（％）	経常利益÷売上高×100
	売上高販売管理費率（％）	販売管理費÷売上高×100
安全性	流動比率（％）	流動資産÷流動負債×100
	当座比率（％）	当座資産÷流動負債×100
	借入金対月商倍率（月）	有利子負債÷（売上高÷12）
	固定比率（％）	固定資産÷自己資本×100
	固定長期適合比率（％）	固定資産÷（自己資本＋固定負債）×100
	自己資本比率（％）	自己資本÷総資本×100
効率性	売上債権回転日数（日）	売上債権÷売上高×365日
	棚卸資産回転日数（日）	棚卸資産÷売上高×365日
	有形固定資産回転日数（日）	有形固定資産÷売上高×365日
	買入債務回転日数（日）	買入債務÷売上高×365日
生産性	1人当りの売上高	売上高÷従業員数
	1人当りの人件費	人件費÷従業員数
	1人当りの付加価値額	付加価値額÷従業員数
成長性	売上高成長率（％）	今期売上高÷前期売上高×100
債務返済能力	ギアリングレシオ（％）	有利子負債÷自己資本×100
	債務償還年数（年）	有利子負債÷償却前営業利益
	インタレストカバレッジレシオ（倍）	（営業利益＋受取利息・配当金）÷支払利息割引料×100

➤総合力

　資本利益率は企業の投資効率を示す代表的な指標で、少ない投下資本で、より多くの利益を確保することが望ましく、次の算式に分解して問題点を分析する。すなわち、「利益率を高めること」および「資本の回転率を高めること」が、資本利益率の向上につながる。

　　資本利益率＝売上高利益率×資本回転率

$$\frac{利益}{資本} = \frac{利益}{売上高} \times \frac{売上高}{資本}$$

　指標水準より数値が低い場合には、しっかり粗利益を確保できているのか、ムダな販売管理費が発生していないか、不良資産を抱えていないか等の確認が必要となる。

➤収益性分析

　企業の本業における収益力を表す数値で、売上高に比してどの程度の利益を計上しているのか分析する。業界水準より売上高総利益率が低い場合には、仕入先との交渉力が弱くて商品原価、材料費および外注費等が高くないか、価格競争の激化が発生していないか確認する必要がある。また、売上高営業利益率が低い場合には、販売管理費において高い比率の勘定科目がないか確認すべきである。

➤安全性分析

　主に短期、長期、資本の三つの視点で企業の支払能力を分析する。

|短期安全性|

　流動比率は、1年以内に返済が予定される流動負債に対する1年以内に現金化が予定される流動資産の割合であり、通常200％以上が望ましく、少なくとも100％以上あることが必要とされる。

　当座比率は、流動資産のうち、さらに流動性の高い現金、受取手形、売掛金、有価証券等の資産の割合であり、通常100％以上が望ましいと考えられている。流動比率がよくて、当座比率が悪い場合には、滞留した売掛債権や過剰な棚卸資産を抱えていないか確認が必要となる。

|長期安全性|

　固定比率は、長期で運用する土地、建物、設備等の固定資産が、返済義務のない自己資本でどの程度カバーされているか示す指標で、通常100％以下が望ましいと考えられている。

　固定長期適合比率は、長期で運用する土地、建物、設備等の固定資産が、1年を超えて調達できる固定債務と返済義務のない自己資本でカバーされているか示す指標で、通常100％以下が必要と考えられている。

|資本安全性|

　自己資本比率は、総資本に対する自己資本の割合であり、通常高いほう

が望ましいとされる（ただし、事業の収益性が高い場合、借入をふやし財務レバレッジを効かせて事業拡大を進め利益向上を図ることもある）。自己資本を上回る本業での損失や資産売却等による損失が発生すると、自己資本比率がマイナスとなり債務超過の状態に陥る。その場合には、銀行からの借入やその他債務の支払に懸念が生じるため、債務超過の原因を確認し、対応策の検討が必要となる。

➢効率性分析

売上高と対比することにより、各資産が効率的に運用されているかを分析する（直感的にわかりやすくするため、回転率ではなく回転期間を使用する）。特に、厳しい経営状態にある中小企業においては、売掛債権の滞留や過剰な在庫を抱えることが大きな課題となっていることが多く、売上債権回転期間や棚卸資産回転期間を確認することは非常に重要である。

➢生産性分析

生産性は企業のインプット（経営資源）に対するアウトプット（付加価値）の割合を示す指標である。付加価値とは、企業がその経営資源を投入することによって新たに生み出した価値のことであり、次のような算式で求められる。

|付加価値の算式|

（加算法）　営業純益（営業利益－支払利息割引料）＋役員報酬
　　　　　　＋従業員給料手当＋福利費＋動産・不動産賃借料
　　　　　　＋支払利息割引料＋租税公課
（控除法）　売上高－外部購入費（材料費、外注費等）

　従業員1人当りの付加価値や売上高、人件費について、競合他社と比較することによって、企業の生産性を分析する。

➢成長性分析

売上高成長率は、企業もしくは事業のライフステージによって異なるが、今後、企業の売上げがどのように推移していくのか見極めるうえで、非常に重要な指標となる。

ずである（図表3－8）。

② 経営指標分析

次に、5～10年の期間で、損益計算書、貸借対照表をもとに各種経営指標分析を行う。特に、同業界における指標水準や競合他社の数値と比べ、当該企業がどの点において優れているのか、または劣っているのか、この

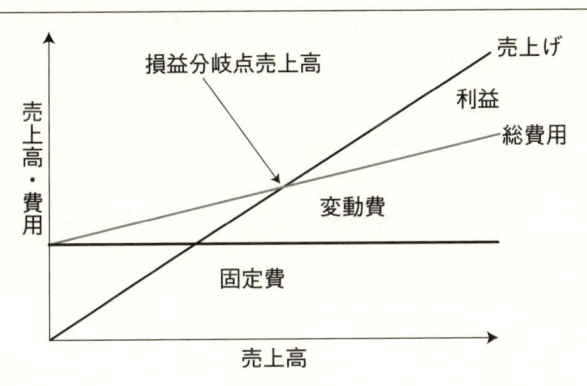

図表3-10　損益分岐点の考え方

(グラフ：縦軸「売上高・費用」、横軸「売上高」。売上げ線、利益、総費用、変動費、固定費、損益分岐点売上高を示す)

➤費用分解
　まず、企業におけるさまざまな費用を固定費と変動費に区分する（固変分解）。
　固定費
　　売上高に関係なく固定的に発生する費用
　　（人件費、減価償却費、賃借料、保険料等）
　変動費
　　売上高に応じて変動する費用
　　（材料費、外注費、燃料費、運送費等）
➤損益分岐点売上高の計算
　売上高（Sales）
　　＝費用（Cost）＋利益（Profit）
　　＝固定費（FC）＋変動費（VC）＋利益（Profit）
　損益分岐点売上高（S）
　　＝FC＋VC＋P（ゼロ）
　　＝FC＋VC（注1）
　　＝FC＋αS

$S - \alpha S = FC \to S(1-\alpha) = FC \to S = \dfrac{FC}{(1-\alpha)}$ （注2）

(注1)　変動費率（α）＝変動費（VC）÷売上高（S）　∴VC＝αS
(注2)　限界利益率＝1－α

$$損益分岐点売上高 = \dfrac{固定費}{1-変動費率} = \dfrac{固定費}{限界利益率}$$

➤損益分岐点比率と安全余裕率

第3章　経営改善期

> 損益分岐点比率は、実際の売上高に対する損益分岐点売上高の割合を示し、低い数値のほうがよく一般的には90％以下が望ましいといわれている。
>
> $$損益分岐点比率 = \frac{損益分岐点売上高}{実際の売上高} \times 100\%$$
>
> また、安全余裕率とは、1－損益分岐点比率で計算され、安全余裕率が高いほど、売上高の低下に対する抵抗力が強いということになる。
>
> ➤ 損益分岐点比率の引下げ策（収益力の改善策）
>
> 　以上から、**損益分岐点比率の引下げ策としては、以下のような手段が考えられる。**
>
> ・変動費の削減
> ・固定費の削減
> ・売上高の増大（売上数量の増大、販売単価の引上げ）

経営指標分析により明らかにすることが重要である（図表3－9）。

③　損益分岐点分析

　損益分岐点分析は、企業の収益構造をとらえる（将来の収益予想を行う）うえで、非常に有効なツールである。損益分岐点（Break Even Point）とは、損益がゼロとなる売上高のことで、図表3－10のような方法で計算される。

④　キャッシュフロー分析

　キャッシュフロー計算書は、企業の一会計期間の資金の流れを「営業活動」「投資活動」「財務活動」の三つの活動区分で表示することによって、企業の経営実態を分析するとともに、経営改善計画の策定にも非常に役立つツールである（図表3－11）。

⑤　実態貸借対照表

　経営実態を正しく把握するために継続企業（ゴーイングコンサーン）ベースでの実態貸借対照表を作成する。主には、下記のような項目に着目し必要と認められる場合には修正し、実質的に債務超過の状態に陥っていないか確認する。

✓有形固定資産の減価償却不足

図表3-11 キャッシュフロー計算書の作成例

貸借対照表 (単位:百万円)

	18期	19期	20期
流動資産	352	283	277
現預金	100	49	44
受取手形・売掛金	95	90	85
棚卸資産	130	120	130
未収入金	30	25	20
その他	2	2	1
貸倒引当金	▲5	▲3	▲3
固定資産	665	631	553
(有形固定資産)	580	566	498
土地	310	310	250
建物・構築物等	250	236	228
その他	20	20	20
(投資等)	85	65	55
投資有価証券	50	30	20
長期貸付金	35	35	35
資産合計	1,017	914	830
流動負債	315	293	292
支払手形・買掛金	90	75	70
短期借入金	135	135	145
未払金	30	25	25
未払費用	10	10	10
未払法人税等	—	—	—
その他	50	48	42
固定負債	442	394	340
長期借入金	400	350	300
社債	—	—	—
その他	42	44	40
負債合計	757	687	632
資本金	50	50	50
資本剰余金	10	10	10
自己株式	—	—	—
その他剰余金	200	167	138
当期利益	▲13	▲33	▲29
純資産	260	227	198
負債純資産合計	1,017	914	830

損益計算書 (単位:百万円)

	18期		19期		20期	
売上高	530	100.0%	490	100.0%	470	100.0%
売上原価	444	83.7%	421	86.0%	394	83.9%
期首製品棚卸高	130	24.5%	130	26.5%	120	25.5%
材料費	176	33.2%	159	32.4%	156	33.2%
労務費	83	15.6%	80	16.4%	78	16.6%
外注費	133	25.1%	120	24.5%	122	26.0%
経費	52	9.8%	52	10.6%	48	10.2%
当期総製造費用	444	83.7%	411	83.9%	404	86.0%
期末製品棚卸高	130	24.5%	120	24.5%	130	27.7%
売上総利益	86	16.3%	69	14.0%	76	16.1%
販売管理費	84	15.9%	80	16.4%	78	16.5%
人件費	60	11.4%	58	11.8%	56	11.9%
広告宣伝費	5	0.9%	4	0.8%	4	0.9%
減価償却費	3	0.6%	3	0.6%	3	0.6%
リース料	3	0.6%	3	0.6%	3	0.6%
賃借料	5	0.9%	5	1.0%	5	1.1%
租税公課	5	0.9%	5	1.0%	5	1.1%
その他	3	0.6%	2	0.5%	2	0.4%
営業利益	2	0.4%	▲11	▲2.3%	▲2	▲0.4%
営業外利益	1	0.2%	1	0.2%	1	0.2%
受取利息・配当金	1	0.2%	1	0.2%	1	0.2%
雑収入	—		—		—	
営業外費用	16	3.0%	17	3.5%	16	3.4%
支払利息	16	3.0%	15	3.1%	14	3.0%
雑損失	—		2	0.4%	2	0.4%
経常利益	▲13	▲2.4%	▲28	▲5.7%	▲17	▲3.6%
特別利益	—		—		—	
有形固定資産売却益	—		—		—	
投資有価証券売却益	—		—		—	
特別損失	—		5	1.0%	12	2.6%
有形固定資産売却損	—		—		10	2.1%
投資有価証券売却損	—		5	1.0%	2	0.4%
税引前当期利益	▲13	▲2.4%	▲33	▲6.7%	▲29	▲6.1%
法人税等	—		—		—	
当期利益	▲13	▲2.4%	▲33	▲6.7%	▲29	▲6.1%

キャッシュフロー計算書　　　（単位：百万円）

		19期	20期
ⅰ）営業活動によるキャッシュフロー			
	税引前当期純利益	▲33	▲29
	減価償却費	14	13
	貸倒引当金の増減額	▲2	—
	退職給付引当金の増減額	—	—
	受取利息および配当金	▲1	▲1
	支払利息	15	14
	有形固定資産売却損	—	10
	投資有価証券売却損	5	2
	売上債権の増減額	5	5
	棚卸資産の増減額	10	▲10
	仕入債務の増減額	▲15	▲5
	その他資産の増減額	5	6
	その他負債の増減額	▲5	▲10
	小　計	1	▲5
	利息および配当金の受取額	1	1
	利息の支払額	▲15	▲14
	法人税等の支払額	—	—
	営業活動によるキャッシュフロー	▲16	▲18
ⅱ）投資活動によるキャッシュフロー			
	有形固定資産の取得による支出	—	▲5
	有形固定資産の売却による収入	—	50
	投資有価証券の取得による支出	—	—
	投資有価証券の売却による収入	15	8

(19期)
売上減少に伴い営業赤字、経常赤字を計上。有利子負債の金利負担重く、営業活動によるキャッシュフローはマイナス。

(20期)
さらに売上げが減少するも棚卸資産が増加し資金繰りを圧迫、滞留在庫の増加が疑われる。営業活動によるキャッシュフローのマイナスはさらに拡大。

(19期)
資金繰り対応のため投資有価証券を一部売却。
(20期)
資金繰り対応のため投資有

	長期貸付金の増加による支出	—	—
	長期貸付金の減少による収入	—	—
	投資活動によるキャッシュフロー	15	53
FCF		▲1	35
ⅲ）財務活動によるキャッシュフロー			
	短期借入による収入	—	10
	短期借入金の返済による支出	—	—
	長期借入による収入	—	—
	長期借入金の返済による支出	▲50	▲50
	株式発行による収入	—	—
	配当金の支払額	—	—
	財務活動によるキャッシュフロー	▲50	▲40
ⅳ）現金および現金同等物の増減額		▲51	▲5
ⅴ）現金および現金同等物の期首残高		100	49
ⅵ）現金および現金同等物の期末残高		49	44

（右側注釈）

価証券に加え遊休不動産を一部売却。また、機械の老朽化に伴い新しい機械の購入に500万円かかる。

（19期）
手元現預金および投資有価証券売却代金を主な原資として、長期借入金5,000万円を返済。

（20期）
営業活動からのキャッシュフローのマイナスに対応するために、資産売却だけでは補いきれず、短期借入にて1,000万円を調達。

➢営業活動によるキャッシュフロー
　作成方法には直接法と間接法があるが、貸借対照表と損益計算書から比較的簡単に作成できる点においては、実務上、間接法のほうがよく使われる（どちらによっても結論は同じである）。
　税引前当期純利益に、非資金損益項目および営業活動に係る資産・負債の増減を加減して営業キャッシュフローを求めるが、会社が存続するための基盤となる本業での資金の流れ（収益力）をみることができ、通常、プラスであることが基本となる。
➢投資活動によるキャッシュフロー
　事業継続に必要な設備投資や有価証券等への投資、または売却による回収等による資金の流れをみることができ、会社の成長期には、大幅なマイナス

> となることがある。遊休不動産等資産の売却をすれば、プラスとなる。
>
> フリーキャッシュフロー（FCF）
> 　　営業活動によるキャッシュフローと投資活動によるキャッシュフローの合計額で、企業が自由に使える資金をみることができる。これを、フリーキャッシュフロー（以下「FCF」という）と呼ぶが、**FCFについては、プラスであることが望ましい**。また、経営改善計画の策定においては、当然ながら、FCFに着目することが重要となる。
>
> ➢財務活動によるキャッシュフロー
> 　　銀行借入、社債発行、株式発行等の資金調達や銀行借入の返済等による財務的な資金の流れをみることができる。

図表3－12　SWOT分析のイメージ

	Opportunity（機会）	Threat（脅威）
外部環境	・業績拡大に生かせるビジネスチャンスは何か 例：少子高齢化社会による消費行動の変化、規制緩和	・業績悪化につながるビジネスリスクは何か 例：低価格輸入品の増大、新商品の登場、燃料高騰
	Strength（強み）	Weakness（弱み）
内部環境	・競合企業と比較して優れているところはどこか 例：人材、ネットワーク、ノウハウ	・競合企業と比較して劣っているところはどこか 例：販売力、資金力、設備

✓販売先が倒産や不渡りを出し回収が困難と思われる受取手形や売掛債権
✓陳腐化や破損、または長期滞留し販売見込みのない棚卸資産
✓回収見込みのない子会社等に対する貸付金
✓粉飾による架空売掛債権、架空棚卸資産
✓投資有価証券の時価評価への評価替え

(b)　SWOT分析

　SWOTとは、企業内にある経営資源と企業を取り囲む外部環境を分析するときに、四つの切り口となる「Strength（強み）」「Weakness（弱み）」「Op-

図表3－13　外部環境分析のイメージ

	機　会	脅　威
政治的要因		
経済的要因		
社会的要因		
技術的要因		
市場・顧客		
業界		
競合		

図表3－14　内部環境分析のイメージ

	強　み	弱　み
財務 （財務資源）	・自己資本比率が高い	・利益率が低い
人材・組織 （人的資源）	・社員教育体制が充実している ・優秀な技術者が多くいる	・平均年齢が高い ・知識の共有化がなされていない
設備・資産 （物的資源）	・大規模な工場を保有する	・設備の老朽化が激しい
技術・ノウハウ	・生産技術力が高い	・特許権が少ない
企業文化・風土	・結束力が強い	・保守的な企業風土
マネジメント	・経営トップの意思決定が迅速	・創業者一族の支配力が強い
生産管理	・短納期対応ができる	・原価管理がずさん
販売・マーケティング	・営業マンの企画提案力が高い ・販売チャネルが充実している	・広告宣伝力が弱い
製品・サービス	・ブランド力が強い	・商品サポートが弱い ・カスタマーサポートが弱い

図表3-15　SWOTマトリクスのイメージ

	Strength（強み）	Weakness（弱み）
Opportunity （機会）	・強みを生かして機会をつかむ戦略は何か	・弱みを克服して機会を逃さない戦略は何か
Threat （脅威）	・強みを生かして脅威を回避する戦略は何か	・弱みを最小化し脅威を回避する戦略は何か

portunity（機会）」「Threat（脅威）」の頭文字である。SWOT分析によって、四つの視点から経営改善に必要な経営課題を抽出する（図表3-12）。

① 外部環境

外部環境分析によって得られた結果に基づいて、「機会」と「脅威」に分けて分析する（図表3-13）。

② 内部環境

企業の各事業や各部門において、上記財務分析結果とともに図表3-14のような経営資源の項目ごとに「強み」と「弱み」に分けて分析する。

(c) 経営課題の抽出・改善の方向性

次いで、上記SWOT分析によって得られた結果に基づき、企業の経営課題を抽出し、その改善の方向性を導き出す。図表3-15 SWOTマトリクスを活用して、今後、企業が「実行すべき内容」「克服すべき内容」「回避、撤退すべき内容」をより明確にして、企業の経営改善計画における基本戦略に役立てる。

(3) 経営改善計画の基本骨子

外部環境分析および内部環境分析を行った後、これらの分析結果に基づいて、競合他社に対して優位性のある基本方針や戦略の方向性を検討し、以下のような具体的施策を設定することで、基本骨子を明確にすることが重要である。なお、この際、いままでの分析結果と基本方針・戦略の整合性がとれ

ているか特に留意を要する。

a 事業の再構築
① 経費削減策
② 売上増加策
③ 収益性改善策
④ 組織再編策等

b 財務の再構築
① 金融債務に係る条件変更
② 債務削減策
③ 増資等

(4) 経営改善計画

a 損益計算書（PLの改善）

(a) 売上計画

　過去のトレンド、外部環境、自社の販売施策等を考慮しながら、事業別・製品別・取引先別に当該企業の売上げを予測するに重要な項目を各種データから取捨選択、細分化して月別、年別に予想し、これを積み上げることによって作成していく。なお、細分化する過程では、できる限り販売単価と販売数量に分解する。これにより、自社の取引条件の現状や推移も把握可能になり、強み・弱み、改善すべき分野、その方向性の検討がしやすくなる（図表3－16）。

① 過去のトレンド分析

　当該企業の売上げを予測するうえで重要な項目別に、過去5～10年程度の実績数値を分析し、そのトレンドから各項目別に売上高を予測する。

② 外部環境分析との整合性

　前述の市場（顧客）・業界・競合他社の外部環境分析を考慮しながら、整合性のある売上計画を作成する。

図表3−16 売上計画の作成例

(単位:百万円)

	実　　績					計　　画				
	16期	17期	18期	19期	20期	計画1期	計画2期	計画3期	計画4期	計画5期
A事業	270	240	230	210	180	170	150	140	130	120
B事業	100	80	50	—	—	—	—	—	—	—
C事業	150	150	130	120	100	90	80	80	70	60
D事業	50	80	120	140	150	150	160	160	160	160
E事業	—	—	—	20	40	60	70	80	90	110
合計	570	550	530	490	470	470	460	460	450	450

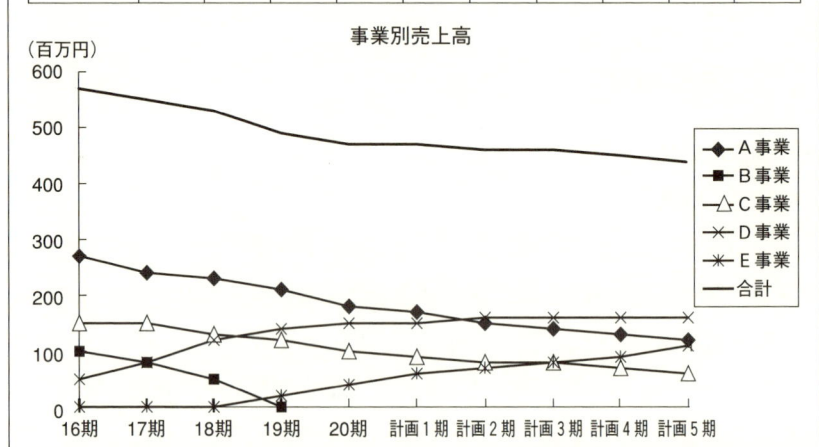

事業別売上高

A事業：直近5カ年の主力事業であったが、すでに成熟期を迎え低下の傾向をたどる。
　　　ただし、今後も準主力事業として継続する。
B事業：市場縮小と低価格競争激しく2期前に撤退。
C事業：成熟期後半に入り、今後、売上げは徐々に減少する。
D事業：準主力事業として成熟期前半に入り、今後、主力事業として注力する。
E事業：成長途上にある事業にて、今後、さらに拡大し主力事業に育てる。

③　新たな販売施策

　新製品の投入、新規店舗の出店、新たな販売促進策等売上高増加のため

の販売施策を考慮して売上計画を作成する。

(b) 費用計画

変動費と固定費に分けて各勘定科目別に、過去5～10年程度の実績数値を分析し、各費用を予測していく。なお、その際は、事業規模や地域事情等を勘案するとともに、同一業種の平均的な経営指標を参考にする等して、当該企業にとって妥当かつ達成可能な内容とすることが求められる（図表3－17）。

① 変動費（材料費、外注費、燃料費、運送費等）

　基本的には、過去の売上高対費用比率の実績に基づき、売上計画や経費削減策（経費削減策においては、材料の仕入単価低減等に加え、関係会社との取引価格が妥当でない場合、その是正等の検討も必要になる）をふまえて予測する。事業別や製品別等に変動費を算出し限界利益（付加価値）を分析することによって、収益力の改善や事業撤退のための具体的な判断のきっかけとする。

② 固定費

▶人件費

　直近の従業員状況や人員計画に基づいて、労務費および人件費を予測する。なお、経営改善期間中一時的な賞与削減等を検討することもあろうが、その場合は従業員のモチベーション等に留意し、時限措置にする等の対応も検討が必要である。

　例）　給与手当、退職金、法定福利費、福利厚生費等

▶減価償却費、リース料、修繕費等

　直近の償却資産明細、設備投資計画および修繕計画をふまえて予測する。

▶その他固定費

　基本的には過去の実績数値を採用しつつ、経費削減策（経費削減策においては、外部の意見等も参考に、取引条件の見直し、それに伴う契約変更

図表3－17 費用計画の作成例

(単位：百万円)

		実績 16期		17期		18期		19期		20期		計画 計画1期		計画2期		計画3期		計画4期		計画5期	
A事業	売上高	270	100%	240	100%	230	100%	210	100%	180	100%	170	100%	150	100%	140	100%	130	100%	120	100%
	変動費	150	56%	142	59%	138	60%	128	61%	112	62%	104	61%	92	61%	86	61%	80	61%	73	61%
	材料費	80	30%	75	31%	72	31%	65	31%	60	33%	56	33%	49	33%	46	33%	43	33%	40	33%
	外注費	50	19%	49	20%	48	21%	45	21%	40	22%	36	21%	32	21%	30	21%	28	21%	25	21%
	経費	20	7%	18	8%	18	8%	18	9%	12	7%	12	7%	11	7%	10	7%	9	7%	8	7%
	限界利益	120	44%	98	41%	92	40%	82	39%	68	38%	66	39%	58	39%	54	39%	50	39%	47	39%
B事業	売上高	100	100%	80	100%	50	100%	—	—	—	—	—	—	—	—	—	—	—	—	—	—
	変動費	66	66%	58	73%	43	86%	—	—	—	—	—	—	—	—	—	—	—	—	—	—
	材料費	35	35%	30	38%	20	40%	—	—	—	—	—	—	—	—	—	—	—	—	—	—
	外注費	25	25%	22	28%	18	36%	—	—	—	—	—	—	—	—	—	—	—	—	—	—
	経費	6	6%	6	8%	5	10%	—	—	—	—	—	—	—	—	—	—	—	—	—	—
	限界利益	34	34%	22	28%	7	14%	—	—	—	—	—	—	—	—	—	—	—	—	—	—
C事業	売上高	150	100%	150	100%	130	100%	120	100%	100	100%	90	100%	80	100%	80	100%	70	100%	60	100%
	変動費	95	63%	98	65%	91	70%	85	71%	76	76%	66	73%	59	73%	59	73%	51	73%	44	73%
	材料費	50	33%	52	35%	48	37%	44	37%	38	38%	34	38%	30	38%	30	38%	26	38%	23	38%
	外注費	35	23%	36	23%	35	27%	33	28%	30	30%	27	30%	24	30%	24	30%	20	30%	18	30%
	経費	10	7%	10	7%	8	6%	8	7%	8	8%	5	6%	4	6%	4	6%	4	6%	3	6%
	限界利益	55	37%	52	35%	39	30%	35	29%	24	24%	24	27%	21	27%	21	27%	19	27%	16	27%
D事業	売上高	50	100%	80	100%	120	100%	140	100%	150	100%	150	100%	160	100%	160	100%	160	100%	160	100%
	変動費	37	73%	54	68%	75	63%	90	64%	98	65%	93	62%	99	62%	99	62%	99	62%	99	62%
	材料費	17	34%	25	31%	36	30%	45	32%	48	32%	47	31%	50	31%	50	31%	50	31%	50	31%
	外注費	16	32%	24	30%	32	27%	36	26%	40	27%	37	25%	39	25%	39	25%	39	25%	39	25%
	経費	4	7%	5	6%	7	6%	9	6%	10	7%	9	6%	10	6%	10	6%	10	6%	10	6%
	限界利益	14	27%	26	33%	45	38%	50	36%	52	35%	57	38%	61	38%	61	38%	61	38%	61	38%
E事業	売上高	—	—	—	—	—	—	20	100%	40	100%	60	100%	70	100%	80	100%	90	100%	110	100%
	変動費	—	—	—	—	—	—	14	70%	27	68%	38	63%	44	63%	51	63%	54	60%	66	60%
	材料費	—	—	—	—	—	—	5	25%	10	25%	15	25%	18	25%	20	25%	22	24%	27	24%
	外注費	—	—	—	—	—	—	6	30%	12	30%	17	28%	20	28%	23	28%	24	27%	29	27%
	経費	—	—	—	—	—	—	3	15%	5	13%	6	10%	7	10%	8	10%	8	9%	10	9%
	限界利益	—	—	—	—	—	—	6	30%	13	33%	22	37%	26	37%	29	37%	36	40%	44	40%
合計	売上高	570	100%	550	100%	530	100%	490	100%	470	100%	470	100%	470	100%	460	100%	450	100%	450	100%
	変動費	348	61%	352	64%	347	65%	317	65%	313	67%	301	64%	294	64%	294	64%	284	63%	283	63%
	材料費	182	32%	182	33%	176	33%	159	32%	156	33%	152	32%	147	32%	146	32%	141	31%	139	31%
	外注費	126	22%	131	24%	133	25%	120	24%	122	26%	117	25%	115	25%	116	25%	112	25%	112	25%
	経費	40	7%	39	7%	38	7%	38	8%	35	7%	32	7%	32	7%	32	7%	31	7%	31	7%
	限界利益	223	39%	198	36%	183	35%	173	35%	157	33%	169	36%	166	36%	166	36%	166	37%	167	37%

118

図表3−18 人員計画の作成例

	18期		実績				計画								
			19期		20期		計画1期		計画2期		計画3期		計画4期		計画5期	
役員数および従業員数（人）																
役員	4	—	4	100%	4	100%	3	75%	3	100%	3	100%	3	100%	3	100%
正社員	14	—	14	100%	13	93%	11	85%	11	100%	11	100%	11	100%	11	100%
製造原価	10	—	10	100%	10	100%	8	80%	8	100%	8	100%	8	100%	8	100%
販売管理費	4	—	4	100%	3	75%	3	100%	3	100%	3	100%	3	100%	3	100%
派遣	10	—	9	90%	9	100%	9	100%	8	89%	8	100%	8	100%	8	100%
パート	3	—	3	100%	3	100%	3	100%	3	100%	3	100%	3	100%	3	100%
従業員計	27	—	26	96%	25	96%	23	92%	22	96%	22	100%	22	100%	22	100%
1人当りの平均人件費（百万円）																
役員	7	—	7	100%	7	100%	6	86%	6	100%	6	100%	6	100%	6	100%
正社員	5	—	5	100%	5	100%	5	100%	5	100%	5	100%	5	100%	5	100%
派遣	2	—	2	100%	2	100%	2	100%	2	100%	2	100%	2	100%	2	100%
パート	1	—	1	100%	1	100%	1	100%	1	100%	1	100%	1	100%	1	100%
人件費（百万円）																
役員報酬	28	—	28		28		18		18		18		18		18	
正社員	70	—	68		66		58		56		56		56		56	
製造原価	50	—	50		50		40		40		40		40		40	
販売管理費	20	—	18		16		18		16		16		16		16	
派遣	20	—	18		16		18		16		16		16		16	
パート	3	—	3		3		3		3		3		3		3	
計	121	—	117		113		97		93		93		93		93	

（注）パーセンテージは対前年比。上記人件費に法定福利費は含まず。

第3章　経営改善期

図表3－19　設備投資計画の作成例

（単位：百万円）

	投資内容	計　画				
		21期	22期	23期	24期	25期
A事業	●	—	—	50	—	—
B事業		—	—	—	—	—
C事業		—	—	—	—	—
D事業	●	—	—	—	30	—
E事業	●	100	—	—	—	—
計		100	0	50	30	0

等も検討が必要である）をふまえて予測する。

(c) 人員計画

設定された売上計画や生産計画に対応できる必要な人員が確保されていることが前提となる。余剰人員が発生するのであれば、その合理化も反映するとともに、直近の役員、正社員、派遣社員、パート等の雇用形態別人員、平均給与を確認しつつ、人件費を予測する（図表3－18）。

(d) 不採算部門の改善

自社の他部門や同業他社との比較で不採算となっている部門については、特に改善策を検討する。資産規模（当該資産に対応する借入金）に対して収益水準が低い場合（特に利払いすらまかなえない場合）で、今後の改善可能性が見込めない場合は、事業譲渡・資産処分等の検討も必要である。

b　貸借対照表（B/Sの改善）

(a) 設備投資計画

事業の継続、拡大に必要な設備投資に係る投資金額、時期等を確認し、事業計画に反映していく。なお、その際は、維持更新投資と戦略投資（付加価値増につながる投資）に区分したうえで検討する必要があるが、経営改善期間中の維持更新投資は必要最小限にとどめるとともに、戦略投資は負債増加

図表 3-20 債務返済計画の作成例

(単位：百万円)

		18期 金額	19期 金額	19期 前期比	20期 金額	20期 前期比	計画1期 金額	計画1期 前期比	計画2期 金額	計画2期 前期比	計画3期 金額	計画3期 前期比	計画4期 金額	計画4期 前期比	計画5期 金額	計画5期 前期比
短期借入	X銀行	70	70	—	75	5	67	▲8	66	▲1	66	▲1	65	▲1	65	▲1
	Y信金	40	40	—	43	3	39	▲4	38	▲1	38	—	37	▲1	37	—
	Z信用金庫	25	25	—	27	2	24	▲3	24	—	24	—	23	▲1	23	—
	計	135	135	—	145	10	130	▲15	127	▲3	127	—	125	▲3	125	—
長期借入	X銀行	200	175	▲25	150	▲25	150	—	142	▲8	137	▲5	129	▲8	120	▲9
	Y信金	150	130	▲20	110	▲20	110	—	104	▲6	101	▲3	95	▲6	89	▲6
	Z信用金庫	50	45	▲5	40	▲5	40	—	38	▲2	36	▲1	34	▲2	32	▲2
	計	400	350	▲50	300	▲50	300	—	283	▲17	274	▲10	258	▲16	241	▲17
長短借入	X銀行	270	245	▲25	225	▲20	217	▲8	208	▲10	203	▲5	193	▲9	185	▲9
	Y信金	190	170	▲20	153	▲17	149	▲4	142	▲7	138	▲3	132	▲6	126	▲6
	Z信用金庫	75	70	▲5	67	▲3	64	▲3	61	▲3	60	▲1	57	▲3	55	▲2
	計	535	485	▲50	445	▲40	430	▲15	411	▲19	401	▲10	383	▲19	366	▲17

	18期	19期	20期	計画1期	計画2期	計画3期	計画4期	計画5期
FCF	—	▲1	35	▲5	24	14	22	24
×70%	—	—	—	—	70%	70%	70%	70%
長期借入返済可能額	—	—	—	—	17	10	16	17

第3章 経営改善期

図表3－21　損益計算書計画の作成例

(単位：百万円)

	実績						計画								
	18期		19期		20期		計画1期		計画2期		計画3期		計画4期		計画5期	
	金額	対売上高比	金額	対売上高比	金額	対売上高比	金額	対売上高比	金額	対売上高比	金額	対売上高比	金額	対売上高比	金額	対売上高比
売上高	530	100.0%	490	100.0%	470	100.0%	470	100.0%	460	100.0%	460	100.0%	450	100.0%	450	100.0%
売上原価	444	83.7%	421	86.0%	394	83.9%	397	84.5%	376	81.7%	373	81.1%	365	81.1%	361	80.2%
期首製品棚卸高	130	24.5%	130	26.5%	120	25.5%	130	27.7%	115	25.0%	113	24.5%	113	25.0%	110	24.5%
材料費	176	33.2%	159	32.4%	156	33.2%	152	32.3%	147	32.0%	146	31.8%	141	31.4%	139	30.9%
労務費	83	15.6%	80	16.4%	78	16.6%	68	14.6%	66	14.4%	66	14.4%	66	14.7%	66	14.7%
外注費	133	25.1%	120	24.5%	122	26.0%	117	24.9%	115	25.0%	116	25.2%	112	24.9%	112	24.9%
経費	52	9.8%	52	10.6%	48	10.2%	45	9.6%	45	9.8%	45	9.7%	43	9.6%	43	9.6%
当期総製造費用	444	83.7%	411	83.9%	404	86.0%	382	81.4%	373	81.1%	373	81.1%	363	80.6%	361	80.2%
期末製品棚卸高	130	24.5%	120	24.5%	130	27.7%	115	24.5%	113	24.5%	113	24.5%	110	24.5%	110	24.5%
売上総利益	86	16.3%	69	14.0%	76	16.1%	73	15.5%	84	18.3%	87	18.9%	85	18.9%	89	19.8%
販売管理費	84	15.9%	80	16.4%	78	16.5%	68	14.5%	65	14.1%	65	14.0%	65	14.3%	64	14.3%
人件費	60	11.4%	58	11.8%	56	11.9%	46	9.8%	44	9.5%	44	9.5%	44	9.7%	44	9.7%
広告宣伝費	5	0.9%	4	0.8%	4	0.9%	4	0.9%	4	0.9%	4	0.9%	4	0.9%	4	0.9%
減価償却費	3	0.6%	3	0.6%	3	0.6%	3	0.6%	3	0.7%	3	0.7%	3	0.6%	3	0.6%
リース料	3	0.6%	3	0.6%	3	0.6%	3	0.6%	3	0.7%	3	0.7%	3	0.7%	3	0.7%
賃借料	5	0.9%	5	1.0%	5	1.1%	5	1.1%	5	1.1%	5	1.1%	5	1.1%	5	1.1%
租税公課	5	0.9%	5	1.0%	5	1.1%	5	1.1%	5	1.1%	5	1.1%	5	1.1%	5	1.1%
その他	3	0.6%	2	0.5%	2	0.4%	2	0.4%	1	0.2%	1	0.2%	1	0.2%	1	0.2%
営業利益	2	0.4%	▲11	▲2.3%	▲2	▲0.4%	5	1.0%	20	4.2%	23	4.9%	20	4.5%	25	5.5%
営業外利益	1	0.2%	1	0.2%	1	0.2%	1	0.2%	1	0.2%	1	0.2%	1	0.2%	1	0.2%
受取利息・配当金	—	—	—	—	—	—	—	—	—	—	—	—	—	—	—	—
雑収入	—	—	—	—	—	—	—	—	—	—	—	—	—	—	—	—
営業外費用	16	3.0%	17	3.5%	16	3.4%	13	2.8%	13	2.8%	12	2.7%	14	3.1%	13	3.0%
支払利息	16	3.0%	15	3.1%	14	3.0%	13	2.8%	13	2.8%	12	2.7%	12	2.7%	11	2.6%
雑損失	—	—	2	0.4%	2	0.4%	—	—	—	—	—	—	2	0.4%	2	0.4%
経常利益	▲13	▲2.4%	▲28	▲5.7%	▲17	▲3.6%	▲8	▲1.6%	8	1.7%	11	2.4%	7	1.6%	12	2.8%
特別利益	—	—	—	—	—	—	—	—	—	—	—	—	—	—	—	—
有形固定資産売却益	—	—	—	—	—	—	—	—	—	—	—	—	—	—	—	—
投資有価証券売却益	—	—	—	—	—	—	—	—	—	—	—	—	—	—	—	—
特別損失	—	—	5	1.0%	12	2.6%	—	—	—	—	—	—	—	—	2	0.4%
有形固定資産売却損	—	—	—	—	10	2.1%	—	—	—	—	—	—	—	—	—	—
投資有価証券売却損	—	—	5	1.0%	2	0.4%	—	—	—	—	—	—	—	—	2	0.4%
税引前当期利益	▲13	▲2.4%	▲33	▲6.7%	▲29	▲6.1%	▲8	▲1.6%	8	1.7%	11	2.4%	7	1.6%	10	2.3%
法人税等	—	—	—	—	—	—	—	—	—	—	—	—	—	—	—	—
当期利益	▲13	▲2.4%	▲33	▲6.7%	▲29	▲6.1%	▲8	▲1.6%	8	1.7%	11	2.4%	7	1.6%	10	2.3%

図表3-22 貸借対照表計画の作成例

(単位:百万円)

	18期		19期		20期		計画1期		計画2期		計画3期		計画4期		計画5期	
	金額	前期比	金額	前期比	金額	前期比	金額	前期比	金額	前期比	金額	前期比	金額	前期比	金額	前期比
流動資産	352		283	▲69	277	▲6	243	▲35	243	—	247	4	247	▲0	254	7
現預金	100		49	▲51	44	▲5	25	▲20	29	4	33	4	37	4	44	7
受取手形・売掛金	95		90	▲5	85	▲5	85	—	83	▲2	83	—	81	▲2	81	—
棚卸資産	130		120	▲10	130	10	115	▲15	113	▲2	113	—	110	▲2	110	—
未収入金	30		25	▲5	20	▲5	20	—	20	—	20	—	20	—	20	—
その他	2		2	—	1	▲1	1	—	1	—	1	—	1	—	1	—
貸倒引当金	▲5		▲3	2	▲3	—	▲3	—	▲3	—	▲3	—	▲3	—	▲3	—
固定資産	665		631	▲34	553	▲78	565	12	552	▲13	549	▲3	537	▲12	523	▲14
(有形固定資産)	580		566	▲14	498	▲68	510	12	497	▲13	494	▲3	482	▲12	480	▲2
土地	310		310	—	250	▲60	250	—	250	—	250	—	250	—	250	—
建物・構築物等	250		236	▲14	228	▲8	235	7	222	▲13	219	▲3	207	▲12	205	▲2
その他	20		20	—	20	—	25	5	25	—	25	—	25	—	25	—
(投資等)	85		65	▲20	55	▲10	55	—	55	—	55	—	55	—	43	▲12
投資有価証券	50		30	▲20	20	▲10	20	—	20	—	20	—	20	—	8	▲12
長期貸付金	35		35	—	35	—	35	—	35	—	35	—	35	—	35	—
資産合計	1,017		914	▲103	830	▲84	808	▲23	795	▲13	796	2	784	▲13	777	▲6
流動負債	315		293	▲22	292	▲1	277	▲15	273	▲4	273	—	269	▲4	269	—
支払手形・買掛金	90		75	▲15	70	▲5	70	—	69	▲1	69	—	67	▲1	67	—
短期借入金	135		135	—	145	10	130	▲15	127	▲3	127	—	125	▲3	125	—
未払金	30		25	▲5	25	—	25	—	25	—	25	—	25	—	25	—
未払法人税等	10		10	—	10	—	10	—	10	—	10	—	10	—	10	—
その他	50		48	▲2	42	▲6	42	—	42	—	42	—	42	—	42	—
固定負債	442		394	▲48	340	▲54	340	—	323	▲17	314	▲10	298	▲16	281	▲17
長期借入金	400		350	▲50	300	▲50	300	—	283	▲17	274	▲10	258	▲16	241	▲17
社債	—		—	—	—	—	—	—	—	—	—	—	—	—	—	—
その他	42		44	2	40	▲4	40	—	40	—	40	—	40	—	40	—
負債合計	757		687	▲70	632	▲55	617	▲15	596	▲21	587	▲10	567	▲20	550	▲17
資本金	50		50	—	50	—	50	—	50	—	50	—	50	—	50	—
自己株式	10		10	—	10	—	10	—	10	—	10	—	10	—	10	—
その他剰余金	200		167	▲33	138	▲29	131	▲8	138	8	150	11	157	7	167	10
当期利益	▲13		▲33	▲20	▲29	4	▲8	21	8	15	11	4	7	▲4	10	3
純資産	260		227	▲33	198	▲29	191	▲8	198	8	210	11	217	7	227	10
負債純資産合計	1,017		914	▲103	830	▲84	808	▲23	795	▲13	796	2	784	▲13	777	▲6

第3章 経営改善期

図表3-23　キャッシュフロー計算書計画の作成例

(単位：百万円)

	実績		計画				
	19期	20期	計画1期	計画2期	計画3期	計画4期	計画5期
ⅰ）営業活動によるキャッシュフロー							
税引前当期純利益	▲33	▲29	▲8	8	11	7	10
減価償却費	14	13	13	13	13	12	12
貸倒引当金の増減額	▲2	—	—	—	—	—	—
退職給付引当金の増減額	—	—	—	—	—	—	—
受取利息および配当金	▲1	▲1	▲1	▲1	▲1	▲1	▲1
支払利息	15	14	13	13	12	12	11
有形固定資産売却損	—	10	—	—	—	—	—
投資有価証券売却損	5	2	—	—	—	—	2
売上債権の増減額	5	5	—	2	—	2	—
棚卸資産の増減額	10	▲10	15	2	—	2	—
仕入債務の増減額	▲15	▲5	—	▲1	—	▲1	—
その他資産の増減額	5	6	—	—	—	—	—
その他負債の増減額	▲5	▲10	—	—	—	—	—
小　計	▲1	▲5	33	36	35	34	35
利息および配当金の受取額	1	1	1	1	1	1	1
利息の支払額	▲15	▲14	▲13	▲13	▲12	▲12	▲11
法人税等の支払額	—	—	—	—	—	—	—
営業活動によるキャッシュフロー	▲16	▲18	20	24	24	22	24
ⅱ）投資活動によるキャッシュフロー							
有形固定資産の取得による支出	—	▲5	▲25	▲0	▲10	—	▲10
有形固定資産の売却による収入	—	50	—	—	—	—	—
投資有価証券の取得による支出	—	—	—	—	—	—	—
投資有価証券の売却による収入	15	8	—	—	—	—	10
長期貸付金の増加による支出	—	—	—	—	—	—	—
長期貸付金の減少による収入	—	—	—	—	—	—	—
投資活動によるキャッシュフロー	15	53	▲25	▲0	▲10	—	—
FCF	▲1	35	▲5	24	14	22	24
ⅲ）財務活動によるキャッシュフロー							
短期借入による収入	—	10	▲15	▲3	—	▲3	—
短期借入金の返済による支出	—	—	—	—	—	—	—
長期借入による収入	—	—	—	—	—	—	—
長期借入金の返済による支出	▲50	▲50	—	▲17	▲10	▲16	▲17
株式発行による収入	—	—	—	—	—	—	—
配当金の支払額	—	—	—	—	—	—	—
財務活動によるキャッシュフロー	▲50	▲40	▲15	▲19	▲10	▲19	▲17
ⅳ）現金および現金同等物の増減額	▲51	▲5	▲20	4	4	4	7
ⅴ）現金および現金同等物の期首残高	100	49	44	25	29	33	37
ⅵ）現金および現金同等物の期末残高	49	44	25	29	33	37	44

にもつながるため、投資による増収効果を吟味のうえ、効果の高いもの以外は抑制すべきである（図表3－19）。

(b) 債務返済計画

① フリーキャッシュフローからの返済

あくまでケースバイケースになるが、経営改善計画においては、キャッシュフロー計算書に基づき算出されたフリーキャッシュフロー（以下「FCF」という）の70～80％程度が長期借入金の返済可能額として無理なく見込める水準といわれている（ただし、正常運転資金に相応する短期借入金の水準につき考慮する必要がある）（図表3－20）。

② 資産処分からの返済

債務圧縮による金利負担軽減・資金繰り改善のため、不採算事業や本業とは関係のない遊休資産（不動産、有価証券等）については、その処分を検討する。それら資産に含み損がある場合は、処分損失発生による課税負担軽減も期待できる。また、資産処分にあたって売却先の確保がむずかしい場合は、取引金融機関のネットワークを活用することも一考に値する。

なお、上記資産処分が担保物件の処分となる場合には、売却手取り金を担保対象の金融機関に担保順位に従って返済することもあわせて織り込むべきである。

c 数値計画

(a) 損益計算書計画（図表3－21）

(b) 貸借対照表計画（図表3－22）

(c) キャッシュフロー計算書計画（図表3－23）

(5) 経営改善計画の実行

経営改善計画は、あくまで、問題を抱えてしまった企業を本来あるべき方向に導くための地図にすぎず、改善が実現できなければ、最終的には何の意

味もなさない。経営改善計画の主体はあくまでも企業であり、社長をはじめとする経営陣および従業員が、計画実現に向けて、計画に掲げられた課題の解決と目標を達成しようという強い決意をもつことが不可欠である。そのためにも、経営改善計画は、従業員にとっても納得感のもてる実現可能な内容でなければならず、加えて、従業員にできるだけ具体的な行動手順を示すものであることが望ましい。また、経営改善計画実現のために必要な行動目標、スケジュール、進捗確認等を、それぞれの部署・担当者レベルにまで落として責任を明確にし、各人が計画の実現に責任をもって取り組めるような仕組みの構築も重要となる。

(6) モニタリング

　企業は経営改善計画のスタート後、経営会議や部門会議等で計画どおりに進捗しているか定期的に状況を評価し、もし計画どおりに進捗していない部分がある場合には、必要な改善措置を講じる必要がある。

　すなわち、Plan（計画）→Do（実行）→Check（評価）→Action（改善）という「PDCAサイクル」を回して、しっかり計画をモニタリングし、経営改善計画の実現可能性を高めることが重要となる。また同時に、金融機関に対しては、経営改善計画の進捗状況につき、定期的に報告する機会を設定することが必要で、金融機関としても、その定期的な報告会において、必要な助言や協力を行うことによって経営改善計画の実現を支援することが求められる。

IV

経営改善の実例

　企業が経営改善を要するに至った場合、放置して改善されるケースは皆無であり、時間の経過とともに状況は悪化していく。業績が悪化する要因には外的なものと内的なものがあるが、経営改善を要する企業の経営者に事情を聞くと、不振原因に外部環境をあげる人が多い。しかし、実際には、本質的な問題はその企業の内部に潜んでいることが多く、外部環境のような外的要因は、内部の問題を顕在化させるきっかけにすぎない。外的要因は自社でコントロールできない以上、外的要因を所与のものとして、それに対応できる組織に変化させられるかどうかがその企業の業績の分かれ道となる。組織の変革には、経営陣や従業員の意識が重要であるが、外的要因を言い訳にする経営陣等は過去の成功体験や長年の慣行から抜け出すことがむずかしく、気がついたときには手遅れになってしまうケースもある。

　変革はなんらかの痛みを伴うため、経営陣や従業員はどうしても敬遠してしまう。特に業績悪化が初期段階の場合、不振を一時的なものととらえ、具体的な方策を講じるまでに至らず、問題を深刻化させてしまうことが多い。しかし、傷が浅いうちの治療のほうが手遅れになってから治療するよりも効果的で痛みが少ない。ゆえに、企業において自助努力が期待できない場合、金融機関には当該企業に対して改革を促すことが求められ、経営改善の兆候を見つけたならば、その企業と即座に対応策を協議すべきである。

　なお、業績不振といった場合、目につきやすいのは売上高や営業利益といった損益計算書に係る項目である。そのため、経営陣は業績不振を脱却するために売上高拡大策をとりがちである。しかし、このような売上高至上主義

は、目標達成のために不採算の商品やサービスを販売して、逆に赤字が拡大し悪循環に陥るケースや、赤字を誤魔化すために大量の不良在庫を抱えてしまうケースにつながりやすい。

また、みた目の損益をよくすることだけ考えてキャッシュフローをないがしろにすれば、資金繰りの悪化を招き、適切な設備投資も行えず、金融債務も増大して、より厳しい局面に立たされてしまう。企業活動に資金が不可欠である以上、キャッシュフローはないがしろにできない。損益の改善もキャッシュフローの裏付けが必要であり、こうした確実な経営改善が結果的には財務状態の改善にもつながる。

以下、実例をもって、企業の経営改善の実態に迫ってみたい。

1

（事例1） 減収増益計画―外部環境に適合した損益構造に変化させる―

(1) 当社概要

当社は菓子製造・販売会社。古くから地元で親しまれている商品をもつ一方で域外でのブランド浸透度は低い。主に地場スーパーや小売店に商品を卸しているが、一部直営店舗では対面販売を行っている。また、大消費地である首都圏では直営店舗のみの販売である。当社の売上げは減少傾向にあり、人員も削減しているが、売上減少のスピードよりもコスト削減のスピードが遅いため、赤字体質となっている。株主はほぼ経営者一族であり、役員も経営者一族で固められている。

(2) 外部環境

パン・菓子製造業は、製造品出荷額で近年増加傾向にあるものの、事業所

図表3－24　パン・菓子製造業事業所数推移・製造品出荷額

パン・菓子製造業事業所数推移

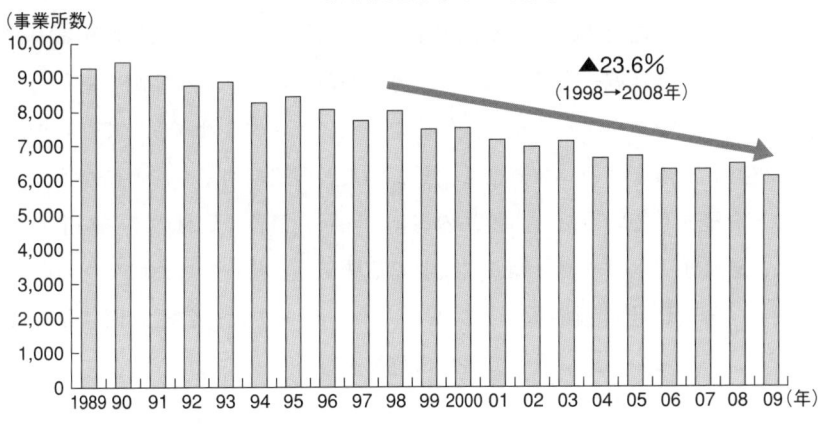

▲23.6%
（1998→2008年）

製造品出荷額

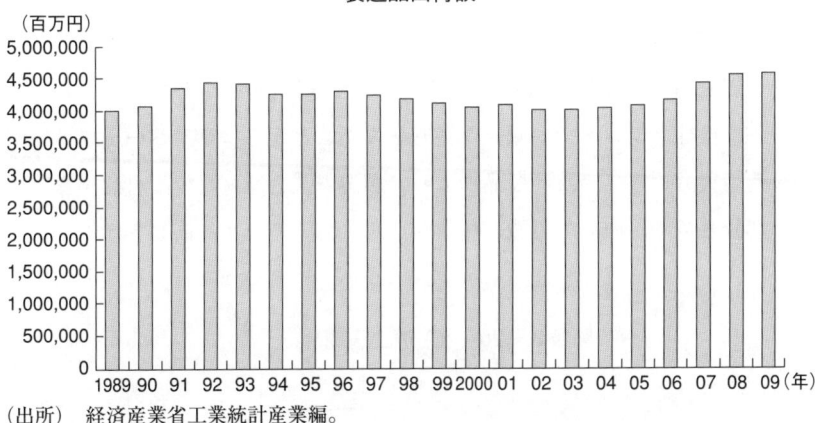

（出所）　経済産業省工業統計産業編。

数は一貫して減少傾向にあり、企業の優勝劣敗が明確になっている（図表3－24）。

(3) 経営改善計画に至る経緯とその実行

当社は売上高を重視していたため、とにかく販売することが目的化してし

まい、製品ごとの製造原価を把握しないまま価格を設定したり、商品数をふやしたりした。また、販売戦略についても地域別データや販売先実績の分析をしてこなかったため、販売が低調な地域・店舗に人員を重点配備する一方で販売が好調な地域・店舗の人員が手薄であるなど非効率な体制であった。加えて売上げを重視するあまり設備能力以上に販売する計画を立てた結果、一部外注化するなどのコスト増も生じていた。製造部門でも、とにかくつくることを優先していたため、製品の劣化、在庫の滞留や資材のムダが生じており、それが売上げや資金繰りに跳ね返る悪循環に陥っていたのである。このため、経営改善計画の基本方針を「キャッシュフローを極大化させること」と定め、この方針に沿って各種の施策を行うことにした。

a 売上高

(a) 商品数の削減

当社の菓子販売数量が減少していくなかで、売上高を維持するために新商品を粗製乱造した結果、取り扱うアイテム数は約100種類となっていた。このほか、自社ブランドでの販売が落ち込んだことからプライベートブランドの製造請負も行っていた。商品によって製造方法、原材料の配合比率など異なる部分も多く、加えて製造ラインが限られているため、同じラインで数多

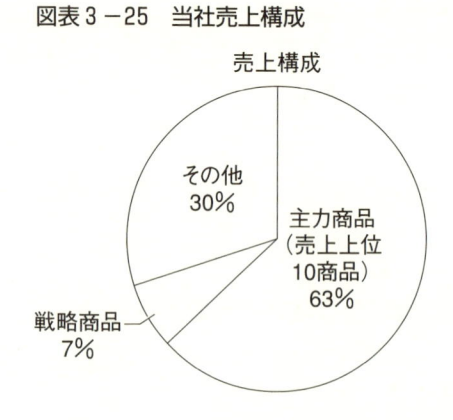

図表3-25 当社売上構成

売上構成

- その他 30%
- 主力商品(売上上位10商品) 63%
- 戦略商品 7%

くの商品を製造することとなり、製造管理や原材料保管などが複雑化、製造工程でのミスが頻発したほか、品質も低下することとなり、主力商品のファンから味が落ちたと酷評され顧客離れを引き起こしてしまっていた。また、商品ごとの採算性を調べたところ、商品当りの販売数量が少ないこともあって、ほとんどが粗利ベースで赤字であることが判明した。一方で売上構成では、売上上位10位までで50％以上を占めていたため（注）、経営改善にあたっては、商品数を絞り込むことにした（図表３－25）。

　商品の絞り込みにあたっては、①主力商品、②戦略商品（販売シェアは低いが、高収益商品）を基準とし、その結果、約20商品まで絞り込むことができた。

(b) 販売戦略の見直し

　当社は、スーパーマーケットやショッピングセンターなどを中心に販売していたが、全国チェーンのスーパーマーケット等に商品を納めることができず、そのため首都圏などの大消費地では、直営店舗での対面販売を行っていた。

　ところが、地域別の売上高を分析すると、ほとんどが地域内で消費されており、首都圏店舗は知名度が低いことも相まって売上高に占めるシェアは僅少であることがわかった。さらに首都圏店舗の店舗別収支を調べると大宗が赤字であることがわかった。そこで、ブランド力がある地域内での営業（主にスーパーマーケット）は、従前同様に当社の営業マンが卸売業者に帯同して直接営業を行うこととし、以前より帯同営業の効果が薄かった近隣県など地域外での営業は卸売業者に任せることとした。

　また、販売量が少ない割に維持コストがかさむ首都圏の直営店舗は閉鎖することに決めた。ただし、首都圏での商品ブランド力の向上は重要なため、卸売業者に任せずに当社社員が出張というかたちで百貨店や大型スーパーな

(注)　商品数をふやしたものの、従来からの主力商品が売上げのほとんどを占めており、商品数をふやした効果がない。

どへ定期的に営業するやり方に変更した結果、売上げを減らさずに営業に係るコスト（人件費、事務所経費等）を削減することができた。

(c) 営業員の意識改革

当社の営業マンは、商品別の原価を把握していなかったこともあり、顧客のいうまま値下げを行う営業スタイルであった。加えて、上司に対する営業報告も行っていなかったため、日常の業務管理もできていない状況であった。また、顧客情報の管理も俗人的であり、組織で情報の蓄積・共有化が進んでいないことから、社員が退職するつど、蓄積されたデータも引き継がれず顧客も失うという状況であった。

そこで、経営改善計画では、営業マンに対して商品ごとの（必要利益がとれる）最低価格表を携帯させ、価格表以上での価格交渉をするように徹底させるとともに、週始めに1週間の行動予定を記載した予定表の提出と実際に営業に行った際は営業日報を提出させるようにした。また、営業日報には顧客情報も記載することにしたので、顧客情報の一元化も行うことができるようになった。営業マンにはこれらに加え、従来はあいまいであった営業目標も数字化したものが与えられ、目標の達成度に応じて賞与が変動するようにした。

b 売上原価

商品の絞り込みは、製造ラインのスイッチコスト低減や人員の作業効率向上等運営面からの原価改善効果もあるが、外注費の削減といった直接的な効果もある。このほか、仕入れに関する社内ルールを見直すだけでも効果が出ることがある。

① 仕入方法の見直し

当社では、製造部門が購買し、事後的に伝票を経理部に回していた結果、価格や必要量の検証がなされずムダな在庫が積み上がる原因となっていた。そのため、購買する際は相手先、価格、量について事前に経理部（金額によっては経営陣）の決裁がないと行えないことにしたため、仕入れ

に係る費用が削減された。
② 外注の見直し
　商品数の見直しの結果、外注化の必要がなくなったため、外注はやめることとなり、外注費は削減された。

　c　販売管理費
① 役員数の削減
　当社は、老舗企業かつ同族企業だったため、社長一族が役員となっていた。このうち勤務実態のない役員は退任し、役員給与を削減した。
② 首都圏店舗の閉鎖
　赤字部門であった首都圏店舗は閉鎖した（販売戦略の見直しと連動）。
③ 従業員の削減
　店舗閉鎖で従業員・パートを削減。事務部門についても、必要な仕事量から逆算して人員体制を算出し、それを超える人員は営業部門への配置転換を行った。
④ 接待交際費の見直し
　経営陣のみに使用権限があり、精算の際に経理部へ事後的に報告することで対応してきたが、接待交際費の精算は経理部の決裁事項とし、全従業員対象に改めた。なお、当該費用は月別の予算が割り当てられており、超過した場合は経理部長が叱責された。
⑤ 宣伝・広告費、販売促進費の見直し
　以前からの付合い等を重視し、惰性で支出していたため、売上げが下がっても費用削減が進んでいなかった。そこで業界平均などを参考に必要な予算を決め、その範囲内で支出するようにした。
⑥ その他
　その他の費用についても、ムダなものがないか点検し、費用削減を行うことにした。これらについても目標値を定め、その目標値を達成できるか否かを金融機関の経営陣に対するモニタリング項目として設定した。

d　運転資金

　ポイントは、とにかくキャッシュフローが固定化しないように項目ごとのチェックを行うことである。特に業界平均より悪い数字がある場合はなんらかの原因があるはずなので、原因を調査し解決策を考える必要がある。本業以外に投資している場合は投資効果を見極めたうえで、不良資産化しているものは売却や回収を促しキャッシュフロー化することが重要である。

　(a)　売掛金・受取手形

① 取引先の選別

　　基準が売上高からキャッシュフローに変わったことで、取引先についても費用対効果をみながら交渉するようにした。販売成績や取引条件など取引先ごとに数字を整理し、取引継続先、取引条件の見直し先というように、対象を選別したうえで、見直し対象先と交渉を行った。こちらの条件が受け入れられない場合は、取引を打ち切るなどの思い切った処置も行われた。

② サイト交渉

　　また、取引継続先についても、サイトを長くとってもらうために販売価格や取引量を材料に交渉するようにした。

　(b)　在庫管理の徹底

　当社の場合は同業他社に比しても在庫の回転率が低かった。これは売れ残り在庫が他社より多くあったからで、その原因は、売上高至上主義から、とにかく量をさばく事業計画になっていたために必要以上に生産してしまったことや、営業部門と製造部門の連携ができておらず、売れる商品と実際に生産した商品が異なるミスマーケティングが起こり、商品が売れ残ったことである。これらのムダを省くため、営業部門と製造部門は連絡会議を開催し、営業計画と製造計画のすりあわせを行い、必要生産量や商品製造とマーケティングのミスマッチが生じないようにした。在庫の状況は月次のモニタリング報告会の議題となり、計画基準に達しない場合は販売価格を見直すなど

の在庫削減施策を行うような管理も導入した。
　(c)　買掛金・支払手形
① 取引先の選別

　　長年の付合いから取引しているケースも多いため、ゼロベースから検討を行った。仕入先や条件の見直しを徹底するだけで利益率や資金繰りが大きく改善するので、しがらみを排除して取り組む必要がある。

② サイト交渉

　　売掛金・受取手形と同様に交渉を行った。

　(d)　そ の 他
① 長期貸付金などの投資資産

　　オーナー一族への長期貸付金などがあって、事実上返済されていない場合などはオーナー一族に督促する。その場合、一括返済が無理ならば、月ごとの返済金額を決めて返済してもらうことが必要である。投資有価証券も事業に貢献している戦略投資以外は売却してキャッシュフロー化することを優先すべきである。

② 不 動 産

　　不動産は、本業に係る事業資産かそれ以外かに分け、事業資産については、さらに現在の規模に比して余剰かどうかを検討し、余剰分は売却を基本方針とする。それ以外の資産は投資効率を確認して、キャッシュフローが固定化していないかを検証する。しかし、不動産の場合は金融機関の抵当権が設定されているケースが多く、含み損がある場合などは、売却額が返済額に足りず、逆に資金繰りを厳しくする場合もあるので、売却金額や抵当権の設定金額なども勘案して処分方針を立てる必要がある。

(4)　ま と め

　外部環境が厳しい業界で減収傾向にある会社は、売上減が主因のため赤字に陥ったと説明しがちである。しかし、そのような会社に限って、損益構造

は業績拡大期のままであり、外部環境に適合した損益構造に変革できる余力があるところも多い。本ケースのように売上高を維持しようとするあまり、赤字商品や赤字拠点を温存するのは本末転倒である。もちろん、減収することから、それに対応して固定費を削減することも必要であるが、固定費の削減には時間がかかる。モニタリングする際は外部環境で見込まれる当社売上げに対して、いまの損益構造で対応できるか、対策をもっているかという視点をもつことが大切であろう。

2
（事例2）組織の強化によるキャッシュフロー改善
―目標設定とモニタリングの重要性―

(1) 当社概要

当社は、人口25万人程度の地方都市において、中規模のホテルを経営している。チャペル、レストラン、イベントホール等の施設を有しているため、売上高に占める割合では婚礼、宴会部門の比率が大きく、宿泊部門の比率が

図表3-26　当社部門別売上構成・株主構成

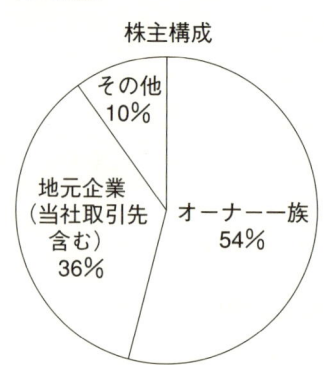

部門別売上構成
- その他 10%
- 宿泊売上高 15%
- 婚礼 33%
- 宴会 42%

株主構成
- その他 10%
- 地元企業（当社取引先含む）36%
- オーナー一族 54%

小さい。株主は地元企業（仕入先含む）を中心に約20社にも及び、地域社会を代表する施設となっている。株主構成では経営者一族で過半数を握っている。当社の顧客層は地元が中心で、株主企業は当社の取引先であるとともに、有力な顧客でもある（図表3－26）。

(2) 外部環境

当社の近隣には工業団地があるため、立地企業に関連して一定の出張宿泊需要がある。しかし、当社が立地する地方都市には特段の観光資源がないため、観光客の宿泊需要はほとんどない状況である。さらに都市人口の減少・高齢化、景気悪化も重なり、売上げの大宗を占める婚礼・宴会需要も減少している状況である。

(3) 経営改善計画に至る経緯とその実行

当社は、地元企業の迎賓館的な位置づけで設立された経緯があり、バブル期には主に株主企業からの宴会需要によって好業績が続いたが、1990年代以降は、景気低迷に伴う地元企業数の減少や企業の宴会経費の切り詰めなどから減収傾向が続いていた。また、もう一つの柱である婚礼部門についても、人口減に伴う地域内の婚礼件数の減少に加え、設備投資を怠っていたことから、最新型のチャペルを備えた競合他社に顧客をとられる状態にあり、減収を余儀なくされていた。

ホテル業では、施設の魅力を高め、利用客数と客単価を維持するためには毎年一定金額の設備投資が必要である。当社の場合、売上げの柱であった婚礼部門への投資を怠ったことで競合ホテルとの競争で負けており、早急に婚礼部門を立て直す必要があった。

そこでまず、チャペルの改装工事が必要との認識から、必要資金を全額借入でまかなう設備投資計画を立てたが、地域の婚礼需要の減少傾向を考えれば、婚礼のみで投資回収が可能なほどの売上増が期待できるとは思われず、

キャッシュフローの増加が限定的であるならば、現行のキャッシュフロー水準を考慮した場合、今回の借入による資金調達自体が将来的に当社の重荷になることが予測された。

しかし、投資を実施しない場合は設備の劣化が進み、加速度的に競争力を失うため、キャッシュフロー水準も現状よりさらに悪化する可能性が高く、現在抱える借入の返済にも支障をきたすおそれがあった。

このことから、今回の設備投資を実行するために、主に組織や運営方法を見直す経営改善が必要となったものである。

a　組織の見直し

(a)　外部コンサルの導入

当社は、地元企業が宴会等に利用する施設がなかったことから、地元の有力者を中心に設立された経緯にある。その際、地元名士であった社長一族が多額の出資をしたため、社長一族が地元有力者を代表して当ホテルを経営することになったもので、経営陣は皆ホテル業の素人であった。加えて、従業員も新卒入社が中心であったため、皆ホテル業のノウハウを十分身につけるには至っていなかった。それでもこれまでやってこられたのは、株主を中心とした地元企業の営業支援があったからで、地元企業に余力がなくなるにつれ、当社業績も悪化するのは当然の帰結であった。また、人材育成を怠った結果、営業力・サービス力という点でも、競合他社と比較して決定的な差が生まれていた。

このような状況を変えるためには、ホテル業に精通した人物に一定期間当社の経営に参画してもらい、ホテル運営のノウハウや人材育成についてコンサルティングしてもらう必要があった。ただし、ひとくちにコンサルといっても得意分野が異なるため、当社の問題を解決するために最適なコンサルを選ぶことが重要である。ここで選択を間違えると、社内が混乱しさらなる状況悪化を招くため、コンサル選定には慎重に対応する必要がある。

また、当社のいちばんの課題は、経営者不在のなか、ホテル業のノウハウ

がない社員が我流で仕事を行っており、組織としての体をなしていないことだった。このため、当社に適したコンサルは、ターンアラウンドマネージャーとして地方の中堅ホテルクラスの経営を実際に担った（または、責任ある立場で組織運営を実際に行ったことがある）人物が最適と思われた。加えて、当社大株主のなかには、当社の有力顧客であり、変革に対して抵抗勢力になりうる地元企業も存在したため、それらとの利害調整もできる高度な交渉力も求められた。当社は幸いにも、上記条件を満たすターンアラウンドマネージャーを探すことができた。

(b) レポーティングラインおよび管理体制等の見直し

当社では、管理職の権限が明確でなかったことから、現場の指示・命令系統が不明確で無責任な運営がなされていた。また、各部門の情報が社長等経営陣に集約されることもなく、部門間で共有されていなかったため、従業員各人の仕事ぶりが把握できない状況になっていた。このため、主要部門ごとに組織を細分化し、責任者を任命、責任者は部門ごとに割り当てられた数値目標を達成すべく行動し、月に1度の幹部会議において、その進捗状況と今後の見込みを説明することが求められた。この幹部会議で説明される成果が部門長の人事考課に直結し、その責任も問われることになるため、責任者となった幹部は、自然と緊張感をもって業務に取り組むようになった。また、目標達成のために連携する必要のある部署を明確化することで、各部署の連携担当者にも目標達成の責任が課せられることとなり、幹部会議では成果について活発な議論が行われるようになった（図表3－27、図表3－28）。

図表3－27　宴会運営部門の目標例

宴会部門年度目標	
目標	人件費削減
達成基準	パート延べ人数50％減、残業代80％減
削減効果	年間2,500万円の削減

図表3−28　目標を達成するための他部門への要望事項例

改善項目	内　　容	連携責任担当
宴会時間の遵守を徹底させる	大株主でもある地元企業は、時間を無視して宴会を続ける慣行があるので改めるよう誘導する。	社長、営業部長
他部署からの応援態勢の強化	当日の繁忙度については毎朝開かれる朝会で発表。それに基づき、各部署の作業量を勘案して、手の空いている部に応援を依頼する。	副社長
シフト管理の徹底	宴会受注については情報あり次第、宴会営業部署から連絡を受け、その情報をもとにシフトを組む。	営業部長

b　その他の改善策

(a)　宿泊部門の強化

　当社の売上げは宴会部門と婚礼部門が中心で、宿泊部門は目立つ存在ではなかったことから、同部門ではこれまで特段何もしてこなかった。しかし、宴会および婚礼は売上変動が大きく、外部環境を考慮すると、今後も従前と同様の売上水準を回復することがむずかしいため、宿泊部門のテコ入れを行い、同部門を稼げる部門にすることが必要となっていた。

　宿泊部門の強化に関しては、商圏内の競合ホテルの販売価格やメインターゲットとなる客層の分析から始めることとしたが、当社ホテル利用者の情報や当該地方都市の観光データ等から、見込まれる宿泊需要としては、観光客ではなくビジネス客が主体であることがわかった。しかも、ビジネス需要で競合するホテルは当社と同規模のもう一つの施設であったため、当社においても、ビジネス客をメインターゲットとした対策を講じれば、競争に打ち勝つことは可能だと判断された。そのため、以下のような具体策を実施した。

①　宿泊価格の見直し

　　当社では、商圏内の競合ホテルや商圏外の近隣県に位置するビジネスホ

テルの価格水準と比べ、宿泊価格が高く設定されていた。これは夕食、朝食代を含めた一泊二食型の価格設定となっていたためだが、ビジネス客の場合、素泊まりニーズもあることから、素泊まり型の価格を基本に、食事をオプションで追加できるような料金体系に改めた。

② インターネットの活用

　当社では、個人客の予約は電話中心で受け付けており、インターネットでの宿泊予約が一般的になりつつある現状では、販売チャネルが乏しい状況であった。このため、インターネットでの宿泊予約を実施し、強化することにした。その強化にあたっては、ホームページをアクセスしやすく、見やすく、予約しやすくする必要があるため、専門業者に製作を委託したが、その投資費用はネット経由の宿泊客増もあって即座に回収することができた。

③ 法人顧客の囲い込み

　当社においては、上記の個人客に対する集客強化とともに、法人契約を締結している企業に対する営業強化も実施した。当社の法人会員向けサービスは5％の宿泊価格ディスカウントのみで魅力に乏しく、しかも当社では、法人会員企業に往訪する等のメンテナンスを怠っていたため、せっかくの会員名簿を有効活用できていなかった。そこで当社は、インターネット活用等の合理化策の結果余裕が生じた人員を法人営業に振り向けることとし、法人会員企業との接触回数をふやすとともに、法人会員特典の見直し（部屋のグレードアップ、日経新聞の差入れ、クリーニング代行サービス、割引率のアップ等）も実行して、法人顧客の利用率向上に努めた。

④ 部屋稼働状況に応じた価格設定の実施

　また、宿泊稼働率を10％アップさせるため、予約状況に応じて宿泊価格の変更を行うことにした。当社はツインルームの割合が高く、空き部屋がツインルーム以上のときなど、個人宿泊のビジネスマンにとっては割高感があり敬遠されるケースがあった。このため、シングルルームが満室のと

きなどはシングルルーム価格でツインルームを販売するよう変更した（しかも、法人会員企業優先である）。

(b)　宴会部門での組織営業への移行と新規開拓

① 組織営業への移行

　当社の宴会部門の営業マンは、株主である地元企業からの宴会受注が主な仕事で、狭い地域だけを営業対象区域にしていたため、新規先への営業を行っていなかった。しかも、営業マンは自分の顔なじみだけに訪問すればよく、各人がバラバラ非効率に行動していて、仕事の管理もなされていなかった。このため、営業マンの日々の行動を営業日報にして提出させるとともに、宴会部門の目標に新規顧客の獲得数、個人顧客からの売上げ、営業の際の訪問数を設定した。これにより、動かなくてもよかった営業形態から、動かなければ目標が達成できない営業形態に仕組みを変更することができた。

② 新規開拓の実施

　上記のように、営業のテコ入れは行ったものの、企業の宴会需要の減少傾向に変わりはないため、当社では、新たな収益源として法要需要に注力することとした。法要需要の獲得は、病院・寺社・セレモニーホールとの連携が不可欠であるため、これらの団体への営業を強化するとともに、遠方からの親戚等当ホテルで行われる法要等で宿泊する客には宿泊価格を特別価格に引き下げるなど、宿泊部門との相乗効果をねらった取組みも実施した。

(c)　婚礼部門の営業強化

　婚礼部門の営業については、従前の結婚情報誌への広告掲載のみから、模擬結婚式の開催による来場機会の創出や来場者に対する手紙送付など、低予算ながら潜在顧客へのアプローチを意識した営業スタイルに改めた。また、料理プランの細分化、映像サービス等のオプションを充実させ、付帯単価アップもねらうこととした。

(d) コスト削減策の実施

① 人件費コントロールの強化

仕事量と人員配置にミスマッチがないか見直す(注1)とともに、各部門には残業代ゼロ化等、コスト削減の目標も課すこととした(注2)。

(注1) たとえば通常、フロントには常時2名以上の人員が張り付いているが、チェックインやチェックアウトの時間帯以外は比較的手が空いているため、1名は別の仕事に回すことができる。当社では、フロント係に限らずすべての仕事を検証した。

(注2) ホテル業務は時間帯によって繁閑の差が大きいため、シフト表を作成して個人の手が空くムダな時間をなくせば、パート人員や残業代を減少させることが可能であり、このような目標を設定したもの。

② 仕入れの見直し

当社では、食材の仕入れは料理長が行っていたが、原価率目標等を設定していなかったため、主に株主である地元企業から、言い値で仕入れを行っていた。このため、料理についても原価率等の目標を設定するとともに、料理長に対しては、この目標達成に対する責任を明確化した。その結果、目にみえて、仕入先の選別や在庫の減少等の効果があがった。なお、原価率目標を達成しても顧客満足度が下がるようでは本末転倒であるため、レストラン売上額や婚礼でのアンケート結果などから、質のチェックも行うことにした。

③ その他のコスト削減

重油などの仕入取引も前例を踏襲するのではなく、市場価格と比較して安い販売先と取引するように徹底した。このほか、備品購入や設備投資については、すべてターンアラウンドマネージャーが決裁する体制にして、必要性について吟味したところ、備品代などで、大きく費用削減することができた。

c 幹部会議の実施

各部門長には、経営改善計画における売上目標やコスト削減目標の達成が

図表 3 −29　宴会運営部門の幹部会議資料例

担当部署	目　標	当月の進捗状況	今後の対策
宴会	人件費削減 (2,500万円 ／年)	・正社員のみで運営できたが、宴会時間が予定時間以上となるケースが多々あり、残業代の今月目標は100万円の未達。 | 目標 | 実績 | 差額 | |---|---|---| | 5 M | 6 M | ▲1 M |	・宴会時間の周知徹底がなされていないことが原因のため、営業部に対して、顧客対応を引き続き依頼。 ・作業効率を高めるべくマニュアルを作成する。

義務づけられており、月1回の幹部会議において前月までの達成度合いと今後の方策について、各部門長は一人ずつ報告し、社長以下と質疑応答しなければならない。この際、ターンアラウンドマネージャーからは計画未達の部門長に厳しい意見が出るだけでなく、部門ごとでも激しい応酬が繰り広げられる（注）。また、前月までの報告書で、来月以降の実施を予定していた方策については、前月の議事録が残っているためうやむやにすることはできず、結果について必ず報告しなければならない仕組みとなっている。この会は部門長以上で構成されているが、同種の会議が各部門でも行われるため、全従業員に数字目標が共有されており、計画達成を意識して仕事をするようになった。

(注)　図表3−29のように、一つの目標には連携する部署も記載されており目標未達のときなどは連携部署の責任も問われるため、当事者間で意見のやりとりが行われる。

(4)　ま と め

a　経営者不在状況から脱却

本ケースのように、経営陣が事業の素人で、従業員も訓練されていない場合、事業を継続しながらノウハウを蓄積していくしかないが、当社は株主で

ある地元企業からの継続的な営業支援があったために、ノウハウの蓄積や組織改革の機会を逃してしまった。このため、株主である地元企業の営業支援が先細ると、業績悪化を招くことになったのである。また、株主である地元企業の営業支援の弊害はほかにもあった。それは企業の私物化である。たとえば、時間無視の宴会の常態化は当社人件費の増加を招き、相場よりも高い価格で株主から仕入取引を行ったことが当社収益の圧迫につながった。さらに当社は、実質的に経営者不在の状況であったため、これら負の慣行を是正することなく成り行きに任せていたことから、状況は悪化の一途をたどってしまった。この局面を打開するためには、一刻も早く企業風土を変えなければならなかったが、当社のように組織運営のノウハウをもった人間がいない場合、内部登用ではノウハウ蓄積まで時間がかかるうえ、地域社会のしがらみから思うような改革ができず、事業価値が毀損してしまう可能性が高かった。そこで、事業に精通し地域のしがらみのない経営者をターンアラウンドマネージャーとして登用し、思い切って権限を与えた。経営者不在の組織は、目標を定め、達成度合いのチェックを受ける機会がなく、従業員にとって都合のよい組織であることが多い。そのため、外部登用の実施は、初めは相当の軋轢が生じることも多く、社内が混乱することもありうる。それでも、企業風土の変革においては、こうした努力を地道に続けるしかない。

b　金融機関の立場

　また、こうした場合、金融機関は、本件でいう幹部会議等のモニタリング会議に出席し、債権者の立場から目標達成に対して厳しい姿勢を示し、弛緩しがちな従業員に対して、ターンアラウンドマネージャーと同じ目線で同じことをいい続けることが必要となる。なお、本件のように株主にかなりの影響力がある場合、既得権益が脅かされる状況になると、株主が経営陣に圧力をかけてくることもある。この場合も、金融機関は、ターンアラウンドマネージャーと事業の方向性について十分に議論をし、改革の方向性が正しいと判断した場合には、しっかりとターンアラウンドマネージャーを支えるこ

とが重要である。

　経営者が不在で、組織としての体をなしていない企業は、組織を変えるだけで劇的に業績改善することがある。金融機関において、経営改善計画の策定が必要となった企業を担当する際には、計画の実行可能性の検討に加え、実行するために必要な人材の確保まで検討することが重要である。

V

金融機関における貸出金の条件変更

　企業が経営改善を行う過程では、金融機関の支援が不可欠である。上述の実例のとおり、業績報告会への参加等、より積極的に企業の経営状況を把握・モニタリングし、経営改善を促すような関与もさることながら、より直接的なところでは、既存の貸出金について、企業の信用状況・キャッシュフローの状況に応じたかたちで、貸出金の条件変更等の金融支援が求められる。

　以下では、企業が経営改善を進める過程で金融機関として対応が必要となる金融支援、特に元本返済猶予を中心として、考え方や留意点を体系的に整理したい。

1
条件変更の前提条件

　業況不振により約定返済が困難となった企業に対する金融機関の対応としては、
① 貸出金の返済条件を猶予または緩和するための条件変更
② 約定返済ができずに延滞となった場合、直ちに期限の利益喪失、相殺等の処理を行わず、時間的猶予を与える
③ 貸出金そのものの削減等を図るための法的整理または金融機関等のみに限定して債務整理を行う私的整理

の三つが考えられる。このうち条件変更に対応する場合には、その前提とし

て、①条件変更を行うことで当面の資金繰り（収支）の見通しが立つと見込まれること、②利害関係人が適切な負担をしていること、③金融機関の間で条件変更の実施について合意の可能性があることが条件になると考えられる。

　条件変更実施のための前提がそろわない場合は、当面の間、やむなく延滞となることもあるが、この場合であっても、たとえば利害関係人の支援を引き出すこと等を含め、企業の相談に応じつつ、条件変更の可能性を模索する姿勢が求められよう。

(1) 資金繰り（収支）見通しの有無

a　一定期間の資金繰り（収支）の見通しが立っている場合
　この場合は条件変更の検討が可能と考えられる。たとえば、実現性に十分な根拠が認められる債務完済までの経営改善計画が策定されている場合には、最終返済期限までの条件変更を1回で行うことも可能と考えられる。一方、経営改善の途上にある場合（将来の収支改善の度合い等が見通しにくい場合等）や、外部環境に左右されやすい業種の場合等、短期的な資金繰りしか見通せない場合には、その期間に応じた条件変更を行うことになる。

b　約定返済は困難だが、今後の経営改善計画もない場合
　この場合は猶予期間を設け、企業が経営改善計画を策定できるか否かを見極めることになろうが、この間は、一時的に延滞のままとすることも、暫定的な条件変更を実施することも、いずれの対応も可能であると考えられる。
　また、約定返済を停止しても資金繰り破綻が見込まれるような厳しい状況にある場合でも、利害関係人に支援を仰ぐことができないか、新たなスポンサーを探すことができないか等を検討・アドバイスし、危機に陥った企業をサポートする姿勢が求められよう。利害関係人の支援としては、貸出や増資引受けによる資金的な支援や債務保証のほか、取引先に対する売掛債権の早期決済や買入債務の決済時期の長期化等が考えられる。

また、一時的な危機を乗り越えることができれば、経営改善の可能性が高い場合には、金融機関自らが売掛債権や在庫等を担保として融資することも検討できよう。一方、経営改善計画策定のメドもなく、改善の見込まれない赤字を補てんするために運転資金を融資するのは、企業にとっても返済のあてのない債務を増加させてしまうことにつながるため避けるべきであろう。

　なお、特に在庫等を担保とする融資については、詳しくは第4章Ⅲ1の「ABLファイナンス」を参照されたい。

(2) 利害関係人が適切な負担をしていること

　金融機関に条件変更を求める場合、企業の可能な限りの自助努力に加えて、役員、株主等利害関係人により適切な負担がなされている必要がある（企業の自助努力については本章Ⅲを参照のこと）。

a 役　　員

　業況不振を招いた経営責任を明確化する観点から、役員に対し適切な負担を求める必要がある。特に従業員の削減や賃金カットを行う場合には役員による負担は不可欠といえる。ただし、経営改善のために新たに雇用された経営者等については、条件変更に至るまでの実績・期間を勘案して負担の要否を判断する等、個別の事情に応じた配慮も必要であろう。具体的な負担例は、以下のとおり。

(a) 役員賞与・報酬の削減

　オーナー経営者等では多額の役員報酬を得ているケースもあり、当初水準からの削減幅に加えて、削減後の金額が一般的な水準に照らし妥当か（同族企業で社長の妻、子女等が役員に就いている場合は生計を一にする世帯当りの水準として妥当か）を確認する。関係会社の役員を兼務している場合には合計額で判断することとなろう。また、地代等を役員に支払っている場合には、その金額の妥当性を確認すべきである。ただし、当該役員が貸付等により企業を支援している場合は実態をふまえて評価する必要がある。

(b) 役員からの借入金等の取扱い

　役員からの借入金については、条件変更中は返済を停止することが一般的である。また、金利減免や債権放棄等の実施による負担も考えられるが、免除益に対する課税負担の発生等税務上の論点への配慮は必要となる。なお、オーナー経営者等で余裕資金がある場合には新規貸付や増資引受けを、担保提供可能な資産を所有している場合には担保提供を、それぞれ要請することも支援策として有効であろう。

(c) 役員への貸出金等の取扱い

　役員に対する貸付金等については返済状況を確認する。回収が滞っている場合には、具体的な回収計画を検討しているか確認する。

　なお、企業と役員との貸借は、「貸付金」に限らず、「未収金」「仮払金」のほか、役員（オーナー）の関係する企業に対する「売掛金」、役員（オーナー）の関係する企業が保有するビル等への「保証金」の場合もあるので、企業の財務分析を行い、これらの有無についても確認する。

b　株主、親会社、スポンサー

　出資の経緯、持株比率、経営への実質的な関与の程度等をふまえ負担内容の妥当性を評価する必要がある。具体的な負担例は、以下のとおり。

① 配当停止
② 既存貸付の返済劣後化、債権放棄、減資
③ 新規貸付、増資引受け、担保提供等
④ 株式譲渡（新スポンサーの招聘）

c　取　引　先

　取引先に負担を求めることは一般的には困難な面があるが、経済情勢の変化等により取引価格の水準が下落していることもあるので、取引経緯、取引規模等をふまえ、取引条件の改善を求めることも検討に値しよう（注1）。特に親族が経営する企業に対しては適正とはいえない条件で取引が行われている場合もみられるため、留意を要するものと考えられる。ただし、取引条

件の緩和については、信用不安の惹起につながらないよう十分配慮して取り組む必要がある（注2）。

(注1) たとえば、毎月1,000万円の売上げのある企業で、売掛債権の決済を月末締め翌々月末払いから、翌月末払いに変えるだけで、売掛債権の平均残高を2,500万円から1,500万円に減らすことが可能。これにより運転資金融資を1,000万円受けることと同じ効果が得られる。また、日単位の資金繰り表を作成し、資金支出の集中する日の前までに売掛債権回収が進むよう決済日を変更することも効果があると考えられる。また、経済環境の変化等に応じた値引き等を求める場合もあろう。

(注2) 特に、要請内容が、斯業界で通常行われるような取引条件の範囲を超えるような場合は、期限を区切り、一時的な協力依頼にとどめる必要があろう。

(3) 金融機関の間で条件変更の実施について合意の可能性があること

金融機関が条件変更を行うにあたっては、企業の自助努力および前述の利害関係人の適切な負担に加えて、金融機関の協調支援体制が構築されていることが求められる。このため、企業と金融機関の信頼関係に加えて金融機関の間の協力関係も必要となる。

a 企業との信頼関係

経営改善を実現するためには、企業と金融機関が二人三脚で取り組むことが肝要であり、両者の間で信頼関係が構築されていることが前提となる。そのため、金融機関としても、企業は金融機関が求めること（資料提出等を含む）を必ずしも理解できない場合があることをふまえて十分な説明を行う必要があるうえ、経営改善計画が達成できなかった場合においても、ただ機械的に対応するのではなく、さらなる改善策について親身にアドバイスする等の対応が必要となろう。

b 他の金融機関との信頼関係

企業への金融支援の局面においては金融機関間で支援体制を構築すること

が、結果としてすみやかな企業の経営改善につながることも多い。このため、企業の了解をとったうえで、他の金融機関と連絡を取り合える関係を構築しておくことが有意義であると考えられる。金融庁の「中小企業者等に対する金融の円滑化を図るための臨時措置法に関する法律に基づく金融監督に関する指針（平成21年12月）」に規定されている金融機関同士での情報交換に係る留意点をふまえれば、金融団会議を活用した情報共有も考えられよう。

2 条件変更の実務

　条件変更の内容については、当事者の自由な合意によって決められるため、各金融機関からその取引条件等によりさまざまな要請がなされることが多い。元本返済猶予の場合には、①期間中にいくら返済できるか（「返済原資」の問題）、②金融機関の間でどのように配分するか（「配分ルール」の問題）が、主な論点となる。

(1) 元本返済猶予における返済原資

a 概　説

　返済原資については後述の配分ルールとの兼ね合いで検討する必要があるが、キャッシュフロー計算書を用いたり、簡便的に「償却前経常損益－税金－設備投資等」などにより算出することが多い。ここで設備投資を控除するのは、条件変更中は新規調達が基本的に困難となることから、企業活動を維持するうえで最低限必要となる設備投資資金を確保するためである。

　また、上記のほか、条件変更期間中の運転資金（売掛債権＋棚卸資産－買入債務）の増減を考慮したうえで、返済原資を計算する方法もある。

　なお、過去の業績との比較検証が容易であることや、業績の季節的な影響（例：スキー場は夏場休業）を排除することも含め、1年ごとに、上記の返済

原資をもとにして返済計画を検討する方法が取り組みやすいものと考えられる（半年ごと等に返済計画を組む場合は、上記の計算を半年ごとに行うこととなるが、税金の支払時期等も含め季節性要因を別途調整しなければならない）。

　また、企業の事業部門が複数存在する場合でも、返済原資は全社分を一括して算出し、すべての金融機関でこれを配分するケースが一般的であるが、特定事業の不振により条件変更を余儀なくされた場合等には、不振事業とそれ以外の事業で扱いを分ける場合もある。

b　設備投資の考え方

　条件変更中は不要不急の投資を控えることが前提となる。計画に織り込まれた設備投資については、費用対効果（投資回収年数）を精査し、その要否について判断する。一方、事業継続上不可欠な維持更新投資については計画に不足なく織り込まれているかを確認する必要がある。業況不振先のなかには、資金繰り逼迫により、最低限の維持更新投資も繰り延べている場合があるので、過年度の実施状況を確認し、事業継続に支障をきたすことのないよう対応する必要がある。

　なお、必要に応じ、一定額以上の投資については金融機関との事前協議事項等（注）としておくことも考えられる。そうすることにより業況に応じて実施時期を調整したり、予定外の設備投資について必要性の確認を行うことが可能となる。

（注）　必要に応じてではあるが、毎年事前に設備投資計画を提出させ、その要否を確認するとともに、当該計画外の設備投資に対し1件〇百万円以上の場合には協議する、半期の業績が計画を下回った場合は翌半期に予定されている投資の時期、内容を協議するといった事項を約することが望ましい。

c　余剰資金の取扱い

　経営改善計画を上回る余剰資金が生じた場合には、条件変更中であることをふまえると、金融機関への追加返済を優先させることが望ましい。そのため、余剰資金の定義（注）、配分方法、配分時期等の具体的な取扱いについ

てあらかじめ合意しておくことが肝要であろう。その際、従業員の賃金水準（賞与を含む）の回復、設備投資の追加実施等、企業に計画が上ブレした場合のインセンティブを与えるため、余剰資金の一部を手元資金として認めることも検討すべきであろう。

(注)　企業の資金繰りを精査したうえで、運転資金の最も厳しい時期を見極め、○月末時点の期末現預金○百万円以上を余剰資金として扱う場合（この場合、運転資金残高の増減もあわせてみる必要がある）や、簡便的に、償却前経常利益の○割と定める場合等がある。

(2) 元本返済猶予における配分ルール等

a　元本全額返済猶予

返済原資がまったく見込めない場合に、一定期間いっさいの元本返済を猶予し利払いのみにするものである（場合によっては利払いも猶予することがある）。たとえば、経営改善計画の策定期間中や集中して経営改善に取り組む間の資金繰り支援策等として用いられるが、あくまでも緊急的な暫定措置と考えるべきである（注）。

そのため、猶予期間はモニタリングおよび企業の経営改善への迅速な取組みを促す観点から一定期間に区切って対応することが望ましい。

(注)　時間の経過とともに企業の事業資産は老朽化・陳腐化が進むため、時間が経つにつれ、元本返済能力は徐々に失われていくことが通例である。このため、あくまで元本全額返済猶予は一時的なものとして、企業に経営改善を促すことが必要であると考えられる。

b　元本一部返済猶予

約定返済額に不足する返済原資しか見込めない場合に一定期間返済の一部を猶予するものである。

(a)　返済原資の配分方法

倒産手続によらない金融支援では、当事者の自由な合意によって配分方法

を決められるものの、倒産回避のための支援であることをふまえると、衡平な負担という観点から倒産手続の配当原則である残高プロラタが一般的な配分方法であると考えられる。ほかに返済額プロラタ、担保アンカバープロラタ、担保カバープロラタ等の方法がある。

① 残高プロラタ

各金融機関の残高に比例して返済原資を配分する方法である。

残高プロラタには、総残高プロラタ、長借残高プロラタがある。両者の違いは短期貸出金を含むかどうかである。短期貸出金には経常的な運転資金のほか、決済・賞与資金のようなスポット的な貸出、長期貸出からの振替え等、さまざまな性質のものが含まれているが、運転資金融資に相当するもの≒短期貸出金と考えることができる場合には、企業の営業運転資金需要（売掛債権＋棚卸資産－買入債務）に即して随時借入・返済とする性格を有しているため、残高プロラタの対象外とすることは合理的であるとも考えられる。

② 返済額プロラタ

従前の各金融機関の長期貸出金の約定返済額に比例して返済原資を配分する方法である。返済額の猶予比率を支援割合とみて、衡平性を保とうとする考え方である。

この方法はもともとの貸出期間が短い（年間約定返済額が多い）金融機関に有利となり、貸出金の残高プロラタによる負担とは異なる結果を生じさせるため、長期貸出金を多く有している金融機関の了解が得られないケースが多い。

③ 担保アンカバープロラタ

担保で保全されていない債権残高に比例して返済原資を配分する方法である。担保で保全されていれば、当面返済を猶予しても金融機関にとって引当金等の負担が生じない一方、保全されていない金融機関は引当金等の負担が生じ、早期になんらかの手立てを検討しなければならない場合もあ

る。このような金融機関に対して、非保全部分の債権への返済を優先することで金融支援を得ようとする考え方である。

　担保カバーのよい債権者にとっては倒産を回避するための条件変更に協力した結果、返済シェアで不利益を被ることとなり、各金融機関の保全状況に差がある場合は、他の方法を組み合わせて調整するにせよ、金融機関の了解をそろえることはむずかしい。また、担保物件が償却資産である場合、返済猶予中も担保価値が目減りするほか、担保評価方法や担保の経年劣化の反映等技術的に解決困難な問題もあると考えられる。このように担保アンカバープロラタは問題の多い方法であるが、主力金融機関の保全状況が比較的よい場合に、非保全比率の高い非主力金融機関への返済配分を厚くして、その協力を得やすくするといった場合の活用は考えられよう（この場合も、担保保全比率の高い非主力金融機関へは残高プロラタ相当を確保する等の配慮が必要な場合がある）。

④　担保カバープロラタ

　担保で保全されている債権残高に比例して返済原資を配分する方法である。

　担保権者のみに有利な方法であるため、特に、主力金融機関が担保設定を進めているようなケースでは、③と同様、この方法のみによる配分では特に担保保全比率の低い非主力金融機関の了解を得られにくくなるものと考えられる。

(b)　残高プロラタにおける基準残高

①　基準時点

　全金融機関に条件変更の申込みがなされた時点の直近月末または直近決算期末の残高とするケースが多い。なお、たとえば、A行は毎月、B行は3カ月ごと、C行は半年ごとの返済であるケース等、返済条件が金融機関ごとに異なる場合は基準時点のとり方によっては有利不利が生じうるため、衡平性が確保されるよう基準残高を調整する場合もある。

② 基準残高から除外または調整する債権
➤ DIP性資金

　　罹災による復旧資金といった緊急時のつなぎ資金やリストラに係る退職金等共益費的な費用のための貸出金については、倒産手続におけるDIPファイナンスの取扱いに準じ、他の金融機関の同意を前提に、条件変更の対象外（約定返済を継続）とするケースもある。ただし、事後的にこうした取扱いを行うことには理解が得られにくいため、融資前に金融機関の間で合意しておくことが必要であると思われる。

➤ 預金

　　担保権が設定されている預金、定期預金等の拘束性預金については基準残高から除いて取り扱う場合もある。

➤ 親会社等の法人保証付債権

　　親会社も資金繰りが逼迫しており約定返済が困難な場合は、親会社も含めた条件変更の要否を検討する必要があろう。

(c) 配分に係る金融機関間の調整

① 少額債権者に対する調整

　　条件変更における配分は残高プロラタを原則としつつも、金融機関が多いほど調整コストがかさむ場合もあるため、少額債権者についてはプロラタ以上の返済を行って調整を図ることがある。ただし、たとえば2,000万円の返済原資しかないのに、少額債権者に1,000万円を返済することは非少額債権者の理解が得られにくいものと考えられるので、残高の多寡だけでなく、返済原資とのバランスも考慮する必要がある。

② 不採算事業に対し融資を行った金融機関に対する調整

　　不採算事業に融資を行った金融機関についてはプロラタ以下の返済額とし、調整を図ることがある。不動産融資等、事業ごとに借入金が紐づいている場合は、各事業の収益に見合った返済額を設定する方法もあろう。

(d) 猶予期間および猶予額の取扱い
① 猶予期間を短期とする場合

　経営改善の途上にあり、計画の進捗を確認する必要がある場合等は、モニタリングの観点から１年程度で区切って対応し、期限到来後は必要に応じ更新を考えることが望ましい。

② 複数年とする場合

　計画の進捗により中期的な資金繰りが見通すことができる場合は、その間（複数年）の条件変更を行う（その間に最終期限を経過する場合は期限延長を実施）。

③ 恒久化する場合

　計画の進捗により長期的に経営が安定したと考えられる場合は、必要に応じて最終期限を延長し、当該期限までの条件変更を行う。これにより、今後の追加支援が不要となるため、金融機関にとっては管理コストの削減や将来的な債務者区分引上げによる引当金の戻入れ等のメリットがあり、企業にとっても取引の正常化により、設備投資や新規調達の自由度が高まる等のメリットがある。

　なお、恒久化する場合、その後の企業の経営改善の進捗状況によって、計画以上の余剰資金が生じる場合もある。この場合は、余剰資金の配分についてあらかじめ定めておき、企業の借入金返済を促進させ、利払い負担の軽減と財務内容の改善を図ることが望ましい。

(3) その他の条件変更

a　金利減免

　上述の措置よりもさらに踏み込んだ金融支援として、一定の要件を満たす場合には、例外的に金利減免を実施することもある。ただし、この点については調達構造の違い等もあり、各金融機関で判断が分かれることもある。

(a) 要　　件

　金利減免は債権放棄に準じた支援となるため、金融機関としてそもそも減免の必要性を検討することは当然として、無税化要件（法人税基本通達9－4－2）を充足する場合に行うことが一般的である。

> **(参考)　法人税基本通達9－4－2**
> （子会社等を再建する場合の無利息貸付け等）
> 　法人がその子会社等に対して金銭の無償若しくは通常の利率よりも低い利率での貸付け又は債権放棄等（以下9－4－2において「無利息貸付け等」という。）をした場合において、その無利息貸付け等が例えば業績不振の子会社等の倒産を防止するためにやむを得ず行われるもので合理的な再建計画に基づくものである等その無利息貸付け等をしたことについて相当な理由があると認められるときは、その無利息貸付け等により供与する経済的利益の額は、寄附金の額に該当しないものとする。
> （注）　合理的な再建計画かどうかについては、支援額の合理性、支援者による再建管理の有無、支援者の範囲の相当性及び支援割合の合理性等について、個々の事例に応じ、総合的に判断するのであるが、例えば、利害の対立する複数の支援者の合意により策定されたものと認められる再建計画は、原則として、合理的なものと取り扱う。

(b) 減免期間

　モニタリング等の観点（法人税基本通達に基づく要件の確認を含む）から、期間を区切って対応し、計画の進捗（黒字化および繰越欠損金解消により課税負担が生じ、減免額全額が資金繰り改善に寄与しない場合に留意のこと）および必要性をふまえ、減免額を見直すことが適当であると考えられる。

b　金利棚上げ

　金利棚上げ（利払い猶予）は、あわせて実施する元本全額返済猶予により企業からのいっさいの返済がない状況となるため、将来の金融支援継続の可能性や企業の返済意欲維持の観点から、一定期間後には棚上利息の返済が確実である場合にのみ例外的に行うべきであると考えられる。

c 返済方法の変更

　業種特性上資金繰りの季節変動が激しい場合はオンシーズンに返済を集中させることも、返済促進の観点からは有意である。

3

モニタリングの実務

　条件変更は、企業の経営改善を支援するものであり、経営改善を達成させるためには条件変更期間中のモニタリングが重要である。Plan（計画）→Do（実行）→Check（評価）→Action（改善）のPDCAサイクルを確実に回し、モニタリングの実効性を確保することが求められる。

(1) 計画策定段階のモニタリング

　本格的な経営改善が必要な企業の場合、経営改善計画の策定は容易ではないことが多い。そうした場合には条件変更期間中に企業と金融機関が継続して協議することにより、計画の「実現可能性」「具体性」「抜本性」の改善を進めるべきである。

　また、計画の策定そのものが困難となっている場合は、必要に応じて外部専門家や金融機関が策定支援を行う。その際、企業の当事者意識が失われないよう、企業と十分な意見交換を行い、経営改善内容につき認識の共有化を図ることが肝要と思われる。

　いずれの場合も、あわせて足元の業績についても定期的に報告させる必要がある。なお、モニタリングの実施サイクルについては、経営改善の程度や企業自らがPDCAサイクルを回しうるかどうかをふまえ、見直すこともできよう。

(2) 計画策定後のモニタリング

　計画の履行状況（収支および資金繰り実績、各改善策の進捗状況）や上ブレ・下ブレ要因、今後の改善策等を定期的に報告させることが必要である。金融機関が多数に及ぶ場合等には、報告事項および報告様式について共通化できれば企業の資料作成負担の軽減につながる。また、金融団会議を行って定期的に報告を行わせることは、結果として、企業の金融機関対応の負担軽減になることが多いうえ、金融機関にとっても他の金融機関の支援姿勢を確認する機会ともなろう。

　履行状況の検証の結果、実績が計画を上回っている場合は、業績改善が一過性のものか今後も安定的に見込めるものかを見極めることが必要になる。前者の場合は短期の条件変更を継続しつつ業況をモニタリングし、業績の安定化を待ち、後者と同様に安定化したと考えられる場合は、複数年または恒久的な条件変更が可能かどうかを検討する。

　一方、実績が計画を下回っている場合には、その背景事情を把握し、具体的な追加改善策についての検討を行う。改善策の実施が後手に回らないようにスピーディーな対応を心がけるべきである。

(3) コベナンツ設定によるモニタリングの工夫

　条件変更後に実効的なモニタリングを行ううえでは、コベナンツを設定しておくことが有効な場合がある。設備投資の事前承認や余剰資金の取扱いについてはすでに述べたところではあるが、ほかにも、財務コベナンツ等（注）を設け、企業と金融機関との間の緊張関係を確保し、コベナンツに抵触した場合に経営改善を促すことも考えられる。

（注）　特に複数年または恒久的な条件変更を実施している場合、たとえば、以下のようなコベナンツが有効と考えられる。
　　① 償却前経常利益○百万円以上の確保

② 有利子負債比率〇%以下、原価率〇%の達成等（企業の抱える課題に応じて工夫するとよい）
③ 計画に定める利益処分の遵守
④ 計画に定める資産処分の履行等

4
経営改善計画の効果（いわゆる「実抜計画」）

　要注意先相当の信用力の企業に対して条件変更を行うと、当該企業は要管理先に区分され、金融機関にとっては不良債権、引当金計上負担が生じるが、条件変更を行った企業の経営改善計画が、金融庁の「中小・地域金融機関向けの総合的な監督指針（平成23年9月）」において規定されている「実現可能性の高い抜本的な経営再建計画」（いわゆる「実抜計画」）の要件を満たす場合は、当該企業の債務者区分を要注意先にとどめることが可能となる。

（参考1）　金融庁「中小・地域金融機関向けの総合的な監督指針」Ⅲ－4－9－4－3(2)、③、ハ
（省略）特に、実現可能性の高い（注1）抜本的な（注2）経営再建計画（注3）に沿った金融支援の実施により経営再建が開始されている場合（注4）には、当該経営再建計画に基づく貸出金は貸出条件緩和債権には該当しないものと判断して差し支えない。また、債務者が実現可能性の高い抜本的な経営再建計画を策定していない場合であっても、債務者が中小企業であって、かつ、貸出条件の変更を行った日から最長1年以内に当該経営再建計画を策定する見込みがあるとき（注5）には、当該債務者に対する貸出金は当該貸出条件の変更を行った日から最長1年間は貸出条件緩和債権には該当しないものと判断して差し支えない。
（注1）　「実現可能性の高い」とは、以下の要件を全て満たす計画であることをいう。
　　一　計画の実現に必要な関係者との同意が得られていること
　　二　計画における債権放棄などの支援の額が確定しており、当該計画を超える追加的支援が必要と見込まれる状況でないこと
　　三　計画における売上高、費用及び利益の予測等の想定が十分に厳しいものとなっていること

(注2) 「抜本的な」とは、概ね3年（債務者企業の規模又は事業の特質を考慮した合理的な期間の延長を排除しない。）後の当該債務者の債務者区分が正常先となることをいう。なお、債務者が中小企業である場合の取扱いは、金融検査マニュアル別冊「中小企業融資編」を参照のこと。
(注3) 中小企業再生支援協議会が策定支援した再生計画、事業再生ADR手続（特定認証紛争解決手続（産業活力の再生及び産業活動の革新に関する特別措置法第2条第25項）をいう。）に従って決議された事業再生計画及び株式会社企業再生支援機構が買取決定等（株式会社企業再生支援機構法第31条第1項）した事業者の事業再生計画（同法第25条第2項）については、当該計画が（注1）及び（注2）の要件を満たしていると認められる場合に限り、「実現可能性の高い抜本的な経営再建計画」であると判断して差し支えない。
(注4) 既存の計画に基づく経営再建が（注1）及び（注2）の要件を全て満たすこととなった場合も、「実現可能性の高い抜本的な経営再建計画に沿った金融支援の実施により経営再建が開始されている場合」と同様とする。
　　　なお、（注3）の場合を含め、（注1）及び（注2）の要件を当初全て満たす計画であっても、その後、これらの要件を欠くこととなり、当該計画に基づく貸出金に対して基準金利が適用される場合と実質的に同等の利回りが確保されていないと見込まれるようになった場合には、当該計画に基づく貸出金は貸出条件緩和債権に該当することとなることに留意する。
(注5) 「当該経営再建計画を策定する見込みがあるとき」とは、銀行と債務者との間で合意には至っていないが、債務者の経営再建のための資源等（例えば、売却可能な資産、削減可能な経費、新商品の開発計画、販路拡大の見込み）が存在することを確認でき、かつ、債務者に経営再建計画を策定する意思がある場合をいう。

(参考2)　「金融検査マニュアル別冊〔中小企業融資編〕」2．検証ポイント
【金融検査マニュアル及び検証ポイント】5．(2)
イ．（省略）
ロ．株式会社整理回収機構が策定支援した再生計画についても、中小企業再生支援協議会が策定支援した再生計画と、原則として同様に扱う。（以下省略）
ハ．その進捗状況が概ね1年以上順調に進捗している場合には、その計画は実現可能性の高い計画であると判断して差し支えない。
ニ．（省略）
ホ．中小・零細企業の場合、大企業と比較して経営改善に時間がかかることが多いことから、資産査定管理体制の確認検査用チェックリスト「自己査定」（別表1）1.(3)③の経営改善計画等に関する規定を満たす計画（債務者が経営改善計画を策定しない場合には、債務者の実態に即して金融機関が作成した資料を含む。以下「合理的かつ実現可能性の高い経営改善計画」という。）が策定されている場合には、当該計画を実現可能性の高い抜本的な計画とみなして差し支えない。また、今後の資産売却予定や諸経費の削減予定等がな

くても、債務者の技術力、販売力や成長性等を総合的に勘案し、債務者の実態に即して金融機関が作成した経営改善に関する資料がある場合には、貸出条件緩和債権に該当しないことに留意する必要がある。

　ただし、経営改善計画の進捗状況が計画を大幅に下回っている場合には、合理的かつ実現可能性の高い経営改善計画とは取り扱わない。また、経営改善計画の検証にあたっては、上記３．経営改善計画を踏まえて検討する必要がある。

VI

経営改善期におけるファイナンスの活用

　経営改善を要する企業に関し、経営改善計画が策定され、金融機関の支援体制も整えば、当該企業の経営改善は大きく前進する可能性が高まる。しかしながら、経営改善を要する企業のなかには、その経営改善を着実に履行するうえで、財務体質の改善が避けて通れない企業も多い。このような企業については、その経営改善の実施にあたり、メザニン・ファイナンスやエクイティ・ファイナンスの活用が有効となる。以下では、それぞれのファイナンスの概要、活用時のポイントについて説明する。

1 メザニン・ファイナンスの活用

(1) メザニン・ファイナンスの概要

a　メザニンとは

　「メザニン（Mezzanine）」とは中二階という意味であり、デット（負債）とエクイティ（資本）の中間に位置するファイナンス手法の総称である。形態としては、劣後ローンや優先株式により行われるのが一般的である。

　劣後ローンとは返済順位や清算時の配当順位等で通常の借入金（シニア・ローン）に劣後する借入金であり、また、優先株式とは配当支払や残余財産の分配等で普通株式に優先する株式のことをいう。

　会計上、劣後ローンは負債として、優先株式は株主資本（純資産）として

図表3-30　メザニンのイメージ

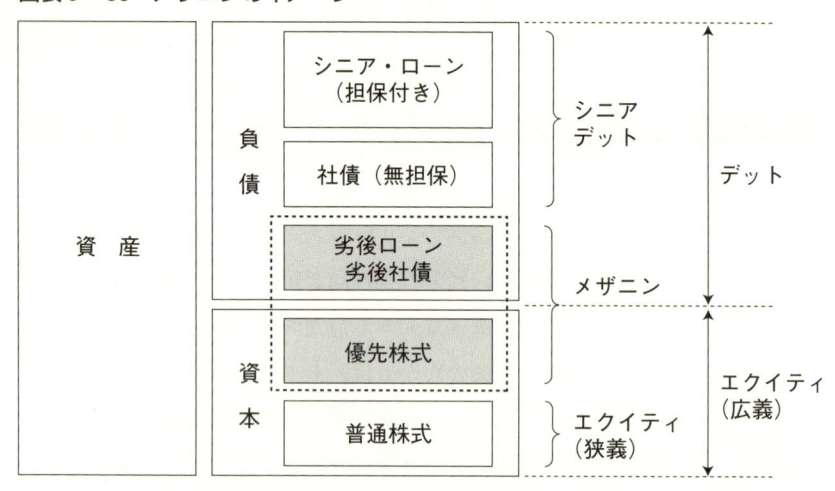

資産	負債	シニア・ローン（担保付き）	} シニアデット	} デット
		社債（無担保）		
		劣後ローン 劣後社債	} メザニン	
	資本	優先株式		} エクイティ（広義）
		普通株式	} エクイティ（狭義）	

計上され、貸借対照表上の計上区分は異なる。しかし、その契約条件や設計等により、実質的にはデットとエクイティ双方の特色を生かした柔軟かつ多様な商品性を実現することが可能である。

b　本邦におけるメザニン・ファイナンスの発展と歴史

メザニン・ファイナンスが本邦に導入される端緒となったのは、1990年代後半に金融支援の一環として金融機関の貸付債権を株式に転換したデット・エクイティ・スワップ（以下「DES」という）である。この時発行された株式は議決権のない優先株式が中心であった。

2004年の「金融検査マニュアル別冊〔中小企業融資編〕」の改訂に伴い、中小企業に関しては一定の条件を満たせば劣後ローンについても債務者区分判断上は資本とみなす規定が整備され、通常の貸付債権（シニア・ローン）から劣後ローンへ転換する手法（デット・デット・スワップ、以下「DDS」という）も活用されるようになった。

2000年代前半からは、DES、DDSの流れとは別にレバレッジド・バイアウト（LBO）等の買収ファイナンスにおいて、貸付債権からの転換ではなく資

金の払込みを伴うメザニン・ファイナンスが実施されるようになった。

現在は、買収ファイナンスに限らず、企業の経営改善局面などにおける資本増強目的の資金注入を伴うメザニン・ファイナンスも行われている。

c　メザニン・ファイナンスのプレーヤー

メザニン・ファイナンスは、現状、日本政策投資銀行、リース会社、ノンバンクなどで行われており、銀行等の金融機関本体における取組みは限定的といわざるをえない。そもそも、株式取得の形態を伴うものは金融機関の自己資本比率規制のなかで取り組むことには限界があり、仮に劣後ローンの形態をとるにしても、通常の金融機関において、メザニンというある種のリスクマネーを通常の融資とあわせて供給していくことは審査体制の整備等において、ハードルが高いこと等がその理由と考えられる。

一方、メザニン・ファイナンスを主とするメザニン・ファンドについては、銀行系を中心に、いくつか存在している。日本政策投資銀行と三井住友銀行が共同で組成したUDSメザニン・ファンド、日本政策投資銀行と三菱東京UFJ銀行が共同で組成したメザニン・ソリューション・ファンドのほか、中央三井信託銀行の子会社である中央三井キャピタル、みずほフィナンシャルグループのみずほキャピタルパートナーズ、GCAサヴィアングループのメザニン（MCo）などがメザニン・ファンドの運営を行っている。

d　メザニン・ファイナンスの基本特性

メザニンは返済順位、要求リターン、償還・支払義務、期間、議決権などさまざまな観点において通常の借入金（デット）と普通株式（エクイティ）の中間的な商品性を有するものである。契約の建付けにより、さまざまな商品設計が可能である。

(a)　返済順位

通常の借入金（シニア・ローン）より返済順位は劣後するが、普通株式の残余財産分配権よりは優先する。

(b) 要求リターン

　通常の借入金の金利よりは高くなり、普通株式の目標投資リターンよりは低くなる。普通株式は、非上場の企業においてはきわめて低い配当負担しか要求されないローコストの資金調達手段と理解されているケースもあるが、ここではあくまでも純粋な金融目線、つまり、普通株式に投資する投資家の目標リターンとの比較で考えている点留意が必要である。一般に普通株式への投資は、年率15〜30％程度を目標リターンとして設定していると考えられることから、それとの比較においてメザニン・ファンドは年率8〜15％程度の投資リターンを目標にしているケースが多い。実際には経営改善を要する企業における一般的な金利水準からすれば相当割高に感じるのは事実であるが、あくまでも全体で負担するコストとの兼ね合いで検討すべきものであろう。

(c) 償還・支払義務

　通常の借入金については支払期限が到来したときに返済できなければ債務不履行（デフォルト）になるが、メザニンの場合は多様な設計が可能である。たとえば、シニア・ローンが完済する前に劣後ローンの支払期限が到来した場合は劣後ローンの支払期限を自動的に繰延べし、デフォルトを回避するような設計もありうる。

　一方、優先株式の場合は普通株式と異なり、一定期間経過後に株主の側に償還を請求する権利（金銭対価の取得請求権）を付与することが多いが、DES株式など普通株式への転換請求権（普通株式対価の取得請求権）のみを付与して実質的に普通株式に近い形態にするものもある。

(d) 投融資期間

　シニア・ローンと普通株式の中間的な特性ということにかんがみれば、通常の借入金よりファイナンスの期間が短いと、メザニン・ファイナンスの効用が薄いため、一般にはシニア・ローンより長期のファイナンスとなることが多い。しかし、メザニン・ファイナンスの目的が一時的な資本増強にある

場合等、借入金の支払期限より早期に償還義務が生ずるような優先株式の発行も現実には行われている。

(e) 議決権

優先株式については、一般的に議決権を有しない株式とすることが多く、議決権の希薄化が生じない資本増強策として有効である。ただし、経営改善のステージにおいて発行される優先株式は業績が計画に対して大幅に未達になった場合などは普通株式に転換可能な設計とすることが多く、いかなる場合も優先株主が議決権を有しないようなメザニン・ファイナンスはむしろまれと思われる。

e 優先株式と劣後ローンの特徴比較

メザニン・ファイナンスは法的には優先株式、劣後ローンの二形態があることは既述のとおりであるが、それぞれについては、下表のような特徴がある。

	優先株式	劣後ローン
法的形態	種類株式	金銭債権
会計上の取扱い（注1）	株主資本 ただし、IFRSでは純資産として認められない可能性あり	負債 「資本性借入金」に該当する場合など、シニア・レンダーの債務者区分・与信判断上、一定の資本性が認められる場合もあり
議決権の希薄化（注2）	一般的に無 ただし、普通株式対価の取得請求権（普通株式転換権）を付与する場合もあり	無
返済期限・期限の利益（注3）	無 ただし、一定期間経過後に金銭対価の取得請求権（株式償還権）を株主に付与することが多い	有

繰上返済・強制償還（注4）	可能（金銭対価の取得請求権） ただし、シニア・ローン債権者との関係者間協定等により配当可能原資以外に制約を設ける場合もあり	可能 ただし、債権者間協定等で一定の制限を設ける場合が多い
優先劣後関係（期中キャッシュフロー、残余財産、担保、等）（注5）	普通株主に対して優先	シニア・レンダーに対して劣後
タックスメリット	無（税引後の利益から配当を支払）	有（支払利息は損金算入）
償還原資等の法的制約	会社法の定める剰余金分配可能額の範囲内	無
配当／利払い等の法的制約	同上	利息制限法の定める上限金利の範囲内
発行・貸付時に必要な手続	定款変更（株主総会の特別決議） 投資契約（株式総数引受契約）の締結 関係者間契約の締結（必要な場合のみ） 優先株式の発行（有利発行とみなされる場合は株主総会決議） 資本金・資本準備金の減少（必要な場合のみ）	金銭消費貸借契約の締結 債権者間協定の締結

(注1) 会計上の取扱い

　　劣後ローンの場合は負債に計上されるものの、金融検査マニュアル上の「資本性借入金」に該当する場合は債務者区分上、資本とみなされる（詳細は(4)「金融検査マニュアル〔中小企業融資編〕」の「資本的借入金」を参照されたい）。これに該当しない場合であっても、シニア・レンダーの融資判断において劣後ローン部分は債務償還年数の計算等において有利子負債から除外し、資本と同等の効果が認められる場合がある。

　　優先株式の場合は、現行の日本における会計基準では株主資本（純資産）に計上

されるものの、現在、上場企業について導入が検討されているIFRS（国際会計基準）においては金銭対価の取得請求権が付与された株式は負債計上が必要となり、資本増強効果が得られないので留意が必要である。また、普通株式対価の取得請求権についてもIFRS上、その条件によっては純資産計上ができなくなる可能性がある。

(注2) 議決権の希薄化

優先株式に付与する普通株式対価の取得請求権にはおおまかに二種類あり、①メインシナリオとして業績堅調時に普通株式に転換して、優先株主が投資のアップサイド・リターンを享受することを目的としたものと、②業績が想定を下回り、償還できない場合における投資回収の最後の手段として普通株式転換、第三者売却を想定したものがある。いずれも普通株主からすれば希薄化リスクがないとはいえない。

(注3) 返済期限・期限の利益

株式には返済期限はないので、償還型の優先株式については、一定期間経過後に金銭対価の取得請求権（償還請求権）が株主に発生するような設計にすることで実質的に返済期限を設けるのが通例である。また、金銭対価の取得請求権にかえて、一定期間経過後に優先配当率をステップ・アップする条件とすることで、発行会社が金銭対価の取得条項（強制償還権）を行使するよう促すような設計とする場合もある。

(注4) 繰上返済・強制償還

劣後ローンについては一般に繰上返済を許容する場合がほとんどである。ただし、無条件に繰上返済を認めればシニア・ローンにとって資本的な役割を有しなくなることから、債権者間協定等によってシニア・ローンの完済後でなければ劣後ローンの返済ができないなどの制限が設けられることが多い。

優先株式の場合は金銭対価の取得条項（強制償還権）を発行会社に付与することにより、繰上償還が可能な設計とする場合が大半である。優先株式の場合は償還にあたって、剰余金の分配可能額の制限を受けるほか、劣後ローンと同様にシニア・ローン債権者との間において関係者間協定等を締結し、優先株式の償還に制限を設ける場合もある（以下注5参照）。

(注5) 優先劣後関係

劣後性については多様な設計が可能であり、シニア・ローンやその他売掛債権等の債権すべてに劣後する条件（絶対劣後）とするものもあれば、借入金等特定の債権にのみ劣後する条件（相対劣後）とするものもある（図表3−31）。

絶対劣後：劣後債権者と債務者の間で約定し、債務者はシニア・ローンその他売掛債権等の一般債権を完済しない限り、劣後債権者に返済や分配ができない。

相対劣後：劣後債権者とシニア・ローン債権者との間で約定する（債務者も当該契約の当事者となることは実務的にありうる）。債務者からみると劣後債権者も含めて全債権者が同順位となり、シニア・ローン債権者と劣後債権者との間ではシニア・ローン完済までは劣後債権者が自ら返済や分配を受けた分を引き渡す特約を設ける。

優先株式の場合は定款によって残余財産の分配請求権について普通株式に優先する規定を設けることになる。シニア・ローン債権者との間の優先劣後関係は株式と金銭債権の法的性質の違いにより自動的に決定されることになるが、金銭対価の取

図表3-31　絶対劣後と相対劣後

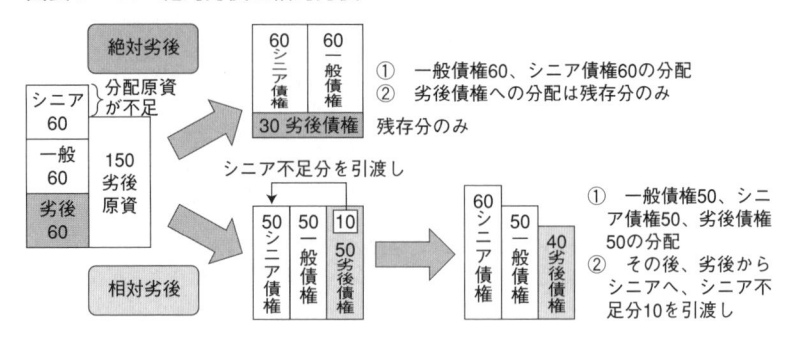

【絶対劣後】
- シニア60／一般60／劣後60、分配原資が不足、150劣後原資
- → シニア債権60、一般債権60、劣後債権30（残存分のみ）
  ① 一般債権60、シニア債権60の分配
  ② 劣後債権への分配は残存分のみ

【相対劣後】
- → シニア債権50、一般債権50、劣後債権50＋10
- シニア不足分を引渡し
- → シニア債権60、一般債権50、劣後債権40
  ① 一般債権50、シニア債権50、劣後債権50の分配
  ② その後、劣後からシニアへ、シニア不足分10を引渡し

得請求権があり、かつ剰余金の分配可能額があれば、仮にシニア・ローンが完済していなくても、取得請求権の行使により先に償還することも不可能ではないので、シニア・ローン債権者、優先株主および債務者兼発行会社との間で関係者間協定を締結し、シニア・ローンの完済後でなければ金銭対価の取得請求権または取得条項が行使できない旨の規定を設けることがある。

f　優先株式

(a)　株主総会の決議

　メザニン・ファイナンスの実行手続上注意が必要なのは、優先株式を用いる場合、その発行に際して株主総会の決議が必要となる点である。優先株式の発行の前提となる優先株式の設計は定款に規定されるため、株主総会の特別決議が必要である。

　また、発行決議については会社法上の公開会社（株式の譲渡制限がない会社）と非公開会社で異なるが、非公開会社ではやはり株主総会の特別決議が必要となる。公開会社の場合は有利発行でなければ取締役会の決議でかまわないが、優先株式の発行価額の有利性については判断がむずかしいことから、念のため定款の変更決議とあわせて株主総会の特別決議を行うことが実務的には多い。

(b)　定款上の取扱い

　優先株式の条件はすべて定款で定めることはせずに、一部を発行会社と優

先株主との間で締結される投資契約等の名称の契約に委ねる場合もある。たとえば、金銭対価の取得請求権の発生条件については、一定期間の経過だけでなく、財務制限条項等のコベナンツ抵触時にも発生するような条件とすることが多いが、それを定款ですべて表現することには無理があるうえ、定款の記載は登記情報にもなるのでこれを開示するのを避けたいという実務的な要請もある。そのために、定款上は金銭対価の取得請求権はいつでも行使できると規定したうえで、投資契約にて取得請求権の行使条件を制限する形式をとることが多い。このような投資契約は発行決議と同時に発行会社と優先株主との間で締結することになる。

(c) 資本金等の増加の抑制

優先株式を用いる場合には、優先株式の発行とあわせて、増加する資本金、資本準備金を減少させることも多い。これは将来の償還に備えて剰余金の分配可能額を捻出しておくという目的と、税務上の中小法人（資本金1億円以下）、中小企業基本法の中小事業者の定義に合致するよう資本金の増加を抑えるという目的がある。なお、株式発行に伴い払込みした範囲で増資と同時に資本金、資本準備金を減少する限りにおいては取締役会決議でできるが（会社法447条3項）、債権者保護手続は株式発行前に終える必要がある。

優先株式の場合は、このように株主総会を招集するために要する日数と債権者保護手続期間を考慮に入れながらスケジュールを決めることになる。

g 劣後ローン

劣後ローンの場合は、その劣後性を確保するために債権者間協定が締結されることが多いことは既述のとおりであるが、債権者数が多くなれば調整に手間取ることも多いので、スケジュール策定上は留意が必要である。

(2) メザニン・ファイナンスの活用方法

a 資本増強

経営改善を要する企業においては、議決権の希薄化をもたらさずに資本増

強できるメザニン・ファイナンスは魅力的であろう（図表3－32）。ただし、DESやDDSのように債権者の金融支援の一環として実施する場合はともかく、新しい金融機関等が、債務超過に陥っていて、かつ、営業赤字が継続しているような会社に対し、メザニンにてニューマネーを出融資することは経済的合理性の観点から困難であることが多い。

ニューマネーによるメザニン・ファイナンスが可能な場面は、自己資本は毀損しているものの本業の業況は堅調な場合、リストラ等の実施後には確実な損益改善が見込まれる場合など、ある程度限定されるといわざるをえない。

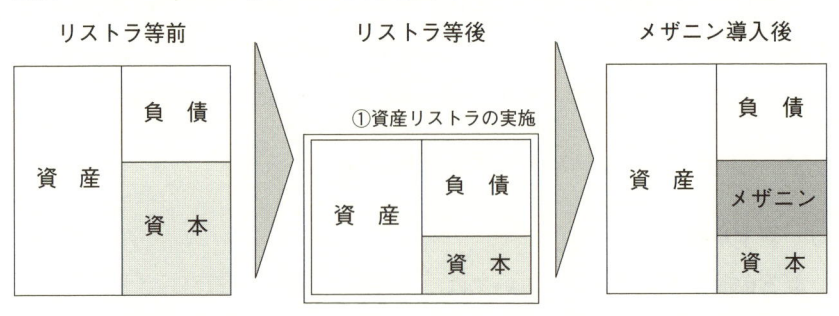

b　キャッシュフローと借入金返済ピッチのミスマッチ解消

Ⅰ1でも述べたように、経営改善を要する企業においては、キャッシュフローと借入金返済ピッチのミスマッチが生じている先が多く、特に過大債務状態にある企業においては取引金融機関が長期資金を供給できず、借換えが繁忙になっている場合が多い。メザニン・ファイナンスの導入により、調達した資金で返済ピッチのミスマッチの原因となっている借入金を一部返済し、または、資本増強により改善した信用力を背景にキャッシュフローにあわせた適正な返済ピッチの長期借入金に借換えを行い、財務の安定化を図ることが可能になる。

図表3－32　メザニン導入による資本増強（リストラに伴う資本毀損を補完）

図表3-33 キャッシュフローと借入金返済のミスマッチ解消

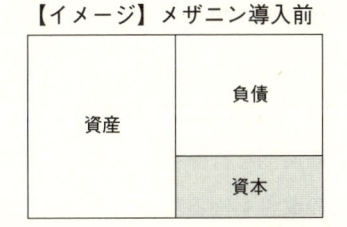

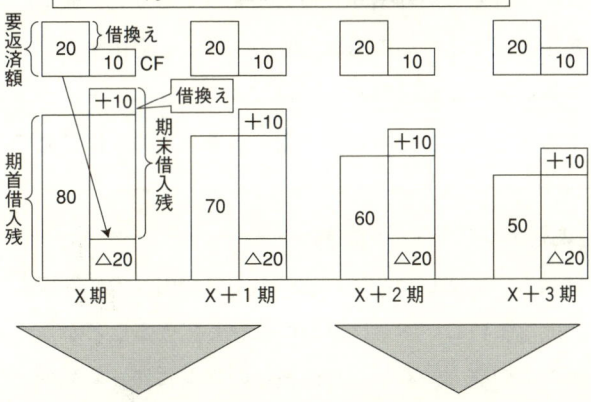

【イメージ】メザニン導入前

(資産／負債・資本のバランスシート図)

10のCFに対して20の返済があり、毎期借換えが必要

(X期：要返済額20、借換え10、CF10、期首借入残80、期末借入残+10/△20
 X+1期：20、10、70、+10/△20
 X+2期：20、10、60、+10/△20
 X+3期：20、10、50、+10/△20)

【イメージ】メザニン導入後

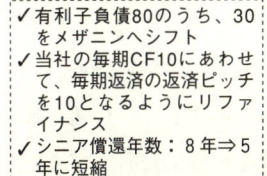

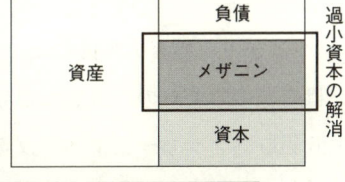

- ✓ 有利子負債80のうち、30をメザニンへシフト
- ✓ 当社の毎期CF10にあわせて、毎期返済の返済ピッチを10となるようにリファイナンス
- ✓ シニア償還年数：8年⇒5年に短縮

(資産／負債・メザニン・資本のバランスシート図、過小資本の解消)

10のCFに対して10の返済となり、毎期の借換えは不要

| 10 | 10 | 10 | 10 | 10 | 10 | 10 | 10 |

メザニンで返済

(X期：80、△30、△10
 X+1期：40、△10
 X+2期：30、△10
 X+3期：20、△10)

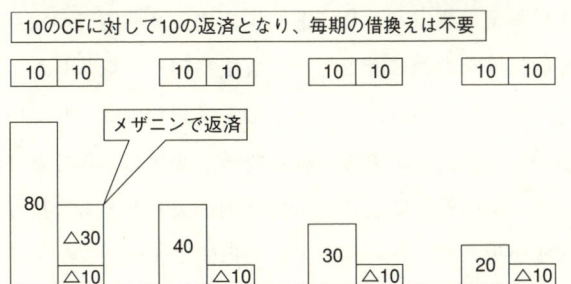

第3章 経営改善期 175

c 具体的な活用場面

メザニン・ファイナンスの導入が視野に入るケースとしては、次のような例がある。

――― ケース① リストラに伴い発生する損失を補完 ―――

対象会社は小売店の店舗展開を行う会社であり、不採算店舗の撤退に伴うリストラにより損益の改善を図る計画である。ただし、店舗の撤退にあたっては固定資産の除却損等の損失が発生するうえ、撤退に伴い不要となる人員を削減するための退職金等のコストも発生する。

リストラに伴い生じる自己資本の毀損をメザニン・ファイナンスによって穴埋めするとともに、その調達資金を退職金等の支出に充てる。

――― ケース② 為替デリバティブの解約 ―――

対象会社は過去に締結した為替デリバティブが円高の影響により大幅な評価損を計上している。本業は堅調に推移していることから、メザニン・ファイナンスの導入により、評価損等の計上に伴って減少した資本を穴埋めするとともに、解約のために必要となる資金を調達する。

――― ケース③ ベンチャー投資の失敗により毀損した資本を補完 ―――

対象会社は自己の事業への将来的な寄与を期待して、周辺の成長分野の事業に取り組むベンチャー企業への投資を積極的に行ってきた。ただし、投資先の事業は想定どおりに進まず、過去2期間にわたり、投資有価証券の評価損等を大幅に計上し、実質債務超過に転落した。ただし、本業の業況は安定しており、毎期一定の営業利益は計上している。

債務超過のため取引金融機関の融資姿勢が変化してきており、メザニン・ファイナンスの導入により資本の増強を図るとともに折り返し資金の調達に問題が生じていた一部借入金の返済に充てる。

⑶　メザニン・ファイナンスの出融資目線

　メザニン・ファイナンスについては、融資と同様に固定利回りを求めるアプローチと、普通株式投資に近いリターンを求めるアプローチがあり、その間でさまざまな投融資方法が存在する。

a　普通株式投資に近いアプローチ

　普通株式投資に近いアプローチにおいては、出資形態としては優先株式としつつも普通株式対価の取得請求権を行使して普通株式を取得し、その値上り益でリターンを得ることをメインシナリオとする方法や、劣後ローンや償還型優先株式による投融資に組み合わせて新株予約権を取得し、業績好調の場合は新株予約権行使により取得した普通株式を売却してアップサイドのリターンをとる方法があるが、ここでは劣後ローンや償還型優先株式により固定利回りを求める投融資における目線について解説する。

　劣後ローンや償還型優先株式の場合は一定期間経過後に対象会社の有する現金により返済または償還される必要があり、通常の融資の可否の判断と基本は同じである。

　劣後ローンや償還型優先株式は無担保のファイナンスになることが多いので、基本は対象会社が稼得するキャッシュフローの水準により出融資の可否が決まる。しかし、キャッシュベースといっても対象会社が得るキャッシュはまずシニア・ローンの返済に充当されるため、**メザニン・ファイナンスの回収可能性は一定期間経過後にメザニン・ファイナンスがシニア・ローンにてリファイナンスできるかどうかという観点が重要になる。**

　まず、通常の融資と同様に債務償還年数の観点からシニア・ローンとメザニン・ファイナンスの合計額がその企業が抱える有利子負債として正常な範囲にあるかどうかの検討を行う。なお、債務償還年数の上限は業種等により異なる。

　債務償還年数の観点だけでファイナンス金額が決まるとするならば、シニ

ア・ローン債権者である金融機関とメザニン・ファイナンスを行うプレーヤーでファイナンス可能額は大きな差がないことになるが、出融資の判断は担保カバー率、財務の健全性（たとえば、自己資本比率等）、リターンとの関係でとれるリスクなどさまざまな観点により決まるので、実際にはそれぞれの着眼点の違いにより、対象会社が負担できると判断する有利子負債の金額は異なることになる。

b 回　　収

　投融資期間中のキャッシュフローで対象会社が返済すると想定されるシニア・ローンの金額を算定し、投融資期間終了後のシニア・ローンとメザニン・ファイナンスそれぞれの残高の合計額が、シニア・ローンのみで資金調達できると考えられる金額の範囲内にあれば、投融資期間終了後にメザニン・ファイナンス部分のシニア・ローンによるリファイナンスが行われ、メザニン・ファイナンスの投融資が回収できることになる。

　投融資期間経過後の回収可能性は対象会社のキャッシュフロー水準のほか、その時点での純資産、さらには優先株式についてはその時点での分配可能額の積上りの状況なども加味して判断が行われる。

　一般には業績の変動が激しい会社であると将来の収益見通しは堅めにみざるをえず、メザニン・ファイナンスの取組みはむずかしいことが多い。また、損益は堅調であっても設備投資が多額に必要となる会社はメザニン・ファイナンスの投融資期間中に有利子負債が削減されず、シニア・ローンによるリファイナンスもむずかしくなる可能性が高い。

　このメザニン・ファイナンスの回収方法について簡単に図示すれば図表3－34のとおりである。ここでは便宜的に有利子負債、メザニン・ファイナンスのキャッシュフローに対する水準をEBITDAに対する倍率で表記しているが、これはあくまでも一例であるので留意する必要がある。

　図表3－34にあるように、投融資期間中に想定のキャッシュフローが得られない場合は、たとえば優先株式による投資の場合は普通株式転換権を行使

図表3-34 メザニン・ファイナンスの出融資目線

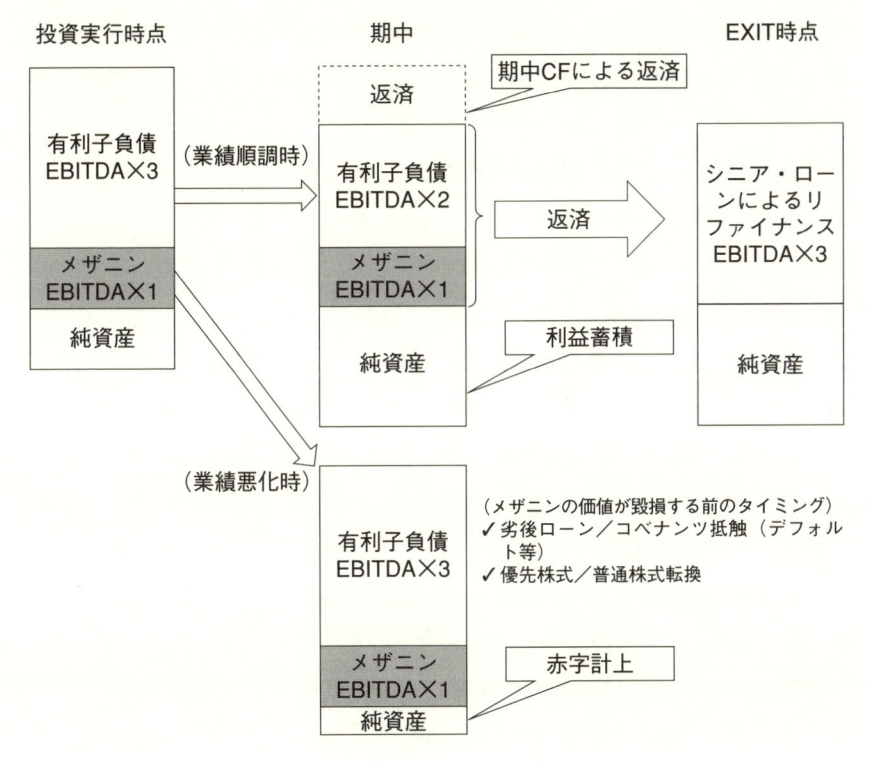

投資実行時点　　　　　期中　　　　　　　　　　　EXIT時点

（業績順調時）／期中CFによる返済／返済／利益蓄積

有利子負債 EBITDA×3 → 有利子負債 EBITDA×2 → シニア・ローンによるリファイナンス EBITDA×3

メザニン EBITDA×1／純資産

（業績悪化時）

有利子負債 EBITDA×3／メザニン EBITDA×1／純資産

（メザニンの価値が毀損する前のタイミング）
✓ 劣後ローン／コベナンツ抵触（デフォルト等）
✓ 優先株式／普通株式転換

赤字計上

して第三者への売却などを模索することになる。

(4) 「金融検査マニュアル〔中小企業融資編〕」の「資本的借入金」

「金融検査マニュアル〔中小企業融資編〕」では金融機関の債務者区分判定上、資本とみなす劣後ローンについての規定がある。

そもそも劣後ローンを債務者区分判定上資本とみなす規定は、DESによる金融支援が一般的になるなか、中小企業の発行する株式を保有することになるDESのハードルの高さにかんがみ、DDSでも同じ効果が得られるように2004年の改訂時に織り込まれたものであったが、2008年の改訂ではDDS

ではなく、新規の融資でも一定の条件に該当する劣後ローンについては資本とみなす規定が新たに加わっている。2008年の改訂とあわせて中小企業金融公庫（現・日本政策金融公庫）が本基準に従った資本的劣後ローンの取扱いを開始し、多くの企業がこれを活用している。

ただし、2008年当時の基準は償還条件が15年という超長期を条件としていることから、民間金融機関がコマーシャル・ベースでこれに取り組むことは困難といわざるをえず、日本政策金融公庫以外での融資実績はきわめて限定的であるのが現状である。

なお、2011年3月の東日本大震災発生後、震災の復興過程で事業を再開・継続する企業においては、震災の影響で資本が毀損している可能性が高いため、資本の充実を図ることが喫緊の課題となっている。こうした状況を背景に2011年11月に金融検査マニュアルの運用について、図表3－35のとおり明確化が図られ、実質的に資本とみなされる範囲の拡大が行われた。これにより、民間金融機関でも資本的劣後ローンに取り組みやすくなることから、今後は活用事例の増加が期待されている。

金融検査マニュアルに関する運用の明確化とあわせて「金融検査マニュアルに関するよくあるご質問（FAQ）」の改訂も行われており、それによれば「十分な資本的性質が認められる借入金」の要件および特徴については、次のように整理されている。

債務者の属性、債権者の属性、資金使途

債務者の属性（債務者区分や企業規模等）、債権者の属性（金融機関、事業法人、個人等）や資金使途等により制限されるものではない。金融検査マニュアル上、資本性借入金は中小企業融資編に規定されているが、必ずしも中小企業のみを対象とするものではなく、大企業に対する適用も可能と解釈されている。

既存借入金の転換か新規融資か

「十分な資本的性質が認められる借入金」は、既存借入金の転換によるも

図表3-35　金融検査マニュアルの運用見直し内容

現　　行	明確化後
○特定の貸付制度を例示しつつ、当該制度であれば「十分な資本的性質が認められる借入金」とみなすことができる旨を記載。 ○当該制度の商品性は以下のとおり。 〔償還条件〕 ・15年 〔金利設定〕 ・業績悪化時の最高金利0.4% 〔劣後性〕 ・無担保（法的破綻時の劣後性）	○「十分な資本的性質が認められる借入金」とみなすことができる条件を直接明記。 〔償還条件〕 ・5年超 〔金利設定〕 ・「事務コスト相当の金利」の設定も可能 〔劣後性〕 ・必ずしも「担保の解除」は要しない。（ただし、一定の条件を満たす必要）

(出所)　2011年11月22日付金融庁公表資料より。

の（デット・デット・スワップ、DDS）か新規融資かは問わない。

償還までの期間と資本とみなす部分

　「十分な資本的性質が認められる借入金」は資本に準じて「長期間償還不要」であることが必要とされ、具体的には「5年超」という基準が設けられている。

　資本とみなす部分は評価時点から償還期限までの期間に応じて異なっており、図表3-36のように償還期限が近づくにつれ資本としてみなされる割合が逓減する取扱いとなっている。

金利設定

　金利については資本に準じて、原則として「配当可能利益に応じた金利設定」であることが必要とされ、業績連動型とすることを原則としている。具体的には、赤字のときには利子負担がほとんど生じないことが必要となるが、「株式の株主管理コストに準じた事務コスト相当の金利」ならば許容さ

図表 3 －36　資本的劣後ローンの残存期間と資本とみなす部分の割合

残存期間	資本とみなす部分	負債とみなす部分
5年以上	100%	―
4年以上5年未満	80%	20%
3年以上4年未満	60%	40%
2年以上3年未満	40%	60%
1年以上2年未満	20%	80%
1年未満	―	100%

れる。FAQにて「十分な資本的性質が認められる借入金」として例示されている日本政策金融公庫の「挑戦支援資本強化特例制度」の劣後ローンでは、赤字の場合の金利を0.4％としているが、一定の算定根拠をもって算定していれば、必ずしもこの利率に限定されるものではない。

2 エクイティ・ファイナンスの活用

(1) エクイティ・ファイナンスの目的およびメリット

　エクイティ・ファイナンスは、企業の成長ステージによってその活用方法が異なるが、本章のような経営改善期においては、主に、①キャッシュフローの不足分を補う（資金繰り上の問題の解決）、②資本不足を補う（会計上の問題の解決）、③新たにエクイティを投入したスポンサー等に経営権の一部または大半を譲り、経営（の一部）を委ねる（経営権の譲渡）、④関係者の応分の負担見合い（責任の分担）等の目的で用いられる。以下では、それぞれの目的ごとに応じた活用について説明したい。

a　キャッシュフローの不足分を補う

　資金繰りに困難が予想される企業においては、本章記載のとおり、抜本的には売上確保およびコスト削減等の営業キャッシュフロー段階での（損益面での）改善策が求められるが、より短期的には、特に借入による資金調達がむずかしい（取引金融機関等による追加与信がむずかしい）場合には、エクイティ・ファイナンスを行うことによってキャッシュフローの不足分を補うことが有効である。既存の株主による第三者割当増資や、経営者による追加出資（特にオーナー企業の場合）、新規のスポンサーによる出資等が考えられる。

b　資本不足を補う

　大規模な特別損失や過去からの累積損失の蓄積等により、過小資本（債務超過を含む）に陥っている企業は、取引金融機関等から新規の借入がむずかしい状況になることが多く、その際には資本不足を補い、ある程度の資本の充実を図る必要がある。具体的にどの程度の資本を入れるべきかについては、債務超過の解消というレベルから自己資本比率やデットエクイティレシオが何％というレベルまで、一概にいうことはできない。これらは、①企業の実態バランスシートの状況（含み損益の有無等）、②企業の収益力（安定的に黒字を計上できる体質であれば増資は最低限に抑えつつ、利益の蓄積による資本の充実を図ることが可能であるが、赤字体質なのであれば資本は厚くしておかなければならない等）、③取引金融機関として求める水準（債務者区分として正常先を求めるか等）などを考慮して検討されるべきものといえる。

c　スポンサー等に経営を委ねる

　経営改善期において、既存の株主としては自らの株主責任をとり（法的整理でなくとも、大幅な増資に伴う議決権等の希薄化による実質的な無価値化）、新たなスポンサーに株主として参画してもらい、その株主のもとで（場合によっては経営陣も入れ替わり）新たな企業経営をスタートさせるという取組みは多くみられる。この形態の一つが、いわゆるM&A（第6章「事業承継期」

を参照されたい）であり、あるいは事業再生ファンドによる企業の買収（第4章Ⅲ2の「再生ファンド」の項を参照されたい）である。

d　関係者の応分の負担見合い

たとえば、資金繰りに困難が予想される企業においては、金融機関は返済猶予等の対応、取引先との資金繰り対策（手形のサイトの長期化、買掛金の現金払い等）に加えて、経営者による追加出資（特にオーナー企業の場合）や既存株主の責任としての支援（既存の株主による第三者割当増資）により、関係者によって応分の負担をすることで対応するケースがある（本章「Ⅲ　経営改善計画の策定と実行」および「Ⅴ　金融機関における貸出金の条件変更」参照のこと）。特に、中小企業や個人事業者においては、経営者またはオーナーの親族、知人等から資金を調達することが多い。

(2)　エクイティ・ファイナンスのデメリット

a　希薄化

上記(1) c 記載のとおり、スポンサー等に経営を委ねること、あるいはガバナンスの体制を変更して新たな株主による牽制機能を高めることを目的とする場合を含め、新たな株主による増資は一義的には既存株主にとっては希薄化につながる。より具体的には、経済的な利益分配および議決権等の株主権の希薄化をもたらすことになる。ただし、利益分配権については本章で記載されているような経営改善期にある企業の場合は、増資資金によって業況が改善し、結果として株主価値が（希薄化の効果以上に）高まることは、既存株主にとっては望ましいこととなるため、メリット・デメリットを勘案して判断されることとなろう。

金融機関の立場としては、株主価値も含めて企業の価値がより高まることが望ましく、時には新規の株主による牽制を嫌がる経営陣や、希薄化をおそれる既存株主と当初は意見が食い違うこともあるが、ゴールを共有しながらコミュニケーションを図り、適切な手法によって資金調達について会社に対

して提案をすることが求められる。

b　コスト

　実質的なコストについては、平常時においては企業の資金調達は借入や社債等のデットが最も低い。普通株については投資家の求めるリターン水準が高いことから、一定以上の配当や（上場後の）株価上昇に見合うだけの収益力向上が求められるため、最もコストの高い調達といえる。しかしながら、経営改善期等ではデットでの調達が困難、またはきわめて高い金利等を払わなくては調達できず、結果として普通株等のエクイティ・ファイナンスによる調達コストと相対的には大きく違わないことがある。

　なお、上場会社であれば、資本政策および株価次第では公募増資も当然選択肢の一つとなる。しかしながら、一定程度の株価で公募増資を行い、それを投資家が引き受けるということは、その投資家にとっては引き受けた以上の株価を期待して投資していることを意味し、経営者としては日々市場による評価を受けながら、配当および株価の上昇のために（公表している場合は中期計画等を達成すべく）業績改善等に励むことが求められる。

　また、特に経営改善期にある企業の場合には、大幅な希薄化を伴う増資や直近株価の90％を下回るような有利発行による第三者割当増資も散見され、これらの場合はコストは実質的に既存株主にも負担が求められることとなっている。

(3)　エクイティ・ファイナンスの手続

　エクイティ・ファイナンスの手続については、①公募か第三者割当てか株主割当てか、②公開会社（譲渡制限付株式のない会社）か非公開会社か、③発行可能株式総数（授権枠）の範囲内か否か、④有利発行か否か、⑤（公開会社のなかでも）上場会社か否か、等によって異なる。

　たとえば、非公開会社が第三者割当増資を実施する場合には、原則として、募集株式の（種類および）数、募集株式の払込金額（発行価額）または

その算定方法、(金銭以外の財産を出資の目的とするときはその旨および当該財産の内容・価額)、金銭の払込み（または、現物出資）の給付の期日（期間）、増加する資本金および資本準備金に関する事項（以上が会社法199条記載の募集事項）について、取締役会決議を経て株主総会特別決議を経る必要がある（ただし、取締役会設置会社等は取締役会決議で足りる）。

　また、有利発行の場合や授権枠の拡大等を行う場合は、公開会社であっても株主総会特別決議を経なければならない等、適切な手続を経る必要があることを金融機関としても認識しておく必要がある。

　加えて、上場会社の場合等は金融商品取引法上の規制や証券取引所規則による規制等、検討事項や事務手続が相対的に増加する点もふまえる必要がある。たとえば、割当先との交渉開始から出資金の払込みまでの期間としては、一般的には2カ月程度は必要であり、最短で1日で増資できる非公開会社とは機動性が大きく異なる等、第2章記載のように取引先企業が上場を検討する際には、上場後のメリットやデメリットも関係者で認識を共有することが大切である。

第 4 章

事業再生・業種転換期

　第3章では、企業の収益力を向上させつつ漸進的に財務体質を改善させる方法や、優先株や劣後ローンといったメザニン・ファイナンスや増資等で財務体質の改善を通じて経営改善を図る方法等を紹介した。しかし、深刻な業績不振に陥っている企業では、これらの取組みでは経営改善が進まない場合も多々ある。こうした企業については、そもそも事業継続の価値の有無が厳しく問われ、その価値が認められた場合には、事業再生に向けて、事業および財務リストラクチャリングの計画を立案し、関係者とともに遂行していくこととなる。

　本章では、初めに、企業の事業再生を行う際に活用する私的整理および法的整理の枠組みを説明したうえで、次に、各段階において必要となる金融手法について言及している。そして、最後に、事業再生に関連して、資金調達手段の一つであるABL、事業再生の推進力となる事業再生ファンドやターンアラウンドマネージャー、俯瞰的な視点として産業再編・業態転換について触れている。

I

私 的 整 理

1
私的整理手続

(1) 私的整理のポイント

　法的整理とは、破産法、民事再生法、会社更生法等の法的手続に従って裁判所の管轄下で倒産処理を図る手続である。一方、私的整理とは、法的手続によらず債権者と債務者の双方および債権者間相互の合意により処理を図る手続である。特に企業再生を目的とする再建型の私的整理手続としては、主に「私的整理ガイドライン手続」「事業再生ADR」「企業再生支援機構」「中小企業再生支援協議会スキーム」「RCC企業再生スキーム」が利用されている。

(2) 私的整理を選択する理由

① 事業毀損リスクの回避

　　法的手続の場合、一般的に仕入先や取引先に係る商債権取引も、債権放棄等の支援対象となるため、仕入先等との取引停止や取引条件の悪化を招き事業継続に著しく支障をきたすリスクが高まることになる。また、販売先においても、安定した製品やサービスの供給に懸念を抱き、取引が打ち切られ大幅な売上減少につながるリスクがある。上記のような私的整理手続の場合、一般的には支援要請の対象となる債権者は、金融機関のみとさ

れるので、このような事業毀損リスクを最小限にとどめることが可能となる。

② 連鎖倒産の防止

上述のとおり、私的整理手続においては、一般的に仕入先に仕入先の商債権取引を保護するため連鎖倒産を防ぎ、地域経済への悪影響を未然に防ぐことにつながる。

③ 債権者にとっての経済合理性

債権者にとって、法的手続よりも私的整理のほうが弁済率が高く経済合理性を有する場合に、私的整理を選択することになる。

(3) 中小企業再生支援協議会スキーム

a 中小企業再生支援協議会スキームとは

産業活力の再生及び産業活動の革新に関する特別措置法（以下「産活法」という）に基づく中小企業を対象とした私的整理手続にて、中小企業の再生を支援する機関として全国47都道府県に「中小企業再生支援協議会（以下「協議会」という）」が設置されている。協議会の支援手順は、第1次対応（窓口相談）と第2次対応（再生計画策定支援）に分かれている。以下、「中小企業再生支援協議会事業実施基本要項」より抜粋。

(a) 第1次対応

統括責任者および統括責任者補佐は、中小企業者から再生に向けた取組みの相談を受け、経営上の問題点や課題の解決に向けた適切な助言、支援施策・支援機関の紹介を行う。統括責任者は、相談企業が具体的で実現可能な再生計画を策定することが適当と判断される場合には、後述の第2次対応に移行する。もし、統括責任者が、再生がきわめて困難であると判断した場合には、相談企業にその旨を伝え、必要に応じて、地元弁護士会などを通じて弁護士を紹介する等、可能な対応を行うことになる。

(b) 第2次対応

① 対象企業

再生計画策定支援は、基本的に次の要件を満たす中小企業者を対象とする。

- 過剰債務、過剰設備等により財務内容の悪化、生産性の低下等が生じ、経営に支障が生じている、もしくは生じる懸念のあるもの
- 再生の対象となる事業に収益性や将来性があるなど事業価値があり、関係者の支援により再生の可能性があること

　なお、債権放棄等（実質的な債権放棄および債務の株式化（DES）を含む）の要請を含む再生計画の策定を支援する場合は、相談企業は上記に加え次の要件を満たす中小企業者を対象とする。

- 過剰債務を主因として経営困難な状況に陥っており、自力による再生が困難であること
- 法的整理を申し立てることにより相談企業の信用力が低下し、事業価値が著しく毀損するなど、再生に支障が生じるおそれがあること
- 法的整理の手続によるよりも多い回収を得られる見込みがあるなど、対象債権者にとっても経済合理性があること

② 再生計画策定支援の開始

- 統括責任者または統括責任者補佐は、第1次対応で再生計画の策定を支援することが適当であると判断した場合には、主要債権者に対し、財務および事業の状況ならびに再生可能性を説明し、主要債権者の意向を確認する。
- 統括責任者は、主要債権者の意向をふまえ、認定支援機関の長と協議のうえ、再生計画の策定を支援することを決定する。
- 統括責任者は、再生計画策定支援を行うことを決定した場合には、その旨を相談企業に通知する。

③ 個別支援チームの編成

- 協議会の全体会議の下部組織として、統括責任者および統括責任者補

佐、窓口専門家、中小企業診断士、弁護士、公認会計士、税理士等の専門家等から構成される個別支援チームを編成し、再生計画の策定を支援する。

④ 再生計画案の作成
- 個別支援チームは、公認会計士等による財務の調査分析（財務DD）および中小企業診断士等による事業の調査分析（事業DD）を通じ、当該企業の財務および事業の状況について詳しく把握し、当該企業の具体的かつ実現可能な再生計画案の作成を支援する。
- 相談企業は、個別支援チームの支援のもと、再生に向けて核となる事業の選定とその事業の将来の発展に必要な対策を立案し、必要に応じて他の中小企業支援施策を活用し、具体的かつ実現可能な再生計画案を作成する。
- 相談企業、主要債権者および個別支援チームは、財務および事業の状況の調査分析や再生計画案作成の進捗状況に応じて適宜会議を開催し、協議・検討を行い、再生計画案について相談企業と主要債権者との合意形成を図る。

⑤ 再生計画案の主な内容
- 再生計画案は、当該企業の自助努力が十分に反映されたものであるとともに、以下の内容を含むものとする。
「企業の概況」
「財務状況（資産・負債・純資産・損益）の推移」
「実態貸借対照表」
「経営が困難になった原因」
「事業再構築計画の具体的内容」
「今後の事業見通し」
「財務状況の今後の見通し」
「資金繰り計画」

「債務弁済計画」

「金融支援（リスケジュール、追加融資、債権放棄等など）を要請する場合はその内容」

・おおむね3～5年以内の実質債務超過の解消
・おおむね3年以内の黒字化
・再生計画終了年度に有利子負債の対キャッシュフロー比率はおおむね10倍以下
・金融支援を要請する場合には、経営者責任の明確化を図ること（債権放棄等を要請する場合には、株主責任の明確化も盛り込むこと）
・再生計画案における権利関係の調整は、債権者間で平等であること
・債権放棄等を要請する場合、破産手続による債権額の回収の見込みよりも多く、対象債権者にとって経済的な合理性が期待できること

⑥ 債権者会議の開催と再生計画の成立

・再生計画案作成後、債権者会議を開催し（持回りも可）、再生計画案の説明、質疑応答および意見交換を行い、対象債権者が同意不同意を表明する期限を定める。
・対象債権者のすべてが、再生計画案について同意し、その旨を文書等により確認したときに再生計画は成立し、相談企業は再生計画を実行し、対象債権者は再生計画に基づく支援を行う（対象債権者の一部から再生計画案について同意が得られない場合において、不同意の対象債権者を除外しても再生計画の実行上影響がないと判断できる場合には、不同意の対象債権者からの金融支援を除外した変更計画を作成し、不同意の対象債権者以外の対象債権者のすべてから同意を得た場合には、変更後の再生計画の成立を認めることができる）。

⑦ 再生計画策定支援の完了

・再生計画策定支援の完了時点は、再生計画が成立した時点とする。

⑧ 計画遂行状況等のモニタリング

- 支援業務部門は、主要債権者と連携のうえ、外部専門家の協力を得て、再生計画策定支援が完了した後の相談企業の計画達成状況等についてモニタリングを行う。
- モニタリングの期間は、再生計画が成立してからおおむね 3 事業年度（再生計画成立年度を含む）をメドとする。

⑨ 再生計画の変更
- 支援業務部門は、上記のモニタリングの結果、再生計画を変更する必要があると認める場合には、相談企業の求めに応じて、必要な支援を行うことができる。
- 上記の場合において、支援業務部門は、相談企業の借入金の返済条件の緩和、関係金融機関等の損失負担の変更など、相談企業による再生計画の重要な修正または追加が必要であると判断した場合、第 2 次対応を準用した支援を行うことができる。

b 中小企業再生支援協議会スキーム利用のメリット
- 全国47都道府県に相談窓口が設置され、多種多様な中小企業の相談に対して、再生の取組みに係るさまざまな助言や支援を受けられる。
- 公正中立な第三者機関であり、利害の相反する金融機関の調整に適している（債権者間の衡平が保たれやすい）。
- 再生計画策定を支援する専門家（公認会計士、税理士、中小企業診断士等）の紹介とともに、専門家費用に係る一定の補助を受けられる。

⑷ 事業再生ADRのポイント

a 事業再生ADRとは
　事業再生ADR手続とは、産活法 2 条25項に定める特定認証紛争解決手続であり、公正中立な第三者の関与によって、裁判外で事業再生を目的とした再生計画や債務調整の合意を図っていく私的整理手続の一つである。具体的には、債権者から選任の同意を得た認証紛争解決事業者（事業再生実務家協

会（以下「JATP」という））から推薦された手続実施者のもとで、債務の減免や期限の猶予等を内容とする事業再生計画について、債権者と債務者との間で協議に基づき合意を形成する手続となっている。

b 対象企業

事業再生ADR手続の対象となる企業は、中小企業再生支援協議会スキームと異なり特に制限はなく、事業会社、医療法人、学校法人、不動産REIT、第三セクター等、企業の規模、業種、形態を問わず利用可能である。他方、個人事業者や経営が窮境に瀕し相談にくる企業（資金繰りに瀕し、対応に急を要する企業）は対象にならないとされている[1]。

もっとも、近時の改正において、手続費用の軽減がなされたものの事業再生ADR手続の利用にあたっては相応の費用がかかるため、一定の事業規模でなければ、その利用が困難なのが現状である。

c 事業再生計画案の主な内容

事業再生計画案は、次の事項を含むものでなければならないとされる（事業再生に係る認証紛争解決事業者の認定等に関する省令（以下、本項目において「事業再生ADR省令」という）13条1項）。

① 経営が困難になった原因
② 事業の再構築のための方策
③ 自己資本充実のための措置
④ 資産および負債ならびに収益および費用の見込みに関する事項（原則3年以内の債務超過状態の解消および黒字化を含む）
⑤ 資金調達に関する計画
⑥ 債務の弁済に関する計画
⑦ 債権者の権利の変更
⑧ 債権額の回収の見込み

---

1 「事業再生ADR活用ガイドブック」13頁。

あわせて、債権者の権利変更の内容について債権者の平等が要請されるとともに（事業再生ADR省令13条3項）、債権の回収の見込みについて、いわゆる清算価値保証原則が要請される（同条4項）。

さらに、債権放棄（DESを含む）を伴う場合は、次の事項を含むものでなければならないとされる（事業再生ADR省令14条1項）。

① 債務者の有する資産および負債につき、経済産業大臣が定める基準による資産評定が公正な価額によって行われ、当該資産評定による価額を基礎とした当該債務者の貸借対照表が作成されていること

② 前号の貸借対照表における資産および負債の価額ならびに事業再生計画における収益および費用の見込み等に基づいて債務者に対して債務の免除をする金額が定められていること

③ 株主の権利の全部または一部の消滅

④ 役員の退任（事業の継続に著しい支障をきたすおそれがある場合を除く）

d　スケジュール

事業再生ADR手続の概要については、図表4－1のとおりである。

(a)　第一ステージ（事前相談から正式申込み）

債務者は、利用にあたってJATPに事前相談をする必要がある。かかる事前相談における審査において、事業価値があり、債権者からの支援によって事業再生が可能であるとJATPから判断されれば、正式な申込みが可能となる。なお、かかる事前相談に先立ち、債務者において、デューデリジェンス等によって資産評定をし、清算貸借対照表・損益計算書・弁済計画等を作成したうえで、事業再生計画案（概要）を策定する必要があるため、債務者は相応の事前準備をすることが求められる。

(b)　第二ステージ（一時停止から計画案の概要説明・協議）

① 一時停止の通知

正式申込み以降の手続は、まず「一時停止通知」を対象債権者に発送し、債権の回収や担保設定の禁止等を要請する（事業再生ADR省令8条）。

図表4-1　事業再生ADR手続の概要

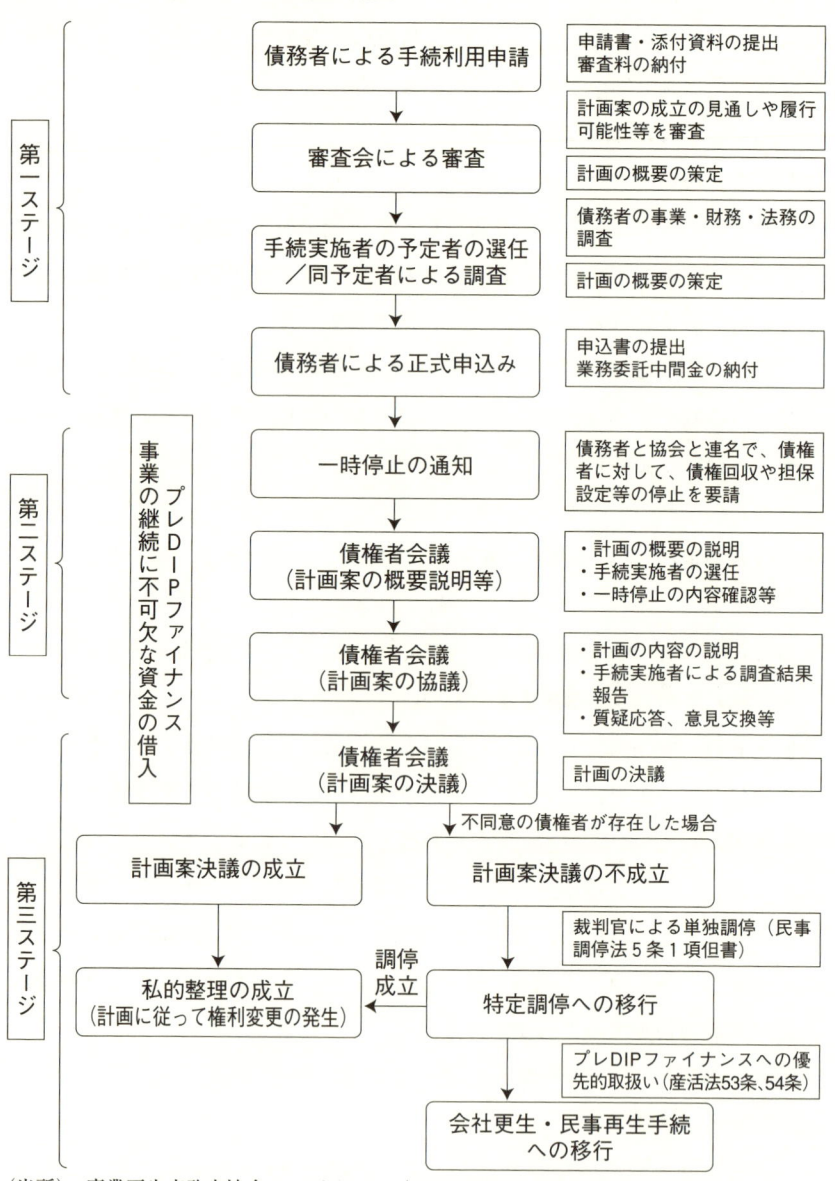

ステージ	プロセス	内容
第一ステージ	債務者による手続利用申請	申請書・添付資料の提出 審査料の納付
	審査会による審査	計画案の成立の見通しや履行可能性等を審査 計画の概要の策定
	手続実施者の予定者の選任／同予定者による調査	債務者の事業・財務・法務の調査 計画の概要の策定
	債務者による正式申込み	申込書の提出 業務委託中間金の納付
第二ステージ（プレDIPファイナンス＝事業の継続に不可欠な資金の借入）	一時停止の通知	債務者と協会と連名で、債権者に対して、債権回収や担保設定等の停止を要請
	債権者会議（計画案の概要説明等）	・計画の概要の説明 ・手続実施者の選任 ・一時停止の内容確認等
	債権者会議（計画案の協議）	・計画の内容の説明 ・手続実施者による調査結果報告 ・質疑応答、意見交換等
	債権者会議（計画案の決議）	計画の決議
第三ステージ	計画案決議の成立 → 私的整理の成立（計画に従って権利変更の発生）	不同意の債権者が存在した場合 → 計画案決議の不成立
	特定調停への移行	裁判官による単独調停（民事調停法5条1項但書） 調停成立 → 私的整理の成立
	会社更生・民事再生手続への移行	プレDIPファイナンスへの優先的取扱い（産活法53条、54条）

（出所）　事業再生実務家協会ウェブサイト（http://www.turnaround.jp/adr/pdf/nagare.pdf）より作成。

かかる一時停止通知は、次号の概要説明のための債権者会議招集通知も兼ねられている。

② 事業再生計画案の概要の説明のための債権者会議

事業再生計画案の概要説明のための債権者会議(以下「第一回債権者会議」という)は、議長の選任、手続実施者の選任、一時停止の具体的内容およびその期間、次回以降の債権者会議の開催日時および開催場所を債権者全員の同意によって決議するとともに、債務者から資産および負債の状況ならびに事業再生計画案の概要の説明ならびにこれらに対する質疑応答および債権者間の意見の交換を行う(事業再生ADR省令9条)。

③ 事業再生計画案の協議のための債権者会議

事業再生計画案の協議のための債権者会議(以下「第二回債権者会議」という)は、手続実施者が調査報告書に基づき、事業再生計画案が公正かつ妥当で経済合理性を有するものであるかについて意見を述べ(事業再生ADR省令10条)、対象債権者との間で意見交換等を行う。

(c) 第三ステージ(計画案の決議から計画案の成立／法的手続への移行)

① 事業再生計画案の決議のための債権者会議

事業再生計画案の決議のための債権者会議(以下「第三回債権者会議」という)で、全対象債権者の同意が得られれば決議が成立することで、事業再生計画案が成立し、計画の実行段階に移行する。

他方、一部の対象債権者の同意が得られない場合、全対象債権者の同意があれば、続行期日を定め、続行期日において再度の決議を実施することになる。

② 特定調停

結果的に一部の対象債権者の反対により決議が成立しなかった場合、特定調停において事業再生計画案の成立を図ることもできる。

③ 法的整理手続への移行

事業再生ADR手続が不成立になった場合(特定調停を申し立てたとき

図表 4 − 2　事業再生ADR手続の期間の目安

第一回債権者会議	一時停止の発送後、原則として 2 週間以内
第二回債権者会議	第一回債権者会議から約 1 カ月半から 2 カ月後
第三回債権者会議	第二回債権者会議から約 1 カ月後

は、さらに特定調停が成立しなかった場合)、法令上、必ずしも移行が要求されるわけではないが、債務者の窮境状況に応じて法的整理手続に移行することがある。

(d)　手続の期間

事業再生ADR手続の期間の目安は、図表 4 − 2 のとおりである。

事業再生ADR手続の標準的なスケジュールは、一時停止発送の通知から決議の成立までおおむね 3 カ月程度とされているが、全対象債権者の同意があってはじめて手続が成立するものであることもあり、案件の状況によってその期間が長期化する場合がある。

(e)　事業再生計画案の遂行に関するモニタリング

事業再生ADR手続は、事業再生計画案の成立によって終了するため、計画案の遂行に関するモニタリングについては、法令上の特段の定め等は存在しない。しかし、債務者による定期的な報告、手続実施者や申立代理人等によって構成されるモニタリング委員会による進捗状況の監督等を通じて、モニタリングを実施する例もある。

(f)　事業再生ADR手続のメリット

一般的な私的整理手続に加え、事業再生ADR手続の特有のメリットは、以下のとおりである。

① 法令に基づき手続の内容や計画案の内容等の基準が定められると同時に、手続の主宰・進行を、中立公正な第三者として事業再生の専門家から選任される手続実施者が担うことで、手続の公平・中立かつ透明性のある手続である。

② 独立行政法人中小企業基盤整備機構等による保証（産活法50条、51条）、法的手続へ移行した場合の優先的取扱い（同法53条、54条）など、手続期間中の運転資金の調達がしやすい仕組みが存在する。
③ 私的整理ガイドライン手続と異なり、安易なメイン寄せが制約されている。

2 財務の再構築

　これまでは私的整理手続の枠組みとして、「中小企業再生支援協議会スキーム」や「事業再生ADR」の概略を説明した。では、実際に過剰債務を抱える経営不振企業の再生を支援するために、取引金融機関が行う財務の再構築の手法はどのようなものがあるだろうか。DDS、DES、債権放棄で対応するのが一般的である。以下、それぞれの手法について解説する。

(1) DDS (Debt Debt Swap)

　DDSとは、金融機関が有する貸付債権の全部または一部を他の債権（債務者が負っている債務）より劣後する債権に転換することをいう。

a みなし資本化について

　DDSを活用することにより、金融機関の自己査定において、下記一定の要件を満たせば、経営不振企業の債務を自己資本としてみなすことが可能となる。

【早期経営改善特例型資本的劣後ローンの要件】
（金融検査マニュアル別冊〔中小企業融資編〕2012年1月より抜粋）
・金融機関の中小・零細企業向け（「中小企業基本法」で規定する中小企業者およびこれに準じる医療法人、学校法人等）の要注意先債権（要管理

先への債権を含む）であること
・合理的かつ実現可能性が高い経営改善計画と一体として行われていること
・金融機関と債務者との間で、資本的劣後ローンの契約が双方合意のうえ、締結されていること
・資本的劣後ローンの返済は、資本的劣後ローンへの転換時に存在する他のすべての債権および計画で新たに発生予定の債権が完済された後に償還が開始すること
・債務者にデフォルトが生じた場合に、資本的劣後ローンの請求権の効力は、他のすべての債権が弁済された後に生じること
・債務者が金融機関に対して財務状況の開示を約していることおよび金融機関が債務者のキャッシュフローに対して一定の関与ができる権利を有していること（コベナンツ条項）
・資本的劣後ローンが、上記コベナンツ条項およびその他の約定違反により、期限の利益を喪失した場合には、債務者が有する当該金融機関に有するすべての債務について、期限の利益を喪失すること
・当該資本的劣後ローンの引当につき、会計ルールに基づいた適切な引当が行われていること

　なお、准資本型の資本的劣後ローンに該当する場合には、上記要件にかかわらず、償還条件や金利等の貸出条件が資本に準じる借入金として十分な資本的性質が認められ、当該債務者の資本とみなすことができる（金融検査マニュアル別冊〔中小企業融資編〕7.(3)）。日本政策金融公庫の「挑戦支援資本強化特例制度」および中小企業再生支援協議会版の「資本的借入金」は、この准資本型の資本的劣後ローンに該当するとされている（金融検査マニュアルに関するよくあるご質問（FAQ 9 －27））。

図表4－3　DDS導入によるBS改善のイメージ

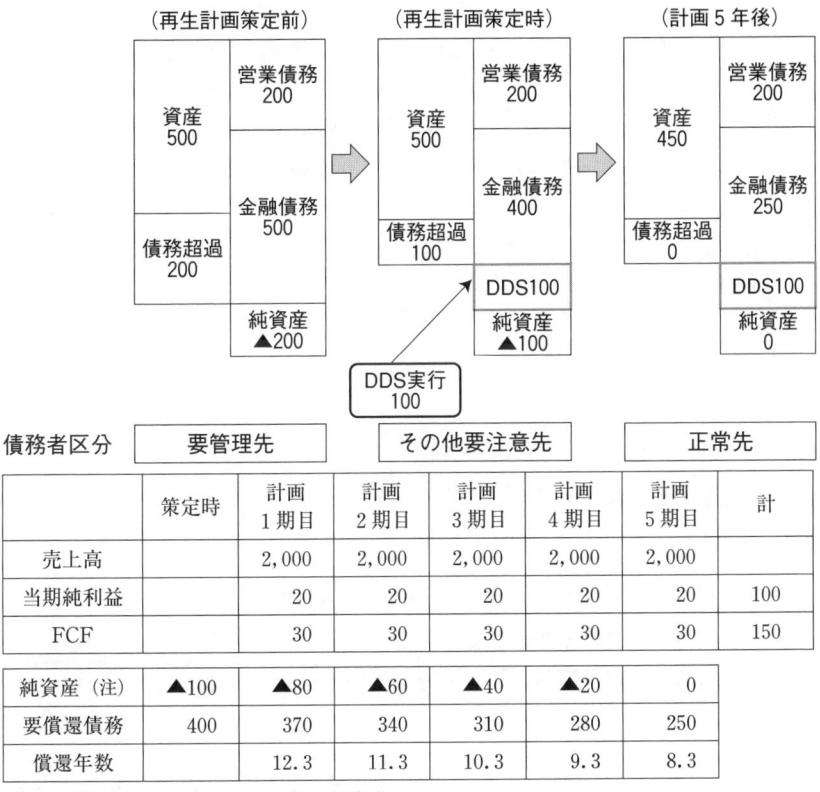

（再生計画策定前）

資産 500	営業債務 200
	金融債務 500
債務超過 200	
	純資産 ▲200

（再生計画策定時）

資産 500	営業債務 200
	金融債務 400
債務超過 100	
	DDS100
	純資産 ▲100

DDS実行 100

（計画5年後）

資産 450	営業債務 200
	金融債務 250
債務超過 0	
	DDS100
	純資産 0

債務者区分	要管理先		その他要注意先			正常先	
	策定時	計画 1期目	計画 2期目	計画 3期目	計画 4期目	計画 5期目	計
売上高		2,000	2,000	2,000	2,000	2,000	
当期純利益		20	20	20	20	20	100
FCF		30	30	30	30	30	150
純資産（注）	▲100	▲80	▲60	▲40	▲20	0	
要償還債務	400	370	340	310	280	250	
償還年数		12.3	11.3	10.3	9.3	8.3	

（注）　DDSを資本としてみなし後の純資産。

b　**DDSのメリット**（図表4－3）

債務者サイド

① 債務超過の解消可能性の上昇

② 要償還債務の減少（＝資金繰りの改善）

債権者サイド

① DDSは既存債務を劣後化させるだけであるため、税務上、DESや債権放棄と比べ債務免除益が生じない。

② 転換時点での損失の確定を回避し、再建計画が予定どおり履行された後

に通常債権化や回収を期待することができる。

(2) DES（Debt Equity Swap）

DESとは、金融機関が有する貸付債権の全部または一部を当該企業の株式（普通株式または優先株式）に転換することをいう。

a　DESのメリット

再生計画策定において、上記DDSを導入後に依然多額の実態債務超過額が残り、かつ債権放棄による損失確定を回避したい場合に、DESの導入を検討する。

債務者サイド
① 表面（決算書上）債務超過の改善
② 要償還債務の減少および支払利息の軽減

債権者サイド
① 再建計画が予定どおり履行された後に、保有株式の処分等によりキャピタルゲインを得られる可能性がある。
② 議決権株式の場合、株主として債務者企業を経営監視、または経営をコントロールできる。

ただし、DESを導入する場合には、後述する税務上および5％ルールの問題に十分留意する必要がある。

b　税務上の問題

DESを導入する場合には、債務者および債権者それぞれのサイドで、税務上の問題につき留意する必要がある。

(a)　債権者サイド／債権譲渡損

法人税法基本通達2－3－14により、債権者がDESの実施により取得した株式は、債権を適格現物出資した場合を除き時価評価によるとされ、税務上、債権の額面と株式の時価の差額が債権譲渡損として処理される。

ただし、DESにより発生する債権譲渡損が税務上の損金として認められ

るためには、債権放棄の寄附金課税の問題と同様(法人税法基本通達9－4－2)、「合理的な再建計画等」があることが前提となる。

> **法人税法基本通達2－3－14**
> (債権の現物出資により取得した株式の取得価額)
> 子会社等に対して債権を有する法人が、合理的な再建計画等の定めるところにより、当該債権を現物出資(法第2条第12号の14《適格現物出資》に規定する適格現物出資を除く。)することにより株式を取得した場合には、その取得した株式の取得価額は、令第119条第1項第2号《有価証券の取得価額》の規定に基づき、当該取得の時における給付をした当該債権の価額となることに留意する。
> (注)　子会社等には、当該法人と資本関係を有する者のほか、取引関係、人的関係、資金関係等において事業関連性を有する者が含まれる。

(b)　債務者サイド／債務消滅益

債務者がDESの実施により資本金等の額が増加した場合、通常、非適格現物出資に該当し、その増加資本金等の額は自己宛債権の時価となる。したがって、税務上、債務の帳簿価格と自己宛債権の時価の差額が、債務消滅益として処理される。

(c)　時価の評価方法

2010年2月15日に、「事業再生に係るDES研究会」(経済産業省経済産業政策局産業再生課長の私的研究会)が国税庁に対して、「企業再生税制適用場面においてDESが行われた場合の債権等の評価に係る税務上の取扱い」について照会し、次のように評価方法が明確にされた。

① 　再生企業の合理的に見積もられた回収可能額

　　企業再生税制適用場面(法人税法施行令24条の2第1項の要件を満たす私的整理が適用されるような場面)で合理的な再生計画を作成する場合には、資産評定基準に従って実態貸借対照表が作成される。その実態貸借対照表における債務超過額と、再生計画における損益の見込み等を考慮して、再生企業の回収可能額が合理的に見積もられ、再生企業と債権者双方の合意

のもと、債務免除額が決定される。
② DESの対象となる債権の時価
　DESの対象となる債権の時価は、上記①と同様に、再生企業の合理的に見積もられた回収可能額に基づき評価される。
③ DESに伴い交付された株式の税務上の評価
　DESは、債権者が保有する金銭以外の資産である債権を現物出資し、その対価として株式の交付を受けるものであるため、交付を受ける株式の取得価額は、現物出資をする債権の時価となる。この場合における現物出資債権の時価は、企業再生税制の適用場面においては、再生企業、債権者双方が合意をした回収可能額に基づき評価をすることが合理的であり、かつ、再生企業の処理とも整合的である。なお、「事業再生に係るDES研究会報告書（平成22年１月）」では、下記のような具体的事例が示されている。

---

(1) 回収不可能部分のDES
　合理的に回収不可能とされた部分について、DESを行う場合、現物出資債権の評価はゼロとなり、債権の券面額を債務者側の債務消滅益（債権者側では譲渡損）として認識することとなる。下図では、回収不可能債権（＝実質債務超過部分）が400存在し、うち、300について債権放棄し、100をDESする場合、現物出資債権の評価額はゼロとなる。

債務者

資産＋ 損益見込み等 600	留保債務 600	
欠損金 500	債権放棄 300	DES 100
		資本金 100

| 借入金 | 300 | 債務免除益 | 300 |
| 借入金 | 100 | 債務消滅益 | 100 |

債務者（支援後）

資産＋ 損益見込み等 600	留保債務 600
欠損金　100	資本金　100

債権評価額

債権 1,000	支援損 300	譲渡損 100

| 債務免除益 | 300 |
| 債務消滅益 | 100 |

| 支援損 | 300 | 債権 | 300 |
| 債権譲渡損 | 100 | 債権 | 100 |

現物出資債権の評価額
回収可能額がゼロのため、評価額はゼロとなる。

(2) 回収可能部分を含むDES

　合理的に回収不可能とされた部分に加え、回収可能とされた部分もDESを行う場合、現物出資債権の評価は回収可能額となる。このため、債権の券面額と回収可能額の差額が債務者側で債務消滅益（債権者側では譲渡損）として認識されることとなる。下図では、回収不可能債権100に加え、回収可能債権100についてもDESする場合に、現物出資債権の評価額は100となる。

債務者				債権者			
資産＋損益見込み等 600	留保債務 500		債権評価額	債権 1,000			
欠損金 500	債権放棄 300	DES 200	債務免除益 300 債務消滅益 100		支援損 300	譲渡損 100	
		資本金 100	回収可能額 100を含む				
借入金 300 借入金 200	債務免除益 300 資本金 100 債務消滅益 100			支援損 300 株式 100 債権譲渡損 100		債権 300 債権 200	

債務者（支援後）

資産＋損益見込み等 600	留保債務 500
欠損金 100	資本金 200

現物出資債権の評価額
回収可能額が100のため、評価額は100となる。

(3) 種類株式の評価

　DESの際には、一定期間内に一定金額での償還請求権を債権者に付すなど、種類株式が発行されることも想定される。この場合であっても、当該種類株式の評価額は、上記の方法に則って行う。つまり、一定期間経過後に再生企業が債権者（＝種類株式保有者）からの求めに応じて一定金額で株式の買い取りを行う場合、種類株式の評価額は、償還条件の内容にかかわらず、上記(c)において合理的に算定された再生企業からの回収可能額を原資として償還できる金額とする。下図では、券面額200の債権を現物出資して、償還条件付きの種類株式の交付を受けた場合、当該償還条件の内容にかかわらず、交付を受けた種類株式の評価額は100となる。

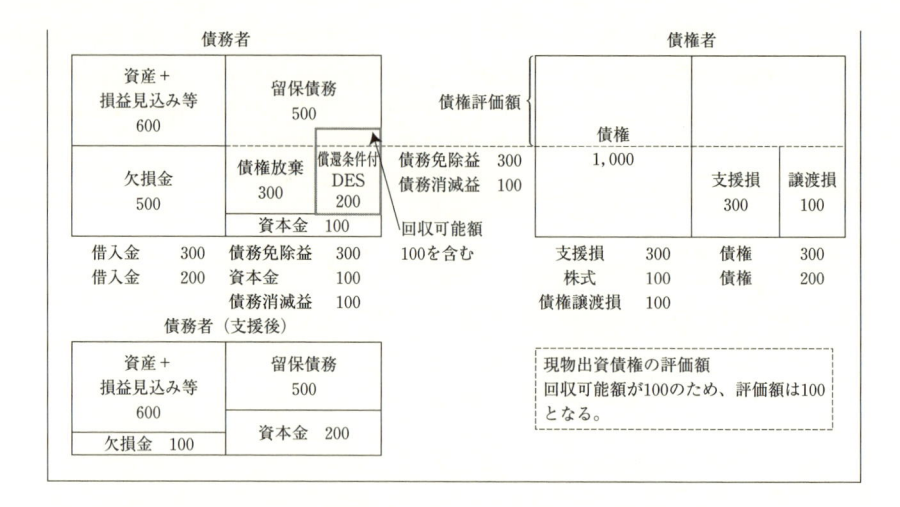

債務者				債権者			
資産＋ 損益見込み等 600	留保債務 500		債権評価額	債権 1,000			
	債権放棄 300	償還条件付 DES 200	債務免除益 300 債務消滅益 100			支援損 300	譲渡損 100
欠損金 500		資本金 100	回収可能額 100を含む				

借入金　300　　債務免除益　300　　　　　　支援損　300　　債権　300
借入金　200　　資本金　　　100　　　　　　株式　　100　　債権　200
　　　　　　　　債務消滅益　100　　　　　　債権譲渡損　100

債務者（支援後）

資産＋ 損益見込み等 600	留保債務 500
欠損金　100	資本金　200

現物出資債権の評価額
回収可能額が100のため、評価額は100
となる。

c　5％ルールの問題

(a)　銀行法上の5％ルール

　銀行およびその子会社が一般事業法人の議決権の5％超を取得することは、銀行法16条3第1項により禁じられている。ただし、DESにより5％超の議決権を取得する場合には、同法16条3第2項に定める承認を受けて、同法16条3第3項において、5％を超える部分についてすみやかに処分することを条件にその保有を認められている。金融庁の「主要行等向けの総合的な監督指針」により、この「すみやかに処分する」とは、「遅くとも当該会社の経営改善計画のための計画終了後すみやかに処分する」との趣旨であることが明示されている。

(b)　独占禁止法上の5％ルール

　銀行は、独占禁止法11条1項6号および同条2項の規定により、会社の議決権の5％超を1年を超えて保有することとなる場合は、あらかじめ公正取引委員会の認可を受ける必要がある。ただし、DESにより5％超の議決権を保有しようとする場合には、次のいずれにも該当しないものであれば、同法11条2項の規定により認可を行うこととされている。

① 事業支配力が過度に集中することとなる場合
② 一定の取引分野における競争を実質的に制限することとなる場合

さらに、DESに係る認可の場合には、「当該議決権を遅くとも合理的な経営改善のための計画の終了後速やかに処分することを条件としなければならない」とされている（公正取引委員会「債務の株式化に係る独占禁止法第11条の規定による認可についての考え方（平成14年11月12日）」より）。

(c) 無議決権償還型優先株式

上記5％ルールへの抵触を回避するために、普通株式への転換権を付与した優先株式を利用することもある。さらには、償還条件を付与することによって、株式の第三者への売却以外に債務者からの回収できる選択肢を残すことが可能となる。

(3) 債権放棄

a 税務上の問題

金融機関が債権放棄を行う場合には、債務者および債権者それぞれのサイドで、税務上の問題につき留意する必要がある。

(a) 債権者サイド／寄附金課税

通常、債権者が債権放棄すると貸倒損失を計上するが、これが税務上、寄附金の対象とならず損金算入が認められるかが重要なポイントとなる。そこで、法人税法基本通達9－4－2により、業績不振の子会社等の倒産を防止するためにやむをえず、合理的な再建計画を前提に債権者が債権放棄を行う場合には、寄附金に該当しないものとされている。

> **法人税法基本通達9－4－2**
> （子会社等を再建する場合の無利息貸付け等）
> 法人がその子会社等に対して金銭の無償若しくは通常の利率よりも低い利率での貸付け又は債権放棄等（以下9－4－2において「無利息貸付け等」という。）をした場合において、その無利息貸付け等が例えば業績不振の子会社等

> の倒産を防止するためにやむを得ず行われるもので合理的な再建計画に基づくものである等その無利息貸付け等をしたことについて相当な理由があると認められるときは、その無利息貸付け等により供与する経済的利益の額は、寄附金の額に該当しないものとする。
>
> (注) 合理的な再建計画かどうかについては、支援額の合理性、支援者による再建管理の有無、支援者の範囲の相当性及び支援割合の合理性等について、個々の事例に応じ、総合的に判断するのであるが、例えば、利害の対立する複数の支援者の合意により策定されたものと認められる再建計画は、原則として、合理的なものと取り扱う。

　国税庁の質疑応答事例によれば、再建計画の合理性は、以下の点により、総合的に判断することとなる。

① 損失負担等を受ける者は、「子会社等」に該当するか。
② 子会社等は経営危機に陥っているか（倒産の危機にあるか）。
③ 損失負担等を行うことは相当か（支援者にとって相当な理由はあるか）。
④ 損失負担等の額（支援額）は合理的であるか（過剰支援になっていないか）。
⑤ 整理・再建管理はなされているか（その後の子会社等の立直り状況に応じて支援額を見直すこととされているか）。
⑥ 損失負担等をする支援者の範囲は相当であるか（特定の債権者等が意図的に加わっていないなどの恣意性がないか）。
⑦ 損失負担等の額の割合は合理的であるか（特定の債権者だけが不当に負担を重くしまたは免れていないか）。

(b) 債務者サイド／債務免除益課税

　債務者が金融機関から債権放棄を受けると、税務上、債務免除益として課税の対象となる。平成17年度税制改正による「企業再生の円滑化を図るための税制措置」（いわゆる「企業再生税制」）が整備され、債務免除益に対して「評価損益の計上」と「期限切れ欠損金の優先控除」が認められた。

① 青色欠損金（法人税法57条）

青色申告書を提出した事業年度に生じた欠損金（青色欠損金）については、翌事業年度以降に繰り越して所得金額から控除することができる。欠損金は発生した事業年度から7年間（平成24年4月1日以後開始事業年度から、繰越期間が7年から9年に延長され、資本金1億円超の法人または資本金5億円以上の法人の100％子会社等については、繰越欠損金の控除額が所得金額の80％までに制限される）繰り越して控除できる。

② 期限切れ欠損金（法人税法59条2項）

民事再生法による再生手続開始の決定および一定の私的整理手続があった場合において、後述の(c)評価損益税制の適用を受ける場合は、債務免除等を受けた事業年度前の各事業年度において生じた期限切れの欠損金額のうち、債務免除益等（債務消滅益を含む）の金額を青色欠損金に優先してその事業年度の所得の金額の計算上、損金に算入することができる。債務者側の取扱いとして、その債務免除等が多数の債権者によって協議のうえ決められる等、その決定について恣意性がなく、かつ、その内容に合理性がある（合理的な再建計画に基づくもの）と認められる資産の整理があった場合には、原則として、期限切れ欠損金の損金算入規定の適用ができることとされている（法人税法基本通達12－3－1(3)）。

なお、このような合理的な再建計画に該当するか否か等については、国税庁に対して、次のような事前照会が行われ、それぞれ合理的な再建計画に該当すると文書による回答がなされている。

・2001年9月26日回答「私的整理に関するガイドラインに基づき策定された再建計画により債権放棄等が行われた場合の税務上の取扱いについて」および2005年5月11日回答「私的整理に関するガイドライン及び同Q&Aに基づき策定された再建計画により債権放棄等が行われた場合の債務者側の税務上の取扱いについて」

・2003年7月31日回答「中小企業再生支援協議会で策定を支援した再建計画（A社及びB社のモデルケース）に基づき債権放棄が行われた場合の税

務上の取扱いについて」
- 2004年3月24日回答「『RCC企業再生スキーム』に基づき策定された再生計画により債権放棄等が行われた場合の税務上の取扱いについて」
- 2008年3月28日および2009年7月9日回答「特定認証紛争解決手続に従って策定された事業再生計画により債権放棄等が行われた場合の税務上の取扱いについて」
- 2009年11月6日回答「株式会社企業再生支援機構が買取決定等を行った債権の債務者に係る事業再生計画に基づき債権放棄等が行われた場合の税務上の取扱いについて」

なお、後述の(c)評価損益税制を適用しないで期限切れ欠損金を利用する場合は、まず先に青色欠損金を債務免除益等から控除する必要がある点に留意が必要である。

(c) 評価損益税制

当該私的整理手続が下記要件を満たす場合には、「民事再生法の再生計画認可の決定に準ずる事実等」に該当し評価損益税制の適用を受け、税務上、資産の評価損を損金算入することができる(法人税法25条3項、33条4項、法人税法施行令24条の2第1項、68条の2第1項)。

要件1：一般に公表された債務処理を行うための準則に従って計画が策定されていること

要件2：債務者の有する資産および負債につき上記要件1に規定する事項に従って資産評定が行われ、当該資産評定による価額を基礎とした貸借対照表が作成されていること

要件3：上記貸借対照表における資産および負債の価額、上記計画における損益の見込み等に基づいて債務免除額が決定されていること

要件4：2以上の金融機関等が債務免除することが定められていること（政府関係金融機関、株式会社企業再生支援機構および協定銀行（RCC）は、単独による債権放棄でも可）

なお、上記私的整理手続において評価損益税制を活用する場合に、青色欠損金と期限切れ欠損金の両方が存在するときには、前述のとおり期限切れ欠損金を優先して相殺し青色欠損金を残して翌事業年度に繰り越すことができる。

(4) 財務の再構築と利害関係者の責任

私的整理手続において、各金融債権者に対し財務の再構築による金融支援を依頼する以上、金融債権者に与える影響度合いに応じて、経営者、株主および保証人の利害関係者に対して、それぞれの責任を明確化する必要がある（図表4－4）。

a　経営者責任

経営者の責任のとり方としては、主に次のような方法が考えられる。

① 取締役の退任

　主な窮境原因が経営者にあり、特に債権放棄を依頼する場合には、経営者の退任は必須である。しかし、オーナー系の中小企業でよくあることだが、経営者の人脈や営業力が相談企業の営業基盤となっており、かつ後継者がいない場合には、安易に退任させると当該企業の事業毀損に直結する。そこで、金融債権者の理解やスポンサーの意向を得て、そのまま残る、もしくは無役の顧問として残る場合もある。

② 役員報酬の減額

図表4－4　イメージ図

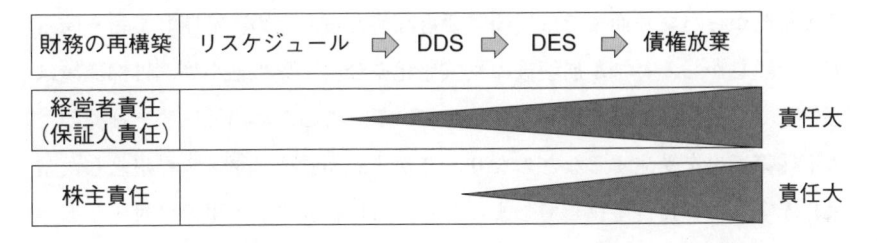

財務の再構築	リスケジュール ⇨ DDS ⇨ DES ⇨ 債権放棄	
経営者責任 （保証人責任）		責任大
株主責任		責任大

③ 私財提供

　経営者が金融債務の保証人となっていない場合、会社に私財を無償譲渡するか、現物出資（出資後、減資する）をしてもらい、債務超過の解消に役立てる。なお、金融債務の保証人となっている場合には、個人保証の履行が優先する。

b　株主責任

　DESを実施する場合には、既存株主の地位は相対的に低下することになる。しかし、債権放棄の場合には、原則として既存株式については、無償譲渡や100％減資等で既存株主の持分を消滅させ、新たなスポンサーの増資等によって株主は一新される。

c　保証人責任

　中小企業の場合には、経営者が金融債務の保証人となっているケースがほとんどである。特に債権放棄を依頼する場合には、モラルハザード防止の観点からも、保証人は、それぞれの資産負債の状況につき開示ならびに表明保証を行って、保証履行能力に応じた返済を行う必要がある。

(5)　ケース「建設会社における事業再生」

　ここまでは主に私的整理における手続および手法を中心にみてきたわけだが、以下では、事業再生期の企業に対して、事業再生計画を作成するまでの流れおよび進め方を具体的に迫ってみたい。

a　当社の概況

　A社は元請会社として公共工事を順調に受注していたことに加え、高度経済成長期からバブル期までは民間需要も旺盛だったため、毎期好業績を誇っていた。しかし、バブル崩壊後の景気悪化や公共工事の縮小等、外部環境は悪化しており、当社の業績も落ち込んでいる。このため当社は売上維持のため不採算工事を受注するなどのなりふりかまわぬ営業スタイルを追求した結果、赤字分は不良資産化してしまった。さらに社長の個人事業に対する赤字

補てんによる資金流失も重なり、当社の経営を圧迫することとなった。この間、銀行借入で資金を工面していたが、すでに借入での資金調達は限界であり、かかる状況下運転資金の確保もできず、抜本策を講じなければいけない状況であった。

b 窮境の原因（外部環境）

(a) 需要の減少

B市は、交通の要衝で、高速道路や国道・県道などの整備が早くから始められていたほか、土地改良や農道整備といった農業土木予算にも恵まれていたため、地元の建設会社は公共事業を中心に事業展開していた。当社は比較的建築部門が強かったため、同業他社に比べ民需の売上げも大きい。しかし、わが国の建設工事の市場規模は縮小しており（図表4－5参照）、当社の地盤である地域も例外ではなかった。

(b) 不動産価値の下落

当社はB市中心部に複数の不動産を抱えており、飲食店等に賃貸して運用していたが、市中心部の空洞化が進んだことで、賃貸料の値引き・撤退が相

図表4－5　建設投資（名目値）の推移

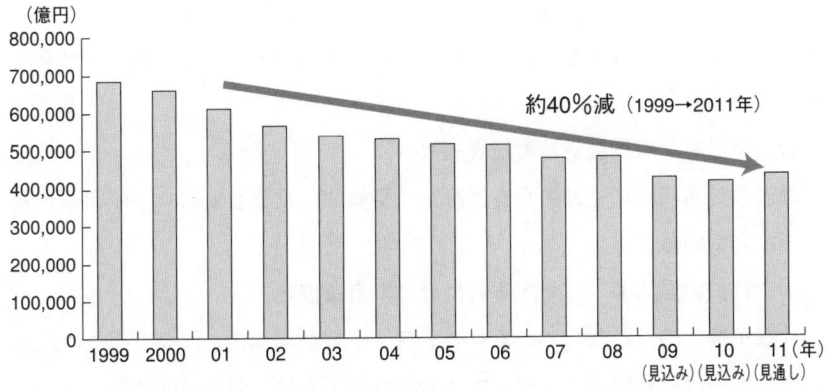

(注)　日本全体の建設工事市場の規模は減少傾向にある。
(出所)　国土交通省データベースより。

次ぐ状況になっている。また撤退後の空きビルに別テナントを見つけることもむずかしい状態であり、賃貸不動産からの収入も減少している。不動産を売却するにしても長年にわたる地価下落により含み損は年々拡大している状態であり、決算に与える影響が大きいため、判断を先送りしていた。

(c) 入札資格の制約

当社事業は公共工事が中心であるため、国や県等への入札資格がないと事業が成り立たない。入札するためには、「経営事項審査」（以下「経審」という）の審査を受ける必要がある。経審は約2年ごとに公共工事を受注しても大丈夫な企業なのか財政面や収益面などの複数の項目で点数化され、一定の点数以上を確保しなければならない。本来ならば早期に対応をすべきであった負の遺産の処理も先延ばしにされ、傷をより深くする結果となった。

c 窮境の原因（内部環境）

(a) 売上維持のための赤字受注

外部環境の急速な悪化によって、売上維持のために不採算工事を受注した時期があった。建設会社の場合は、赤字分を未成工事支出金等のBS項目に潜ませているケースが多い。当社も例外ではなく、不良資産が積み上がることとなり資金繰りを圧迫した。人員削減などの費用削減を行った後は無理な価格での入札は行っていないとの申出であったが、後述するように計数管理がずさんであり、数字を把握しきれていないことから、現在も赤字工事を受注している可能性があった。

(b) 不動産、有価証券等の投資失敗

過去の好業績時に不動産や有価証券に積極的に投資しており、多額の含み損を抱えている。

(c) 社長の個人会社に対する貸付金の不良債権化

社長が個人的に経営しているレストラン事業が赤字化し、その損失の穴埋めとして当社は長期貸付を行っている。なお、当社と資本関係はない。

(d) ずさんな計数管理

当社は本業である建設業のほかに社長の個人会社への金融支援、株式・不動産への投資を行っており、不足分を銀行から借りて、余剰があれば返済するという場当たり的な資金管理をしていた。そのため「赤字部門はどこか」「資金不足はどの程度になりそうか」「借入金をどうやって返すか」という経営するうえで必要となる基礎的なデータも管理体制も構築できておらず、丼勘定であった。また、建設工事の受注に際しても、社長の経験で入札価格を決定しており、社内に入札価格の判断基準も結果を検証する制度もなかった。

d　金融支援の状況

　投資活動など本業以外での資金流失が大きく、銀行債務は年々増加していた。担保余力があるうちは各行とも融資に応じていたが、担保価値が目減りしてくると主力行以外は融資に応じなくなり、主力行が支えている（図表4－6）。

e　再生の可能性

　当社の建設部門（以下「本業」という）は営業黒字の可能性があった。しかし、当社は前述のとおり経理を含めた内部管理がずさんであり、事業ごと

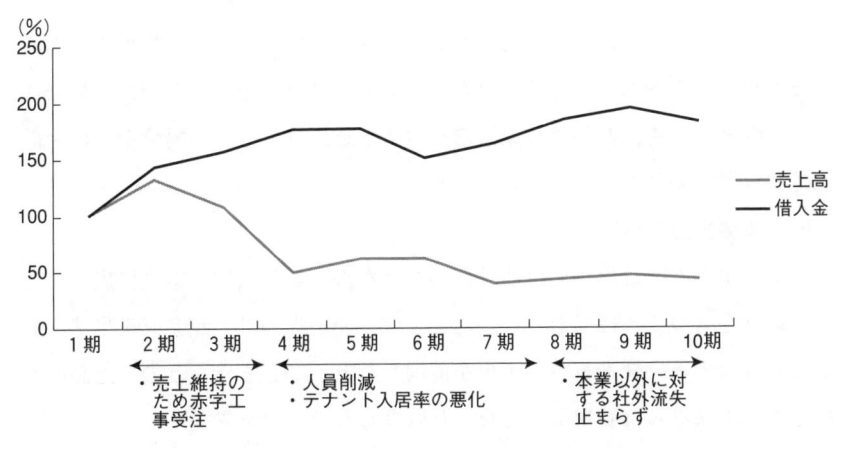

図表4－6　1期～10期までの売上高、借入金変化率（1期＝100％）

第4章　事業再生・業種転換期　215

の経費管理も行っていなかったため、本当に本業が黒字事業であるかの調査が必要であった。仮に本業が黒字であれば、赤字要因や負債の増加要因を取り除けば、再生の可能性が出てくるので、外部専門家を交えて、①本業は黒字事業であるかの検証、②債務増加原因の特定、③資産の劣化状況、について精査することとなった。精査するにあたっては、当社のPL・BSを分解するとともに、同業他社との比較によって競争力の有無をみる作業が必要である。そこで、以下の手順で「本当の姿」をみることにした。

　(a)　セグメント分析

　当社は事業ごとにPLを区別していないため、黒字事業の有無などが不明であった。そこで事業別に売上げおよび費用を分解することから始めた。当社売上げは本業と賃貸不動産部門で構成されており、当社の病巣はどこにあるのか特定作業を行った。賃貸用不動産に係る費用として主なものは、賃借料・固定資産税・減価償却費であるが、このほかでも区別できる費用項目は分離し、区別できない共通費（例：管理部門の人件費等）は簡易的に売上比で按分した。また、支払利息は、借入金の使途（赤字運転資金など）の特定がむずかしかったことから、各事業資産の割合で支払利息を按分することにした。この結果、過去3期をみると、本業では営業黒字。賃貸不動産部門は営業段階から赤字という状態であることがわかった。経常段階でも本業が3期累計で黒字という結果であった。なお、当該作業はあくまで再生可否を判断するための簡易的な作業なのでセグメント分析は自前で行ったが、精緻な作業が必要となる再生計画の作成段階やコストをかけてもよい場合などは会計士等の専門家の活用も検討するべきだろう。

　(b)　本業損益の検証

　上記により本業は黒字の可能性が出てきたが、これだけで本当に黒字であるか確証をもつことはできない。たとえば、売上高の計上が完成工事基準であった場合でも一部進行中の工事を前倒し計上してしまうなどの売上高の水増しや、本来ならば費用計上しなければならないものを先送りにして、来期

に費用計上を先送るなどを行っていると、期中の本来の実力がわからないことになる。このほか、過年度で発生した赤字工事分については前述したとおり、BSの未成工事支出金に積み上がるので、赤字工事の有無については未成工事支出金の分析が必要である。

これらの分析をするためには、工事一覧表を取り寄せ、工事ごとに内容や入出金などを精査し、工事の進捗度に応じた売上げと費用のタイミングが一致していない場合はPLを修正する。過年度の赤字工事が未成工事支出金に含まれていることもあるので、工事ごとの数字積上げと未成工事支出金の金額に大きな乖離がないかをチェックし、仮に乖離がある場合は乖離が生じた理由についてヒアリングを行い、実態の有無を確認することが必要である。当社のケースでは、過去の赤字工事分が不良資産化していたが、直近では赤字工事は受注しておらず、本業では収益が出る体質に変化したことが確認できた。

(c) 資金分析

本業でCFが出ているにもかかわらず、債務残高は増加し続けているのは、稼ぐCF以上に流失する分が多いためである。この理由は、①当社は重い負債のため営業段階の利益を支払利息などで費消してしまう財務構造になっており、それでも対応しきれない利息の一部が元本化してしまい、さらなる利払負担増をまねいたこと、②社長個人会社への長期貸付金が年々増加するなどの資金流失が続いていること、であった。

(d) 資産の劣化状況

外部専門家(会計士、不動産鑑定士)による財務DD(デューデリジェンス)によって、資産の全項目の時価を算定し、実態BSを作成し、債務超過の有無を確認した。

(e) 再生可能性の判断

再生可否を判断するには、債務超過解消年数や債務償還年数が適当な範囲でとどまるかを検証する必要がある。これらが超長期となる場合は債権放棄

の必要がある。次に、再生で見込まれる債権回収見込額と清算時の債権回収見込額を比較し、回収額の大きいほうを選択することになる。したがって、再生後の利益、CFがどの程度出るのかが重要になってくる。当社の賃貸不動産部門は赤字であるものの本業では、従業員に資格者が多いため技術への評価が高く競争力があったことから、ここ数年間は黒字であったことや今後厳しい環境が予想される公共工事でも当社が得意とする耐震化工事の需要が期待できることから本業に特化し、今後見込まれる収益に見合うようBSを調整すれば再生可能性があると判断された。

　また、私的整理で進めるべきか法的整理を進めるべきかの判断も必要であるが、地方企業においては一般的に法的整理のイメージは悪く、民間工事受注等に与える影響で企業価値が大きく毀損されることも予想されるときなどは、私的整理での再生手続を選択するケースが多くなると思われる。

　(f)　そ　の　他

　当社の中心事業は公共工事であるため、経審への影響を抑える必要があった。経審は約2年に1度の審査となるため、審査対象年の決算までには再生手続をすべて終了する必要がある。建設会社の再生を考えるうえでスケジュールは制約条件となるので経審のタイミングなどを調べておくべきである。

f　再生計画

　(a)　計画の前提条件（資金繰りの精査）

　再生計画検討の前段階として、当社の資金繰りを精査し、計画策定までに資金繰り破綻を回避することができるか見極める必要がある。場合によってはRCC等の機関（以下「調整機関」という）に持ち込む前に事前に元本返済猶予なども各金融機関にお願いしなければいけない状況もある。

　元本返済猶予をしたうえで、事業の継続にとってどうしても必要な運転資金があるときなどは、資金使途と返済確実性を精査したうえで資金対応しなければいけない場合がある。特に建設業は運転資金が必要なため、資金対応

を考えなければいけない。工事に伴う運転資金は、赤字工事でない限り返済可能だと判断されるため、工事ごとの進捗管理、入出金情報（見込み含む）を押さえて審査する必要がある。また、黒字工事を積み上げても固定費負担が重たく資金繰りを厳しくしている場合は、営業赤字に陥る可能性もあるので、固定費削減を促していく。

なお、当社の事業継続に直接関係ない資金支出は止めるのが原則である。

(b) 計画骨子

① 会社分割スキーム

収益性のある本業に特化するため、本業を会社分割により切り離し、賃貸不動産部門や投資有価証券等の不良資産を残す第二会社方式を採用した。第二会社方式は、営業上必要な許認可（一般建設業許可、特定建設業許可など）が新会社（Good会社）に引き継がれない問題点があったものの、2009年6月の産活法改正において調整機関の公正な債権者調整プロセスを経ていること等の諸条件を満たすことを条件に中小企業承継事業再生計画が認定された場合、旧会社の許認可を承継できることになったため、当社についても同方式で再生計画を検討することにした。なお、再生計画の策定にあたってはスキームの構想段階より調整機関に相談し、事前に業所管行政庁と折衝を行うことが望ましい。

② 組織の見直し

当社の従業員は過去の人員削減により、現在残っている従業員はほぼすべて技術者であり、資格を保有している。工事現場には最低一人以上が監督しなければならず、人員削減はすなわち売上高の減少につながるため、計画売上高を達成するためにはこれ以上の人員削減はできない。しかし、建築と土木では必要な資格も異なるため、建築部と土木部の部門間の壁は厚く、建築・土木の受注変動に応じて柔軟に対応できる体制となっていなかった。そこで、両部の統合や必要資格の取得を推奨する制度（試験費用負担、資格給の創設）を導入して人員稼働率を高めるように組織改編を行

図表4－7　資格の取得状況と取得すべき資格一覧表（例）

> ★「施工管理技士」とは
> 「施工管理技士」は、一般建設業、特定建設業の許可基準の一つである営業所ごとに置く専任の技術者、建設工事の現場に置く主任技術者および監理技術者の有資格者として認められるとともに、経営事項審査における技術力の評価において、計上する技術者数にカウントされるなど、施工技術の指導的技術者として社会的に高い評価を受けることになります。

（出所）　㈶建設業振興基金ホームページより。

	一級建築士	二級建築士	一級建設施行管理技士	二級建設施行管理技士	一級土木施行管理技士	二級土木施行管理技士
A氏（建築）	○		○		●	○
B氏（建築）		○	○		●	
C氏（建築）			●	○	●	○
D氏（土木）			●		○	
E氏（土木）			●	○	○	

○…取得ずみ資格　　●…今後取得を目指す資格

・全員がより高度で広範な仕事ができるように資格取得を目指す。
・たとえば、B氏は土木の現場監督になれないので一級土木施行管理技士の資格取得を目指す。また、C氏はいずれも二級資格なので一級を取得して業務の幅を広げることを目指す。等、各人の取得資格から必要な資格について目標を定め、必要経費等は会社が負担する仕組みを導入。

った（図表4－7）。

③　工事管理の整備

　　工事の量ではなく質を高める方針に切り替え、確実に収益確保するための粗利益目標率を設定した。これに基づき、従来は社長の一存で決まっていた入札価格も、担当者ごとに粗利益目標を加味した見積表を作成し、部長や経営陣の査定を経て入札価格を決定する仕組みに変え、この手続を踏まないと入札に参加できないことにした。また工事の進捗管理も週に1度

の社員ミーティングで各現場の工事進捗状況を報告させるほか、工事進行基準を導入し、その時点での損益状況を把握するように改めた。この結果、粗利益率が目標を下回る場合は工期の短縮、資材購買の見直し等の対応策について議論されることになった。

④ 経費の見直し

資材の購入、下請けへの外注費の交渉は、現場の判断で行っており、これまでは価格交渉をしてこなかったが、相見積りを徹底させるなど価格交渉を例外なく行うようにした。

⑤ 借入金の処理

建設業は固定資産がほとんどない業種であり、会社分割で引き継ぐ資産は少ない。このため、いわゆるのれん代が発生するケースが多い。のれん代がCFの何年相当分なのかは、業種やCFの水準で異なってくるが、建設業の場合は不況業種であること等を勘案すれば5年以上の収益返済計画の策定はむずかしいと思われることから、のれん代を含めたとしてもGood会社の資産に見合う分としてもっていける債務は他業種に比べ少ない。一方、Bad会社に残る債務は、不動産売却等で返済を受け、処理のメドが立ったところで特別清算される。

g 経営者責任、株主責任、保証人責任

(a) 経営者責任

Good会社は新会社なので新たな経営者が経営を担うことになる。一般にGood会社の新スポンサーが経営者となるケースが多いが、なかには再生計画が軌道に乗るまで、外部人材を経営者として招聘するケースもある。旧経営者はBad会社に残り、Bad会社の債務返済計画の責任を負って清算までの処理を行うこととなる。

(b) 株主責任

当社の株主はBad会社に残るため、特別清算の際に株主責任をとることになる。

(c) 保証人責任

　Bad会社で資産売却を進めても多額の回収不能額が残り、保証履行が求められることになる。通常のケースでは、社長の資産と負債状況を開示したうえで、保証履行能力の有無を確認する。個人が保証している場合、保証を全額履行することはむずかしいため、当事者間で支払可能額について合意をとって決着をつけることが多い。本ケースでも同様の考え方で対応した。

h　モニタリング

　再生計画策定後は確実に計画実行をしなければいけないため、各段階でモニタリングする機会を設け、計画からの乖離を早めに見つけ、軌道修正を促す仕組みを構築している。

(a)　運転資金融資時のモニタリング

　工事に伴って発生する運転資金需要のつど、当該資金の回収見込みが確保されているか確認。工事の収益目標が維持されているか等のモニタリングを行う。この数字が計画から下ブレしている場合は、工事の進捗管理などで組織的な対応ができていない等、計画で約束したことが機能していないことも想定される。

(b)　債権者への定期報告

　当社業績について定期的に報告する機会を設定。報告内容やメンバーについてもあらかじめ決定し、計画進捗状況を当社と債権者で共有できるように定めている（図表4－8）。

(c)　外部機関によるモニタリング

　財務内容の透明性確保の観点から、会計事務所（もしくは、債権者が指定する税務事務所）によって財務内容をチェックし、結果について債権者に報告する場を設けることとした。

(d)　契約で設定したコベナンツ項目

　再生計画の進捗状況は、(a)～(c)の報告会等でモニタリングする仕組みとなっているが、計画外での当社行動については契約にて事前承諾事項とし、契

図表4-8　定期報告会の内容例

会議の名称	提出・開催時期	参加者	報告内容
月次報告会	毎月	主力行	月次状況（BS・PL）、工事別状況、受注状況
業績報告会	第1Q終了時	主力行	四半期決算状況（BS・PL）、受注状況、再生計画の進捗状況
	第2Q終了時	全債権者	四半期決算状況（BS・PL）、受注状況、再生計画の進捗状況
	第3Q終了時	主力行	四半期決算状況（BS・PL）、受注状況、再生計画の進捗状況、翌期に向けた営業活動状況・見通し
	決算終了後	全債権者	四半期決算状況（BS・PL）、受注状況、再生計画の進捗状況、翌期に向けた営業活動状況・見通し

〔コベナンツ例〕
・再生計画外で行う投資（設備投資、子会社の設立または出資等）
・再生計画外で行う資産処分
・再生計画外で行う借入・貸付
・第三者に対する債務保証
・定款変更
・事業譲渡、合併、会社分割、株式交換等の組織再編行為等

約違反の場合は期限の利益を剥奪する条項を設けている。これにより、当社が計画外で企業価値を毀損する行動をしない仕組みとしている。

i　おわりに

　建設業の再生を検討するうえで重要なのは、赤字工事がないように管理するということである。赤字工事となる大きな要因として「赤字受注」と「工

期延長」がある。

　「赤字受注」は工事見積能力、他社との競争条件、資金繰り対策などの諸要素が背景になっているが、会社を維持するために利益、利益率はどれくらい必要なのか「みえる化」を行い、その数字を経営陣が理解したうえで工事を取捨選択できるかが肝要であり、競争環境が厳しく、求める入札価格で工事がとれない場合などは固定費の削減や調達資材にムダがないか等、損益分岐点を下げる余地があるか検討したうえで、それらの自助努力でも厳しい場合などは再生可能性を疑う必要がある。

　「工期延長」は工事の工程管理能力が問われる以外に、入札条件で無理な日程が組まれていないか見極める力、発注者が急遽条件変更する場合の交渉力など、現場の裁量以外でも必要とされる要素が多いので、これらに対応できる社内体制となっているかについても再生可能性をみるポイントであろう。

Ⅱ

法 的 整 理

1

法的整理手続

　法律に定められた特定の手続によって行われる債権整理を法的整理手続といい、具体的には、民事再生手続、会社更生手続、破産手続、特別清算手続があげられる。このうち民事再生手続と会社更生手続は再建型、破産手続と特別清算手続は清算型と分類される。再建型とは債務者企業の事業継続を目的として債務整理を行うものであり、清算型とは債務者企業の事業継続を断念し、資産の換価処分により債務弁済を行い、処分終了後に清算する手続である。

(1) 民事再生手続

a　民事再生手続の特色

　民事再生手続は、1999（平成11）年に創設され、翌年に施行された民事再生法（平成11年法律第225号）により規律された再建型の法的整理手続であり、経済的に窮境にある債務者について、過半の債権者の同意と裁判所の認可を受けて再生計画等を定めることにより、債務者と債権者を中心とする関係者の権利関係を調整し、事業等の再建を図ることを目的としたものである。

　民事再生手続の特色としては、以下の点があげられる。
① 申立権は債務者と債権者に認められ、申し立てる債権者に特段の要件が

設定されていない。
② 手続上は管財人に業務遂行権や財産管理・処分権等の経営権が移行する管理型も準備されているが、基本的には手続申立て後も債務者自身が経営権を引き続き保有するDIP（Debtor In Possession）型と、その債務者の経営を監督委員が監督する後見型が中心の手続となっている。
③ 担保権者は別除権者となって再生手続には組み込まれず、手続外での担保権の行使が可能。ただし、債務者側には、裁判所より担保権消滅許可決定を得ることで、別除権者の同意を得ずに担保物件の任意売却を行う手段も用意されている。

b **民事再生手続の概要**

民事再生手続の主な流れは、以下のとおりである（図表4－9）。
① 債務者または債権者が裁判所に「手続開始の申立て」を行うと、通常直ちに弁済禁止の保全処分および監督命令が発せられ、監督委員が選任される。
② 再生手続の開始要件が満たされている場合には、「再生手続開始決定」が発せられる。開始決定後は、債務者が以下のとおり手続を遂行する。
③ 債権者の債権届出等に基づいて債権調査を行い、手続対象となる再生債権の存否や金額等を確定する。
④ 債務者の有するいっさいの資産・負債の価額を評定して財産目録および貸借対照表を作成し、手続開始に至った経緯とともに業務および財産等の管理状況等を裁判所に報告する。
⑤ 再生債権の権利変更等に関する条項を定めた再生計画案を作成し、裁判所に提出する。
⑥ 再生計画案は、再生債権者の過半数および再生債権額の過半を有する債権者の同意により可決され、裁判所が認可決定することで確定する。
⑦ 監督委員または管財人の選任がされていない場合は再生計画の確定時、監督委員が選任されている場合は3年以内に、裁判所は再生手続の終結を

図表4－9　民事再生手続の流れ

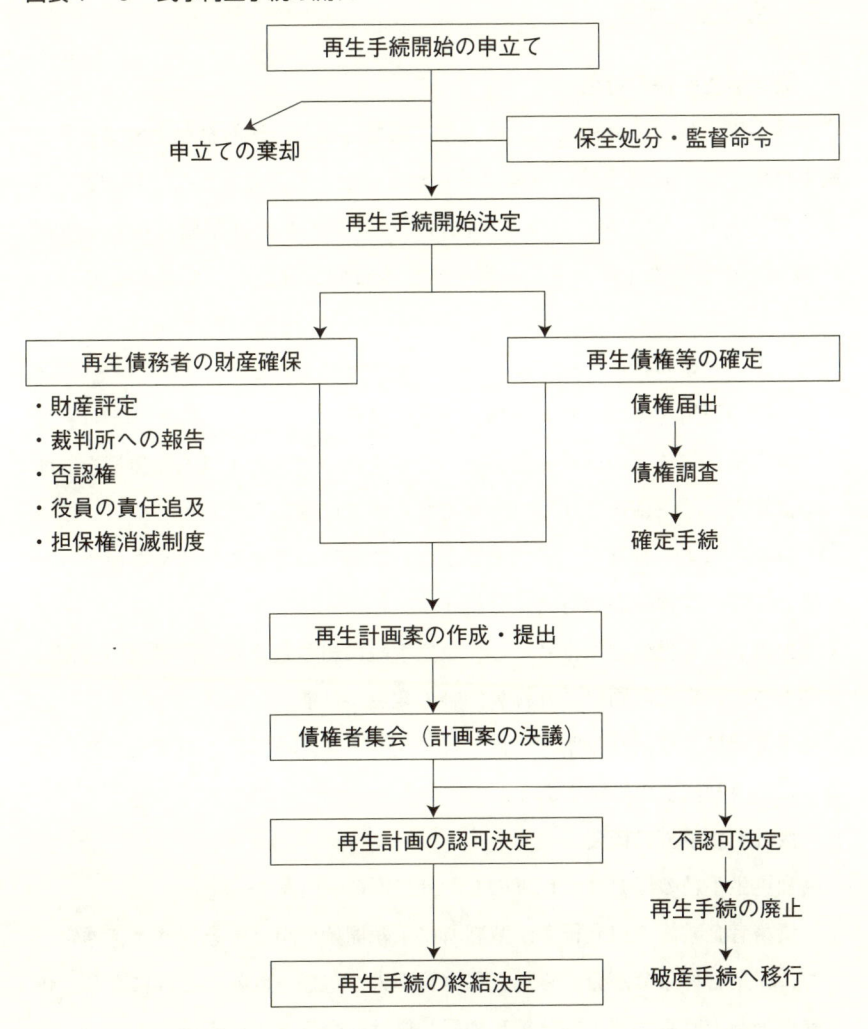

```
                    ┌──────────────────┐
                    │ 再生手続開始の申立て │
                    └──────────────────┘
                        │         │
         ┌──────────────┘         └──────┬──────────────────┐
         ▼                                │                  │
   ┌──────────┐                           │         ┌──────────────┐
   │ 申立ての棄却 │                        │         │ 保全処分・監督命令 │
   └──────────┘                           │         └──────────────┘
                                          ▼
                                ┌──────────────────┐
                                │ 再生手続開始決定    │
                                └──────────────────┘
                                   │         │
                    ┌──────────────┘         └──────────────┐
                    ▼                                        ▼
         ┌──────────────────┐                      ┌──────────────────┐
         │ 再生債務者の財産確保 │                    │ 再生債権等の確定   │
         └──────────────────┘                      └──────────────────┘
         ・財産評定                                        債権届出
         ・裁判所への報告                                    ↓
         ・否認権                                         債権調査
         ・役員の責任追及                                    ↓
         ・担保権消滅制度                                  確定手続

                                ┌──────────────────┐
                                │ 再生計画案の作成・提出 │
                                └──────────────────┘
                                          ▼
                                ┌──────────────────┐
                                │ 債権者集会（計画案の決議） │
                                └──────────────────┘
                                   │         │
                    ┌──────────────┘         └──────────────┐
                    ▼                                        ▼
         ┌──────────────────┐                      ┌──────────────┐
         │ 再生計画の認可決定   │                    │ 不認可決定    │
         └──────────────────┘                      └──────────────┘
                    ▼                                        ▼
         ┌──────────────────┐                      ┌──────────────┐
         │ 再生手続の終結決定   │                    │ 再生手続の廃止 │
         └──────────────────┘                      └──────────────┘
                                                             ▼
                                                   ┌──────────────┐
                                                   │ 破産手続へ移行 │
                                                   └──────────────┘
```

決定しなければならない。管財人が選任されている場合には再生計画の遂行が確実と認められる場合に手続終結を決定することとなり、特に期間制限はない。

(2) 会社更生手続

a 会社更生手続の特色

会社更生手続は、会社更生法に規律された再建型の法的整理手続であり、民事再生手続の特別手続に位置づけられる。会社更生法は1952（昭和27）年より施行されていたが、民事再生法の創設等の倒産法制整備に伴って2002（平成14）年全部改正がなされ、翌年より現行の会社更生法が施行されている。

会社更生手続の特色としては、以下の点があげられる。
① 手続の適用対象は債務者が株式会社の場合のみ。
② 申立権は債務者のほか、債務者の資本金額の10分の1以上の債権を有する債権者、議決権比率10％以上を有する株主に認められる。
③ 裁判所により管財人が必ず選任され、債務者の業務遂行権や財産管理・処分権等の経営権が管財人に移行する。
④ 担保権者も更生担保権者として更生手続に組み込まれ、担保権の行使は禁止され、更生計画により権利内容の変更が可能。

更生計画により会社分割・合併・株式交換・株式移転等の組織変更を行う場合には会社法上の特則がある。

b 会社更生手続の概要

会社更生手続の概要は、以下のとおりである（図表4－10）。
① 債務者企業等の申立権者が裁判所に手続開始の申立てを行うと、通常直ちに保全管理命令が発せられ、保全管理人が選任される。これにより、債務者企業の財産管理・処分権等の経営権は保全管理人に専属する。
② 更生手続の開始要件が満たされている場合には、更生手続開始決定が発せられる。開始決定時に管財人が選任され、管財人が以下のとおり手続を遂行する。
　i 債権者の債権届出等に基づいて債権調査を行い、手続対象となる更生

図表4-10　会社更生手続の流れ

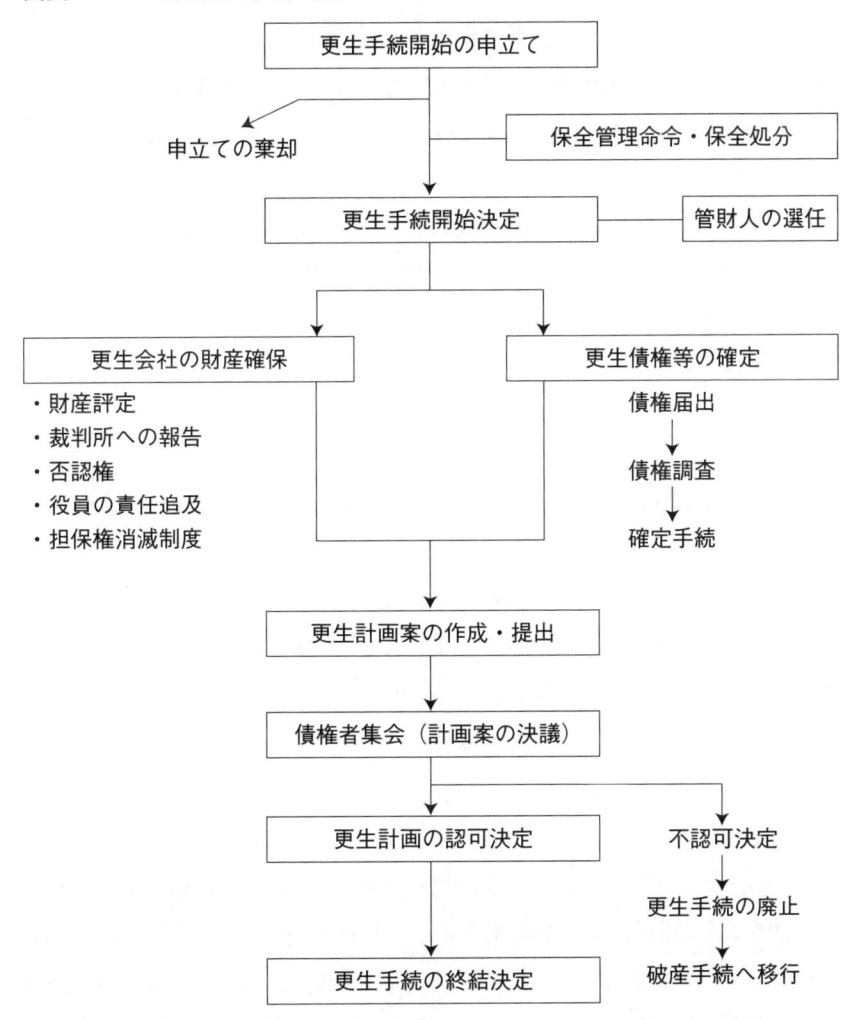

```
                    更生手続開始の申立て
                    ↓         ↓
        申立ての棄却  ←    保全管理命令・保全処分
                    ↓
                    更生手続開始決定 ── 管財人の選任
                    ↓
        ┌───────────┴───────────┐
   更生会社の財産確保         更生債権等の確定
   ・財産評定                     債権届出
   ・裁判所への報告                ↓
   ・否認権                       債権調査
   ・役員の責任追及                ↓
   ・担保権消滅制度                確定手続
        └───────────┬───────────┘
                    ↓
                更生計画案の作成・提出
                    ↓
                債権者集会（計画案の決議）
                    ↓              ↓
            更生計画の認可決定    不認可決定
                    ↓              ↓
                                更生手続の廃止
                    ↓              ↓
                更生手続の終結決定  破産手続へ移行
```

債権の存否や金額等を確定する。

ⅱ　債務者企業の有するいっさいの資産・負債の価額を評定して財産目録および貸借対照表を作成し、手続開始に至った経緯とともに業務および財産の管理状況等を裁判所に報告する。

iii　更生債権・更生担保権の権利変更等、債務者の組織変更等を定めた更生計画案を作成し、裁判所に提出する。
③　更生計画案は、更生債権者と株主の過半数、更生担保権者は計画案の内容に応じた法定者数の同意により可決され、裁判所が認可決定することで確定する。
④　更生計画により認められた金銭債権の3分の2以上が弁済された場合や更生計画の遂行が確実と認められる場合等において、裁判所は更生計画の終結を決定することになる。

(3)　プレパッケージ型申立て

a　プレパッケージ型の定義

　債務者企業が法的整理の申立てを行うと、通常、取引先は商品・役務の供給や債権・債務の取扱い、従業員は雇用や賃金支払等を心配することとなり、その結果、運転資金の逼迫や人材流出等により急速に事業価値が劣化してしまうこととなる。そのため、申立て前に、再生計画の実施をサポートするスポンサーの選定や、債権者との間で再生計画案の内容についてある程度の合意をしておくことで、法的整理の申立てに伴う事業価値の劣化を最小限にとどめる手法がとられることもあり、これを「プレパッケージ型申立て」と呼んでいる。

　「プレパッケージ型」とは、米国連邦倒産法における「プレパッケージド・プラン」に由来する呼称であるが、プレパッケージド・プランが手続開始前に法定数の債権者から同意を得て一定の要件を満たすことで、手続開始後に投票手続を経ることなく再生計画案を裁判所が認可する制度であるのに対して、わが国では「プレパッケージ型」に特段の法的位置づけは与えられていないという根本的な違いがある。

b　プレパッケージ型の特徴

　とはいえ、プレパッケージ型申立てについては、事前にスポンサー選定や

再生計画案をある程度固めておくことで、申立て前後の公表等により取引先や従業員の動揺を抑えるとともに、債権者との協力関係を醸成し、申立て後の円滑な手続進行と迅速な事業再建に有用な手法といわれている。

一方で、申立て前に社外との調整を進めていく必要があるため、社外に事業の窮状をある程度開示することとなるが、その情報がもれてしまうと、取引先や従業員にかえって動揺を与えてしまう懸念がある。

また、事前のスポンサー選定は、多くの場合、当事者と一部の債権者によって秘密裏に行われるため、選定されるスポンサーや事業譲渡の対価等について恣意的な合意がなされる懸念もある。この点に関しては、従来より議論がなされてきたところであり、いわゆる「お台場アプローチ[2]」と呼ばれる以下の要件基準が提唱されているが、選定手続の機密性・迅速性と公平性・透明性の両立が求められる。

① あらかじめスポンサー等を選定しなければ事業が劣化してしまう状況にあること
② 実質的な競争が成立するように、スポンサー等の候補者を募っていること
③ 入札条件に、価額を下落させるような不当な条件が付されていないこと
④ 応募者のなかからスポンサー等を選定する手続において、不当な処理がされていないこと
⑤ スポンサー契約等の内容が、会社側に不当に不利な内容となっていないこと
⑥ スポンサー等の選定手続について、公正である旨の第三者の意見が付されていること
⑦ スポンサー等が、誠実に契約を履行し、期待どおりに役割を果たしてい

---

[2] 事業再生研究機構内に設置されたプレパッケージ検討委員会により、2003年11月のお台場で開催されたシンポジウムで報告されたことから、「お台場アプローチ」と呼ばれている。

ること

2 事業譲渡・会社分割

　債務者企業の再生手法としては、法的整理手続以外にも会社法上の組織再編行為を活用するものもある。具体的には、事業譲渡や会社分割を活用する手法である。

(1) 事業譲渡

　企業再生としての事業譲渡とは、債務者企業の事業の全部または一部を他の企業に承継させる手法である。譲渡対象の「事業」とは、その企業の有する資産、負債、契約関係、従業員、顧客基盤（営業権）等の一定の営業目的のために組織化され、有機的一体として機能する財産のことであり、有形・無形の財産を問わない。

　主な活用手法としては、①債務者企業の優良・採算事業（コア事業）に経営資源を集中させるために、それ以外の事業を事業譲渡によって切り離す、②債務者企業のコア事業をスポンサー企業等に事業譲渡し、債務者企業は解散・清算する、というものが一般的である。

a　事業譲渡のメリット

　事業譲渡を活用するメリットとしては、まず譲渡の対象（資産、負債、契約関係、従業員等）を当事者間の合意によって個別に選択できることがあげられる。譲受企業は必要な事業だけを債務者企業から切り出して譲り受けることができ、合併等のように債務者企業を丸ごと抱え込むのとは異なり、偶発債務や簿外債務を承継するリスクを小さくすることができる。

b　事業譲渡のデメリット

　一方、デメリットとしては、事業譲渡は包括的に資産を承継するのではなく、不動産、動産、債権等の個々の資産を個別に譲渡するものであるため、

譲り受ける企業では個々の資産ごとに個別に対抗要件を具備する必要がある。また、個々の資産譲渡に伴い、不動産取得税や登録免許税等の資産移転コストを要することになる。従業員についても、当然に雇用関係が承継されるわけではないため、転籍について各従業員の個別の同意を得る必要がある。そのほか、行政上の許認可は各法律の規定に従って承継することが必要となり、承継自体が認められない場合、譲り受ける企業で新たに許認可を取得する必要がある。

(2) 会社分割

企業再生としての会社分割とは、事業譲渡と同様に債務者企業の全部または一部を分割して他の企業に承継させる手法である。

事業譲渡との違いは、
① 債務者企業の事業（資産、負債、契約関係、従業員等）が包括的に承継される点
② 株式会社と合同会社の会社形態のみが対象となる点
である。

会社分割では、包括的に事業・資産を承継するため、債権・債務や契約上の地位について相手方の同意を個別に取得する必要はなく、債権者の数が多い場合や契約上の相手方の同意を得られない場合等では有効な手段と考えられるが、会社分割自体の会社法上の手続として、株主保護手続（株主総会の特別決議、株式買取請求）や債権者保護手続（債権者への官報公告、個別催告）を要する点には留意が必要である。

3
DIPファイナンス

事業再生期の企業が直面する問題の一つに「どのように資金調達を行う

か」というものがある。債権者が元本返済猶予に応じていることで、資金繰りのメドをつけているケースが多いが、業種によっては季節性資金等の運転資金がどうしても必要なケースもある。これらの資金が調達できず再生を断念する場合もあり、事業再生にあたって調達手段についての検討は必須である。

事業再生期のリスクマネー提供手法としてDIPファイナンスがある。以下、DIPファイナンスについて解説したい。

(1) DIPファイナンスとは何か

a 定義

「DIPファイナンス」とは元来、米国の倒産手続（チャプター11）における「Debtor In Possession（占有継続債務者）」に対するファイナンスに由来する。わが国においては、明確な定義が確立しているわけではなく、広義には、私的整理手続および法的再建手続を含めた事業再生手続中にある企業に対する運転資金その他必要資金の供与を指すが、狭義には、民事再生手続や会社更生手続といった法的再建手続下の企業に対するファイナンスを指すことが多い。

b 本項の対象

本項では、事業再生ADR手続、その他私的整理手続期間中におけるファイナンスを「プレDIPファイナンス」、狭義のDIPファイナンスのうち、法的再建手続申立て後、民事再生計画または会社更生計画の認可決定前の段階におけるファイナンスを「アーリーDIPファイナンス」、認可決定後の段階におけるファイナンスを「レイターDIPファイナンス」、レイターDIPファイナンスのうち民事再生手続においては再生債権、会社更生手続においては更生債権、私的整理手続においては条件緩和債権等の一括弁済（リファイナンス）を通じた金融取引正常化を目的としたファイナンスを「EXITファイナンス」と定義し、プレDIPファイナンス、アーリーDIPファイナンス、レ

イターDIPファイナンス（EXITファイナンス）を総称して「DIPファイナンス」と定義する。以下、DIPファイナンスの概要、法的性質、融資検討の際の主要論点について述べる。

(2) DIPファイナンスの意義、必要資金の性質と主要プレーヤー

a　早急な事業価値保全の必要性（アーリーDIPファイナンス）

　事業環境の悪化等を背景に窮境状態に陥った債務者において、喫緊の課題となるのは、当面の事業継続を行っていくうえでの所要資金の確保である。

　ひとたび信用不安が顕在化すると、事業上の取引先との間では、現金払いや支払サイトの短期化要請など決済条件の悪化がみられるほか、取引与信枠の縮小等により事業基盤が毀損していく場合も多い。また、既存取引金融機関との間では、返済条件の緩和や債権カット等に向けた交渉が進められるなか、債務者として追加借入の実施は容易ではなく、場合によっては既存取引金融機関によって預金の凍結・相殺や担保権の実行等もなされてしまうこととなる。

　かかる状況下、債務者の資金繰りは急速に悪化・繁忙化し、時の経過とともに事業価値の劣化は加速化する。事業環境悪化の要因を取り除くことで事業再生の可能性が認められる場合であったとしても、事業継続のための必要資金の早期調達がなされなければ、早晩資金繰りがショートし、企業としての存続自体が困難となる。また、仮に法的再建手続に突入し、一時的な資金流出を食い止めることができたとしても、将来に向けた必要資金の新規調達ができなければ、同様の結果に陥ってしまう。

　以上をふまえ、（特にプレDIPファイナンスからアーリーDIPファイナンスのステージにおける）DIPファイナンスの最大のポイントは、早急な資金手当を通じた事業価値保全（事業価値毀損の回避）にあるといえる。

b　金融取引正常化に向けて（EXITファイナンス）

　法的再建手続等の管理下に置かれ、再生債権等の残存している債務者にお

図表4-11 再生ステージ別資金の種類

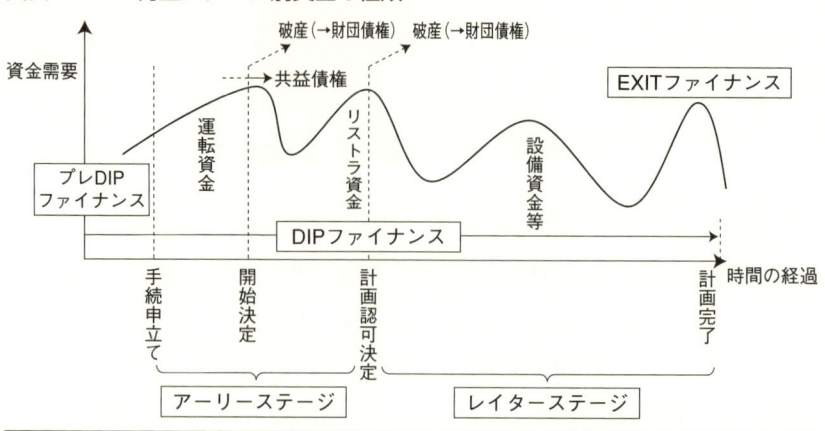

プレDIPファイナンス	運転資金、返済資金（私的整理手続の枠組みで調整がつかなかった取引金融機関向け等）等
アーリーDIPファイナンス	運転資金、別除権買取資金等
レイターDIPファイナンス	運転資金、別除権買取資金、再生計画履行に伴うリストラ資金、設備資金等
EXITファイナンス	再生債権のリファイナンス資金、リストラ資金、事業資金（運転資金、設備資金）等

いては、対外的な信用力の低下、経営権（自由度）の喪失、高い金利負担等がみられる。当該債務者にとって、業況の回復・安定化をふまえつつEXITファイナンスを受けることを通じてこれらの課題を一掃できることの意味合いは、きわめて大きい。また、既存取引金融機関にとっても、リファイナンスを通じた再生債権の回収や、引き続きの貸し手として取引を継続する場合の債務者区分の正常化等が図られることとなる。

c　各再生ステージにおける必要な資金の性質

　個別債務者の置かれた状況に応じて、必要な資金の性質もさまざまとなるが、各再生ステージにおける必要資金の性質を整理すると、図表4-11のとおりとなる。

法的再建手続移行以後においては、借入金や仕入債務等の弁済方法、決済条件等に一定のルールが適用されるため、DIPファイナンスの貸し手としては必要資金の内容および金額を把握しやすい。一方で、特にプレDIPファイナンスのフェーズにおいては、前述の事業上の取引先や既存取引金融機関等の関係当事者の動向が不透明であることから、必要資金の金額把握には特に留意を要する。

(3)　DIPファイナンスの貸し手

　DIPファイナンスの貸し手としては、債務者の既存取引金融機関（「既存レンダー」）と、これまで取引関係のなかった新規金融機関もしくは事業会社等（「新規レンダー」）の二つの類型が想定される。

a　既存レンダー

　私的整理手続や法的再建手続において、既存レンダーの保有する既存債権については、金融支援、たとえば元本返済猶予や債権カット、DDSやDESなど、なんらかの痛みや負担を伴うことが一般的である。また、仮に私的整理手続や法的再建手続期間中の資金調達のメドが立たない場合には、当該再生手続が成り立たず破産手続等へ移行することとなる。

　既存レンダーとしては、破産手続等における債務者の資産売却を通じた清算配当の実施と比較して、仮に多少の痛みを伴ったとしても再生計画等の履行に基づく弁済継続のほうが回収最大化に資する場合には、自らDIPファイナンスを供与して事業継続支援を行うことに、一定の意義を認めうるものと考えられる（窮境にある債務者に対する与信の合理性については、後述(8)参照）。

b　新規レンダー

　事業価値を有する（＝事業キャッシュフローを生み出すことのできる）一企業の倒産は、経済価値の観点からも雇用維持等の観点からも、社会的な損失を生じるものと考えられ、ここにDIPファイナンスを行うことの政策的意義、社会的意義が認められる。

従前は、こうした政策的意義を背景に、政府系金融機関を中心にDIPファイナンスに対する取組みがなされてきた。一方で、再生フェーズの債務者に対するDIPファイナンスは、当該債務者の信用リスクの高さをふまえて相応の金利（リターン）水準が求められることが一般的であり、近年では、そこにビジネス機会を求める市場プレーヤーも出てきている。

　また、EXITファイナンスのステージにおいては、将来的な事業キャッシュフロー見通しを前提に、正常的な取引として債務者との中長期的な関係構築を企図した貸し手（既存レンダーの場合もありうる）により融資がなされる。

(4)　DIPファイナンスの法的枠組み

　以下、DIPファイナンスのうち、法的再建手続中の債務者に対するファイナンスの法的枠組みについて述べる。

a　法的性質

　DIPファイナンスの法的性質は、貸付が行われる時期に応じ、①申立てから手続開始までの間（保全段階）と、②手続開始以降で異なる。

b　保全段階の場合

　民事再生手続上、再生債務者が保全段階で資金の借入を行う場合、裁判所は、当該行為によって生ずる債権を共益債権とする旨の許可ができる（民事再生法120条1項）。当該許可を得てなされた借入に係る債権は、共益債権となる（同条3項）。

　会社更生手続の場合、保全管理人が保全段階で開始前会社の常務に属しない行為をするには、裁判所の許可が必要である（会社更生法32条1項。実務上は、保全管理命令において、開始前会社による借財は裁判所の要許可事項とされることが通常である）。保全管理人が当該許可を得て借入を行った場合、保全管理人の権限に基づく資金の借入として、当該貸付債権は共益債権となる（同法128条1項）。

したがって、保全段階でDIPファイナンスを行う金融機関としては、民事再生手続の場合は、当該貸付債権について共益債権化の許可決定がなされることを、会社更生手続の場合は、当該借入につき許可決定が発令されることを、それぞれ融資実行の前提条件とする必要がある。

c 手続開始後の場合

民事再生手続においては、実務上、監督命令において、資金の借入が監督委員の要同意事項とされるのが通常である（民事再生法54条）。同意を得ないでなされた借入は、同条3項により無効となる。監督委員の同意を得てなされた借入に係る債権は、「再生債務者財産に関し再生債務者等が再生手続開始後にした資金の借入れ……によって生じた請求権」として、共益債権となる（同法119条5号）。

会社更生手続においては、更生手続開始決定上、資金の借入は裁判所の要許可事項とされるのが通常である（会社更生法72条2項3号）。許可を得ないでなされた借入は同条3項により無効となる。裁判所の許可を得てなされた借入に係る債権は、「更生会社の業務及び財産に関し管財人……が権限に基づいてした資金の借入れ……によって生じた請求権」として、共益債権となる（同法127条5号）。

したがって、手続開始後にDIPファイナンスを行う金融機関としては、民事再生手続の場合は、監督委員の同意が存在することを、会社更生手続の場合は、当該借入につき許可決定が発令されることを、それぞれ融資実行の前提条件とする必要がある。

d 優先弁済性

民事再生手続においても、会社更生手続においても、共益債権は、手続によらないで、再生債権あるいは更生債権に先立って随時弁済される（民事再生法121条1項・2項、会社更生法132条1項・2項）。

また、民事再生手続・会社更生手続が手続途中で頓挫し、破産に移行する場合も、先行手続上の共益債権は財団債権として扱われ（民事再生法252条6

項、会社更生法254条6項)、破産債権に先立って弁済される (破産法151条)。

なお、上記の優先性は、会社の一般財産につき再生債権・更生債権・破産債権に先立って弁済を受ける権利を有する、ということを意味するにすぎない。すなわち、担保権が付された資産について、当該担保権者に優先するものではないから、DIPファイナンスについて保全を意図する場合、別途担保契約を締結し担保権の設定を受ける必要がある。

(5) DIPファイナンスに対する担保権の設定

a 法的地位

民事再生手続上、共益債権に付された担保権は手続外で行使が可能である (民事再生法39条1項、121条3参照)。

会社更生手続上、更生会社の財産に対する担保権の実行は原則として許されないが (会社更生法50条1項)、共益債権に付された担保権の実行は制限されない (同条1項、133条1項但書参照)。

債務者が二次破綻し、牽連破産手続に移行した後は、前記のとおり共益債権は財団債権となるが、財団債権に基づく担保権の実行は禁止されない (破産法42条1項、152条1項但書参照)。なお、財団債権については、相殺も特段の制限を受けない。相殺を制限する破産法71条は、「破産債権者」による相殺の制限について定めているにすぎず、財団債権者には適用がないからである。

b 担保権消滅請求・担保実行中止命令

DIPファイナンス債権について、手続開始後に設定された担保権は、担保権消滅請求の対象にもならない。担保権消滅請求に関する民事再生法148条、会社更生法104条は、それぞれ「再生手続開始の時」あるいは「更生手続開始当時」に存する担保権を対象としているからである (なお、上記の文言からすれば、保全段階においてDIPファイナンスがなされ、手続開始前に担保権が設定された場合には、担保権消滅請求の対象となりうる)。

また、共益債権に付された担保権は、担保実行中止命令の対象にもならない（民事再生法31条1項但書）。

c　担保設定の否認

　担保権がDIPファイナンスの拠出と同時に設定される場合、このような同時設定担保は否認権行使の対象にならない（民事再生法127条の3、会社更生法86条の3、破産法162条）。

　逆に、再生手続・更生手続の開始後のDIPファイナンスであっても、当初担保権の設定あるいは登記を留保していた場合、牽連破産手続移行時には、事後的な担保設定や対抗要件具備行為が担保供与否認・対抗要件否認の対象とされる可能性がありうるため（破産法162条1項1号ロ、164条1項、民事再生法252条1項、会社更生法254条1項。財団債権に付された担保権であっても文言上は適用対象となりうる）、留意が必要である。

(6)　プレDIPファイナンスの法的枠組み

a　法的性質

　私的整理手続中のプレDIPファイナンスに係る債権は、後に私的整理が頓挫し債務者が法的整理手続に移行した場合、手続開始前の原因に基づく債権として、民事再生手続上は再生債権、会社更生手続上は更生債権、破産手続上は破産債権として、それぞれ扱われる。その意味では、原則として、法的整理手続中でない通常の債務者に対する与信と変わるところはない。

　もっとも、事業再生ADR手続および企業再生支援機構の支援手続については、以下のとおり、手続中のプレDIPファイナンスに係る債権につき、後の法的再建手続において一定の優先性を付与することが法律上可能とされている。以下、事業再生ADR手続について述べる。

b　事業再生ADR手続における衡平考慮規定（産活法52条確認）

　事業再生ADR手続においては、手続の開始から終了までの間になされた借入が、

① 事業再生計画案に係る債権者全員の合意の成立が見込まれる日までの間における債務者の資金繰りのために合理的に必要なものであると認められるものであること
② 当該資金の借入に係る借入金の償還期限が、債権者全員の合意の成立が見込まれる日以後に到来すること
③ 当該資金の借入に係る債権の弁済を、当該特定認証紛争解決手続における紛争の当事者である債権者が当該事業者に対して当該資金の借入の時点において有している他の債権の弁済よりも優先的に取り扱うことについて、当該債権者全員の同意を得ていること

の要件を満たすことにつき、産活法52条に基づく特定認証紛争解決事業者の確認を得ている場合には、手続が頓挫し民事再生手続・会社更生手続に移行した場合に、当該債権を他の一般債権よりも有利に取り扱う内容の再生計画・更生計画を策定することが可能とされている。

　プレDIPファイナンス債権は、前記のとおり通常の再生債権・更生債権にすぎないから、原則として、他の再生債権者・更生債権者と平等に取り扱わなければならない。もっとも、民事再生法155条1項、会社更生法168条1項では、再生債権者・更生債権者間で権利の変更の内容に差を設けても「衡平を害しない場合」には、取扱いに差を設けることも可能とされている。この点、上記の産活法52条による確認を得た債権については、後の民事再生手続・会社更生手続において、他の債権者との間で「権利の変更の内容に差を設ける」再生計画・更生計画が提出・可決された場合に、裁判所は当該債権が当該確認を得ていることを考慮して「衡平を害しない場合」に該当するかどうかを判断するものとされている（産活法53条、54条）。

　ただし、これは計画上の権利変更内容に「差を設ける」ことが許容されうる、とするのみであって、他の債権に先立つ100％弁済等の絶対的な優先性が確保されるわけではない。また、有利な扱いが許容されうるのは、民事再生手続と会社更生手続のみであり、債務者が破産した場合の破産手続上の優

先性までは付与されない。

　その意味では、プレDIPファイナンスの貸し手として、この衡平考慮規定のみに依拠するかたちで、後の法的整理移行時にプレDIPファイナンス債権がカットの対象とならないことを前提とした与信を行うことは、困難といわざるをえない。

　なお、別途、会社更生手続においては、実務上の工夫によりプレDIPファイナンス債権に手続上の優先性を付与する方法として、①債権者と管財人との間の和解によりプレDIPファイナンス債権を共益債権として取り扱う方法や、②会社更生法47条5項後段（「少額の更生債権等を早期に弁済しなければ更生会社の事業の継続に著しい支障をきたすときは、裁判所は、更生計画認可の決定をする前でも、管財人の申立てにより、その弁済をすることを許可することができる」）に基づき、プレDIPファイナンス債権を更生計画外で早期弁済する方法等が提唱されている。もっとも、これまでのところ実例は（特殊な事案における例外を除き）ほぼ皆無と思われる。

c　その他の保全手段

　前記のとおり、事業再生ADR手続における産活法52条確認によっては、後の法的整理移行時に、プレDIPファイナンス債権がカットの対象となることを防ぐことは困難である。他方で、窮境に至り私的整理手続を利用している債務者が十分な担保資産を有していることは少なく、貸し手として担保による保全を図ることは困難な場合が多い。

　この点、通常の担保保全以外に考えられる保全手段として、企業担保権の設定が考えられる。企業担保権は、民事再生手続においては一般優先債権、会社更生手続においては優先的更生債権、破産手続上は優先的破産債権として、それぞれ優先的に取り扱われる（民事再生法122条1項・2項、会社更生法168条12号、破産法98条1項）。もっとも、与信形態は社債の方式による必要があるうえ（企業担保法1条1項）、いかに私的整理手続中の債務者といえども、一般財産からの回収上の優先性を有する企業担保権を設定することは、

取引先等に信用不安を惹起するリスクがある。

　また、債権者間協定により、私的整理手続に協力している主力行等との間で、プレDIPファイナンス債権の優先性を合意することも考えられる。たとえば、①当該主力行等の既存債権について弁済がなされた場合は、当該弁済金（の一部または全部）をプレDIPファイナンスの貸付人に引き渡す旨を合意する、②当該主力行等の既存債権について、「法的倒産等の事由が発生した場合には、プレDIPファイナンス債権が全額の満足を受けるまで債権の効力を停止する」旨を合意する、といった方法である。もっとも、主力行等からここまでの協力を得ることは現実的にむずかしい場合も多い。

(7) EXITファイナンスの法的枠組み

　EXITファイナンスは、法的再建手続開始後のファイナンスという意味で、債権の法的性質はDIPファイナンスと異なるところがない。もっとも、融資金が既存の再生債権あるいは更生債権の弁済に充てられることから、これらの既存債権の取扱いに関して手続上の制約が存する点に留意が必要である。

a 民事再生手続の場合

(a) 計画認可（成立）後、手続終結前に実施する場合

　民事再生手続において、再生計画認可後、手続終結前にEXITファイナンスを実施する場合、以下に述べるとおり、再生計画の変更手続を要する。

　すなわち、EXITファイナンスによる再生債権の弁済は、再生計画に定めた弁済期の変更となるので、これについて民事再生法に基づく再生計画の変更手続が必要となる（同法187条）。

　この点、全債権者に対して一括で行う弁済時期の繰上げのように再生債権者に有利な変更をする場合も、民事再生法に基づく変更手続として、変更申立ておよび裁判所の決定を要する（同法187条1項）。

　他方、再生債権者に不利な影響を及ぼす場合には、これに加えて、再生計

画案の可決の場合に準じた、債権者集会による再生計画変更案の可決の手続が必要となる（民事再生法187条2項）。一部の債権者に対して繰上弁済を行うような場合がこれに該当することは明らかであるが、たとえば、①全債権者一括で繰上弁済を行うが中間利息は控除する場合、②一部の債権者に対して繰上弁済を行う一方、他の債権者については優先株によるDESを行う場合など、一概に再生債権者に有利といえるか微妙なケースもあり、裁判所等との事前相談が不可欠である。

なお、監督命令においては、一般に「借財」が監督委員の同意を要する事項として定められる。この点、東京地方裁判所の実務においては、監督命令上、借財に係る監督委員の同意については、「再生計画認可決定があった後はこの限りでない」との但書が付され、認可決定発令後は監督委員の同意は不要とされるのが通常である。もっとも、裁判所によっては、認可決定後も「多額の借財」などの行為が引き続き、監督委員の同意事項とされる場合があり、このような場合には、EXITファイナンスの実施にあたって、当該借入につき監督委員の同意も要件となることに留意が必要である。

(b) 手続終結後に実施する場合

監督委員が選任されている民事再生手続の場合、以下の①②のいずれかが手続終了事由である（民事再生法188条2項）。すなわち、②の場合は計画上の再生債権の弁済が完了しておらず、まだ再生債権が残存している状態であっても手続は終了する。

① 再生計画が遂行されたとき
② 再生計画認可決定が確定した後3年を経過したとき

この点、手続終結前と異なり、手続終結後は再生計画の変更手続が設けられていない（民事再生法187条1項）。そのため、EXITファイナンスによる再生債権の早期弁済等の措置は、前記のような再生計画の変更手続（債権者に有利な変更であれば裁判所の許可、債権者に不利な変更であっても多数決により可能）によることはできず、債権者の個別同意を得て行う必要がある。

なお、手続の終了により監督命令は失効するため（民事再生法188条4項）、債務者による借入にあたり監督委員の同意は不要である。

b 会社更生手続の場合

(a) 計画認可（成立）後、手続終結前に実施する場合

会社更生法上、「更生計画に定める事項を変更する」場合には、更生計画の変更手続が必要である（同法233条）。具体的には、更生債権者・更生担保権者および株主に不利な影響を及ぼさない場合は裁判所の許可、不利な影響を及ぼす場合は変更計画案についての多数決同意および裁判所による認可の手続が、それぞれ必要となる。したがって、民事再生手続の場合と同様、EXITファイナンスにより更生債権を繰上弁済する場合、当該弁済につき更生計画の変更手続が必要である。

また、更生手続開始決定上、管財人による「借財」は裁判所の許可を要する事項として定められていることが通常であり、この場合にはEXITファイナンスの借入につき、更生会社が裁判所の許可を得ていることが要件となる。

なお、会社更生手続の場合には、以下の行為は「更生手続開始後その終了までの間」は、更生計画の定めによらなければ行うことができないとされているため（会社更生法45条、46条）、EXITファイナンスの実施に伴い、ストラクチャー上の必要等から更生計画案に記載のないこれらの行為を新たに行おうとする場合も、更生計画の変更手続が必要となる。

① 株式の消却、併合もしくは分割、株式無償割当てまたは募集株式を引き受ける者の募集
② 募集新株予約権を引き受ける者の募集、新株予約権の消却または新株予約権無償割当て
③ 資本金または準備金（資本準備金および利益準備金）の額の減少
④ 剰余金の配当その他の会社法461条1項各号に掲げる行為
⑤ 解散または株式会社の継続

⑥　募集社債を引き受ける者の募集
⑦　持分会社への組織変更または合併、会社分割、株式交換もしくは株式移転
⑧　事業の全部の譲渡または事業の重要な一部の譲渡

(b)　手続終結後に実施する場合

会社更生手続の終了事由は、以下のとおりであり（会社更生法239条1項）、下記②③の場合は更生債権が残存している状態であっても手続は終了する。

①　更生計画が遂行された場合
②　更生計画の定めによって認められた金銭債権の総額の3分の2以上の弁済がなされたときにおいて、当該更生計画に不履行が生じていない場合
③　更生計画が遂行されることが確実であると認められる場合

この点、民事再生手続と同様、手続終了後は更生計画の変更手続が存しないため（会社更生法233条1項）、EXITファイナンスによる更生債権の早期弁済等を行うにあたっては、債権者の個別同意を得る必要がある。

(8)　窮境にある債務者に対する与信の合理性について

次に、DIPファイナンス（特にプレDIPファイナンスおよびアーリー DIPファイナンス）に係る融資判断に関し、その合理性判断の法的枠組みについて述べておきたい。

a　窮境にある債務者に対する与信と経営判断の合理性

わが国において、DIPファイナンスをそれ自体独立の業務として行っている金融機関は少なく、多くの場合、既存の貸付債権を有する金融機関が、債務者の再生にあたり必要なこれらの資金を貸し付けているのが実態と思われる。すなわち、これらの融資はしばしば救済融資としての性質を帯びることとなる。

債務者が窮境にあり、手続の成否が不透明な状態では、融資が毀損する可

能性が通常より高いことは当然である。融資業務に際して要求される銀行の取締役の注意義務の程度は、一般の株式会社取締役の場合に比べ高い水準のものとされており（最決平21.11.9）、金融機関としては、かかる融資が善管注意義務違反となるリスクを意識せざるをえない。

b　回収可能性と損失極小化目的

(a)　回収可能性

窮境企業に対する融資であっても、融資の回収可能性が必要とされることは当然である。この点、融資の回収は、

① 個別資産の価値、すなわち担保権からの回収
② 債務者の事業計画に基づくキャッシュフロー（ないし一般財産）からの回収
③ 第三者のキャッシュフロー（ないし一般財産）、つまり保証人からの回収

のいずれかによって図るしかない。

しかしながら、私的整理手続あるいは法的整理手続の成否が未定であり、計画が策定途上にあるといった場合、事業計画に基づくキャッシュフローは見積り困難である（なお、前記のとおり、私的整理の場合、手続が破綻し法的整理手続に移行された場合のプレDIPファイナンスの保護の仕組みも十分とは言いがたい）。

そうすると、金融機関としては、DIPファイナンスを供与するにあたっては、物的担保による保全を図ることを原則とせざるをえないと思われる。しかしながら、窮境にある債務者は、すでに担保価値のある資産を既存貸付のために担保提供してしまっていることが通常であり、担保適格のある資産を十分に見出せないことも多い。

(b)　「損失極小化目的」の当否

このような場合に、よく聞かれるのが「新規の融資が毀損しても、その毀損額を超えて既存の融資の回収額が増大するのであれば、この場合の新規融資は既存融資の回収費用として合理性を有するのではないか」との考え方で

ある。いわゆる「損失極小化目的」による救済融資の合理性の問題である。

近時、銀行による救済融資の違法性が問題となった事案で、最高裁は「既存の貸付金の返済は期待できないばかりか、追加融資は新たな損害を発生させる危険性のある状況にあった。被告人……は、そのような状況を認識しつつ、抜本的な方策を講じないまま、実質無担保の本件各追加融資を決定、実行したのであって、……客観性を持った再建・整理計画があったものでもなく、所論の損失極小化目的が明確な形で存在したともいえず、総体としてその融資判断は著しく合理性を欠」くものであったと述べている（最決平21.11.9）。つまり、「損失極小化目的が明確な形で存在した」場合に、融資が合理性を有する可能性について含みを残しているようにみえる。

また、上記最高裁決定の補足意見（田原睦夫判事）は、より明確に損失極小化目的による無担保融資が認められる可能性を肯定したうえで、その枠組みにつき大要、以下のように述べる。

①　相手方が実質破綻している場合であっても、既存の融資の回収の最大化と損失の極小化を図るうえで、相手方に一定の資金が必要とされ、その資金の融資として無担保融資を行うことが肯認されるのは、それが既存の融資の回収の増大に必要な費用としての性質を有しているからである。

②　その融資（実質は費用）の実行にあたっては、以下の点が詳細に検討されなければならない。

　ⅰ　それに伴う回収の増加が見込めるか

　ⅱ　その投入費用と回収増加額の関係

　ⅲ　回収見込額の増減の変動要因の有無、その変動の生じるリスク率

③　そのうえで、どの時点まで費用を投じるか、あるいは、どの時点で新たに生じた損失を負担してでも新規の貸付を打ち切るのか等が詳細に検討されなければならない。

④　いったん融資（費用の投入）を決定した後においても、相手方企業の動静を常に注視し、その企業の状況、企業グループを取り巻く外部の状況変

化による回収見込額の増減、予測される投入費用見込額（新規融資額）を点検するとともに、見込まれる投入費用が回収見込増加額を超える危険が生じた場合には、すべからくその後の費用の投入（追加融資の実行）を停止することが求められる。
⑤ 取締役が上記の判断をなすにあたっては、常に時機に応じて適確な情報を入手し、合理的な分析をなしたうえで新たな判断をなすことが求められる。

　このように、一般論としては、損失極小化目的により救済融資が経済合理性を有する場合がありうるとしても、金融機関としては、前記補足意見② i～iiiのとおり、「追加融資を行うことによって増大しうる回収額が、追加融資について生じうる損害を上回ること」を、定量的な分析により心証形成したうえで与信判断を行う必要があると考えられる。そして、事業再生に着手した早期段階において、事態の流動性が高いなかで当該定量分析を正確に行うことは、往々にして容易な作業ではない。

(9) 案件相談経緯と関係当事者

　私的整理のポイント（私的整理を選択する理由）は、本章Ⅰ1にて記載のとおりであり、金融債権者間の調整がうまくまとまらなかった場合、または金融債務の整理のみでは事業再生を円滑に図ることが困難である場合等に、法的整理手続に移行することとなる。

　一企業の事業再生にあたっては、さまざまなプレーヤーの関与・協力（関係者間の役割分担等については後掲図表4－12参照）が想定され、貸し手に対するDIPファイナンスの相談経路も下記のとおりさまざまである。

|債務者自身|　業況および資金繰り悪化フェーズにおいて、メインバンクを中心とした既存レンダーに対して追加支援を依頼する場合、または既存レンダーからの追加融資が困難な状況において新規レンダーに対して融資相談がなされる場合。

|ポイント| 既存レンダーにおいては、日々のモニタリングの過程で債務者の業況悪化の予兆を察知できることも少なくなく、債務者のステージに応じた早め早めの対応が望まれる。
　従前の取引関係をふまえて、債務者より安易なスタンスで追加の融資期待を受ける場合も少なからず存在するが、事業キャッシュフローに基づく回収可能性を判断できるフェーズか／担保による保全を前提とした融資検討フェーズか、また、私的整理手続の範囲で対応可能か／法的整理手続への移行が必要なフェーズか等、慎重に見極める必要がある。また、新規レンダーにおいては、債務者とのやりとりに加えて、既存レンダー等の主要ステークホルダーの動向を別途（可能であれば直接）確認することが望ましい。

|メインバンク| 自行にて追加与信を行うことが困難な場合や既存レンダー間の支援体制の足並みがそろわない場合等において、債務者の新規資金調達支援や既存債権の一部肩代わり（リファイナンス）を通じた支援体制強化の観点から、新規レンダーを探す場合。
|ポイント| 新規レンダーとしては、主要ステークホルダーであるメインバンクの足下支援状況および今後の支援姿勢等について把握可能である点はプラスととらえられる。一方で、債務者の最大の理解者である当該メインバンクがなぜ自行で対応できないのか、そこに業況や資金繰り悪化の主因、事業再生に向けたポイントが見出されることも多く、可能な範囲で確認することが必要と考えられる。

|事業再生実務家| 私的整理手続および法的再建手続においては、ビジネス、財務、法務、税務の各面からのデューデリジェンス（DD）や再生計画の策定、関係者間の調整等の際に、事業再生実務家（弁護士、会計士、税理士、コンサルタント等）が関与し、債務者の再生に取り組まれるケースが一般的である。このような場合、再生手続を主導する事業再生実務家が、再生計画とセットで資金計画を検討するケースが多く、DIPファイナンスの相談も当該実務家から受けることとなる。
|ポイント| 事業再生実務家の関与により、債務者の実態把握ならびに再生手続の透明性確保および論点整理が図られる。一方で、当該実務家が案件窓口もしくは再生手続を主導することとなった場合、貸し手にとっては債務者の顔が（手続および実態経営の両面から）みえにくくなるおそれがある。貸し手としては、当該実務家の債務者に対する関与の度合い（深さ）をみつつ、当該債務者の自立可能性等見極めの観点から、債務者や他の関係当事者と直接コンタクトをとることも重要と考えられる。

> |スポンサー候補(ファンド、事業会社等)| スポンサー支援型の再生手続において、当該スポンサー(候補)のビジネスDD期間やスポンサーによる資金供与までのつなぎ資金、買収時のレバレッジ資金等に係る資金ニーズに対し、当該スポンサーより直接相談を受ける場合。
> |ポイント| つなぎ資金の場合には、スポンサー支援の蓋然性に係る確認がいちばんのポイントと考えられる。また、買収時のレバレッジ資金の場合には、再生計画およびそれに基づく事業キャッシュフロー見通しの精査、ならびにスポンサーとの当該認識共有(加えてファンドの場合にはスポンサーEXIT方針の確認)等が重要と考えられる。

(10) DIPファイナンス検討時の着眼点

a DIPファイナンス実行までの流れ

貸し手におけるDIPファイナンス実行までの流れは、「融資相談→審査→融資条件および契約内容の調整→契約締結→融資実行前提条件の確認→融資実行」、と通常の融資と大きくは変わらないが、DIPファイナンス検討の際の固有のポイントとしては大きく、①債務者の再生支援対象企業としての適格性、②回収可能性の前提となる債権保全スキーム・ストラクチャリング、③EXITファイナンスの場合には再生フェーズにおける事業性評価、の3点があげられる。

また、取り組まれている事業再生手続の類型と進捗状況に応じて、融資検討および実行に際して必要な手続も異なってくることから(詳細は(4)ないし(7)にて既述のとおり)、これら進捗状況について事前に確認しておくことが必要である。

b 再生支援対象企業としての適格性

(a) 継続企業価値と清算価値

事業再生手続の目的として、債務者の事業継続を通じた債権者の回収最大化があるため、そもそもの前提として、清算価値を継続企業価値が上回っていることが必要となる。

(b) 株主・経営責任

　事業再生手続の枠組みのなかで、債権者のみ金融支援（債権カット・返済期限延長等）を求められる一方で、株主・経営陣がなんら責任をとらないということでは、関係当時者間の公平性に欠け、経営に対し一種のモラルハザードを招いてしまうことになる。この観点は、たとえ新規レンダーとして再生手続に関与する場合でも同様といえる。

　あくまで個別事情に応じた対応となるものの、DIPファイナンスの検討に際して既存株主については、たとえば100％減資や大幅な株式希薄化等が図られているか、また事業悪化および金融支援が必要となったことに対する経営責任（旧経営陣の退陣等）がとられているか、事前の確認が必要である。もし上記の措置がとられていない場合には、必要に応じて融資検討の前提条件として交渉・調整を行うことも必要と考えられる。

(c) 再生プロセスの透明性

　事業再生手続としては、民事再生手続や会社更生手続といった法的再建手続のほか、事業再生ADR、私的整理ガイドライン、RCC企業再生スキーム、中小企業再生支援協議会、株式会社企業再生支援機構による支援手続等の私的整理手続の整備がなされている。

　DIPファイナンスを検討する立場からも、これらの再生手続の枠組みを活用していたほうが、①当該手続の透明性や債権者を含む関係当時者間の公平性、実効性（法的拘束力等）の確保、②関係当事者間の債務者支援に係る合意形成およびその確認、③既述のとおりのDIPファイナンスの法的位置づけ（「共益債権性」については(4)、「事業再生ADRにおける衡平考慮規定」については(6)参照）の整理等が可能となることから、検討を進めていきやすいものと考えられる。

　なお、仮に上記に例示したような再生手続の枠組みを活用しない場合においては、債権者間の支援体制の確認、DIPファイナンス債権と既存債権等との優先劣後性の確認、事業計画および資金計画の精査等について、枠組みを

活用した場合に比べてよりいっそう慎重な確認および吟味を行うことが必要と考えられる。

(d) 管理体制

DIPファイナンスにおいては、本章Ⅲ1（ABLファイナンス）および後述のとおり、資金繰りの把握や債権保全の前提となる担保関連データの正確な把握が必須となる。経営陣の一新や人員リストラ等がなされるなか、債務者として自立して、またそれがむずかしい場合においては外部資源を導入しながら、収支の管理、財務データの管理、担保物件状況の把握等が可能かどうかについて、債務者の経営管理体制の確認が必要である。

(e) 再生計画の実現可能性、事業性評価

今後の再生可能性を判断するうえで、まず初めに確認すべきは、窮境原因の把握と、主要債権者において再生に明確な反対を表明しているものがいないか、という点である。窮境原因の解明と事業再生に向けた当該要因の除去・改善、また主要債権者の協力なくして、再生手続は成り立ちえない。

次に、中期的な事業キャッシュフローの分析可否によって、再生計画・資金繰り計画のみるべきポイントも変わってくるものと考えられる。

① 中期的な事業キャッシュフローの分析検討が可能な場合

DIPファイナンスを検討するに際し、事業キャッシュフローの見極めとそれに基づく償還可能性の分析が可能となりうるのは、主に私的整理手続初期（事業価値の毀損が小さい段階や、初期的手当により再生可能性が認められる場合等）、レイターDIPファイナンス、EXITファイナンスのフェーズである。

経営改善計画や再生計画、更生計画の着眼点および分析手法については、第3章「Ⅲ　経営改善計画の策定と実行」にて詳述のとおりである。貸し手としての与信判断の見方は、通常の企業に対するものと大きな変わりはないものと考えられるが、特に留意して確認するべきポイントとしては、①新たな経営体制に懸念はないか、②仮に事業再構築が行われる場合には当該事業の立上りがスムーズに行われるか（取引先との関係、事業拠点・体制、人員体

制等)、③取引金融機関についてメインバンクの変更や支援体制の変更（複数行取引か1行取引か、貸し手は金融機関か事業会社か、等）が与える影響がないか、といった点があげられ、これらの点について、よりいっそう慎重な見極めが必要と考えられる。

② 中期的な事業キャッシュフローの分析検討ができない場合（再生計画が固まっていない段階等）

　私的整理手続後期やアーリーDIPファイナンスのフェーズにおいては、計画認可決定前で事業キャッシュフローの見通しが不透明であるなど、債務者の事業継続に一定の不確実性が認められる状況といえる。

　貸し手の立場からは、既述のとおりのDIPファイナンス取組意義や与信判断の考え方から、債権保全（担保）スキームの構築を通じた融資検討自体は可能である。一方で、貸し手にとっては、当該融資資金が債務者により有効に活用され、最終的に当該資金が弁済されてはじめて事業再生への貢献という所期の目的を達成できるわけであり、少なくとも融資直後の二次破綻の可能性が高い（当該融資をもってしてもなお資金不足が生じる）場合においては、対応がむずかしい。よって、最低限、融資期間中の資金繰りについては慎重な精査を行いつつ、返済期限におけるEXIT（資金繰りのなかでの回収やリファイナンス、スポンサー支援等）を見据えながら融資実行の可否判断を行うこととなる。

c　ファイナンス諸条件、債権保全スキーム・ストラクチャリング

(a) 金　利

　正常先の債務者に対するファイナンスと異なり、要注意先や破綻懸念先、破綻先等に区分される債務者に対するファイナンスには、相応のリスクが伴う。また、EXITファイナンスのステージ（通常これらのステージの場合、区分は正常先や要注意先水準に回復していることが多い）においても、他の正常先企業に比べて実績の積重ね期間が短く、将来の事業見通しに一定の不確実性を伴うことが少なくない。

よって、DIPファイナンスにおける金利水準は、平常時よりも高めに設定されることが一般的である（ただし、既存レンダーにおいては、支援姿勢込みの水準もありうる）。

(b)　期　　間

　所要資金の性質にあわせて期間設定を行う。一時的な不足資金への対応や当面の運転資金をつなぐようなアーリーDIPファイナンス、レイターDIPファイナンスの段階では、比較的短期（数カ月～1年程度以内）にて検討・設定されることが多く、EXITファイナンス等の段階では信用リスクに応じた期間設定（～数年単位）がなされる。

(c)　優先弁済性

　法的再建手続における共益債権性、事業再生ADRにおける衡平考慮規定については既述のとおりであり、再生手続の枠組みのなかでDIPファイナンスに対する優先性確保（可能性）の定めがなされている。DIPファイナンスの貸し手としての立場からは、これらの優先性を（所定の手続を踏むことで）確保できるほうが、債権保全の観点からも取り組みやすい。

　一方で、上記の枠組みを活用しない場合に、貸し手として既存債権との比較でどこまで優先性の確保を求めるかは、案件ごとにケースバイケースと考えられる。債務者の置かれた事業環境および資金繰り見通しをふまえつつ、回収可能性の観点から、弁済順位、担保配分順位、期間設定等につき検討・調整を行うことが必要である。

(d)　保　　全

　債務者（窮境企業）の保有する不動産については、すでに既存債権に対する担保権が設定されていて担保余力がなく、担保余力が見出せる資産としては、流動資産（売掛債権、在庫、預金等）しか残っていないケースがほとんどである。担保価値に依拠したファイナンススキーム構築の基本的な考え方は、本章Ⅲ1(4)（ABLスキーム）にて後述のとおりであり、ポイントとしては、担保評価方法、担保権の対抗要件具備、ボロイングベースの設定（担保

評価額が常に貸付残高を上回るようにスキームを構築)、事後モニタリング等があげられる。

　一方で、EXITファイナンスにおいては、既存債権の一括リファイナンスに伴い、既存の担保権はリセットされることとなるため、新規融資に際しては、全資産担保のかたちや、個別に担保対象物件を選定するかたちで検討を行っていく。債務者の事業構造や資金ニーズに適したかたちで融資スキームを検討するとした場合には、回収に長期を要する不動産(土地・建物)と長期資金、流動資産(在庫・売掛債権・預金等)と短期運転資金を組み合わせるかたちで担保権を設定するのも一案と考えられる。

(e)　融資形態

　DIPファイナンスの融資形態については、融資検討期間、貸出与信枠、リスクシェア等の観点をふまえて検討が行われる。

① 相対融資かシンジケート・ローンか

　迅速な対応が求められるアーリーDIPファイナンス等のフェーズにおいては、そもそも関係者間の調整に割ける時間自体が短い、もしくはDIPファイナンスを行う金融機関・事業者自体が少ないという場合が多く、必然的に相対融資の形態をとられることが多い。一方で、私的整理手続初期やEXITファイナンス等のフェーズにおいては、貸し手の立場からは、与信枠管理(＝融資期待額に対して1行では対応しきれない)やリスクシェア(＝複数行にてリスクを分担(融資額を抑制)したい)等の観点から、また債務者にとっても資金調達のパイプを複数確保できること等を勘案し、シンジケート・ローン(協調融資)や複数行での対応が志向されるケースがある。

② ターム・ローンかコミットメントラインか

　資金ニーズの性質によるものの、一般的には、回収に長期を要す場合やキャッシュフロー見通しにあわせた分割弁済を想定している場合等にはターム・ローンが好まれる。また、資金ニーズに季節性がみられる場合や

残高（見通し）の増減が頻繁に行われる場合、あるいは資金調達の余裕枠を設定しておきたい場合等には、コミットメントラインが好まれるものと考えられる。

(f) 契約条項

DIPファイナンスに固有な契約条項は、主に、①事業再生手続を適切に進めていくうえで必要な事項、②組織再編等が伴う場合には当該スキームに関連して必要となる手続にかかわる事項、③業況モニタリングや担保権設定・管理にかかわる事項等であり、主要項目を例示すると、下表のとおりである。

	アーリー・レイター DIPファイナンス固有の条件（例示）	EXITファイナンス固有の条件（例示）
貸付実行前提条件	・監督委員の同意（民事再生）、裁判所の許可（会社更生） ・上記を証する書面（同意書・許可証明書）の提出 ・再生（更生）手続廃止事由の不発生 ・設定した担保権に係る対抗要件の具備	・前提となる組織再編等に係る契約および意思決定（株主総会決議等）の有効性 ・スポンサーチェンジ、オーナーチェンジの効力発生 ・弁済される既存債権者の同意書の提出（事業再生計画の有効な成立） ・既存担保権の抹消に必要な書類の提出 ・（法的再建手続の場合）手続およびその各進行段階に応じた許可・同意等の取得
表明保証	・貸付債権の共益債権性、既存債権に対する優先性 ・前提条件に係る表明保証	・前提条件となる各種トランザクションの有効性 ・弁済される既存債権者の有効な同意（事業再生計画の有効な成立）
誓約事項・コベナンツ	・裁判所（および監督委員）に対する提出書類の貸し手への提出義務	・前提となる各種トランザクション（未履行のもの）の誠実な履行

258

	・一定額以上の共益債権が発生した場合の報告義務 ・事前承諾事項：再生（更生）計画案の提出、スポンサー契約の締結、裁判所（または監督委員）の許可（または同意）を要する行為、他の倒産手続の申立て ・業況モニタリングに係る資料提出義務：ボロイングベース（を設定している場合）の基礎となる資料、資金繰り表 ・コベナンツ：担保維持義務、最低現預金水準維持	・計算書類・事業計画等の提出義務 ・事前承諾事項：定款変更・組織再編、重要財産の取得・処分・担保権設定、債務負担（保証を含む）、資本構成の変更（新株発行等のほか、株式譲渡に対する同意を含む） ・コベナンツ：純資産維持、利益水準維持、レバレッジ・レシオ、DSCR等
失期事由	・手続廃止決定 ・再生（更生）計画案の否決、不認可決定、認可決定取消し ・他の共益債権についての期限の利益喪失事由の発生 ・他の倒産手続の申立て	（一般的な条項）

　以上、再生支援対象企業としての適格性が認められ、上記のとおりの諸条件が整ってはじめて、DIPファイナンスが実行されることとなる（図表4－12）。

(11) 実行後のモニタリング

　再生途上の債務者に対するDIPファイナンス実行後においては、一時的に資金繰りをつなげたとはいえ、いまだ現預金水準は低位にとどまることが多く、かつ事業の安定化・正常化についても道半ばにあるものと考えられることから、正常状態の企業に対するよりも、よりいっそうこまめなモニタリングが必要となる。

　モニタリング上の主要な論点は、以下のとおりであり、個別債務者の状況

図表 4-12 DIPファイナンスの流れ

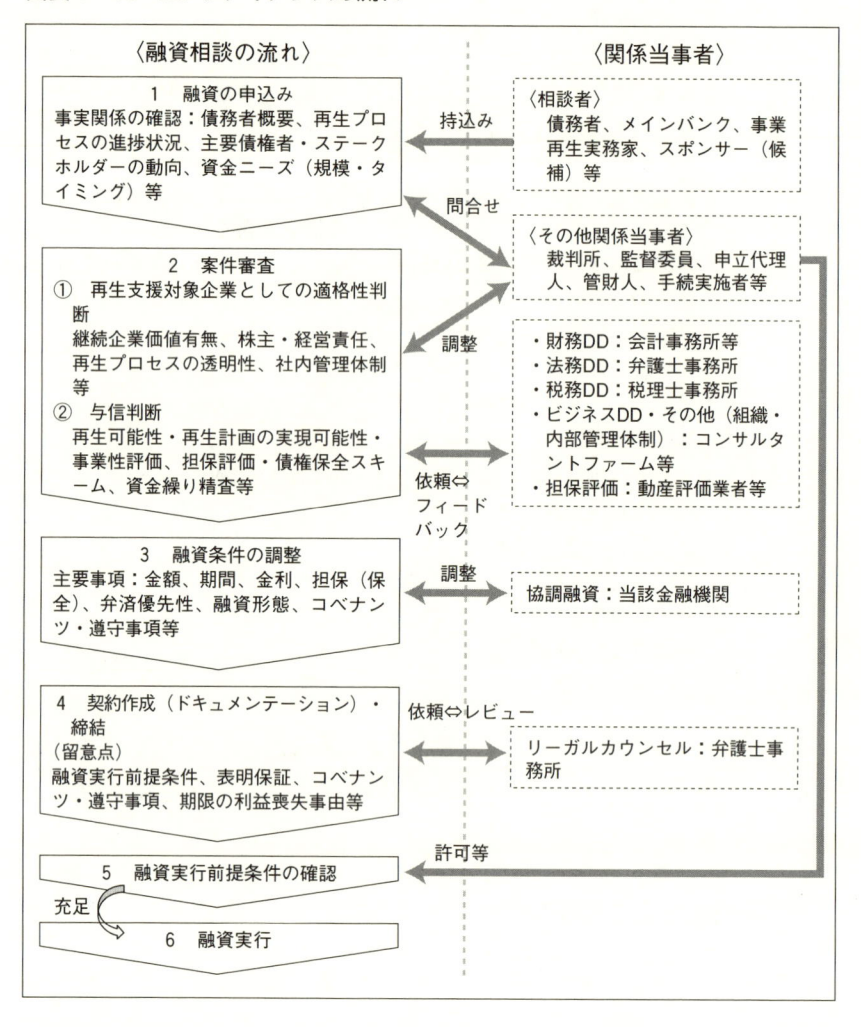

〈融資相談の流れ〉

1. 融資の申込み
   事実関係の確認：債務者概要、再生プロセスの進捗状況、主要債権者・ステークホルダーの動向、資金ニーズ（規模・タイミング）等
   　← 持込み

   ← 問合せ

2. 案件審査
   ① 再生支援対象企業としての適格性判断
   　継続企業価値有無、株主・経営責任、再生プロセスの透明性、社内管理体制等
   ② 与信判断
   　再生可能性・再生計画の実現可能性・事業性評価、担保評価・債権保全スキーム、資金繰り精査等
   　← 調整

   ← 依頼⇔フィードバック

3. 融資条件の調整
   主要事項：金額、期間、金利、担保（保全）、弁済優先性、融資形態、コベナンツ・遵守事項等
   　← 調整

4. 契約作成（ドキュメンテーション）・締結
   （留意点）
   融資実行前提条件、表明保証、コベナンツ・遵守事項、期限の利益喪失事由等
   　← 依頼⇔レビュー

   ← 許可等

5. 融資実行前提条件の確認
   充足↓
6. 融資実行

〈関係当事者〉

〈相談者〉
　債務者、メインバンク、事業再生実務家、スポンサー（候補）等

〈その他関係当事者〉
　裁判所、監督委員、申立代理人、管財人、手続実施者等

・財務DD：会計事務所等
・法務DD：弁護士事務所
・税務DD：税理士事務所
・ビジネスDD・その他（組織・内部管理体制）：コンサルタントファーム等
・担保評価：動産評価業者等

協調融資：当該金融機関

リーガルカウンセル：弁護士事務所

に応じて適切に対応していくことが望まれる。

a　経営体制

① （新）経営陣による事業運営が円滑に行われているか。
② 債務者とスポンサー（がいれば）との連携がとれているか。

③ (新)経営陣と従業員との間に衝突が起きていないか、管理が行き届いているか。
④ リストラ実施後の人員体制に過度な負荷がかかっていないか。
⑤ 従業員のモチベーションが下がっていないか、従業員モチベーション向上策がとられているか。

b 資金繰り
① 資金繰り表の作成・管理が適切になされているか。
② 入金予定に不確実性がないか、ある場合にはその手当がなされているか。
③ 資金繰り状況につき貸し手とのコミュニケーションがとられているか（貸し手への報告が適時なされているか）。

c 保全（担保）状況
① ボロイングベースの管理が適切になされているか。
② 在庫についてはその品目構成や数量、金額、粗利率等、売掛債権については第三債務者のクレジットや取引金額等に変化がみられていないか。
③ 必要に応じて現地実査、現物確認がなされているか。

d 関係者動向
① 主要債権者や主要協力先の支援姿勢に変化がないか。
② 調整途中の事項等について関係先より（継続）支援を取り付けられているか。

e 再生手続進捗
① 実現可能性の見込まれる再生計画の作成・策定がなされているか。
② スポンサー探し（が必要な場合）に進捗がみられるか。
③ 再生計画の進捗について予実分析がなされているか、事業再構築やコスト削減等が計画どおりに進捗しているか。
④ 業績下ブレ（が起きている場合）の要因分析および改善アクションがなされているか。

⑿ その他

a　貸し手としてのDIPファイナンス取組方針と組織体制

　DIPファイナンスの考え方は既述のとおりであるが、そもそも論として、DIPファイナンスに組織として取り組む（ことができる）か否かは、ファイナンスの機能面に加えて、組織内での取組方針・体制によるところも大きい。

　既存レンダーとしての立場からは、プレDIPファイナンスのフェーズにおいては今後法的整理手続に移行する可能性のある債務者に対して追加与信が可能か、アーリーDIPファイナンスやレイターDIPファイナンスのフェーズにおいては既存債権に係る金融支援や管理・回収に加えて新たな与信を行うことが心情的な側面もふまえて可能かといった点が、組織内検討上、大きなハードルとなる。また、新規レンダーとしての立場からも、窮境企業や倒産企業に対するファイナンスに積極的に取り組むべきか否かといった点について、社会的意義や収益性に加えて、貸し手の企業体力（引当コストや不良債権比率等（概要後述））の観点も含めて、組織内での取組方針整理が必要となる。

　次に、DIPファイナンスに迅速性が求められることは既述のとおりであり、そのためには与信判断および意思決定を迅速に進められる組織体制・決裁プロセスを構築することも必要である。

　以上の点は、DIPファイナンスを行う（ことができる）金融機関・事業者が少ないことの大きな要因ともなっている。

b　DIPファイナンス債権の取扱い

　第一に、金融検査マニュアルにおいては、法的再建手続下の共益債権については、資産査定上、非分類ないしⅡ分類に分類され、その他の債権については、債務者区分および保全状況等に応じて分類されることとなっている。よって、各分類に応じて算出された貸倒引当金は、貸し手の損益に影響を与

えることとなる。

　第二に、DIPファイナンス債権の多くは、債務者の債務者区分に応じて（要管理先以下で一定の基準を満たす場合）金融再生法や銀行法に基づく開示債権上の不良債権に該当することとなる。よって、貸し手としては、不良債権比率の悪化を許容可能か、検討が必要となる。

c　新監督指針とDIPファイナンス

　中小・地域金融機関向けの総合的な監督指針（2011年9月）において、一つの柱として掲げられているのが「事業再生や業種転換が必要な顧客企業」に対する「コンサルティング機能」「ソリューション」としてのDIPファイナンスである。

　DIPファイナンス供与（検討）のタイミングは、債務者と既存取引金融機関との取引関係を見直す好機ともとらえられる。窮境時に金融支援や新規与信を行うに際しては、債務者と債権者とで腹を割って話し合いながら課題認識を共有するとともに、再生に向けてお互い痛み（負担）を分かち合うこととなる。貸し手としては、これまでのモニタリングや事業性分析の過程で得られた債務者の収支構造やビジネスへの理解、また地域・業界への理解をふまえつつ、債務者窮境原因の把握（早期発見）と分析、再生計画の立案等において、コンサルティング機能を発揮していくことが期待される。

Ⅲ

その他

　本章「Ⅰ　私的整理」および「Ⅱ　法的整理」にて、主に利用される私的・法的枠組みおよび金融手法について説明した。これらの事業再生期では、事業および財務の再構築が必須であり、上記で紹介したDDSやDESといった金融手法が使われることになる。また、ファイナンス面においては、信用力の低下により資金調達が困難となっている局面であることから、たとえば、「Ⅱ　法的整理」で記載したDIPファイナンスといった手立ても必要となってくる。以上の手法以外に事業再生期において、事業継続のための資金調達手法としてABL、そして再生過程で出てくるスポンサーや経営者の問題について、どのようなプレーヤーがいるのかについて以下で説明したい。なお、この節で説明する事項は事業再生期だけでなく、「第3章　経営改善期」においても有効である。

1

ABLファイナンス

(1)　はじめに

　事業再生を目指す取引先に対する融資またはDIPファイナンスとして、地域金融機関によるABLを活用した再生支援が考えられる。このABLは金融機関からみると二つのタイプに整理できる。

　第一としては、事業再生の過程等にあり事業キャッシュフローによる返済

ではなく、デフォルト時に担保処分により回収を図ろうとする融資である。

　第二としては、企業の事業継続を前提として、担保設定している在庫や売掛債権を通じて生み出されるキャッシュフローに着目した融資である。本項では、事業再生におけるABLの活用である第一の融資形態から記述する。

　本項では、はじめにABLの定義、特徴、法的論点等を説明したうえで、次に地域金融機関におけるABLの活用における課題そして想定される活用ケースについて述べたい。

(2) ABLの定義・意義

a　ABLの定義

　ABL（Asset Based Lending）とは、企業が所有する流動資産（在庫、売掛債権等）を担保として、活用する金融手法のことである。従来、銀行融資は、不動産等を担保として融資を行ってきたものの、そういった固定資産を有さない企業に対しても、流動資産を担保として融資しようとするものである。このようなABLは、企業の商流をふまえて在庫、売掛債権、預金等に担保権を設定するものであり、それらの資産価値に依拠して行うファイナンスである。

b　ABLの意義・目的

　ABLを利用することによる、資金調達者である企業そして資金供給者である金融機関にとっての意義や目的は、以下のとおりまとめることができる。

(a)　企業にとって

① 資金調達手段の多様化

　企業が不動産等の固定資産を有しない場合でも、ABLにより流動資産を担保提供することで資金調達の可能性が広がる。

② 余剰である在庫資産の活用

　余剰または販売まで期間を要する在庫資産を担保提供することにより、

新たな資金調達が可能となる。
③ 負債組換えの一手段
　　ABLを活用して流動資産の担保トランシェを設計することにより、担保設定があり／なしのトランシェや、優先／劣後トランシェ等を設定し負債組換えの一手段として活用できる。
④ 内部管理体制の強化・整備
　　ABLにより資金調達を行った企業は、金融機関に対して担保提供している在庫、売掛債権等に関して定期的に状況報告が必要となる。こうした定期的な報告を通じて企業の内部管理体制の強化および整備に資すると考えられる。

(b) **金融機関にとって**
① 企業の業績・事業構造の透明化
　　担保提供を受けている在庫・売掛債権等のモニタリングを通じて、取引先の日々の業績把握および事業の商流についていっそう理解を深めることができる。
② 取引先の内部統制の強化
　　企業側の意義・目的に記載したとおり、企業の内部統制の強化は金融機関にとってもメリットとなる。
③ 債権保全の強化
　　無担保の状態に比べて、在庫、売掛債権等を担保として徴することにより債権保全の強化に資する。
④ 収益機会の獲得
　　一時的に与信がむずかしい経営状況の企業に対して、在庫・売掛債権等の担保設定により融資可能となる場合、ABLにより収益獲得機会の増加が見込める。

(3) ABLにより取り組みやすい企業・業種等

　ABLは上記のとおり企業にとってもメリットのある資金調達手段であるが、こうしたABLを活用するのに適していると考えられる企業および業種・資産について一例を記載してみる。ただし、ABLの活用可能性は個々の資産を判断する必要があるため、以下はあくまで一般論として記載しているにすぎないので注意していただきたい。

a　ABLに適した企業

　第一に、売却市場のある（換価価値の高い）在庫や信用力の高い取引先に対する売掛金等の流動資産を保有している企業はABLに向いていると考えられる。

　第二に、ABLでは、担保に提供している在庫、売掛債権等に関して、金融機関に対して定期的な報告が必要であるため、在庫や売掛債権のデータ、財務諸表等を日々適切に管理・報告し、適切な内部統制が管理できている企業がABLに適していると考えられる。

　第三に、ABLでは、企業においてモニタリングや在庫評価に関するコスト負担が発生することを考えると、相応の借入ロットが期待できる取引先のほうがABLの活用により享受できるメリットは大きいと考えられる。

b　ABLに取り組みやすい業種・資産

　金融機関の債権保全の視点から考えると、有事の際に債権回収に資する、換価しやすい資産であることが求められる。ABLを利用する業態としては、小売業、卸売業が一般的に多いといわれている。ただ、食品、アパレル、貴金属等さまざまなものも担保としてとることも可能である。ただし、医療関係、書籍等の法制度面において担保処分がむずかしい案件もあるので、担保取得する前に担保処分する際の問題点について確認が必要である。また、企業の規模感では、前項記載のとおりモニタリング報告や在庫評価に関するコスト負担が発生するので、こうした負担に耐えうるだけの企業規

模・体力であることが望ましい。

(4) ABLスキーム

a 一般的なABLスキーム

ABLのスキームとしては、「在庫」「売掛債権」「預金口座」をあわせて担保として徴することにより商流全体に担保権を設定することがある。これは、「在庫動産→売掛債権→預金」という事業者の営業用資産の循環構造に着目して、これらをまとめて担保徴求しているものである。具体的には、担保提供している在庫が販売され、売掛債権が増加し、売掛債権を現金により回収、当該現金によりABLが返済されるという流れである。特に、「預金口座」の担保徴求は、売掛債権に譲渡禁止特約が設定されていたり、在庫に所有権留保等の条件が付されている等により、「在庫」または「売掛債権」にしか担保権が設定できず、融資額に対して担保評価額が積み上がらないような場合に、その回収金を含めることで、譲渡禁止特約や所有権留保等の条件

図表4-13　ABLスキーム（在庫、売掛債権、預金に担保権を設定）

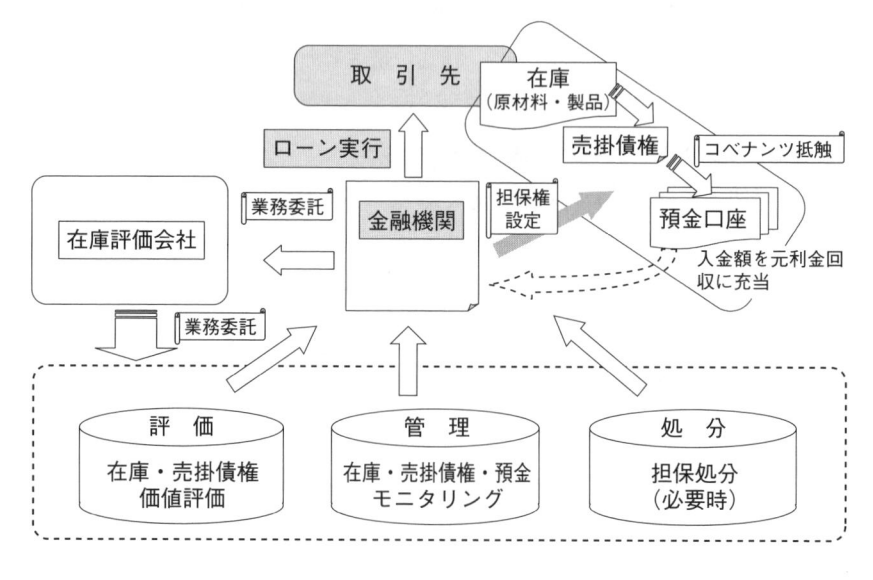

が付された担保目的物に対する担保の代替手段として機能する。この場合には、商流を見極めながら当該担保権を設定することによる効果と資金のもれへの対応について考える必要がある。

なお、在庫は日々評価対象が入れ替わること、売掛債権は第三債務者の信用力に伴い担保価値が変動するので、こういった点をふまえた担保評価、適切なモニタリングや担保権の設定が必要である（図表4－13）。

b 担保権設定と担保価値評価（在庫、売掛債権、預金債権）

ABLが在庫、売掛債権等の評価額に依拠した融資であることから、担保権の設定およびその評価価値の適切な把握はきわめて重要な論点である。以下、担保目的物に応じて個別にその留意点を述べる。

(a) 在庫動産

① 担保権の設定および留意点

在庫動産を対象とするABLは、(i)質権による方法と(ii)譲渡担保権による方法が考えられるが、動産質権は目的物の代理占有が禁止されており（民法345条）、かつ、ABLの場合、対象となる集合動産について借入人による継続的な占有・使用が前提とされているため、譲渡担保権の方法によって設定するのが一般的である。

かかる設定にあたっては、どの在庫動産が担保目的物としての集合物を構成するか、その範囲を特定する必要があるとされており、種類、所在場所、量的範囲の三つの要素で特定がなされる。なお、かかる特定は、三つの全要素について個別に明確性が要求されるわけではなく、個々の要素における明確性の程度との相関関係によって特定性として十分かどうか判断されることになる。

また、対抗要件の設定方法は、(i)占有改定（民法183条）または指図による占有移転（同法184条）の方法、(ii)動産譲渡登記（動産及び債権の譲渡の対抗要件に関する民法の特例等に関する法律（以下「譲渡特例法」という）3条）による方法、(iii)両者を併用する方法がある。

この点、(i)占有改定の方法による場合、担保権の公示が不十分になってしまうため、実務では、(ii)動産譲渡登記による方法か、(iii)両者を併用する方法を用いる場合が多い（なお、(iii)の場合の占有改定の意義は、担保設定から登記具備までの一定の期間について、対抗要件が具備されない状況になることを防止する点にある）。

なお、対抗要件設定時点以降に新たに流入した動産についても、集合物の同一性が損なわれていない限り、新たにその構成部分となった動産を包含する集合物についてその効力が及ぶものとされており（最判昭62.11.10民集41巻8号1559頁）、流入のつど、新たに対抗要件を具備する必要はない。

上記のほか、在庫動産に担保権を設定する際に、特に留意すべき点は、以下のとおりである。

i　在庫動産の売却可能性および販売先の確認（担保処分時の換価可能性）
ii　在庫動産の換価処分に必要なコストを控除しても相応の回収額が見込めること
iii　在庫動産の所有権の確認

　　仕入業者から在庫動産の所有権留保がなされていないか確認を行う。所有権留保は、売買代金債権の担保のために、目的物である在庫動産の引渡し後も代金返済まで当該在庫動産の所有権を仕入業者のもとに留保する特約であり、代金返済まで企業に在庫動産の所有権がないため、担保権を設定することができない。また、在庫動産の販売にライセンスが必要ないかについても確認しておく必要がある。

iv　担保在庫と非担保物件との間の識別可能性

　　在庫動産の一部を担保取得する場合、非担保物件と混在する可能性が高いため、極力、在庫動産一式を担保として徴することが望ましい。

v　在庫動産の管理状況（保管場所、保管方法、管理体制）

　　倉庫会社の倉庫に在庫動産が保管されている場合、留置権者による相

殺リスクの手当、在庫動産のモニタリングや担保実行の円滑性を確保する必要があるため、倉庫内における在庫動産への譲渡担保権の設定について倉庫会社より事前に承認を取り付けておく必要がある。

vi 「登記事項概要証明書」により動産譲渡登記がなされていないことの事前確認

　当然のことではあるが、在庫動産に既存の担保権が設定されていないかを必ず事前に確認しておく必要がある。

vii 在庫動産取扱いの規制

　石油、酒類、医薬品等の業種は、関連業法にてその売買・取扱いが規制されていることがあり、担保処分時に規制・制約に抵触するおそれがある。このため、在庫動産を取得する際には事前に業法の規定について確認が必要である。

viii 在庫動産の移動可能性

　担保提供者により、担保在庫が登記されている保管場所以外に移動される可能性がある。この問題に対しては、以下で述べるような在庫の移動（通常の営業範囲内での移動を除く）をABL契約の事前承諾事項として設定することや定期的なモニタリングにより対応することが考えられる。

ix 企業の既存借入契約等における担保提供制限条項の有無

　企業のシンジケート・ローン等の既存借入契約等において、新規の担保提供の制限や担保提供の事前承諾事項等になっていないかを事前に確認しておく必要がある。間違ってもABLの実行により既存借入がデフォルトするような事態があってはならない。また、事業再生段階の会社に対するABLにおいては、既存取引金融機関との協調体制の構築が非常に重要であることから、在庫動産等に担保権を設定する際には、事前に既存取引金融機関の意向を確認することが望ましい。

x 担保在庫が滅失・損傷した場合の保険契約の締結の有無[3]

② 評価方法

　ABLを実行するにあたっては在庫動産の評価が必要不可欠であるが、金融機関において在庫動産を適切に評価することはむずかしい。このため、評価は外部の専門会社に委託することで対応することになる。専門会社による評価は、客観的な目線による在庫の価値評価だけでなく、当該在庫の換価時における業界慣行や法律面等の再チェックの観点も含めて活用することが望ましい。

　ただし、在庫の外部評価は、評価時点における在庫状況（数量、構成等）を前提とした評価であり、換価処分を実施する時点では同じ条件ではない。そのため、ABLの取組みにあたっては、在庫商品構成の変化、在庫品質の劣化、在庫数量の増減の可能性について検討したうえで、在庫担保の評価を行う必要がある。在庫担保の評価の主なポイントは、以下のとおりであり、これらをふまえたうえで外部の専門会社が行った在庫動産の評価額を評価する必要がある。

ⅰ　在庫動産の市場価値、交換価値が見込まれ、その価値を客観的・適正に把握できること
ⅱ　定期的に担保提供者等から在庫動産の状況について報告を受けるとともに、定期的な現地実査により継続的にモニタリングすること
ⅲ　担保処分スキーム（換金可能性等）が明確になっていること
ⅳ　占有改定もしくは指図による占有移転または動産譲渡登記の方法によって、対抗要件の具備が可能であること
ⅴ　固定資産税、社会保険料等の未払税金がないこと[4]

3　近時の最高裁判例（最決平22.12.2民集64巻8号1990頁）において、集合動産譲渡担保の場合における担保目的物が滅失した場合の損害保険金について、物上代位権（民法304条）の行使が認められている。もっとも、物上代位権の行使には差押えが必要とされていることもあり（同条）、手間等もかかることから、在庫動産に対する損害保険に対して（あるいは加入を義務づけたうえで）、質権を設定することもある。

(b) 売掛債権

① 担保権の設定および留意点

　売掛債権を担保とする場合、質権（民法362条）、譲渡担保権のいずれの方法によっても設定することができる。譲渡担保権の場合、国税徴収法との関係において物的納税責任にとどまる点で質権に比べて優位性を有することから（国税徴収法24条1項、15条1項）、実務では譲渡担保権の方法によって設定することが多い。

　かかる設定にあたっては、在庫動産の場合と同様、特定性が要求され、第三債務者、債権の発生原因、債権の発生時期、金額、弁済期、始期・終期等の全部または一部を用いることでその範囲を明確化する必要がある。この特定性は、当事者間において担保権の目的となるべき債権を担保提供者が有する他の債権から識別できる程度に特定されていれば足りるとされており（最判平12.4.21民集54巻4号1562頁参照）、第三債務者の確定なく、「設定者が現在及び将来有する一切の金銭債権」という形で設定したとしても特定性があると解されている[5, 6]。

　また、売掛債権担保融資の場合の対抗要件の設定方法は、ⅰ確定日付ある通知または承諾（民法467条2項）、ⅱ債権譲渡登記（譲渡特例法4条、14条・4条）の方法がある。この点、ⅰ確定日付ある通知または承諾による方法は、担保設定時に第三債務者に譲渡担保権の設定が認識され、無用の信用不安を惹起する可能性があることから、第三債務者の数にかかわら

---

[4] 国税徴収法との関係で法定納期限等以後に対抗要件を具備した場合、譲渡担保権者は同法24条1項に基づく物的納税責任を負うことになる（最判平19.2.15民集61巻1号243頁）。

[5] 道垣内弘人『担保物権法〔第3版〕』349頁、有斐閣、2003年。

[6] もっとも、①（担保対象となる債権の）期間の長さ等、契約内容が譲渡人の営業活動等に対して社会的通念に照らして相当とされる範囲を著しく逸脱する制限を加える場合や②他の債権者に不当に不利益を与えるものであるとみられる場合等の特段の事情がある場合、担保権の設定行為自体が公序良俗等により無効（民法90条）とされる余地があり（前掲最判平11.1.29）、担保の対象となる債権が、融資金額等に比して過大に広範となる場合、担保権の設定行為自体が全部または一部無効になる点は留意を要する。

ず、実務上はⅱ債権譲渡登記の方法によることが多い。なお、第三債務者不確知の場合でも、債権譲渡登記による対抗要件具備が可能とされている（特例法8条3項2号）。また、当初に具備された対抗要件は、その後に発生する将来債権についてもその効力が及ぶとされており（最判平13.11.22民集55巻6号1056頁）、将来債権が発生したつど、新たに対抗要件を取得する必要はない。

売掛債権を担保徴求する際に特に重要なポイントは、売掛債権の譲渡禁止特約等の有無である。法律上担保として提供することが禁じられている債権（恩給法11条1項等）や譲渡が禁止されている債権（民法881条等）、その性質上、譲渡性がない債権（自分の肖像画を描いてもらう債権等）や譲渡禁止特約が付された債権（同法466条2項）も、担保権の対象とならないとされる（同法343条）。かかる点から、売掛債権に対して担保権を設定する前に、当該債権の性質や基本取引約定書、売買契約等において譲渡禁止特約等が付されていないか確認する必要がある。

② 評価方法

売掛債権の評価に関し、はじめに担保対象とする売掛債権より控除すべき債権・金額について説明したうえで、次に、売掛債権の評価にあたってのポイントを記載する。なお、売掛債権に既存の担保権が設定されていないか等を「登記事項証明書」により事前に確認することは必須である。

はじめに、担保評価の対象より控除するべき主な債権・金額は、以下のとおりである。

ⅰ 法律上またはその性質上、担保提供ができない債権
ⅱ 基本取引約定書等において債権譲渡禁止特約が付されている債権
ⅲ 関係会社に対する売掛債権
ⅳ 破綻または破綻状態にある売掛先の債権

次に、対象となる売掛債権の評価ポイントは、以下のとおりであり、こうしたポイントを掛け目に反映する、評価対象の売掛債権より控除するな

どをして、担保対象となる売掛債権を評価する。
  i 売掛先である第三債務者の信用力評価（なお、取引保険が付されている場合には、保険会社の信用力を評価する）
  ii 売掛先との間における買掛金等の反対債務の有無
  iii 売掛債権の取引先別の残高構成（売掛債権先が分散されているか）
  iv 定期的に担保提供者等から売掛債権の状況について報告を受けるとともに、証憑書類により定期的に実態確認を行うこと
  v 第三者債務者対抗要件を具備するか否か
  vi 固定資産税、社会保険料等の未払税金の有無
 (c) 預金担保

預金担保については、評価額の検討は必要がないので、ここでは預金担保の設定方法および留意点のみに触れる。預金担保は、質権の方法によって設定することが一般的であるところ、担保対象となる口座は、定期預金口座、普通預金口座等である。この点、普通預金口座に対する質権については法的有効性に議論があり、近時、有効とする見解も有力に主張されているが[7]、かかる点を考慮して、普通預金口座の残高が一定金額以上となった場合や一定の事由が発生した場合に、当該預金を定期預金口座に振り替えるとともに、当該定期預金口座に対して新たに質権設定する方法も見受けられる。

また、預金担保の対抗要件は、①確定日付ある通知または承諾（民法364条、467条）、②債権譲渡登記のいずれの方法によっても可能であるが、①の方法によることが一般的である。

 c ボロイングベースの設定

ABLの場合、「ボロイングベース・ファイナンス」という在庫、売掛債権および預金の担保評価の合計に応じて借入可能限度額を変動させる融資手法

---

[7] 道垣内弘人「普通預金の担保化」中田裕康＝道垣内弘人編『金融取引と民法法理』43頁、有斐閣、2000年、森田宏樹「普通預金の担保化・再論(上)」金融法務事情1654号57頁以下等。

図表 4－14　ボロイングベース・ファイナンスのイメージ図

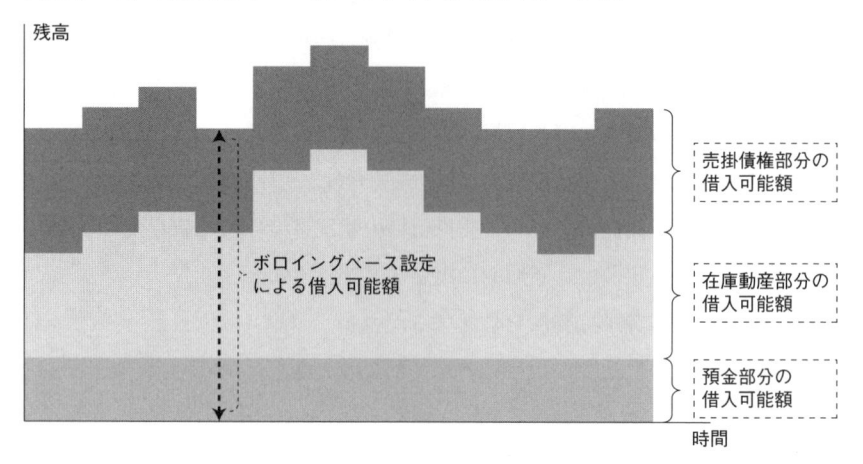

（縦軸：残高、横軸：時間）

- 売掛債権部分の借入可能額
- 在庫動産部分の借入可能額
- 預金部分の借入可能額
- ボロイングベース設定による借入可能額

がある。ボロイングベースを設定した場合、毎月末の在庫、売掛債権および預金担保の合計評価額を算出し、当該評価の範囲内において借入可能な金額や貸付残高をコントロールする。ボロイングベースに基づく担保評価額が貸付残高を下回った場合には、担保不足額を補うために「追加担保」を提供するか、当該不足分を「強制期限前返済」する建付けとすることもある（図表4－14）。

d　適切なコベナンツ設定およびモニタリング方法等

企業の業況モニタリングおよびABLの担保物件の残高等の状況を適切に把握するために、適切なコベナンツ設定およびその後の定期モニタリングをABL契約に規定することが必要である。

(a)　コベナンツ

企業の業績悪化の予兆を事前に把握するという視点からも、業況を反映しやすい粗利率、販売経費率、一般管理費率、在庫回転率の設定そして資金繰り悪化に備えた最低現預金残高の維持をコベナンツとして設定することがある。このほかにもABL特有の事項として、在庫残高、在庫構成を設定することも考えられる。また、案件の特性に応じて、誓約事項やコベナンツを設

定することがあるが、この点については第4章Ⅱ3の「DIPファイナンス」を参考にしていただきたい。

　なお、企業がそもそも遵守できない条件をコベナンツとして設定することは、企業そして金融機関にとってもただ調整コストが発生するだけでプラスの効果はないため、業況や担保物件の状況をふまえて、企業とよく議論したうえで設定する必要があると考えている。

(b) モニタリング

　ABLの担保状況の情報が取引先からの開示に依存していることを考えると、モニタリングの前提として、取引先における在庫等の適切な管理体制（残高試算表の作成有無、実地棚卸の回数・時期、会計士・税理士の関与等）および信頼しうる情報であるかを確認することが重要となる。こうした前提のうえで、取引先から受ける主な定期報告（月次または週次）として、以下の事項が考えられる。

① 在庫動産に関する報告事項
　・在庫動産の数量、簿価、単価、滞留期間
　・保管場所別、製造工程別、種類別、保管期限別の在庫数量・簿価
　・担保不適格物件（長期滞留在庫等）ほか

　なお、動産譲渡登記特例法において、担保対象物件の特定方法として、「保管場所の特定」を一つの要素としており、保管場所が変更されると担保対象から外れてしまう。このため、以下のような対応策が考えられる。
　・保管場所の新設、通常の営業の範囲を超える在庫動産の移動について、事前承諾または事後報告事項としてABL契約に規定する。
　・倉庫会社の倉庫に在庫を保管している場合、倉庫業者から保管証明を定期的に受領する。

② 売掛債権に関する報告事項
　・売掛先別の売掛債権残高および反対債務残高
　・担保対象としている売掛債権の売掛先との基本取引条項等の変更につい

て事前承諾とする、または事後報告を受ける。ほか
③　取引先業況に関する報告事項
　　・貸借対照表および損益計算書の試算表
　　・資金繰り実績および計画ほか
　また、在庫については、書面による確認だけでなく、現地実査を定期的に行い実物の確認、在庫そして取引先の業況を把握することに努めるとともに、取引先の報告の内容が正確かどうかを確認する必要がある。ただし、在庫を保管している場所が複数に分かれているときや在庫が多数にのぼり全量調査は困難である場合には、サンプリングによる実地棚卸により確認を行う。なお、現地実査に際しては担当者にインタビューを行うとともに、以下の点をチェックすることが望ましい。
・登記されている保管場所に変更・改変がないか。
・登記されている保管場所に担保物件が存在し、毀損等が生じていないか。
・保管方法・保管状況について、報告事項との間で乖離がないか。
・保管方法・保管状況に大きな変更・問題はないか。

e　担保権の実行および留意事項

　ABLは、取引先の事業継続に不可欠な資産を担保として徴求しているため、有事における担保実行が取引先の事業継続の停止に直結する。一方、こういった状況では在庫の流出等により担保価値が時間の経過とともに低下するため、金融機関は非常に限られた時間のなかで、担保権の実行可否について検討せざるをえない。このため、ABLを実行する前から、あらかじめ有事における対応方針を決めておく必要がある。

　また、ABLにおける担保実行手続は、私的実行によることになるが、担保提供者が在庫を実際に占有しているため、担保提供者の協力が得られるかどうかがきわめて重要となる。そこで、ABLを実行する前に、取引先から担保実行の可能性およびその手続について十分に理解を得ておくことが必要である。また、ABLでは、担保提供されている在庫の保管場所の変更、在

庫のバルクセールの禁止等、一般的な借入に比べて特殊な遵守事項、報告事項を規定することが多い。このため、融資実行にあたってはABLの契約内容を取引先に対して適切に説明するとともに、取引先の営業に支障が出ないかどうか、よく協議・吟味したうえで条件設定することがきわめて重要と考えられる。以下、各担保権の実行に関する留意事項について述べる。

(a) 在　　庫
① 固定化について

　在庫動産について担保実行をする場合、その性質上、その構成物の流出・流入を繰り返すことが予定されているため、担保実行のためには担保の対象となる在庫動産の範囲を確定させる必要がある（いわゆる「固定化」）。この固定化に基づき確定した在庫動産は、担保権者の同意なくして担保提供者による処分が禁止されることになり、また、固定化以降に流入した在庫動産は、担保目的物の対象範囲から外れることになる。

　なお、固定化の時期について、担保権の実行通知によって固定化することには争いがないが、破産・民事再生・会社更生手続など、いわゆる法的倒産手続が開始した場合に、固定化が生じるかどうかについては争いがある（実務では、担保実行に先立って管財人等の間で担保権の受戻しや担保実行に関する合意を締結する場合が多い）。

　この点、固定化については契約でその発生事由を定めることも有効と解されており[8]、かかる疑義を払拭するべく、固定化の発生事由について、契約書上、明確化しておくことが望ましい。

② 担保実行にあたっての保全・処分

　在庫動産に対する担保権の場合、担保提供者に担保実行通知を送付することで実行することになるが、処分の方法は、①担保対象物の価額を適正に評価し、その評価額と被担保債権との差額を清算金として交付する方法

---

[8] 前掲『担保物権法〔第3版〕』340頁。

(帰属清算方式)と、②担保対象物を第三者に処分して当該処分代金と被担保債権額の差額を清算金として交付する方法(処分清算方式)の2通りがある。

　在庫の確保・引渡しの観点からは、帰属清算方式・処分清算方式のいずれの方法でも、担保提供者や倉庫会社の協力が不可欠である。また、在庫評価と同様、金融機関が在庫動産を任意に適切な価格や方法で処分することは困難である。そこで、組成の段階から、処分の際の外部の専門会社の確保、担保実行の場面を想定して、倉庫の鍵の引渡方法などについて担保提供者や倉庫会社との間での事前の協議をしておく必要がある。かかる円滑性の確保のための措置は、結果的に担保評価額やボロイングベースの上昇にも直結し、担保提供者にとってもメリットがある事項であるから、担保提供者にもよく理解をしてもらったうえで、積極的な協力を求めることが肝要である。

(b) 売掛債権

売掛債権の担保実行については、在庫動産と同様で上記(a)のとおりであるが、対抗要件が債権譲渡登記の場合、債権の譲渡およびその譲渡につき債権譲渡登記がされたことについて、「登記事項証明書」を交付のうえで第三債務者に対して通知するか、第三債務者から承諾を取得する必要がある(登記法4条2項)。当該通知または承諾書の取得にあたって、担保実行以降の入金先を指定し、かかる入金をもって貸付金の回収を行うことになる。

(c) 預金担保

預金担保に係る債権質権は、直接取立てが認められているため(民法367条)、自行預金の場合、当該預金の払出手続により払い出した預金を被担保債権に充当する。他行預金の場合、自己に対して被担保債権の範囲で当該預金を引き渡すよう金融機関に対して請求することになる。

(5) 地域金融機関におけるABL取組みの論点

いままでのABLに関する一般的な留意事項をふまえて、地域金融機関の取組みにおいて留意すべき論点（a担保評価、bモニタリング、c自己査定およびd与信残高による制限、e関係者の理解）およびその考え方について述べたい。

a 担保評価

在庫を担保としてABLを実行する際に最も論点となるのが在庫の評価額である。この点については上記のとおり、金融機関では在庫の適正評価額を算定することはむずかしいことから、実績のある第三者による客観的な評価が必要となる。なお、鑑定評価を外部に依頼した場合、評価コストが発生するため、評価コストを含めた収益性等を判断する必要がある。

b モニタリング・事後管理

ABLは、在庫、売掛債権等の担保価値に依拠した融資であるため、融資実行後のモニタリング・担保管理および有事の際に迅速な対処が可能となる体制の構築が重要となる。特に、在庫については、会社における在庫ストック、管理状況を定期的・随時に管理・モニタリングする必要があるため、相応の工数が発生する。このほか、多数の定期報告事項を受けるため、こうした管理工数および迅速な対応のための体制づくりを考えると、ABLの管理については各営業部店で担当するのではなく、ABL専門部署において、専門的・集中的に管理することが効率的な仕組みとなるであろう。

c 自己査定

金融検査マニュアル（2007年2月改訂）において、動産担保および債権担保とも、以下のとおり一般担保として認められており、その取扱いが明確化されている。しかしながら、経済産業省の調査[9]によると、多くの地域金融

---

[9] 経済産業省「ABLの普及・活用に関する調査研究」野村総合研究所、2010年。

機関では、「一般担保」とするだけの実績がないために、在庫等を添え担保として扱っている。今後、動産担保および債権担保を一般担保としてより幅広く取り扱うことができ、実績が積み上がれば、地域金融機関においてもいっそうABLへの取組意欲が増進されると考えられる。ただ、資産・財政状態、不良債権比率、自己資本比率等の各金融機関の個別事情により、ABLへの取組姿勢に温度差が生じることは避けられないと思われる。

《金融検査マニュアル　自己査定別表（抜粋）》
動産担保は、確実な換価のために、適切な管理および評価の客観性・合理性が確保されているものがこれに該当する。債権担保は、確実な回収のために、適切な債権管理が確保されているものがこれに該当する。

d　与信残高による制限

地域金融機関の事情として、地場企業を支援するためにすでに金融機関としてエクスポージャーの限界に達している場合が考えられる。こうした場合、ABLを活用したとしても追加の新規与信にはつながらないものの、既存ローンの債権保全の強化策として利用することができる。あるいは、ABLにより担保トランシェを設計することで、当該地場企業が他の金融機関から新規に資金調達を呼び込む手段としてABLを活用することも考えられる。

e　関係者の理解

ABLは、設定・管理・実行のあらゆる段階において、取引先、倉庫会社、既存の金融機関等の関係者の協力が不可欠である。特に地域金融機関の取引先には、ABLになじみがないことも多い。地域金融機関においては、その取組みにあたって、関係者に対して、ABLの仕組みをよく理解してもらうとともに、案件ごとに応じた協力を得やすい仕組みを構築するよう努める必要がある。

(6) ABLの活用が想定されるシナリオ

　最後に、事業再生のフェーズの企業に対して、ABLを活用したファイナンスを行う際に想定されるケースを、以下に記載する。以下は、あくまで一例であり、活用方法がこれらに限られるわけではない。

a　運転資金融資

　ABLは流動資産を担保として融資するため、企業の運転資金に対する融資がその性質上ふさわしい。担保にとっている流動資産がその構成や数量が変化することを考えると、融資期間も1年程度とし、リファイナンスの際に流動資産の内容を検証したうえでファイナンススキームを見直すことが適当である。また、季節性のある事業を営む企業において、季節性の運転資金が発生する場合、今後、増加が見込まれる在庫・売掛債権をふまえてABLによる一時的なつなぎ資金を提供する場合が考えられる。この場合、季節性の在庫の売却そして売掛債権の回収資金により、ABLは返済を受けることになる。

b　再生計画策定までのつなぎ融資

　再生計画を策定・実行中の企業に対して、スポンサーによる出資や金融機関によるEXITファイナンスが提供されるまでのつなぎ資金をABLにより提供するものである。この場合、EXITファイナンスの蓋然性等を検討したうえで、流動資産を担保徴求することにより保全を図り融資し、EXITファイナンス等が実行されることで返済されることになる。

c　ABLトランシェ

　シンジケート・ローン等において、在庫、売掛債権等を担保とするABLトランシェを設計し担保付トランシェを構築することにより、担保付ローンに対して投資・融資意欲をもつ金融機関の呼び水とする。たとえば、取引先のトータルデッドリファイナンスを行う際に、ABLトランシェを設定することにより、ABLを一般担保として取り扱うことができる他の金融機関によ

る参加を促し、リファイナンス資金を不足なく集めるのである[10]。

d　買収ファイナンスのつなぎ融資

　LBO等の企業買収の際に、買収ファイナンスのパーマネント・ローンが提供されるまでのつなぎ資金をABLの方法によって提供することも考えられる。このためには、つなぎ融資額を上回るだけの在庫や売掛債権等の評価額が必要であるが、ABLの迅速性を生かして買収ファイナンスのつなぎ融資対応が可能なケースも考えられる。この場合、買収ファイナンスのパーマネント・ローンが提供されることで、ABLは返済される。

2 再生ファンド

　これまで、過剰債務を抱える経営不振企業の再生を支援するために、DDS、DES、債権放棄の手法を紹介した。また、私的整理手続（法的整理手続については「第4章Ⅱ　法的整理」参照）における株主責任、経営者責任についても述べたところである。

　債権者が上記の金融支援を行う多くの場合で、株主責任・経営者責任が問われることを考えれば、金融支援後にだれが経営権を握って再生を担うのか、については、再生の確実性にも絡むことでもあり、債権者にとって最大の関心事である。このように経営権を握って企業の再生を請け負うプレーヤーの一つに再生ファンドがある。

　再生ファンドは企業価値または株式価値を高め、株式売却による利益を得ることを目的としており、再生に必要な人材の派遣（第4章Ⅲ「3　ターン

---

[10] なお、かかるトランシェの設定方法は、①後順位譲渡担保権を設定する方法、②第一順位の譲渡担保権の実行によって発生する清算金返還請求権に対して質権を設定する方法、③先順位および後順位譲渡担保権の被担保債権を含めて準共有方式で譲渡担保権を新たに設定し、債権者間協定で分配を調整する方法等があるが、個別の状況に応じて、いずれかの方法あるいは併用することで設定することになる。

アラウンドマネージャー」参照）や、資金調達の制約から久しく行われていなかった設備投資資金を供給する等、企業の再生を強力に後押しする。また、再生ファンドは出資だけでなく、債権者から債権を買い取ることもある。買取価格は簿価に比べ大幅にディスカウントした価格（以下「買取時価」という）であるものの、買取時価が想定回収額を上回る場合や債権者が当該企業との取引関係を清算したい場合など、債権者にとって買取りのメリットが生じる。このような再生ファンドのもつさまざまな機能をうまく活用できれば、債権者にとってもプラスの効果があるため、経営不振企業を担当し再生策を講じなければならないときは、再生ファンドをうまく使うことができないか考えることも必要である。

再生ファンドについての概要と種類、活用パターンについて述べたい。

(1) ファンドとは

ファンドとは、外部の投資家から資金を調達し、それをなんらかの投資方針に基づいて一定期間内に投資を行い、投資回収を行ってその回収金を投資家に分配する仕組みである。投資運用責任者（General Partner、GP、無限責任組合員等ともいう）は投資家から手数料や管理報酬を受け取るとともに、一定以上の利益をあげた場合は成功報酬をもらう仕組みが一般的である。

ファンドの分類は、投資対象を基準に分類すると、以下のようになる。

①ベンチャー・ファンド、②プライベートエクイティ・ファンド、③グロースキャピタル・ファンド、④バイアウト・ファンド、⑤事業再生ファンド、⑥ヘッジ・ファンド、⑦債権買取ファンド、⑧不動産ファンド、⑨インフラ・ファンド等。

金融商品の分類としては、株式（エクイティ）に投資する「エクイティ・ファンド」、債権や貸付金に投資をする「デット・ファンド」、メザニン（優先株、劣後ローン等）に投資する「メザニン・ファンド」等がある。

一方で、ファンドのビークル（資金を集め、運用する器）の形態は、以下

のようなものが一般的である。

「投資事業有限責任組合」「匿名組合」「任意組合」「信託」「合同会社」「特定目的会社」「Limited Partnership（LPSともいわれ、ケイマン籍のものが多い）」等。

日本のファンドは、企業のエクイティ投資のファンドについては投資事業有限責任組合が多く、不動産関連は特定目的会社等も多い一方で、海外からも投資家を募る場合にはLPSが多く、法務、税制、会計、投資対象等の観点から最適なビークルが用いられる。

(2) 日本におけるファンドの普及

日本でファンドの存在が知られるようになったのは、日本長期信用銀行（当時）の破綻処理が一つの契機であろう。リップルウッド（現RHJインターナショナル）による瑕疵担保条項付譲渡により、安く買って高く売るという外資系ファンドの「ハゲタカ」イメージがマスコミ報道とも相まってつきまとうこととなった。その後、さまざまなファンドが下落した不動産を安値で買い叩き、それらをうまく高値で売却し多額の利益をあげ、一方で海外のビークルに利益が計上される仕組みによって日本としては多額の売却益に対して課税もできず、その点もマスコミ等から非難を受ける要因となっていた。

その後、金融機関の不良債権比率の悪化によりその改善が急務となり、小泉政権時代に竹中金融担当大臣のもとで金融再生プログラム（2002年10月30日、金融庁）等にて自己資本比率の確保・維持と不良債権の早期処理、事業再生のために再生ファンドの活用等が謳われた。

たとえば、日本長期信用銀行のケースにおいては、瑕疵担保条項をつけて当時の価格でないと売却できなかったという売り手側の事情もあり、一概にファンドを悪と決めつけることはやや早計との見方もある。当時の日本においては、リスクをとって資金を投じる投資家が限定的であり、逆にこうした

ケースが積み上がることでリスクマネーが投資家から集まり、それによって破綻企業や再生可能な事業に資金が供給されることで、多くの事業や企業が再生し、その結果として債権者の不良債権の処理が進み、事業再生と金融再生の一体的解決という当時の目的が果たされた功績は否定できないだろう。

(3) 公的な組織

a 産業再生機構

小泉内閣時代に金融再生プログラムの一環として、株式会社産業再生機構法に基づき2003年4月16日に5年間の時限組織として設立された。

日本の産業の再生と信用秩序の維持を図るため、有用な経営資源を有しながら過大な債務を負っている事業者に対し、事業の再生を支援することを目的とし、主として、要管理先債権等を中心に非主力取引銀行から割引価格で買い取り、主力取引銀行と協力して債務の一部免除、デットエクイティスワップ（債務の株式化）、融資、出資などを活用しながら再生を進めた。債権や株式は、新しいスポンサーに売却し、不採算事業の整理などの事業の再構築を実行した。

41件の企業グループ（対象事業者）を支援決定し、予定より1年早く2007年3月15日に解散した。スウェーデンの国有資産管理会社等がモデルになったともいわれており、その後の企業再生支援機構等は産業再生機構がモデルとなっている。

b 産業革新機構

2009年7月に、産業活力の再生及び産業活動の革新に関する特別措置法に基づき設立され、15年間で業務を完了するよう努める時限組織。

自己変革と革新を通した「グローバル競争のなかで勝ち残るための戦略」を構築し、着実に実行するに際して、従来の業種や企業の枠を超えたチャレンジ（オープンイノベーション）により次世代の国富を担う産業を創出すべく、産業界との幅広い連携を通した投資、融資、債務保証、債権買取り等を

行っている。

　c　企業再生支援機構

　2008年秋以降の金融情勢等をふまえて、地域経済の再生を図り、あわせてこれにより地域の信用秩序の基盤強化にも資するようにするため、有用な経営資源を有しながら過大な債務を負っている中堅事業者、中小企業者その他の事業者の事業の再生を支援することを目的として、株式会社企業再生支援機構法に基づき設立された。2009年10月の設立から5年間で業務を完了するよう努める時限組織であり、原則として設立から2年以内に支援決定を行い、各案件についてそれぞれ支援決定から3年以内の支援完了を目指している（2012年3月現在、民主党として1年間延長する方針を決定）。

(4)　地域再生ファンド

　事業再生ファンドのうち、特に地方企業の再生を支援するファンドは地域再生ファンドといわれることがある。

　日本では2002年前後から登場し始めたが、ルネッサンス・キャピタル、ジェイ・ウィル・パートナーズ、リサ・パートナーズ、オリックス、大和証券SMBCプリンシパル・インベストメンツ等がファンド運営会社となって、地域金融機関と連携し、時には中小企業基盤整備機構や日本政策投資銀行等も参画することでファンドの資金調達や運営を行っている。

　基本的なスキームとしては、債権買取型（デット型）、エクイティ投資型（エクイティ型）、そしてこれら両方の機能をもつファンドに分類される。

　a　債権買取型ファンド

　債権買取型は、地域金融機関等から債権を時価（実質的に回収可能な金額以下）で購入し、対象となる企業の経営改善や時には担保権の実行等により買取価格以上で回収を図り（回収後は債権放棄するも、実際の買取価格以上に回収しているため損失は計上されない）、利益をあげる、あるいは買取債権の一部をDES（債務の株式化）し、エクイティの価値が上がったところでオー

ナーや第三者、または自社株買い等により売却し、利益をあげて投資家に分配するものである。

地域金融機関としては、税務上の損金処理も可能であり、不良債権の早期処理を実現できる一方で、企業としては結果として債務免除により過剰債務から解放される。

一方で、その間、対象となる企業にニューマネーは入らず、資金調達がむずかしいという側面もある。

形式的に債権買取型ファンドが債権者になったときでも、場合によってはDESによるステップイン（一部の事柄について議決権を有する種類株式の場合）や担保権の実行等の手段も用いることで実態的には経営に大幅に関与する場合もある。しかしながら、ファンドとはいっても、現実的に債権者の立場で対象企業と接するのは時には地域金融機関からファンドへの転籍者であったり、あるいはその地域の実情の精通した退職者であったり、一概に「ファンドの人だと何をされるかわからない」と決めつけることはできない。さらには取引金融機関として同じ担当が同じ立場で接するよりも、違う立場で異なるメンバーが接するほうが、いい意味での緊張感のある債権者債務者の関係が再構築できるという側面もある。

この場合の投資回収は、担保権の実行等によって回収が図られることもあるが、リファイナンスによって銀行取引の正常化がなされることが多く、ファンドが入る前と抜けた後で、取引金融機関の顔ぶれが同じ場合もあれば、「損失を計上してファンドに債権を売却した」という事実をもって、取引再開には相当程度時間を有するという金融機関もある。

b　エクイティ型ファンド

エクイティ型については、対象となる企業にニューマネーが投入されることから、資金調達に困って必要な設備投資ができなかった企業はこれによって、たとえば生産能力が増強され、結果として増収が達成されることになったり、あるいはキャッシュフローの赤字を補うとともに会計上の資本の増強

図表4-15 震災復興関連ファンドのイメージ図

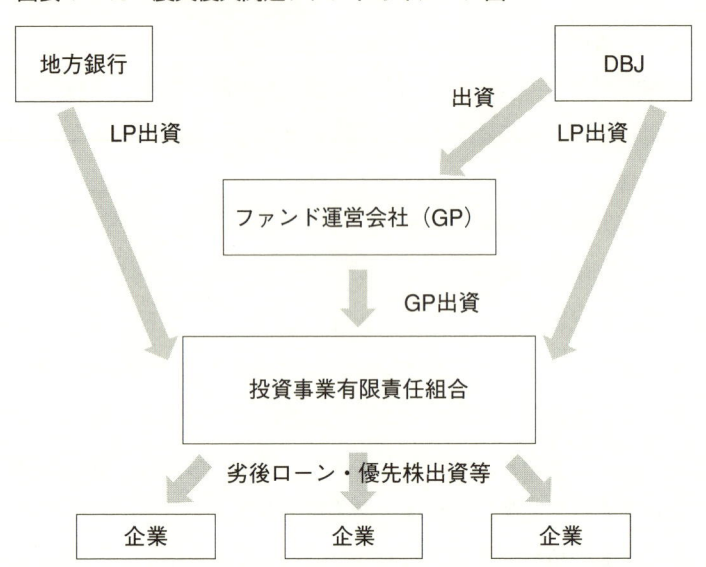

```
[地方銀行]                           [DBJ]
    |          出資↓                  |
    | LP出資                      LP出資 |
    |      [ファンド運営会社（GP）]      |
    |              |                  |
    |          GP出資↓                 |
    └──→[投資事業有限責任組合]←──────┘
              |
         劣後ローン・優先株出資等
         ↓      ↓      ↓
       [企業] [企業] [企業]
```

が図られる一方で、債務免除等がない場合は負債の圧縮は債権買取型ファンドのスキームに比べると小さいものにとどまる。

　このファンドの投資回収は、他者（事業スポンサー、ファンド等）への売却、上場、経営者による買戻し、対象会社による自社株買い等があるものの、事業規模が小さい場合や資本（内部留保）の蓄積が進んでいない場合等も多く、ファンドの投資回収の手段はかなり限定される。

　近年では、東日本大震災の復興支援策として日本政策投資銀行と岩手銀行、東邦銀行、七十七銀行および常陽銀行とそれぞれ（計四つ）ファンドを組成しているが、これはエクイティ型のファンドである（ニューマネーとして投資するのは主としてエクイティ性の資金）（図表4-15）。

　ファンドは、「安く買って高く売る」ことによって収益を稼ぎ、その投資家等に分配するという経済的な収益確保の責務を投資家に対して負っていることから「ハゲタカ」のイメージが拭いきれないかもしれないが、日本にお

ける継続的な経済活動およびレピュテーション等を勘案して相応の水準感での取引が多くなっているといえる。

また、債権買取ファンドについては、取引金融機関が実質的に全額の回収は不可能と判断しても種々の事情から単純な私的整理での金融支援がむずかしい場合には、ファンドに対して債権を売却し、そこで債権カット等を含めたデットのリストラクチャリングを行った後で、再びリファイナンスを行って取引を再開するということもある。

かつては取引金融機関にとっても、取引先に対する貸付金等をファンドに売却することは、そもそも「あの銀行はあの会社を見捨てた」といった批判を受ける時代もあったが、多くの企業の再生にファンドのスキームが役立ってきた実績が積み重なり、取引金融機関にとってレピュテーションの問題も小さくなったといえよう。

金融機関の内部で、「全額回収できなかった会社にまた貸付を行うのか」という場合によっては感情的な議論がなされることがあるが、企業にとっても、取引金融機関にとっても、地域再生ファンド等を活用することは事業の再生にとって有効な解決策となりうるという点は、冷静に考慮すべきといえよう。

(5) 再生ファンド活用のパターン

a 過剰債務解消のための私的整理（債権買取ファンドの活用）

不動産等過剰な設備投資を借入でまかない、その投資に見合う収益が得られない場合に貸付金の条件変更等では過剰債務が解消せず、企業の再生の道筋もみえてこないことがある。この場合に、たとえば不動産投資に際して借り入れた資金をファンドが買い取り、一部DESを組み合わせながら私的整理（中小企業支援協議会等の活用も含む）によって金融支援等の債務のリストラクチャリングの絵姿をファンドと対象企業とで描き、関係者の合意を得て債権カット等を実施。その結果、対象企業の経営者（交代するか、同じ経営

者が継続するかはケースバイケースで検討)としては過剰債務から解放され、本業に専念できる。取引金融機関としても、ファンドに対する債権売却損は計上するものの、その後の債務のリストラクチャリング(いわゆるリファイナンス等)によって債務を入れ替えて取引正常化を図ることが可能となる。

b 債務超過企業の再生のためのプレパッケージ型法的整理(バイアウトファンドや事業再生ファンド等の活用)

債務超過状態にありすでに株式の価値はなく、資金繰りも早晩尽きるような場合においては、事前にスポンサー(株主)となるファンドおよび債権者等と調整したうえで、民事再生や会社更生等の手続に入ることがある。たとえば、もともとの株主は創業家たる経営者一族であるが、経営者としての責任をとるかたちで株式の価値は諦めるとともに経営から身を引き、再生ファンドたるエクイティ・ファンドが100％の株主として経営を行う。この場合は、たとえばファンドが新しい経営者を招聘し、または内部昇格によって社内人材を登用することがある一方で、民事再生等の際に破綻時の経営者にとどまってもらったほうが取引先との関係等で再生の蓋然性を高められる場合は、会社経営を継続する場合もある。

法的整理の手続についての詳細は、「第4章Ⅱ 法的整理」を参照。申立人(含む代理人)、スポンサー、主要債権者、裁判所等と事前に相談、調整のうえでプレパッケージ型法的整理を経る場合には、事業価値の毀損を最低限にとどめるべく商事債務は全額保護し、同時にDIPファイナンスを活用して事業を継続させながら、ファンドが中心となって事業の再生を行っていくとともに、更生債権や再生債権等を一括してリファイナンスすることで法的手続から早期に脱却することも可能である。結果として対象会社は正常先として取引金融機関からの新規の資金調達も可能となり、ファンドは株式の上場(IPO)、第三者への売却(トレードセール)等によって投資回収を図る。

c 優良部門の切出し(バイアウトファンド等の活用)

いわゆる選択と集中の観点や、過剰債務の解消策の一環等で、複数事業を

行う企業で収益性は相応に高いものの本業ではない場合は、ファンドに当該事業（子会社の場合は当該子会社）を売却し、本業に特化するとともに売却代金で有利子負債の削減を図ることが可能となる。この場合は、対象会社の経営者は本業の再生に集中できる一方で、ファンドは優良事業（企業）を買収（株式買取）し、買収時に調達した借入金の返済を進めて、いわゆるレバレッジ効果によって、あるいは親会社から独立することでうまく販路を拡大して増収につなげることで、株式価値を高めてから、株式の上場（IPO）、第三者への売却（トレードセール）等によって投資回収を図ることとなる。

3

ターンアラウンドマネージャー

経営者の資質によって、企業業績は左右する。特にオーナー系の中小企業ではこの傾向が顕著である。このため、事業や財務面において抜本策を講じ、迅速な意思決定が必要となる事業再生期においては、従来の延長で社内人材から登用するのではなく、再生請負人ともいうべき人材を外部から招聘して経営を任せることも多い。こうした再生請負人はターンアラウンドマネージャーとも呼ばれる。以下ではターンアラウンドマネージャーについて説明する。

(1) ターンアラウンドマネージャーとは

企業が業績等の不振に陥った際に状況を転換（＝turn around）させることを目的とするマネージャーである。具体的には企業が業績不振や過剰債務などでなんらかの改善策をつくらなければいけなくなった際に、経営者として組織や財務の再構築を行い、企業を再生させるプロフェッショナルである。特に、事業再生の局面である法的整理、私的整理（以下、この項では「事業再生案件」という）においては企業価値の向上、再生計画の履行において大

きな鍵を握ることも多く、債権者はターンアラウンドマネージャーの資質についても十分な調査を行う必要がある。このほか、M&Aで業績不振会社を買収した際に被買収会社の企業価値を高めるべく、買収会社から送り込まれるというケースもある。

　一般的にターンアラウンドマネージャーは組織改革が期待されていることから、役員以上の立場で送り込まれ、人事・資金・事業についての権限が与えられ、企業の意思決定にも深く関与する。このため、業績不振の萌芽が見え始めてから初期的段階までは、経営陣が自主的に問題解決を図ることが多く、ターンアラウンドマネージャーが登場することは少ない。その後、業績等の不振が一向に改善されず、ますます悪化し、各ステークホルダー（株主、債権者等）が厳しい目を経営陣に向け始め、早急に抜本策を講じる必要が出てきた段階において、ステークホルダー経由でターンアラウンドマネージャーが入るケースが多い。なお、経営陣が不振の初期段階から外部コンサルを雇って経営改善計画を作成させるケースもあるが、この場合の外部コンサルはあくまでアドバイザーであり、経営陣の相談相手、計画作成支援にすぎず、計画策定のみならず実際に経営権を行使しながら計画実行を指揮するターンアラウンドマネージャーとはその点が決定的に違うところである。

(2) ターンアラウンドマネージャーの種類

　ターンアラウンドマネージャーといっても、さまざまなケースがある。以下はターンアラウンドマネージャーが導入される典型例であるが、いずれのケースにおいてもターンアラウンドマネージャーは対象となる事業に精通している人材、もしくは経営のプロであり、企業の問題点を素早く把握し、処方箋を見つけるのに長けている人間たち（または組織）である。しかし、企業を再生する場合は問題点が一つとは限らない。財務面、オペレーション面、組織面（人事政策等）、資金調達面等、多岐にわたる問題を短期間で解決していく必要がある。規模が小さい企業であればともかく大企業の場合

は、得意分野の異なる人間を束ね、ターンアラウンドチームとして企業に乗り込み、解決に向けて行動するケースもある。

また、上記の新スポンサーの登場で財務面および資金調達面の不安がなくなった場合などはオペレーションに長けたターンアラウンドマネージャーを探すなど、与えられた状況に応じて、必要となるターンアラウンドマネージャーのタイプを探すことも必要である。

a　事業会社スポンサー

このケースで多いのは①M&Aでの会社取得、②事業再生案件における新スポンサー、である。これらのケースは、事前に財務DDなどが行われ、買取り時には財務リストラが終了している、もしくは事業の一部を購入するといったかたちで財務面の問題を解決しているケースが多い。事業会社は当該事業について当然のことながらよく知っており、規模の利益等のシナジー効果も期待できることから、PLの改善により企業価値を高め再生させることを志向する。この場合は買収企業の人間が被買収企業に乗り込むパターンが多く、外部のターンアラウンド人材をスカウトするケースは少ない。事業再生案件の債権者にとっては事業に精通し、信用力の高い企業がスポンサーとなることで再生計画の信頼性が増すことに加え、相乗効果等も加味して債権時価を評価してくれるので、債権回収額が多くなることもある。

b　ファンド等の金融系スポンサー

事業再生ファンドなど、将来業績が伸びて事業価値が上がることに期待して事業再生案件のスポンサーになるケースがある。金融系スポンサーの場合、元銀行員や公認会計士、税理士、弁護士などがチームメンバーであることが多いため、財務再構築、資本戦略、税務戦略といった主にBS面の問題解決に手腕を発揮する。

一方で、マーケティング戦略やオペレーションなどの事業面の問題解決については不得意な傾向がある。このため、外部から買収先企業の問題解決に精通した人材をスカウトしたり、運営を委託するなど分業することが多い。

事業再生案件で金融系スポンサーが入らない場合は、債権者が金融スポンサーと同様の立場に立っており、再生計画作成の前提である財務DDや事業DDの結果をもとに、対象企業と話し合いながら、財務再構築のプランをつくることになる。

c　外部コンサルタント系

　主に、bの金融系スポンサーから事業や組織運営の委託を受ける。ターンアラウンドマネージャーのイメージにいちばん近いパターンである。ただ経営コンサルタントといっても得意分野は多岐にわたるため、対象企業の抱える問題点を解決するのに適した人材を探す必要がある。たとえば旅館業であれば旅館再生で実績のある人をスカウトする等、基本的には対象業界の事情に明るい人のほうが問題点と解決策を素早く見つけ処置することができる。しかし、労務問題など業種特有の問題というよりも一般的な組織管理問題が病原となっている場合も多く、このようなケースでは労務問題などを解決した実績のある人材を探すほうが効果的である。

　ターンアラウンドマネージャーは机上ではなく、先頭に立って実際に経営していく人間なので、コンサルといってもアドバイザーのみ経験した人間では務まらない。ここで対象となる人は、たとえば対象となる業界に長年所属して、業界のことを知りつくした人間や、過去に何社もターンアラウンドマネージャーとして派遣され、経験が豊富な人間である。事業会社でも、金融スポンサーからの依頼により運営を担い、手数料をとるタイプもある。

　債権者が留意すべきこととしては、これらは再生請負人として雇うので、それに係るコストについては相応にかかると覚悟する必要がある。特に事業再生案件は債権放棄等の金融支援が伴うので、ターンアラウンドマネージャーへのコスト負担は心情的に抵抗があるかもしれないが、ターンアラウンドマネージャーが入ることで対象企業の企業価値が上がり、結果、かかったコスト以上に債権回収額が上回れば問題はないはずである。そのため、債権者はターンアラウンドマネージャーとの契約（成功報酬型なのか、それとも

業績に関係なく一定金額を払うタイプなのか）をよく確かめて、業績についても厳しくチェックする必要がある。

d　その他

当社の内部人材を昇格させて、新経営者として経営させるケースもある。地方の中小企業の場合はスポンサーも現れず、外部人材へのコスト負担も耐えられないケースがある。もちろん、対象企業の従業員のなかに資質のある人間がいて、抜擢して鍛えることもあるが、このような候補がいないことも多い。このような場合は、再生計画の進捗について債権者が定例報告会などで執拗にモニタリングし、管理していく必要がある。

(3) ターンアラウンドマネージャーの選び方

a　状況の分析

まずは対象企業が置かれている状況を分析することが必要である。第3章のように経営改善を期待されるパターンでは、財務面でも資金調達面でもそれほど切羽詰まっていないなど、損益構造の改善が中心である場合はコストカッターと呼ばれる人材を探すことが多く、主にマーケティングが弱い場合はマーケティングに長けた人間を用意すればよかった。一方、事業再生案件になると事業面はもちろん財務面や資金調達面の問題解決能力も必要となってくるため、債権者などは新スポンサー候補として事業会社を探しつつ、再生ファンド等で事業再生を一通り経験した人間などに声をかける。このように対象企業がどのステージにいて、何が問題で、具体的な解決策をイメージできれば、それにあう人材を探すことができ、人材のミスマッチを防ぐことができる。

b　求められる資質

一般的に必要な資質としては、①自己にも他者にも厳しい姿勢を貫く精神力、②利害が異なる相手を説得する交渉力、③データなどの客観的な指標を分析し、それに基づく判断ができること、④豊富な知識（業界に関するこ

と、会計、法務など)、⑤強いストレス耐性、⑥行動力、が必要である。

　再生が必要な企業は本来やらなければいけなかった改革をしなかったために問題が大きくなっていくことが多い。一般に改革は痛みが伴うため、既得権を得ている人間にとっては抵抗するものであり、ゆえに経営陣が問題を先送りしていることが多い。このような組織風土を変え、規律ある組織にするためには率先して自らの行動を律し、他者にもそれを求め妥協しない態度が必要である。そして従業員の心をつかむために自ら手本をみせることが必要であり、それには実力が必要である。このような実力は実践で培われるため、経験や実績はターンアラウンドマネージャーにおいて必要不可欠な要素である。

c　組織での位置づけ

　企業風土や組織の変革を行うため、強い権限が必要である。そのため執行役員以上に就任するケースが多い。事業再生案件などでは代表権をもつこともある。このような強い権限をもつためには各ステークホルダーの理解が必要である。特に、株主については、過半数以上の株式を取得する場合は問題ないが、マイノリティ出資等で引き続き大株主が別にいる場合では、今後の改革の方向性などを十分に説明し、大株主からの了解を取り付ける作業が必要になってくる。また、就任後も社内抵抗勢力との軋轢を乗り越えなければならないときなど、再生を進めるうえで各ステークホルダーの後押しが必要とされることも多い。債権者はターンアラウンドマネージャーと意見交換を積極的に行い、お互いの意思を共有して、同じ目的を達成するために足並みをそろえ、側面からターンアラウンドマネージャーを支えることが重要である。

(4)　ターンアラウンドマネージャーの評価

　外部人材を登用した場合は、結果から評価することになる。基準となるのは再生計画などの計画数値で、実績値と比較する。仮に実績値を下回るケー

スでも債権回収において影響ない程度の下ブレなのか、それとも大幅な下ブレで債権回収がむずかしいのかで様相は異なる。また、契約の形態も業績連動型（成功報酬型）であれば下ブレ時の影響も軽微だが、給料型の場合は下ブレ時の影響も大きくなるので、契約の見直しなどを交渉することもある。

(5) 地域再生案件における効果と留意点

a　導入のメリット

　地域の中小企業がターンアラウンドマネージャーを導入するメリットとしては、まずターンアラウンドマネージャーが行う経営管理手法を実際に経験できることがあげられる。経営管理手法を経験したほうが、本などで知識のみ吸収するよりも、学習することが多く、人材の成長が期待できる。

　次に、外部人材は地域のしがらみがないことから思い切った策を実行できるメリットがある。事業再生案件では、改善の方向性について経営陣も含めて理解しているケースが多々ある。しかし、血縁、地縁関係が深く、狭い地域社会で抜本策を行うことがむずかしい場合があり、そのような場合、しがらみのない外部から来たターンアラウンドマネージャーを前面に押し出し、抜本策を実行させる。

b　導入の留意点

　一方で留意点としては、ターンアラウンドマネージャーのやり方が地域の実情にあまりにも沿わず、反発を受けるケースがある。しがらみを絶つことを優先するあまり、自分のやり方を押しつけるだけでは、地域社会全体が離反してしまう。優れたターンアラウンドマネージャーは経験に裏付けられた観察力やコミュニケーション力で、地域社会とも上手に付き合うことができるが、地域社会との間がうまくいっていない場合などは、債権者等が地域の代弁者としてターンアラウンドマネージャーにアドバイスをしていくことも、事業再生案件を成功させるために必要なことである。

IV

産業再編・業態転換等

　これまで、事業再生に係る私的整理や法的整理の考え方、またその際に活用すべきツールやファイナンス手法等について考察してきた。事業再生というと、業況不振に陥った企業に対し、内科的治療（営業努力、コストコントロール等）や外科的治療（資産売却、負債圧縮、債務整理等）を施し、その企業（または事業）を正常な状態に戻すイメージが強いと思われる。しかし、今後の事業再生のあり方は、従前同様、「その企業（または事業）を正常な状態に戻す」という観点のみでよいのだろうか。以下では、現在頻繁に耳にするようになった産業再編、業態転換等のキーワードに着目しつつ、今後の事業再生のあり方等について考えていきたい。

1
産業再編とその重要性

　なんらかの経営上の問題を抱え、業況不振に陥ったとしても、それらの問題を解消することで、その企業自体またはその企業が有する事業に今後も競争力が見込めるのであれば、スポンサーによる増資や経営陣の刷新、債務カット等の金融支援等により、その企業やその事業を正常な状態で存続させることは可能であろう。実際、こうした考えに基づき、これまでも多くの企業や事業が再生されてきている。

⑴　市場の縮小と変化

　再生の過程では、その企業（または事業）がターゲットとする市場や当該市場における位置づけについて当然分析がなされるうえ（詳細は「第3章　経営改善期」を参照されたい）、当該企業（または事業）に競争力があることも確認がなされるはずであるが、時代の流れとともに、その分析の視点を広くとらえる必要が生じているように思われる。第2章でも述べたように、日本国内では人口減少や老齢人口の増加等に伴う市場の縮小や変化が起こり、その分、海外市場の存在感が増している。つまり、中小企業といえども、今後数年～十数年の時間軸で再生を考えるのであれば、そういった視点でその企業（または事業）の競争力や事業展開を考える必要が出てきていることになる。

　その地域に必要であった企業（または事業）が、そのままの状態で今後もずっと必要であり続けることはむずかしくなってきている。過去の実績のみにとらわれることなく、現状および将来を見据えた再生が今後求められる。その際、一つ重要になるのが「産業再編」という視点であろう。産業再編という言葉を使うと、たとえば新日本製鐵と住友金属工業の経営統合のような大きな業界再編をイメージする方が多いかもしれないが、中小企業の世界でも、こうした再編絡みの再生は行われている。

⑵　地方の実例から学ぶ

　最近目にしたものでは、地方のゼネコン数社を一つにまとめて再生するという事例があった。公共工事の削減により、特に地方のゼネコンは経営状態が苦しい状況にあると思われる。債務のカット等を行うことで、ある程度は個別企業のままでの経営継続も可能になるかと思われるが、上述のとおり、地方における公共工事の縮小という変化のなかで、業界全体として、会社数自体の過剰感は否めない。それゆえ、ある地方銀行では、それぞれ異なる地

域を地盤としながらも、経営継続のために他地域に進出したり、他分野に進出して競争状態に陥り、全社共倒れになることを防ごうと、地方ゼネコン数社を、1社にまとめるという再編を実行したのである。この再編では、たとえば、Aという地域を基盤とし、土木に強いゼネコン、Bという地域を基盤とし、建築に強いゼネコン等地盤が分かれ、強みも異なるゼネコン数社から、それぞれの中核事業を新会社に切り出すというような手法をとっている。むろん、この中核事業切出しの過程では、それぞれの会社においてリストラ等も行われているようだが、それでも、今後の公共工事の縮小を視野に入れつつ、そのなかでも競争力を有していけるような再編・再生を行うことで、相応の事業や雇用が守られることとなる。特に中小企業にはオーナー系企業が多いうえ、個人の担保提供や保証等の問題もあり、こうした取組みは容易ではない。加えて、複数の会社が一つの会社になるという点で、経営やガバナンスの体制をどうつくるか、というむずかしさも存在する。これらは、こうした再編絡みの再生を遂行するうえで大きな障害になると思われるが、地域の金融機関にこそ、その間に立って、こうした取組みを後押しする役割がいま求められているのではないだろうか。地域に根を張り、それぞれの企業と取引関係を有する地域金融機関だからこそ、それらの企業や経営者の実態をよく把握しているはずである。ゆえに、こうした再生をまとめられる可能性があるし、取り組んでいく意義も高い。今後は、このような再編による再生が地方でも根づくことを切に願う次第である。

2

面的再生・業態転換

(1) 面的再生への取組み

また、特に地域の再生案件では、「面的再生」の重要性も指摘される。こ

れは、説明するまでもないが、単なる企業や事業の再生にとどまらず、それらが立地する地域を面的かつ複合的にとらえて再生を行うことの重要性である。特には、温泉街等の観光地や市街地の再生等でその必要性が謳われている。温泉旅館は、地域の経済や雇用を支える重要な産業ではあるが、個人の価値観や余暇の選択肢の多様化等により、バブル期以降入込客の減少が続き、経営状況がよいところと芳しくないところで、二極化が進んでいる。それだけ経営が厳しい先も多いことになるが、仮に廃業や倒産となれば、温泉街のなかに利用されない大きな建造物が残ることとなり、それが温泉街の景観や印象を妨げてしまう可能性がある。それだけに、温泉旅館の再生は、その旅館のみの問題にとどまらず、温泉街を巻き込んだ大きな視点で取り組むことが重要となってくる。

　ただし、一言で面的再生といっても、それは簡単なことではない。たとえば廃業なり倒産した旅館をどうするのか、残すのか取り壊すのか、その費用はどうやって工面するのか。また、温泉街のなかの一つの旅館だけが潤っても、その他多くの中小旅館が廃れれば、温泉街全体が寂れてしまうため、その温泉街全体の入込みをふやし、全体としてその恩恵を被るような仕組みづくりも重要である。

　しかし、実例がないわけではない。ある地域の温泉街では、当該温泉街で中・下位どころに位置する旅館が廃業して温泉街全体の活気が失われていく現状を憂い、経営立直しが必要となっていた数個の旅館を私的整理によって経営統合、再生し、その温泉街の衰退を抑制するとともに、面的再生を進めたケースがある。この再生では、本章で取り上げた地域再生ファンドが出資するとともに、ターンアラウンドマネージャーとも呼ぶべき、外部からの経営者招聘も行われており、再生で活用される手法やツールを最大限用いている。加えて、1で述べたような再編も行われており、先行的な取組みであったといえるかもしれない。まだたくさんとはいえないまでも、すでにこうした取組みが地方でも行われている。再編とあわせ、こうした取組みがふえる

第4章　事業再生・業種転換期　303

ことも今後期待されるところである。

(2) 業態転換への取組み

　また、「業態転換」も今後の再生では検討していく必要がある。上記例のとおり、個人の志向や旅行形態が変わってきたように、世の中のニーズ自体は常に大きく変化している。本来なら、そのような変化のなかで、ニーズが薄れてしまった事業は姿を消すしかない。しかし、その事業を支えていた施設や人やサービスもすべて消えるしかないのだろうか。必ずしもそうではないと願いたい。

　実は、(1)で主要例として取り上げた温泉旅館等に関していえば、そこで取り上げた再生事例以外にも、旅館やホテルという業態自体を介護施設等に転換する取組みも行われている。高齢化人口の増加とあわせ、介護施設やサービスの需要は高まっている。本件は、こうした事情を背景に、温泉旅館やホテル等の施設を介護施設に衣替えし、ホテル等で従業員として働いていた人に介護サービスという職場で新たに活躍してもらおうとする取組みである。まだ事例は少なく、大きな困難が伴うものと思われるが、**企業や事業が仮に失われるとしても、その根幹を支えていた施設や人やサービスを、いま求められている業態に転換して再生できれば**、これほどすばらしいことはない。地域に根ざす地域金融機関だからこそ、今後はこうした取組みも視野に入れていく必要があるのではないだろうか。

第 5 章

整理・破綻期

　監督指針は、事業の持続可能性が見込まれない顧客企業からの条件変更要請に対して、機械的にこれに応じるのではなく、経営者の生活再建や当該顧客企業の取引先への影響等をも勘案しながら慎重な検討を施し、そのうえで顧客企業や関係者にとって真に望ましいソリューションを適切に実施すべきとしている。
　本章では、この場合に問題となりうる破産、特別清算、私的整理等の清算型の手続について概観する。

I

事業の持続可能性の判断と顧客説明

1
監督指針

　条件変更等を金融機関の努力義務とする中小企業金融円滑化法の施行後、金融機関の中小企業に対する条件変更の実行率は90％を超える水準で推移している。しかし、このなかには、経営改善計画の策定が困難な企業や再建見込みに疑問のある先も相当数含まれており、その結果、当初の支援期間中に経営改善が果たせず再度の条件変更や倒産に至る企業も増加しているといわれている。

　こうした状況をふまえると、事業の持続可能性が見込まれないにもかかわらず、安易に条件変更を継続することにより、事業の存続がいたずらに長引くことで、かえって経営者の生活再建や当該顧客企業の取引先の事業等に悪影響が見込まれる場合が生じうるものと考えられる。

　金融庁もこうした問題意識等から、中小・地域金融機関向けの総合的な監督指針のなかで、「事業の持続可能性が見込まれない顧客企業」を企業のライフステージ等の一類型として区分し、金融機関が以下のような取組みを行うことが債務者にとって真に望ましいソリューションの一つであることを例示している。

　① 貸付の条件の変更等の申込みに対しては、機械的にこれに応ずるのではなく、事業継続に向けた経営者の意欲、経営者の生活再建、当該

顧客企業の取引先等への影響、金融機関の取引地位や取引状況、財務の健全性確保の観点等を総合的に勘案し、事業の持続可能性について慎重かつ十分な検討を実施する。
② 持続可能性が見込まれない場合には、債務整理等を前提とした顧客企業の再起に向けた適切な助言や顧客企業が自主廃業を選択する場合の取引先対応等を含めた円滑な処理等への協力を含め、顧客企業自身や関係者にとって真に望ましいソリューションを適切に実施する。
③ 破産・民事再生・私的整理等の枠組みの利用や税務対応を含め、債務整理や自主廃業等の具体的な方策を検討するに際しては、税理士、弁護士、サービサー等の専門家と連携することも重要。
④ 以上の取組みを行うにあたっては、顧客企業の納得性を高めるため、十分な説明に努める必要がある。

2 事業の持続可能性の判断

　条件変更等の金融支援を実施している企業について、①資金ショートの回避が困難となった場合、②業況改善が見込めない場合等には、事業の持続可能性について検討を行う場面となりうるものと考えられる。さらに、③コンプライアンス上の問題が発覚した場合も同様であろう。しかし、こうした場合でも、それだけをもって事業の継続可能性がないと形式的に判断するのではなく、顧客企業等に対するヒアリングを念入りに行い、実態把握の程度をさらに深め、関係者からの支援を引き出すことができないかどうか等を含め、事業継続の可能性を探ったうえで、慎重に対応することが求められよう。

3
顧客説明

　条件変更を実施することで顧客企業の経営改善を支援する場合において、顧客企業への説明を尽くし、信頼関係を構築することが重要であることについては、第3章にて述べたところである。整理・破綻期において、「債務整理等を前提とした顧客企業の再起に向けた適切な助言や顧客企業が自主廃業を選択する場合の取引先対応等を含めた円滑な処理等への協力」等の取組みを行う場合には、経営改善期以上に顧客企業の納得感を高めることが求められるため、顧客説明に留意し、ゴールイメージや具体的な方法論について認識の共有化を図る努力を継続することが不可欠であると考えられる。

II

事業継続が困難な場合の債務整理方法

　顧客企業の再建や事業継続が困難な場合には、清算型の手続を選択して債務整理を行わざるをえない。清算型の手続とは、債務者企業の有する資産を換価処分して債務弁済を行い、換価処分が終了した後に債務者企業を清算するものである。その最も代表的なものは破産手続であるが、そのほかにも特別清算や私的整理による方法がある。

　なお、債務整理が必要な場合には、金融機関は必要に応じて弁護士等の専門家と連携しつつ、顧客企業にアドバイスを行うものと考えられる。しかし、債務整理の段階では、顧客企業自身が納得感を得ながら自主的に方策を選択し、これを進めていくことが特に重要であると思われる。顧客企業は債務整理に精通していない場合がほとんどであることをふまえれば、金融機関としては、顧客企業に対し、弁護士等の専門家に相談しつつ債務整理のメリット・デメリット等を含め適切に検討を行うことを慫慂する必要もあろう。くれぐれも金融機関のアドバイスだけが先行して、あたかも顧客企業不在のまま結論だけを急がせてしまうようなことがないように留意する必要がある。

1
破産手続

(1) 破産手続の特色

　破産手続は、破産法に規律された清算型の法的整理手続であり、経済的に破綻した債務者の資産を換価し、これを債権者に配当したうえで清算するものである。破産法は、1923（大正12）年に施行されて以降、破産免責制度の導入以外に実質的な改正はなされていなかったが、1999（平成11）年の民事再生法の創設、2002（平成14）年の会社更生法の改正に続き、2004（平成16）年に手続・実体双方にわたる大幅な改正がなされ、2005（平成17）年より現行の破産法が施行されている。

　破産手続には、特色として以下の点があげられる。
① 申立権は債務者と債権者、その理事・取締役・業務執行社員・清算人等に認められ、債務者が自ら申し立てる場合を自己破産という。
② 同時廃止となる場合を除いて、裁判所により破産管財人が選任され、債務者の財産管理・処分権等の権限は破産管財人に専属する。
③ 担保権者は別除権者となって破産手続には組み込まれず、手続外での担保権の行使が可能。ただし、破産管財人には、裁判所より担保権消滅許可決定を得ることで、別除権者の同意を得ずに担保物件の任意売却を行う手段も用意されている。

(2) 破産手続の概要

　破産手続の主な流れは、以下のとおりである（図表5－1）。
① 債務者企業等の申立権者が裁判所に手続開始の申立てを行うと、通常直ちに保全管理命令が発せられ、保全管理人が選任される。これにより、債務者企業の財産管理・処分権等の権限は保全管理人に専属する。

図表 5 − 1　破産手続の流れ

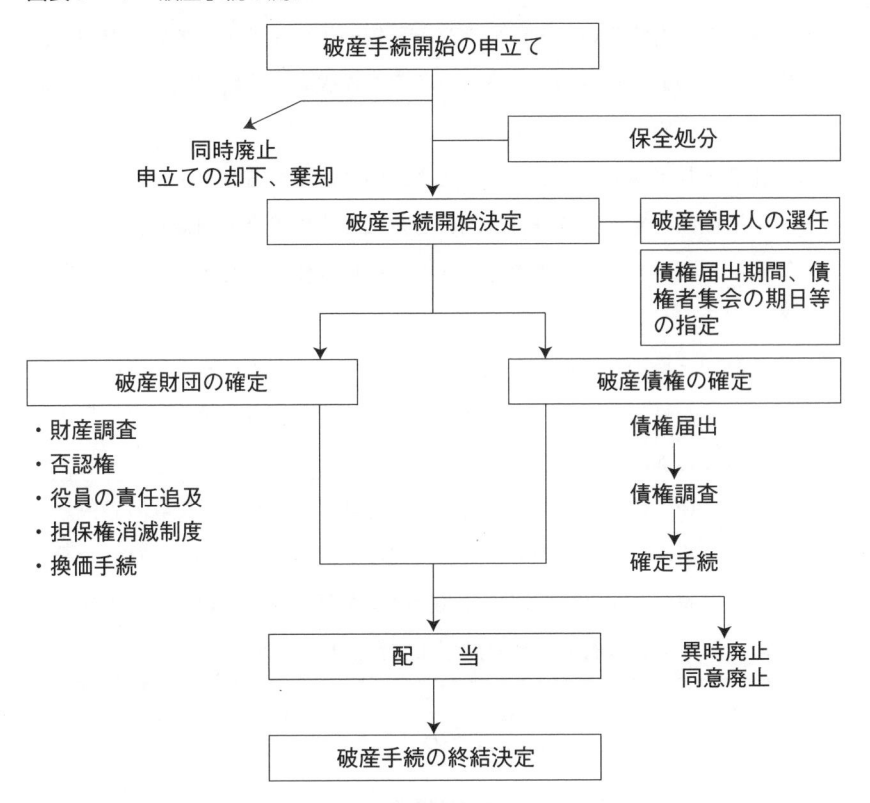

```
                    ┌──────────────────┐
                    │ 破産手続開始の申立て │
                    └──────────────────┘
                      ↙      │      ┌──────────┐
            同時廃止         │←────│ 保全処分 │
            申立ての却下、棄却  │      └──────────┘
                             ↓
                    ┌──────────────────┐    ┌──────────────────┐
                    │  破産手続開始決定  │───│ 破産管財人の選任  │
                    └──────────────────┘    ├──────────────────┤
                             │               │債権届出期間、債権│
                             │               │者集会の期日等   │
                             │               │の指定           │
                             │               └──────────────────┘
                   ┌─────────┴─────────┐
                   ↓                   ↓
           ┌──────────────┐    ┌──────────────┐
           │ 破産財団の確定 │    │ 破産債権の確定 │
           └──────────────┘    └──────────────┘
           ・財産調査              債権届出
           ・否認権                  ↓
           ・役員の責任追及        債権調査
           ・担保権消滅制度          ↓
           ・換価手続              確定手続
                   ↓
              ┌─────────┐         異時廃止
              │  配　当  │         同意廃止
              └─────────┘
                   ↓
           ┌──────────────────┐
           │ 破産手続の終結決定 │
           └──────────────────┘
```

② 破産手続の費用をまかなうだけの資産が債務者にない場合、破産手続開始決定と同時に手続が終了する同時廃止となる。また、手続開始決定後でも破産財団の換価にて手続費用をまかなうことができない見通しとなった場合には破産手続の廃止決定を受けることになる。

③ 破産手続の開始要件が満たされている場合には、破産手続開始決定が発せられる。開始決定時には、債権届出期間・債権調査期間・財産状況報告集会の期日の決定とともに破産管財人が選任され、破産管財人が、以下のとおり手続を遂行する。

　　i　債権者の債権届出等に基づいて債権調査を行い、手続対象となる破産

債権の存否や金額等を確定する。
　ii　債務者の有するいっさいの資産・負債の価額を評定して破産財団を確定し、その財産目録および貸借対照表を作成し、手続開始に至った経緯とともに裁判所に報告する。
　iii　任意売却や競売手続等により破産財団に帰属する資産を換価する。
　iv　手続開始決定から3カ月以内に財産状況報告集会を開催し、手続開始に至った経緯、破産財団の処分状況、役員責任の追及等を破産債権者に報告する。
④　破産財団を換価して得た金銭を債権者に対して配当する。配当には、破産財団の換価終了前に行う中間配当、換価終了後に行う最後配当、最後配当後に行う追加配当の3種類がある。
⑤　最後配当後、破産管財人は任務終了の計算報告を行い、裁判所の決定で破産手続は終了する。この時、通常は破産手続の終結により債務者企業の法人格は消滅するが、終結時点で残余財産が存在する場合にはその分配のための清算手続に移行し、清算結了まで法人格は消滅しない。

2

特別清算

　特別清算は、破産手続よりも簡易な協定型の清算手続として会社法に規律された手続であり、その適用対象はすでに解散した株式会社に限られる。したがって、通常の株式会社が特別清算手続に入るためには、まず株主総会で解散決議を行う必要がある。

　特別清算の最大の特徴は、債権者に対する弁済が、破産配当とは異なり、債権者集会の決議および裁判所の認可を受けた協定によって行われる点である。そのため、破産手続と比較して、事案に応じた柔軟な換価・分配が可能となる点が大きなメリットとなっている。その協定は、債権者集会に出席し

図表 5 − 2　特別清算手続の流れ

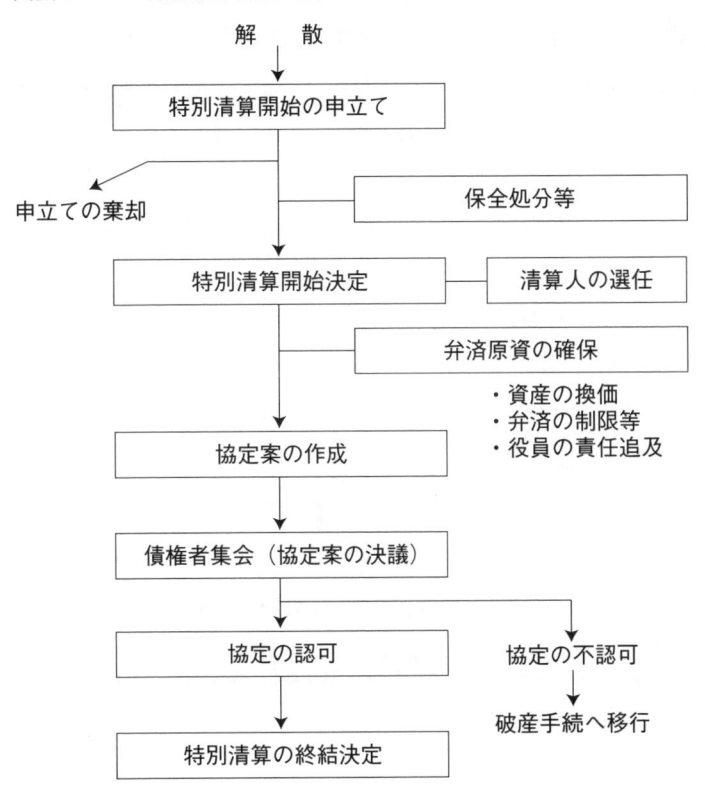

```
            解　散
              ↓
      ┌─────────────┐
      │特別清算開始の申立て│
      └─────────────┘
       ↓         ↓         ┌──────┐
  ┌──────┐     ├────────│保全処分等│
  │申立ての棄却│    │         └──────┘
  └──────┘    ↓
           ┌─────────────┐   ┌──────┐
           │特別清算開始決定│───│清算人の選任│
           └─────────────┘   └──────┘
               │         ┌──────┐
               ├─────────│弁済原資の確保│
               │         └──────┘
               │           ・資産の換価
               │           ・弁済の制限等
               ↓           ・役員の責任追及
      ┌─────────────┐
      │協定案の作成│
      └─────────────┘
               ↓
      ┌──────────────────┐
      │債権者集会（協定案の決議）│
      └──────────────────┘
          ↓              ↓
    ┌──────┐       ┌──────┐
    │協定の認可│       │協定の不認可│
    └──────┘       └──────┘
          ↓              ↓
    ┌──────────┐   破産手続へ移行
    │特別清算の終結決定│
    └──────────┘
```

た債権者数の過半数と総債権額の 3 分の 2 以上の債権者の同意によって可決され、裁判所の認可決定により確定する。協定が成立しない場合には、裁判所の裁量によって破産手続に移行することになる。

3

私的整理

　私的整理とは、特定の法律に規律されず、裁判所の関与もなく、債権者と債務者の任意の合意により行う債務処理の形態を広く指すものである。事業

継続が困難な場面で行われる私的整理とは、単に債務者の資産を換価・回収して債権者に分配する手続であり、清算型の私的整理と呼ばれる。

法的整理は法律に基づいて裁判所関与のもとで進められる手続のため、手続の透明性や処理の公平性が確保されるものの、裁判所・管財人等の関与により相応の手間や費用を要する手続とならざるをえない。その点、私的整理は当事者以外の関与を要さず、当事者の合意によって処理する手続であるため簡易・迅速な手続が期待できるが、一方で、手続の透明性や処理の公平性の確保は当事者の意向次第となる。

私的整理を行ううえでのポイントは、その内容を決める当時者の合意が法的整理のように債権者の多数決で決することはできず、常に債権者全員と債務者との間で合意が形成される必要がある点である。合意しない当事者がいる場合、その当事者の意に反して手続を進めることはできず、合意を強制する手段も用意されていないため、手続を進めることがむずかしくなってしまう。そのため、私的整理は当時者間で意見集約が可能な関係にあって、合意形成が可能な場合に活用場面は限られることとなる。

4 その他

民事再生手続・会社更生手続は、再建型の法的整理手続に位置づけられているが、清算型の再生計画・更生計画が策定される場合もある。手続開始後の事情変更等により事業継続を断念するケースや、特に民事再生手続の場合、当初から債務者企業の清算を見込んで手続開始の申立てを行うケースもみられ、このような手続を清算型民事再生・清算型会社更生と呼んでいる。

後者について、当初より清算を見込んでいるにもかかわらず、破産や特別清算等の清算型手続ではなく、あえて再生型手続を利用するのは、債務者企業の事業活動を停止させないことで財産の処分価格の暴落を回避しうる、債

務者企業の取引先に取引先変更の時間的猶予を与えることができる等のメリットがあるためである。

　そのほかにも民事再生手続・会社更生手続のなかでスポンサー等に事業譲渡を行い、債務者企業は譲渡対価による弁済後に清算するケースもあるが、このような手続も広い意味では清算型民事再生・清算型会社更生に含まれる。

第 6 章

事業承継期

　成長期、経営改善期、事業再生・業種転換期のいずれのフェーズにある企業にとっても事業承継の問題を抱える企業は多い一方、喫緊の課題ではないことから放置され、結果的に取引先等との関係への影響、相続問題や株式の散逸等に至る可能性もある。
　事業承継の形態は世襲による承継から役員・従業員、第三者への承継など多様になりつつあり、法律・制度などの環境整備もなされていることから、事業承継は経営者および金融機関等にとり関心をもって取り組むべきテーマであると考えられる。本章では、事業承継期における選択肢およびツールの整理、承継にあたっての株式評価の解説ならびにケーススタディを交え、事業承継の施策、留意点や金融機関の役割等に関し考察していくこととする。

I

事業承継の選択肢の整理

　事業承継に係る検討は、通常のビジネス取引とは異なることから先送りされやすい傾向にある。たとえば、本章で取り扱う企業価値や株主価値の評価、課税関係の整理、会社法を利用した議決権の制限などは、通常の事業運営において取り扱うことは少ない。経営者からみれば、事業承継の問題は取りかかりに「壁」ができやすく、手をつけにくい性格があるものと想像される。そのため、経営者から専門家への相談が遅れがちになるとともに特殊な分野であることから、それをサポートする金融機関の側においても日常的なサービス内容として経営者に助言しにくいことが事実であろう。

　しかしながら、事業承継は、一定の特殊な知識やノウハウが必要になるものの、会社に必ず生じる事象であることは疑いない。創業者であったとしても、2代目であったとしても、経営者はいずれは後継者にその事業をバトンタッチする日がやってくる。とりわけ事業承継には、金銭的な制約が強く生じるため、事業上の視点をふまえたうえで資金上の留意点を整理しておくことは重要となろう。したがって事業承継は、金融機関として当該企業を継続的にサポートするうえで資金需要の有無を含めて重要な位置を占めるものと考えられる。

　また、従前は「事業承継＝世襲」という考えが大部分を占めており、事業承継対策は相続対策を講じればおおむね事足りるという状況であったが、近年は後継者不足や世界経済停滞に伴う経営環境の悪化等の影響で、役員・従業員による承継、M&Aの手法を活用した第三者への承継というケースも増加しており、事業承継の選択肢は多様化している。ゆえに、事業承継におい

図表6－1　事業承継検討のプロセス

```
┌─────────────┐
│ 後継者の選定  │──┐   ┌─────────────┐
└─────────────┘  │   │ 選択肢・経済上 │
                 ├──▶│ の課題を整理   │──▶┌─────────────┐
┌─────────────┐  │   │ →最適なツール  │   │ 事業承継の実行 │
│ 承継すべき事業 │──┘   │ を選択        │   └─────────────┘
│ の決定        │      └─────────────┘
└─────────────┘
```

ては、経営者がそれまで培ってきた「事業」の継続や将来の発展を重視しつつ、経営者や事業にとって最適な解を見つけるべく、サポートすることが重要となる。それぞれのテクニカルな手法は、後継者および承継事業の選定や経営上の戦略を含めた事業承継のゴールによって異なる。したがって、事業承継にあたってのゴールを明確化したうえで、後継者、オーナー、役員・従業員、相続人、株主、外部利害関係者（金融機関、取引先等）等へ与える影響を可能な限り配慮したツールを選択していくことが必要であろう（図表6－1）。

1

何を、だれが引き継ぐのか

(1) 引き継ぐべき経営資源

承継にあたっては、あらかじめ「承継したい事業上の核」について整理しておくと、その後のテクニカルな考え方を整理するうえで指針となるものと考えられる。たとえば、運営する事業において、取引先とのネットワークが最も重要な資産と考えられるのであれば、取引先とのネットワークを引き継ぐことのできる体制整備がなされなければ事業承継の意味がなくなってしま

うおそれがある。また、技術がコア資産（帳簿上の有形、無形の資産に限られない）である場合には、当該技術について理解のある経営者が必要であろう。したがって、「何を」引き継ぐことが当該事業にとって重要なのかとの視点は、検討のスタート時点において考えておくべき事項であり、他社との比較優位をいかに承継できるか、が基本的な視座となるものと思われる。

当該コア資産を引き継ぐにあたって、だれが最も望ましい人材であるか、という点についても考慮しておくことが重要である。たとえば、取引先とのネットワークが会社においてのコア資産と判断される場合には、社外の人材が引き継ぐことが望ましい状況とならない可能性が高いと考えられる。技術的な側面についての理解が重要な場合には、当該技術への理解は、後継者を選択するにあたって必須の項目になるものと思われる。こうしたことから、従来の経営者に代わる人材は存在しえないことを前提としつつも、当該経営者から他の経営者に事業を承継した場合であっても、事業上のコアを崩さないまたは発展させうる可能性のある引継ぎ相手を探すことが重要となる。事業承継は、あくまで事業を維持・発展できるかの目線を崩さずに検討を進めておくことが重要な視点となる。

(2) 経営権の現状の整理（株の分散、担保の状況ほか）

会社の中心的な資産をどのように考えるか、からスタートするものの、経営権の所在＝株式会社であれば株式の所在について把握しておくことはきわめて重要な事項である。株主名簿が備置され、毎年の株主総会にあたって招集通知が送付され適切に総会が開催されており、すべての手続に弁護士が関与しているような場合は別であるが、こうした会社法上の手続を含めて法的な整備がされていないことはよくあるケースである。したがって、法的に、現在の株主がだれであり何株を保有している状況にあるのかを確実に把握しておく必要がある。

特に、事業承継が過去に生じたことのある会社（相続のケースが典型例）

においては、どうしても株主が分散する傾向にあり、さらに当該株主の一部に相続が発生した場合には分散化傾向が強まる。また、当該分散した株主を集約するにあたり、買い集めなどの集約プロセスが法的に適切に行われていないケースも散見される。

仮にM&Aという形態で事業承継を目的とした売却プロセスを開始した場合、譲受け側としてこだわるのはどの程度の割合を取得できるか、また、ビジネス遂行上の障害となる株主はいないか、といった事項であり、実際に株式の移動を行う際には、株主権を確実に保有しているかどうかの点になる（仮に、オーナーが確実に株主権を移動していると理解している場合であっても、法律家の目からみた場合に、株式移動が適切になされていないとされるケースは、「散見される」ということではなく「よく問題になる」と考えてよい）。

業歴の古い会社であれば、権利関係をさかのぼることがむずかしいケースや、実際の保有者が遠方に居住していて交渉に支障が出やすいケースはもとより、名義株の問題など法的な権利関係が明確になっておらず、後々紛争になるケースも少なくない。したがって、経営者が権利関係をきちんと把握し、取りまとめ可能な株式がどの範囲であるかを理解することは、円滑な承継を行うためには必須であるといえる。逆にいえば、株主の状況がわからないような経営権のあいまいな企業を取得・承継することは、譲受け側にとってむずかしいことは明らかである。

株主の分散状況がわかれば、それを集約する手立て・手段を検討することになる。分散度が小さく現在の経営者の交渉力の届く範囲であれば問題はないものと想定されるが、分散度が大きい場合には集約化の検討を要することとなるだろう。

(3) 現時点のビジネス環境を前提とした目指すべきゴール

上記の状況を前提として、どのように経営環境を整えていくのかは、ひとえに経営者の考えにかかっている。経営者としては、事業上の外部環境とと

もに、事業運営上のオーナーシップ環境を所与のものとして考慮に入れたうえで事業承継の検討を進めることとなる。

図表6−2　検討事項（例）

事業環境	・事業の短期、中長期でみた持続性・成長性 ・事業の継続・成長を達成するうえでの課題 ・課題を乗り越えるための戦略 ・ステークホルダー（顧客、従業員、取引先、株主、取引金融機関）への配慮
オーナーシップ環境	・現状の株主構成 ・各株主と経営者の関係 ・各株主の事業への関与度
事業承継のゴール	・企業の継続的な発展 ・後継者への円滑な引継ぎ ・創業者利得の確保

当初、整理すべき項目としては、図表6−2のような事項がある。

こうした外的な環境をふまえて、目指すゴールを設定することが望ましい。もちろん、ゴールに対して満点の事業承継ができることがよいが、次善の策を考えるうえでも置かれた状況を整理しておくことが必要である。

2
どうやって引き継ぐのか（選択肢の整理）

(1) 経営権の集中の方向性

一般的に、IPOにより資本と経営の分離を通じて分散化を図るケースを別とすると、どのような次世代に引き継ぐとしても、オーナーシップが分散している場合には、意思決定が迅速にできないなどの懸念が生じるためにその

後の運営の障害となりかねない。そのため、後継者や譲受け者の経営権を確保するために集中化を行っておくことが望まれる。

　集中化にあたっては、大きく分けて図表6-3の三つのパターンが想定しうる。

図表6-3　経営権の集中とその方法

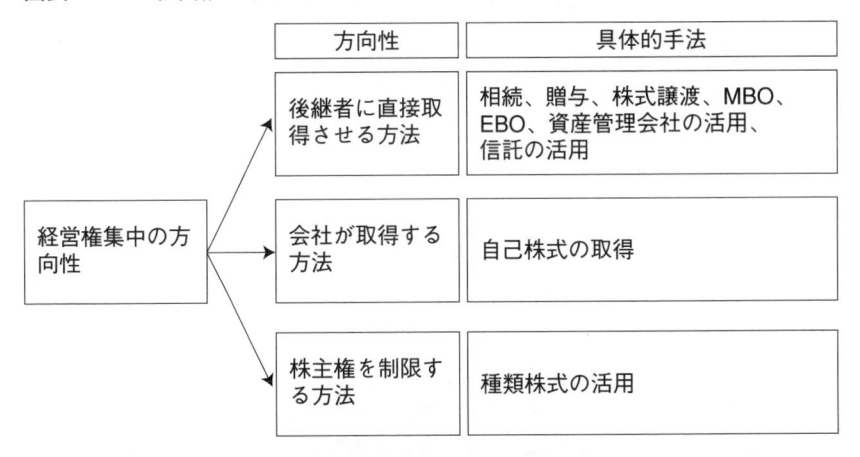

経営権集中の方向性	方向性	具体的手法
	後継者に直接取得させる方法	相続、贈与、株式譲渡、MBO、EBO、資産管理会社の活用、信託の活用
	会社が取得する方法	自己株式の取得
	株主権を制限する方法	種類株式の活用

　第一の後継者に直接取得させる方法は、後継者が親族であれば税務上の問題が最大の課題となるとともに、外部である場合には株式譲渡の方法によって株式を集中していくため、取得側に一定の資金力がないと実行できないこととなる。第二の会社が取得する方法は、会社が買い主となって分散した株主から株式を買い集めることによって、株主を集約する方法となる。第一の手法同様ではあるが、資金上の制約だけでなく会社法などの法令上の制約がかかってくることにも留意する必要がある。第三のその他会社法上の仕組みを利用する方法は、種類株式等を利用して株主の権利関係に差をつけて、経営への関与度について株主間に濃淡をつけようとする考え方である。一定の会社法上の手続に沿うことが必要であるが、一部の株主に議決権をもたせ、他の株主は利益参加権に限定するような仕組みとすることができる。

第6章　事業承継期

したがって、前述の事業環境にかんがみてどのようなオーナーシップの形態が望ましいかを勘案したうえで、どういった形態で集中化を図るかが検討されることになる。

(2) 実現可能性の検討

承継にあたっては、経済上の課題は何かを考えておきたい。実行にあたっての優先順位という点では、基本的には事業上の意義が優先されることになるが、経済上の制約があることが大きな課題となる。

事業上の課題に対するポジティブな手法を選択できることを優先的に考慮することとなるが、一方で経済上の制約も欠かすことができない事項であり、だれを承継主体とするかによってその制約が変化する（図表6－4）。

図表6－4　承継のパターンと経済上の主な制約

親族への承継	・相続等による税務負担 ・一部分散した株式の買戻し資金 ・借入金への個人保証の引継ぎ
役員・従業員への承継	・株式の取得資金 ・借入金への個人保証の引継ぎ
第三者への承継（法人のケース）	・株式の取得資金 ・株式譲渡対価の第三者との合意

こうした経済上の問題をクリアできることが実現可能性にかかわる課題となる。事業上の課題が解決できるからといって、経済上の制約を必ずしもクリアできるわけではない。したがって、事業上の課題整理を出発点としながらも、経済上の制約でチェックをかけるというプロセスを経ることによって、どの手法が選択可能であるかどうかがみえてくるものと思われる。そのなかで、最善策、次善策といった順位づけをし、最善策に対して過度に依存することは避けるべきである。

3 事業承継のプロセス

　オーナーがいざ事業承継対策を検討しようとした場合、留意点は何か、どのような手順を踏むべきか、だれに相談すべきか等で悩むことも多いだろう。その場合、以下のプロセスを踏むべきと考えられる。なお、M&Aのプロセスについては、Ⅱ2(6)bにて詳細に記載しているため参照されたい。

(1) 事業承継の方針の決定

　事業承継を進めるうえでまず決定しなければならない後継者の選定、承継事業の決定等、目指すべきゴールの設定やオーナーとしての事業承継の方針については、前述したように特殊な分野であることや事業運営の安定性のために機密性が要求されることなどから、オーナーが最も信頼している外部パートナー（弁護士、税理士、金融機関）に相談することが考えられる。たとえば、後継者を親族ではなく外部の第三者に求めること、ノンコア事業を承継事業から切り離すこと等、オーナー自身として合理的であると認識しつつもなかなか決断できない内容についても、信頼できるパートナーであれば、客観的かつ合理的な意見をもらえるとともに、場合によっては自身の決断を後押ししてくれるだろう。

(2) 事業承継のツール（選択肢）や経済上の課題の整理

　これに続いて、決定した事業承継の方針を遂行するのに適し、かつ、経済的にもメリットがあるツールを選択する必要がある。(1)にて相談した外部パートナーはもちろんのこと、弁護士、公認会計士、税理士、金融機関、コンサルティング会社、M&Aアドバイザリー会社、信託銀行等を活用し、現在のオーナーの財産状況の調査、タックスシミュレーションから、各ツールのメリット・デメリットの整理、経済上のインパクトの試算等を行い、各利

害関係者へ与える影響を可能な限り配慮したツールを選択し、スキームを構築することとなる。

　具体的には、相続紛争の防止策やM&Aに係る法務（会社法手続等）の相談ならびに付随する契約書の作成の依頼は弁護士、財務DDの依頼は公認会計士、M&Aに係る株価算定は公認会計士やM&Aアドバイザリー会社、相続税対策やM&Aに係る税務の相談ならびにタックスシミュレーション等の依頼は税理士、事業承継に係る資金調達の相談は金融機関、承継先である第三者の選定やビジネスマッチング等はM&Aアドバイザリー会社、信託の活用に係る相談は信託銀行や一般社団法人信託協会というかたちで大まかな役割分担を図ることができる。ただ、やみくもに専門家を登用してもコストばかりがふくらむため、留意が必要であり、役割分担等も信頼できるパートナーに相談すべきである。

(3)　選択したツールの実行

　そして、いよいよ選択したツールの実行に移ることとなるが、いずれの場合も、タイムスケジュールの管理が重要であるとともに、取締役会や株主総会の決議、株式のトランザクション、資金の移動等多くの手続が発生し、各種法令等（会社法、金融商品取引法、税法、信託法等）に準じた適切な対応が必要となるため留意すべきである。

II

事業承継におけるツール

1 利用できるツールの整理

　事業承継の選択肢や後継者の選定に係る整理が進んできた段階で、それらと同時並行的に、承継の方法（ツール）を考察する必要がある。ツールの選択にあたっては、承継のタイミング、承継に要する期間、後継者の資金調達、オーナーや後継者に対する税負担、納税資金の確保、対象会社の財政状態への影響、株主総会決議のハードル等、さまざまな視点からメリットとデメリットを総合的に勘案し慎重に決定することとなる。

　ツールの概要をまとめると図表6－5のとおりである。

図表6-5　ツール概要表

	利用局面	承継先		
		親族	役員等	第三者
相続	・親族への承継 ・納税資金確保ずみ ・納税猶予制度の適用による承継	○		
贈与 (一括)	・相続前に親族へ承継 ・納税資金確保ずみ ・納税猶予制度の適用による承継	○		
暦年贈与		○		
相続時精算課税制度による一括贈与		○		
株式譲渡 (売却)	・後継者への事業承継 ・業務提携先等との連携 ・納税資金の確保が必要	○	○	○

メリット	デメリット・留意点
・確実に親族へ承継可能 ・納税猶予制度の適用が可能な場合は、一定額につき相続税の納税を猶予できる ・相続後3年10カ月までの間の会社による自己株式取得はみなし配当課税ではなく譲渡所得課税	・後継者に多額の相続税がかかるため、納税資金の確保が必要 ・遺留分によって株式が分散する可能性あり ・納税資金確保のため、場合によっては相続株式を売却することになり自社株散逸の可能性あり
・特定の親族に対して保有株式を移動することが可能 ・その後の企業成長によるオーナー持株評価額の上昇を回避可能 ・納税猶予制度の適用が可能な場合は、一定額につき贈与税の納税を猶予できる	・後継者に多額の贈与税がかかるため、納税資金の確保が必要 ・納税資金確保のため、場合によっては受贈株式を売却することになり自社株散逸の可能性あり
・特定の親族に対して保有株式を移動することが可能 ・年間110万円の贈与税の非課税枠の範囲内でオーナー持株を贈与した場合、最もコストがかからない	・オーナー持株のすべての移転が完了するまで半永久的に時間を要する可能性あり ・その後の企業成長によるオーナー持株評価額の変動を通じた期間変動の可能性あり
・特定の親族に対して保有株式を移動することが可能 ・贈与者ごとに贈与累計額2,500万円までは非課税 ・オーナー相続時の相続税の計算において贈与時の評価額を採用するため、その後の企業成長によるオーナー持株評価額の上昇を回避できる	・2,500万円を超える贈与については、一律20％課税（オーナー相続により相続税で精算）で後継者に相応の税負担が発生するため、納税資金の確保が必要
・特定の後継者に対して保有株式を移動することが可能 ・現状の株式価値を現金化でき、納税	・買い手側で多額の資金を確保する必要があり、特に後継者（親族や役員等）へ譲渡する場合は、金融機関か

第6章 事業承継期

	利用局面	承継先		
		親族	役員等	第三者
自己株（金庫株）買い	・会社負担による株式価値の現金化 ・納税資金の確保が必要 ・現金化に一定の機動性が必要な場合	◯	◯	◯
MBO/EBO	・後継者への事業承継 ・上場会社の非公開化	◯	◯	◯

メリット	デメリット・留意点
資金を一定額確保可能 ・生前に現金化することで、保有資産の利用・処分方法の多様化が可能 ・交渉によっては、その後の企業成長による評価額の上昇分を現時点で現金化できる ・個人株主は譲渡所得課税で20％の税負担	らの資金手当は難航する可能性あり ・保証の引継ぎが同時になされる場合、後継者に一定の負担能力が必要 ・第三者の買い手の選定は、今後の成長シナリオ等をふまえ、慎重に判断する必要がある
・会社負担により現状の株式価値を現金化可能 ・法人株主は受取配当等の益金不算入の規定が適用可能	・取得にあたっては、会社において通常の営業取引とは別に、自己株取得資金の確保が必要 ・あらかじめ株主総会の決議を要し、特定の株主から取得する場合であっても、他の株主の持分の買取りが必要となる場合もある ・分配可能額の制限を受ける ・個人株主はみなし配当課税がなされ、最高50％の税率が適用される ・自己株式の取得により、純資産が減少し、過小資本となるリスクがある
・社内の経営メンバー等が後継者となることにより、社内の安定性が保ちやすい ・非公開化による迅速な意思決定や成長戦略に向けた積極的な経営資源の投下が可能 ・SPCへ外部資金を取り込むことにより、後継者の買収資金を補てんできる ・SPCへの出資構成のつくり込みで確実に後継者へ支配権を残せる（理想的な株主構成の実現） ・現状の株式価値を現金化でき、納税	・株式買収資金の一部をLBOローンで調達した場合、合併後は借入金残高が増加し、自己資本比率が低下する ・LBOローンの財務制限条項により経営の意思決定に係る部分につき、財務面から一定の制約がかかる ・SPCへの出資構成につき、必要資金の総額、後継者・従業員等の資金余力、オーナー再出資の必要性、メザニンの必要性等慎重に検討する必要がある ・外部のファンドを利用した場合、ファンドのEXIT時点で新たな株主

	利用局面	承継先		
		親族	役員等	第三者
IPO	・成長局面において、資金調達手段の多様化・知名度の向上等を企図			○
種類株式の活用	・後継者への円滑な事業承継 ・後継者の属性に応じた経営参加権を区分したい ・メザニン・ファイナンスにおける活用	○	○	○
資産管理会社の活用	・資産管理会社を通じた後継者の支配権の上昇 ・株価上昇局面における株価対策	○		
信託の活用	・後継者への円滑な事業承継	○		

メリット	デメリット・留意点
資金を一定額確保できる	を検討する必要あり
・資金調達手段の多様化 ・知名度・信用度の向上 ・売出しによる創業者利潤の確保 ・社内管理体制の強化 ・オーナーによる対象会社借入金への保証の解消	・厳格な適時開示義務が課される ・業績予想や中期計画の達成に係る株主からのプレッシャーあり ・IR強化・株主優待・配当性向の向上等、株主への配慮が必要 ・上場維持コスト（監査報酬や上場手数料等）がかかる ・株価は外部環境の影響を大きく受ける ・インサイダー規制への抵触につき特に留意が必要
・株式の財産的価値と経営権につき、各株主のニーズにあわせた内容の設計が可能 ・新規発行の場合、過小資本の補てん等が可能 ・議決権のコントロールが可能	・種類株式活用に伴う定款変更について株主総会の特別決議、株式の種類の変更について全株主の同意を要する ・取得条件付きや取得請求権付種類株式等で自己株式の取得によりEXITを図る場合、分配可能額の制約を受ける
・資産管理会社の出資構成のつくり込みにより後継者への支配権を調整可能 ・オーナー家の資産と対象会社の資産を区分することが可能 ・安定株主対策が図れる ・株価上昇局面において、直接保有から間接保有に切り替えることで株価対策が図れる	・資産管理会社側で多額の資金を確保する必要 ・特に新設の資産管理会社の場合は、返済原資が配当のみとなるため金融機関からの手当がむずかしい可能性がある
・株式の財産的価値と経営権につき、各株主のニーズにあわせた内容の設計が可能	・信託銀行等の活用によりコスト負担が生じる

2 各ツールの解説

(1) 相続・贈与による承継

a 相続による承継

(a) 相続または遺贈

相続による事業承継を行うにあたっては、その株式の移転を相続により実施するのか、遺贈により実施するのかを検討する必要がある。通常相続が開始した場合には相続財産はいったん相続人全員の共有となり、その後、遺産分割協議によりだれがどのように財産を取得するのか協議することとなる。

しかし、この分割協議の場合には被相続人であるオーナー経営者の意思と異なる株式の引継ぎも考えられ、また、相続人間でも争いに発展しかねないことから相続の手法を利用する場合にも、遺言によりオーナー経営者の意思を残す必要がある。遺言で意思を尊重できる内容は、身分関連・財産関連・相続関連の3項目であり、対象会社の株式をだれに遺贈するかは財産関連項目に該当する。

次期後継者の選定は、それまで事業を続けてきたオーナー経営者が判断するものであるため、相続による承継を検討する場合には、オーナー経営者の意思を反映でき、株式の分散を防止できる遺贈を前提とすることが望ましいといえよう。

(b) 遺留分

相続による承継を考えるにあたっては、相続人の遺留分に留意する必要がある。民法は、遺族の生活の安定や相続人間の平等を確保するために、相続人に最低限の相続の権利を保障しており、これを遺留分という。遺留分は被相続人の生前贈与や遺贈によっても侵害されることのない権利であり、他の相続人等が過大な財産を取得したために、自分の取得分が遺留分より少なく

なってしまった場合は、その侵害された遺留分を取り戻す請求をすることができ、この請求を「遺留分の減殺請求」といい、相続開始後初めて生ずる権利となる。よって、オーナー財産の大部分を株式や事業用資産が占め、後継者以外の相続人に分配できる現金や不動産が不足している場合や、親族間で事業承継について争いがある場合は十分留意が必要である。遺留分の減殺請求に対して、価格弁償できる現金などがあればよいが、そうでない場合は株式や事業用資産を非後継者へ放出せざるをえないこととなるのである。

遺留分の権利者は、配偶者、子（代襲相続人、胎児を含む）、直系尊属であり、法定相続人の範囲に含まれる兄弟姉妹が遺留分の権利者に含まれない点が特徴である。また、遺留分の割合は原則2分の1であり（相続人が直系尊属だけの場合は3分の1）、各相続人への割振りは当該割合に法定相続分の割合を乗じて算出する。そして、遺留分の算定基礎となる財産は、相続開始時の財産に、相続開始前1年内になされた贈与と相続人への「特別受益」の額を加え、そこから負債を差し引いて算出する。

この場合の特別受益は、相続の何年前という期間の限定はなく、相続以前に相続人に対してなされたすべての贈与までさかのぼって算定基礎財産に含まれることとなり、オーナーが生前に後継者へ贈与した株式や事業用資産も遺留分減殺請求の対象となるため、安定経営に必要な株式等を取得できないという問題点がある。また、算定基礎財産に含まれる財産の価額は、相続開始時を基準に評価する必要があり、たとえば生前10年前に贈与された株式であっても相続時の株式の価額となり、当該価額をベースに遺留分の権利者（非後継者等）への遺留分を算出することとなる。よって、生前贈与を受けた後継者の経営努力により業績を向上させ株価が上昇した場合、遺留分の権利者の利益にもつながってしまうため、後継者の経営意欲を阻害するという問題点もあった。

【遺留分の民法特例】

これらの問題点を解決するために、経営承継円滑化法において遺留分

の民法特例が創設（2009年3月1日に施行）され、「除外特例」と「固定特例」という規定が設けられた。「除外特例」は、オーナーの推定相続人全員と、後継者がオーナーから生前贈与により取得した自社株式等について遺留分の算定基礎財産に含まない合意ができるというものであり、それにより遺留分を気にすることなく自社株式等を承継することができる。また、「固定特例」は、オーナーの推定相続人全員と、後継者がオーナーから生前贈与により取得した自社株式等について遺留分の算定基礎財産に含める価額を合意時点の価額とすることを合意できるというものである。当該合意により遺留分の算定基礎財産に含まれる価額が固定されるため、後継者は将来の価値上昇による遺留分の増大を心配することなく経営に専念できるのである。

　この遺留分の民法特例の適用を受けるには、まずオーナーから後継者へ対象会社（当該特例の適用を受けることができる会社は、経営承継円滑化法2条に規定される中小企業者（資本金基準・従業員基準は後述の相続税の納税猶予制度の規定と同様）のうち、3年以上継続して事業を行っている会社（非上場会社）をいう）の株式の贈与を行う必要がある。その後、遺留分の権利者である推定相続人全員の書面による合意を経る必要があり、当該合意に際しては、①合意の対象となる株式を除くと後継者が議決権の過半数を確保できないこと、②後継者が合意の対象となった株式等を処分した場合や旧オーナーの生存中に後継者が代表者でなくなった場合に非後継者がとることができる措置の定めがあることの条件をクリアしている必要がある。そして、当該合意の後1カ月以内に経済産業大臣へ確認申請を行い、その確認を得た後1カ月以内に家庭裁判所に許可の申立てを行い、当該許可を得てはじめて合意の効力が生じることとなる。

　なお、遺留分の民法特例と後述の非上場株式等に係る相続税・贈与税の納

税猶予制度は、規定に類似する部分はあるが、一致はしておらず、それぞれ適用関係は別個に判断する必要があるため留意が必要である。

(c) 相続税の計算

図表6－6のとおり、相続税額を計算するにあたっては、まず相続または遺贈により財産を取得した個人ごとに各人の課税価格を計算する（この課税価格の計算にあたっては財産評価基本通達に基づき評価を行う）。各人の課税価格を計算するうえでは、純然たる財産のほかに生命保険金などのみなし財産を加算し、そこから被相続人に係る債務および葬式費用などの負の財産を控除する。さらに相続開始前3年以内に被相続人からの贈与により取得した財産がある場合には、これを相続財産に加算することになる。

次に各人ごとに算出した課税価格を合計し、遺産総額を算出する。そして、この遺産総額から基礎控除額（5,000万円と1,000万円に法定相続人の数を乗じた金額との合計金額）を控除する。この控除後の残額を法定相続分で一度按分し、按分後の課税価格に図表6－7に掲げる相続税率速算表の税率を乗じて法定相続分に応じた相続税額を算出する。そして、これを合計し相続税の総額とし、この相続税の総額を各人の課税価格の比で按分計算し、相続税の2割加算や税額控除等の調整を行い、各人ごとの納付すべき相続税額が

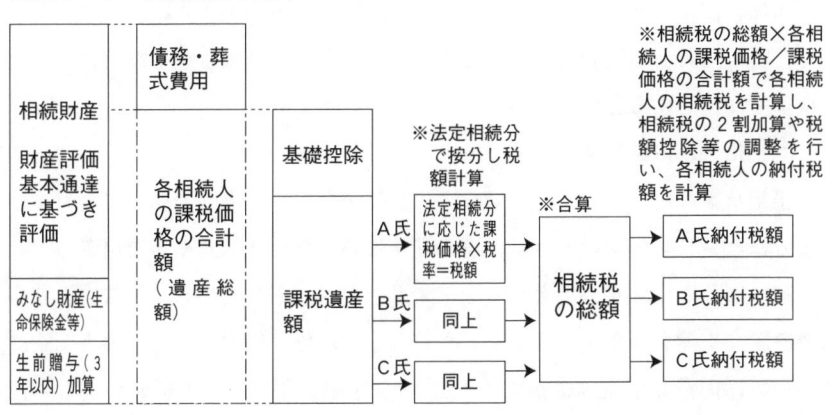

図表6－6　相続税額の計算

図表6-7　相続税率速算表（2011年12月31日現在）

法定相続分に応ずる各人の課税価格	税率	控除額
1,000万円以下の金額	10%	—
3,000万円以下の金額	15%	50万円
5,000万円以下の金額	20%	200万円
1億円以下の金額	30%	700万円
3億円以下の金額	40%	1,700万円
3億円超の金額	50%	4,700万円

計算される。

(d)　申告期限と納付

相続税の申告期限は相続の開始日の翌日から10カ月以内であり、被相続人の住所地の所轄税務署長宛てに申告書を提出する。また、納税に関しても同日までに金銭による一時納付を原則としているが、金銭による一時納付が困難な場合には、延納の手続が認められており、また、延納によっても金銭納付が困難な場合には、一定の条件のもと、相続財産による物納の手続も設けられている。

当然、円滑な事業承継のためには、株式の物納は回避することが望ましく、そのため、納税資金に窮することのないよう、納税資金の準備については慎重に検討する必要がある。

(e)　相続税の納税猶予制度

事業承継の局面において、経営者に相続が発生した場合で納税資金対策が十分になされていないときは、事業継続に必要な自社株式や事業用資産等の売却による資金化が必要となるケースも想定される。しかし、税法により事業継続に支障をきたすようでは元も子もないため、後継者がいる中小企業においては円滑な事業承継ができるよう、「中小企業における経営の承継の円

滑化に関する法律（経営承継円滑化法）」が2008年10月1日に施行され、あわせて平成21年度税制改正にて「非上場株式等についての相続税の納税猶予」制度が整備された。

① 概　　要

相続税の納税猶予制度は、事業承継相続人（後継者）が、非上場会社を経営していた被相続人（先代経営者）から相続または遺贈により当該非上場会社の株式等を取得し、その後当該非上場会社を経営していく場合には、一定の要件を満たす限り、その事業承継相続人が納付すべき相続税額のうち、相続または遺贈により取得した非上場株式等（相続前から所有していた株式等とあわせて発行済議決権株式等の総数の3分の2に達するまでの株式等）に係る課税価格の80％に相当する相続税額の納税を猶予するとい

図表6-8　相続税の納税猶予制度の概要

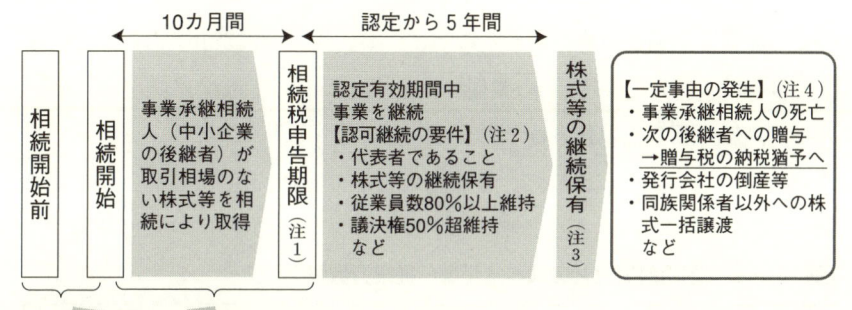

	10カ月間	認定から5年間	
相続開始前 → 相続開始	事業承継相続人（中小企業の後継者）が取引相場のない株式等を相続により取得（注1） → 相続税申告期限	認定有効期間中事業を継続【認可継続の要件】（注2）・代表者であること・株式等の継続保有・従業員数80％以上維持・議決権50％超維持など	株式等の継続保有（注3）	【一定事由の発生】（注4）・事業承継相続人の死亡・次の後継者への贈与→贈与税の納税猶予へ・発行会社の倒産等・同族関係者以外への株式一括譲渡など

事業承継に係る取組みについての「確認」　各種要件を満たしていることの「認定」

経済産業大臣

（注1）　議決権株式等の3分の2を上限として、株式等に係る相続税額の80％相当を納税猶予。猶予される相続税額と利子税見合いの担保を提供する（相続により取得した当該株式等）。
（注2）　要件を満たさなくなった場合は猶予税額の全額を法定申告期限からの利子税とともに納付。
（注3）　5年経過以降に株式等を譲渡等した場合は譲渡対応部分の猶予税額を利子税とともに納付。
（注4）　一定事由が発生した場合、一定の猶予税額が免除される。

う制度であり、一定の要件を満たさなくなった場合は猶予していた相続税額を利子税とともに納付する必要が生じる一方、一定の事由が発生した場合は猶予税額が免除されることとなる（図表6－8）。

② 適用対象会社の主な要件
　i 経営承継円滑化法に基づき経済産業大臣の認定を受けた非上場会社であること
　ii 図表6－9の業種に応じ、資本金または従業員数のいずれかの要件を満たす中小企業者であること
　iii 資産保有型会社や資産運用型会社（有価証券、自ら使用していない不動産、現金・預金等の特定資産の保有割合がBS帳簿価額の総額の70％以上の会社やこれら特定資産からの運用収入が総収入の75％以上の会社で事業実態がないものに限る）に該当しないこと
　iv 風俗営業会社に該当しないこと
　v 総収入金額がゼロを超えること、従業員数が一人以上であること　等

③ 被相続人（先代経営者）の要件
　i 適用対象会社の代表権を有していたこと
　ii 相続開始直前において、被相続人とその特別関係者（親族・議決権数

図表6－9　適用対象会社の資本金基準・従業員数基準

業　　種	資本金	従業員数
製造業・建設業・運輸業・その他	3億円以下	300人以下
卸売業	1億円以下	100人以下
サービス業	5,000万円以下	100人以下
小売業	5,000万円以下	50人以下
ゴム製品製造業	3億円以下	900人以下
ソフトウエア業・情報処理サービス業	3億円以下	300人以下
旅館業	5,000万円以下	200人以下

の50％超を保有している会社等）の合計で総議決権数の50％超を保有していることおよび事業承継相続人を除く特別関係者グループのなかで筆頭株主であること

④ 事業承継相続人（後継者）の要件
　i　相続開始から5カ月後において適用対象会社の代表権を有していること
　ii　相続開始直前で被相続人の親族（配偶者・6親等内血族・3親等内姻族）であること
　iii　相続後において、事業承継相続人とその特別関係者の合計で総議決権数の50％超を保有していることおよび特別関係者グループのなかで筆頭株主であること
　iv　相続開始直前で役員であること
　v　相続開始日から相続税の申告期限まで適用対象会社の株式等を譲渡していないこと

⑤ 次の後継者への贈与
　5年の経営承継期間経過後において、事業承継相続人（後継者）が次の後継者に適用対象会社の株式等を贈与し、当該贈与につき後述する贈与税の納税猶予制度の適用を受ける場合は、納税猶予している相続税額のうち以下の算式に基づき計算した金額が免除されることとなる。

$$\text{納税猶予されている相続税額} \times \frac{\text{贈与税の納税猶予制度の適用を受ける株式等の数}}{\text{贈与直前の適用対象株式等の数}}$$

b　贈与による承継
　(a)　贈与税の計算
　贈与税は贈与により財産を取得した者が、贈与により取得した財産および贈与により取得したとみなされる財産に対して課税される。贈与税は暦年課税であり、贈与により財産を取得した者がその年の1月1日〜12月31日までの間に贈与により取得した財産の合計額から基礎控除額（年110万円）を控

図表6－10　贈与税率速算表（2011年12月31日現在）

基礎控除後の課税価格	税率	控除額
200万円以下の金額	10%	—
300万円以下の金額	15%	10万円
400万円以下の金額	20%	25万円
600万円以下の金額	30%	65万円
1,000万円以下の金額	40%	125万円
1,000万円超の金額	50%	225万円

除した残額（課税価格）に、図表6－10に掲げる贈与税率速算表の税率を乗じて算出する。なお、相続税とは異なり、受贈者ごとに暦年で贈与を受けた財産の合計額をベースに計算（二人以上から贈与を受けた場合も合算して計算）することに留意が必要である。

相続発生時ではなく、生前に贈与を行うメリットは、早い段階から自社株式を後継者へ移せる点であり、後継者としての自覚が芽生えることも期待できる。

しかし、贈与税は、相続税の課税回避目的で生前に財産移転することを抑制するための、いわゆる相続税の補完税であり、罰則的意味合いも含め、税率は相続税より贈与税のほうが高く設定されているため、税負担を考慮した場合は、期間を要するが、基礎控除額（年110万円）や後述の相続時精算課税制度をうまく活用し、徐々に承継していく方法が無難であろう。

(b)　相続時精算課税

相続時精算課税制度とは、次世代への財産移転の促進や円滑な事業承継を支援する観点から平成15年度税制改正により創設された制度であり、具体的には、65歳以上の親（贈与者）が20歳以上の子（子が亡くなっているときには20歳以上の孫を含む）（受贈者）に財産を贈与する場合に、2,500万円までの贈与に関してはその段階で贈与税を課さず、2,500万円を超えた部分について

20%の贈与税を課す（仮払納付させる）制度である。

　当該制度を利用して贈与した後において相続が発生した場合には、この制度により贈与した財産の価額を相続財産の価額に加算して相続税額を計算することとなり、仮払納付した贈与税額は相続税額から控除される。

　また、この制度は、相続発生により、贈与財産の価額が相続財産の価額に取り込まれる際、相続時の評価額ではなく、贈与時の評価額で取り込まれるという特徴があるため、評価額の上昇が見込まれる場合は、評価額が低い段階で後継者へ一定程度株式を移しておけば、相続財産の価額を低く抑えることができ、税負担を軽減することができる。

　ただし、当該制度は一定の手続が必要なうえ、一度選択すると、贈与者から受贈者への贈与については、二度と撤回できず、暦年課税における基礎控除（年110万円）も受けられなくなるため、選択に際しては慎重を期する必要がある。

(c) 申告期限と納付

　その年の1月1日～12月31日までの間に行われた贈与については、翌年2月1日～3月15日までの間に贈与を受けた者の住所地の所轄税務署に申告および納付を行うことになる。なお、贈与の場合も金銭納付を行うことが困難な場合には、5年間の年賦延納が認められている。

(d) 贈与税の納税猶予制度

　事業承継を円滑に進めるには、後継者の選定が終わり次第、早期に株式等を移転することが重要となる。しかし、先代経営者の生前に株式等を移転しようとすると多額の贈与税が課されてしまい、円滑な事業承継の阻害要因となってしまう。そこで前述の相続税の納税猶予制度とあわせ、平成21年度税制改正において「非上場株式等についての贈与税の納税猶予」制度が整備された。

① 概　　要

　贈与税の納税猶予制度は、事業承継受贈者（後継者）が、非上場会社を

図表 6 −11　贈与税の納税猶予制度の概要

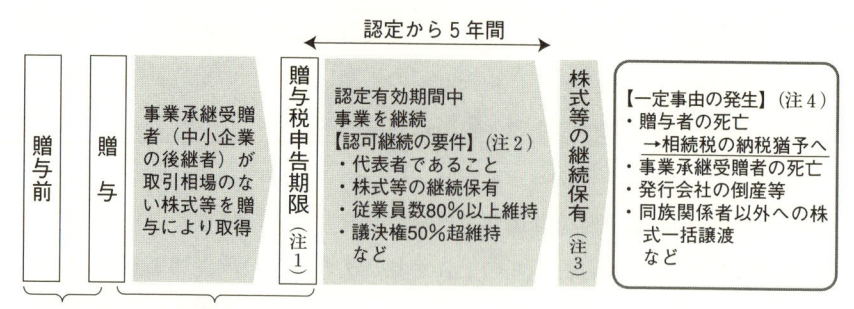

```
                    ←──── 認定から 5 年間 ────→
┌────┬────┬──────────┬──────────────┬──────────────┐  ┌──────────────────┐
│贈  │贈  │事業承継受贈 │贈 │認定有効期間中 │株 │  │【一定事由の発生】(注4)│
│与  │与  │者(中小企業 │与 │事業を継続    │式 │  │・贈与者の死亡    │
│前  │    │の後継者)が │税 │【認可継続の要件】│等 │  │ →相続税の納税猶予へ│
│    │    │取引相場のな │申 │(注2)        │の │  │・事業承継受贈者の死亡│
│    │    │い株式等を贈 │告 │・代表者であること│継 │  │・発行会社の倒産等  │
│    │    │与により取得 │期 │・株式等の継続保有│続 │  │・同族関係者以外への株│
│    │    │            │限 │・従業員数80%以上維持│保 │  │ 式一括譲渡       │
│    │    │            │(注1)│・議決権50%超維持│有 │  │ など             │
│    │    │            │    │ など          │(注3)│ └──────────────────┘
└────┴────┴──────────┴──────────────┴──────────────┘
     └──┬──┘  └──┬──┘
  事業承継に係る  各種要件を満た
  取組みについて  していることの
  の「確認」      「認定」

  ┌──────────┐
  │ 経済産業大臣 │
  └──────────┘
```

(注1)　議決権株式等の3分の2を上限として、株式等に係る贈与税額の全額を納税猶予。猶予される贈与税額と利子税見合いの担保を提供する（贈与により取得した当該株式等）。
(注2)　要件を満たさなくなった場合は猶予税額の全額を法定申告期限からの利子税とともに納付。
(注3)　5年経過以降に株式等を譲渡等した場合は譲渡対応部分の猶予税額を利子税とともに納付。
(注4)　一定事由が発生した場合、一定の猶予税額が免除される。

　経営していた贈与者（先代経営者）から贈与により当該非上場会社の株式等を取得し、その後当該非上場会社を経営していく場合には、一定の要件を満たす限り、その事業承継受贈者が納付すべき贈与税額のうち、贈与により取得した非上場株式等（贈与前から所有していた株式等とあわせて発行済議決権株式等の総数の3分の2に達するまでの株式等）に係る贈与税額の全額の納税を猶予するという制度である。一定の要件を満たさなくなった場合は猶予していた贈与税額を利子税とともに納付する必要が生じる一方、一定の事由が発生した場合は猶予税額が免除されることとなる（図表6−11）。

② 適用対象会社の主な要件

　相続税の納税猶予制度（2(1)a(e)②）と同様。

③　贈与者（先代経営者）の要件
　ⅰ　適用対象会社の代表権を有していたこと
　ⅱ　贈与時までに適用対象会社の役員を退任すること
　ⅲ　贈与直前において、贈与者とその特別関係者（親族・議決権数の50％超を保有している会社等）の合計で総議決権数の50％超を保有していることおよび事業承継受贈者を除く特別関係者グループのなかで筆頭株主であること
④　事業承継受贈者（後継者）の要件
　ⅰ　贈与時において適用対象会社の代表権を有していること
　ⅱ　贈与者の親族（配偶者・6親等内血族・3親等内姻族）であること
　ⅲ　贈与時において20歳以上であること
　ⅳ　贈与時において役員等の就任から3年以上を経過していること
　ⅴ　贈与後において、事業承継受贈者とその特別関係者の合計で総議決権数の50％超を保有していることおよび特別関係者グループのなかで筆頭株主であること
　ⅵ　贈与時から贈与税の申告期限まで適用対象会社の株式等を譲渡していないこと
⑤　贈与者が死亡した場合の取扱い
　　先代経営者である贈与者が死亡した場合は、納税猶予されている贈与税額の全額が免除されるとともに、生前贈与者から贈与を受けた適用対象会社の株式等は、相続または遺贈により取得したものとみなされて、他の相続財産と合算して相続税の課税を受けることとなる。その場合に当該株式等の評価額は、相続開始時点の評価額ではなく、贈与時の評価額を適用することとなり、株価上昇時は有利な取扱いとなる一方、株価下落時は不利な取扱いとなるため、留意が必要である。
　　そして、その際、「経済産業大臣の確認」（相続開始日から8カ月以内に申請）を受け、一定の要件を満たす場合は、その相続または遺贈により取得

したとみなされた適用対象会社の株式等について、相続税の納税猶予制度の適用を受けることができる。その後、さらに2代目から3代目への事業承継の時期が来たときに、2代目から3代目へ適用対象会社の株式等を生前贈与し、贈与税の納税猶予制度の適用を受ける場合には、納税猶予されていた1代目から2代目への承継に係る相続税額が免除されることとなる。つまり、議決権総数の3分の2については、相続税と贈与税の納税猶予制度を交互に繰り返し活用していくことにより、税負担を最小限に抑えつつ移転・承継していくことが可能となるため、要件の適合状況やオーナーのニーズ等をふまえ、有効に活用すべきと考える。

c 株価対策・納税資金対策

上場会社の場合、株主から業績達成や配当還元等による株主価値の最大化を強く求められ、また、たとえ業績が好調であったとしても株価は外部環境の影響を大きく受ける。他方、非上場会社の場合は、利害関係者の範囲が株主、金融機関、取引先等に限定されるため、長期的な視点で、事業承継のタイミングを勘案することができる。

ここでは、事業承継の専門書等において紹介されている株価対策に資する評価額算定のポイントを解説する。

(a) 会社規模の変更

会社規模の変更により、類似業種比準方式による評価額の比重が大きい「中会社」「大会社」となる場合がある。取引相場のない株式の相続税法上の原則的評価方法として純資産価額方式と類似業種比準方式があげられるが、類似業種比準方式のほうが純資産価額方式より直近の業績に係る配当金額や利益金額の影響を受けるという特徴がある。

具体的には、合併、会社分割、事業譲渡、グループ金融の一元化等の結果、従業員数、総資産価額や取引金額（売上高）が増加し、「小会社」から「中会社」へ、「中会社」から「大会社」へ会社規模が上がり、類似業種比準方式により株価が低くなる可能性があるだろう。なお、取引相場のない株式

の会社規模に応じた原則的評価方法については、後述Ⅲ3(3)cを参照されたい。

(b) 類似業種比準方式による評価

後述のとおり、類似業種比準方式は、業種・配当金額・利益金額・純資産価額等をベースに算出することとなるが、配当金額や利益金額については、各事業年度の損益の状況や配当政策の影響を受けやすい。したがって、贈与等による株式の承継を企図する場合は、配当政策の変更時や含み損のある物件売却、役員退職慰労金の支給、災害損失の発生等、一時的要因により業績が悪化したタイミングで実行することが、有効であると考えられる。

(c) 役員退職慰労金の利用

納税資金確保の観点から、相続人が被相続人の死亡に伴い会社から死亡退職金の支給を受けることができるよう手当をしておくのも一つの有用な手法である。相続税法上、被相続人に支給されるべきであった退職手当等で被相続人の死亡後3年以内に支給が確定したものの支給を受けた場合には、その死亡退職金の支給を受けた者が、相続または遺贈により取得したものとみなされ（みなし相続財産、所得税は非課税）、当該死亡退職金のうち一定限度額（500万円×法定相続人の数）までは非課税財産とされる。相続人は死亡退職金を受け取り、そのまま納税に充当することにより、延納・物納や自社株式売却による納税資金捻出の必要性がなくなるため、自社株式の流出を防止でき円滑な事業承継が可能となる。また、あわせてオーナーを被保険者とし、保険金受取人を会社とする生命保険を活用することで、会社側の死亡退職金の支払原資を確保できる。

また、オーナーが社内における後継者不在等の理由により親族や役員等への承継を断念し、承継先として適切なスポンサー（業務提携先・親密取引先等）を選定のうえ全株式を譲渡する場合は、同時に役員から退任するケースがほとんどである。その場合、オーナーは会社から役員退職慰労金の支給を受け、かつ、新スポンサーから株式の譲渡代金を受領することとなるため、当

該譲渡代金は役員退職慰労金の支給を勘案した価額となる（退職所得に係る税額計算の方法は、以下参照）。

〈退職所得に係る税額計算〉
○退職所得の金額＝（収入金額－退職所得控除額）×50％
○退職所得控除額
　勤続年数2年以下：80万円
　勤続年数2年超20年以下：40万円×勤続年数
　勤続年数20年超：70万円×（勤続年数－20年）＋800万円
○源泉徴収税額
　「退職所得の受給に関する申告書」の提出を受けている場合は、退職所得の金額に所得税および住民税の税率を乗じて計算した金額を源泉徴収のうえ、退職金を支払う（分離課税で確定申告は不要）。提出を受けていない場合は、退職金（収入金額）に20％を乗じて計算した金額を源泉徴収し、その後受給者本人が確定申告を行い精算することとなる。
○平成24年度税制改正により、勤続5年以下の役員の退職所得について、退職所得控除額を控除した残額の2分の1とする措置が廃止される予定である点、留意が必要である。

なお、役員退職慰労金（死亡退職金含む）の支給に際しては、役員退職慰労金規程が制定・整備されているのが望ましく、役員退職慰労金のうち不相当に高額な部分の金額は、税務上損金不算入となるため、留意が必要である。具体的に、法人税法施行令70条2項にて、役員退職慰労金が不相当に高額か否かは、①役員のその法人の業務に従事した期間、②その退職の事情、③その法人と同種の事業を営む法人でその事業規模が類似するものの役員に対する退職給与の支給の状況等を勘案し判定することとされており、一般的には、「役員退職慰労金＝最終月額報酬×役員在任期間年数×最終代位係数

(功績倍率）＋功労加算金」で計算することが多い。

(2) 自己株式（金庫株）の活用

　従来、自己株式は資本充実・債権者保護等の観点から原則として取得および保有が禁止され、一部の特例を除いて取得することができなかった。しかし、2001年の商法改正において、自己株式の取得が手続規制・財源規制のもとで原則自由となり、さらに、2006年の会社法施行に伴い、自己株式の取得および処分に係る手続規制が大幅に簡素化され、事業承継における自己株式の利用範囲が格段に広まったといえる。

　事業承継において、自己株式の取得は、会社負担により相続税の納税資金を確保する方法であり、あわせて議決権を集中させたい者（後継者）の持株比率を相対的に高めることも可能にする。しかし、自己株式の取得は、通常株主総会の特別決議を要し、分配可能額の制限を受けたり、株主にみなし配当課税が適用されるなど、留意点が多い。また、自己株式の取得により純資産が減少し、自己資本比率が低下することとなるため、メザニン・ファイナンスによる資本増強等も検討すべき事項であろう。なお、後述する種類株式における取得請求権付株式や取得条項付株式の効力発生により、発行会社がこれらの種類株式を取得する場合も、以下にて説明する分配可能額の取扱いや会計処理等と同様となるため、留意が必要である。

a 自己株式に関する会社法の規定

(a) 自己株式の取得

① 自己株式の取得形態・手続

　ⅰ 株主との合意による自己株式の取得の場合、取締役会設置会社は株主総会の普通決議で決められた枠の範囲内で取締役会が取得の決定を行い、株主平等の観点からすべての株主へ決定事項を通知し、各株主が譲渡を申し込むかたちで行われる。

　ⅱ 「特定の者」から取得する場合は、特定の者を明示して株主総会の特

別決議の手続が必要となる。その際、株主平等の観点から他の株主にも売却機会を与える必要があるため、他の売却希望者がある場合は、買取価額の総額を各株主に比例按分して調整する必要がある。
iii　株主の請求による取得としては、譲渡承認拒否による買取り、取得請求権付株式の取得、単元未満株式の買取り等があげられる。
iv　法令・定款等の定めに基づく発行会社による強制取得としては、取得条項付株式の取得、全部取得条項付種類株式の取得、端株が生じる場合の買取り等があげられ、また、譲渡制限株式に限り、定款の定めにより、株主総会の特別決議で株主に相続が発生した場合の売渡し請求を行うことができる。
v　株主総会決議が不要な場合としては、①合併・新設分割・事業譲渡等の株式買取請求権行使による買受け、②子会社からの自己株式買受けなどがあげられる。

② 分配可能額

　会社法では、自己株式の取得は、剰余金の配当と同様に株主に対する金銭等の交付と位置づけられ、自己株式の取得価額の総額は分配可能額の範囲内として取得財源規制が設けられているため、自己株式の取得を検討するにあたっては、自己株式の買取資金だけではなく分配可能額についても留意が必要である。よって、優先株などのメザニン・ファイナンスを実施する場合も償還時点の償還原資・償還年数と分配可能額をベースに与信判断することとなる。

　さて、分配可能額の算定方法は、図表 6 −12〜図表 6 −14のとおりである。

　まず、図表 6 −12について、最終事業年度末日の剰余金の額は、資産の額に自己株式の帳簿価額を加え、負債の額と資本金および準備金の額、その他法務省令で定める各勘定科目に計上した額の合計額を控除することで算定される。その他法務省令で定める各勘定科目に計上した額の合計額は

図表 6 −12　Step 1：最終事業年度末日の剰余金の額の算定

資産の額	負債の額
	資本金および準備金の額
	法務省令で定める各勘定科目に計上した額の合計額（計規149）
	最終事業年度末日の剰余金の額（注）
自己株式の帳簿価額	

（注）　その他資本剰余金の額＋その他利益剰余金の額

図表 6 −13　Step 2：分配時点の剰余金の額の算定

最終事業年度末日の剰余金の額	最終事業年度末日後の自己株式消却額
	最終事業年度末日後の剰余金配当額
最終事業年度末日後の自己株式処分損益	
最終事業年度末日後の減資差益	法務省令で定める各勘定科目に計上した額の合計額（計規150）
最終事業年度末日後の準備金減少差益	分配時点の剰余金の額

会社計算規則149条で規定されており、計算すると結果的にその他資本剰余金の額とその他利益剰余金の額の合計額が剰余金の額として残ることとなる。

　続いて、会社法では期中の剰余金の変動を反映して分配可能額を算定する。期中の剰余金の変動要因として、図表 6 −13のとおり最終事業年度末日後における自己株式の処分損益、資本金・準備金の減少、自己株式の消

第 6 章　事業承継期　351

却額、剰余金配当、その他法務省令で定める額を加減して、分配時点の剰余金の額を算定する。

最後に、分配可能額は、まず、分配時点の剰余金の額に、会社法441条に基づき作成した臨時計算書類について株主総会等で承認を受けた場合は、臨時決算日の属する事業年度の初日から臨時決算日までの期間における利益（損失の場合は減算）とその期間における自己株式の処分対価を加算する。その後、当該加算後の金額から分配時点における自己株式の帳簿価額と最終事業年度末日後に自己株式を処分した場合の処分対価の額その他「法務省令で定める各勘定科目に計上した額の合計額」を減じて、分配可能額を算定する（図表6－14）。

そして、上記「法務省令で定める各勘定科目に計上した額の合計額」の主な内容は、以下のとおりである。

1) のれん等調整額（「のれんの額×1/2」と「繰延資産の部に計上した額」の合計額）について図表6－15の区分に応じ、それぞれに定める控除額
2) その他有価証券評価差額金（マイナス残のときのみ）をゼロから減算した額
3) 土地再評価差額金（マイナス残のときのみ）をゼロから減算した額

図表6－14　Step3：分配可能額の算定

分配時点の剰余金の額	臨時計算書類に係る損失の額	
	分配時点における自己株式の帳簿価額	
	最終事業年度末日後の自己株式の処分対価の額	
	法務省令で定める各勘定科目に計上した額の合計額（計規158）	・のれん等調整額 ・その他有価証券評価差額金（マイナス残高） ・土地再評価差額金（マイナス残高） ・300万円規制 ・その他
臨時計算書類に係る利益の額	分配可能額	
臨時計算書類に係る期間内の自己株式の処分対価の額		

図表6－15　のれん等調整額に係る控除額

	ケース	控除額
イ	のれん等調整額≦資本等金額の場合	ゼロ
ロ	資本等金額＜のれん等調整額≦（資本等金額＋その他資本剰余金）の場合	（のれん等調整額－資本等金額）を控除
ハ	（資本等金額＋その他資本剰余金）＜のれん等調整額の場合	
	・（のれんの金額×1/2）≦（資本等金額＋その他資本剰余金）の場合	（のれん等調整額－資本等金額）を控除
	・（のれんの金額×1/2）＞（資本等金額＋その他資本剰余金）の場合	（その他資本剰余金＋繰延資産）を控除

（注）　資本等金額＝資本金の額＋準備金の額

　その他有価証券評価差額金および土地再評価差額金は、プラス残高（評価差益）である場合には分配可能額に含まれないが、マイナス残高（評価差損）である場合には分配可能額から控除する。これら評価差額金は剰余金を構成するものではないが、マイナス残高については会社の財産の減少を示すものであるため、分配可能額から控除すべきものと定められている。

4）　300万円規制（300万円から資本金および準備金の額、新株予約権の額、評価・換算差額を差し引いた額（ゼロ以下の場合はゼロ））

(b)　自己株式の処分

　保有自己株式の処分については、消却・譲渡・代用の3通りの方法がある。

　自己株式の消却は、取締役会設置会社においては、取締役会の決議でいつでも可能である。

　自己株式の譲渡（処分）は、会社法上自己株処分の公正を確保するために新株発行の規定が適用されることとなるため、特定の者に対して自己株式を

譲渡する場合には、第三者割当増資と同様の手続が必要となる。具体的には、原則株主総会の特別決議とされており、公開会社である場合や株主に処分する場合で定款に定めがあるときは、取締役会決議とされている。

自己株式の代用とは、新株発行にかえて保有する自己株式を利用することで、株式交換・会社分割・合併・新株予約権の権利行使に際して発行する新株にかえて自己株式を交付する場合が該当する。

b 自己株式の取得・処分に関する会計・税務

(a) 自己株式の取得・処分に関する会計処理

自己株式の取得・処分に関する会計処理および表示は、2006年8月11日に企業会計基準委員会により改正された「自己株式及び準備金の額の減少等に関する会計基準」および「自己株式及び準備金の額の減少等に関する会計基準の適用指針」にて規定されている。

まず、自己株式の取得に関しては、以下のとおり定められている。

① 取得した自己株式は取得原価をもって純資産の部の株主資本から控除する。

② 期末に保有する自己株式は、純資産の部の株主資本の末尾に自己株式として取得原価をもって一括控除する形式で表示する。

③ 自己株式の取得、処分および消却に関する付随費用は、PLの営業外費用で処理する。

また、自己株式の処分・消却については、以下のとおり定められている。

① 自己株式の処分につき、自己株式処分差益はその他資本剰余金に計上する。

② 自己株式の処分につき、自己株式処分差損はその他資本剰余金から減額する。

③ 自己株式を消却した場合には、消却手続が完了したときに、消却の対象となった自己株式の帳簿価額をその他資本剰余金から減額する。

④ その他資本剰余金の残高が負の値となった場合には、会計期間末におい

図表6−16　自己株式の処分・消却に係る会計処理

〈前提〉
資本金　　　　　　　　1,000
資本剰余金
　資本準備金　　　　　　500
　その他資本剰余金　　　100
　資本剰余金合計　　　　600
利益剰余金
　利益準備金　　　　　　300
　その他利益剰余金　　　700
　利益剰余金合計　　　1,000
自己株式　　　　　　　▲300
株主資本合計　　　　　2,300

〈ケース①〉自己株式300を400で処分した場合

仕訳（処分時）			
現　預　金	400	自　己　株　式	300
		その他資本剰余金	100

〈ケース②〉自己株式300を100で処分した場合

仕訳（処分時）			
現　預　金	100	自　己　株　式	300
その他資本剰余金	200		
仕訳（期末時／その他資本剰余金の調整）			
その他利益剰余金	100	その他資本剰余金	100

〈ケース③〉自己株式300を消却した場合

仕訳（消却時）			
その他資本剰余金	300	自　己　株　式	300
仕訳（期末時／その他資本剰余金の調整）			
その他利益剰余金	200	その他資本剰余金	200

て、その他資本剰余金をゼロとし、当該負の値をその他利益剰余金（繰越利益剰余金）から減額する。

(b)　自己株式の取得・処分に関する税務処理

　自己株式の取得は、株主側からすれば有価証券の譲渡であるが、他方、会社財産の払戻しとしての性格も有する。この払戻しについては、実質的に留保利益からなる部分もあることから、税務上は、その部分を経済的に剰余金の配当と同等ととらえることとしており、これがいわゆる「みなし配当」である。

① 自己株式取得における株主側の処理

　株主が自己株式の取得により金銭その他の資産の交付を受けた場合において、その金銭の額および金銭以外の資産の価額の合計額が、その発行法人の資本金等の額のうちその交付の基因となった法人の株式に対応する部分の金額を超えるときは、その超える部分の金額をみなし配当金額とす

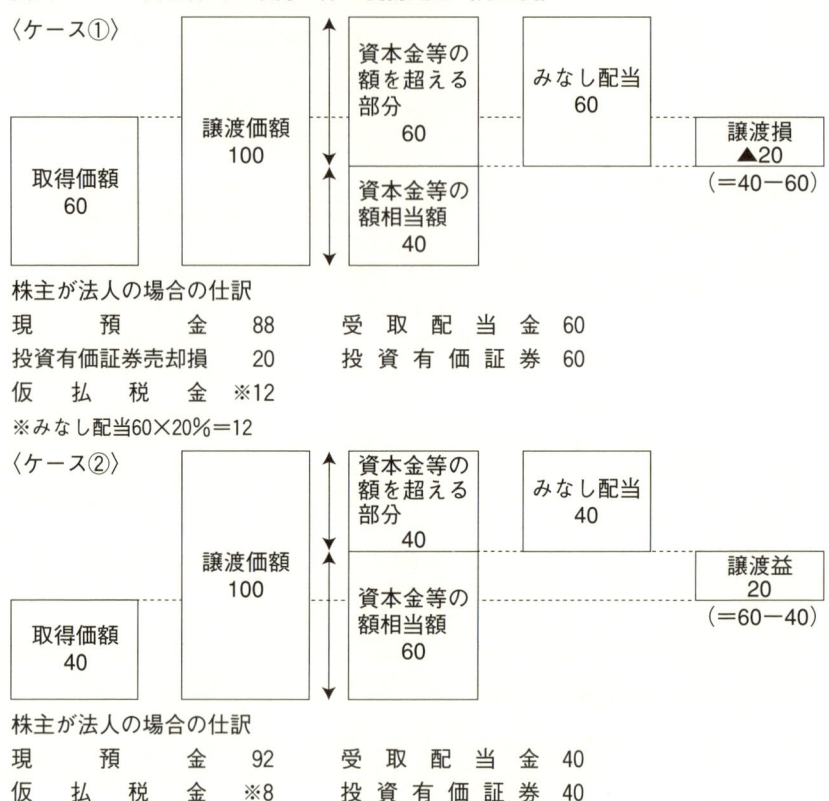

図表6-17 自己株式の取得に係る税務処理(株主側)

〈ケース①〉

| 取得価額 60 | 譲渡価額 100 | 資本金等の額を超える部分 60 | みなし配当 60 | 譲渡損 ▲20 (=40-60) |
| | | 資本金等の額相当額 40 | | |

株主が法人の場合の仕訳

現　預　金　　　　88	受 取 配 当 金　60
投資有価証券売却損　20	投 資 有 価 証 券　60
仮　払　税　金　※12	

※みなし配当60×20%=12

〈ケース②〉

| 取得価額 40 | 譲渡価額 100 | 資本金等の額を超える部分 40 | みなし配当 40 | 譲渡益 20 (=60-40) |
| | | 資本金等の額相当額 60 | | |

株主が法人の場合の仕訳

現　預　金　　　92	受 取 配 当 金　　40
仮　払　税　金　※8	投 資 有 価 証 券　　40
	投資有価証券売却益　20

※みなし配当40×20%=8

る。また、譲渡価額からみなし配当金額を控除した額と株主側における取得価額との差額は、図表6-17のとおり、譲渡損益として認識することとなる。なお、みなし配当については、金銭または金銭以外の資産を交付する際に、発行法人側でみなし配当金額の20%の源泉徴収が必要となり、当該内容については発行法人から譲渡した株主に対して通知される。

　みなし配当とされる金額については、個人株主の場合、所得税・住民税の計算において総合課税(最高税率50%)のうえ、配当控除が適用され、

法人株主の場合は法人税の計算において受取配当等の益金不算入の規定が適用される。また、譲渡損益（取得価額と資本金等の額相当額との差額）については、個人株主の場合、申告分離課税（譲渡損が生じた場合、他の所得との損益通算は認められていない）がなされ、法人株主の場合は法人税の計算において通常課税がなされる。源泉所得税については、個人株主の場合、税額計算後の申告納税額から控除され、法人株主の場合は所得税額控除の適用対象となる。

　自己株式の取得に係る株主側の課税関係について、個人株主と法人株主を比較すると、図表6－18のとおりである。

　また、自己株式の取得でみなし配当課税が適用されない場合（例外規定）の主なものとして、ⅰ上場株式等を市場で売却した場合、ⅱ相続により取得した非上場株式を発行会社に譲渡した場合、ⅲ単元未満株式の買取請求、ⅳ1株に満たない端数の処理による買取り等があげられる。

　ⅱは相続により財産を取得して相続税を課税された相続人が、相続の開始があった日の翌日から相続税の申告書の提出期限（相続開始から10カ月後）の翌日以後3年を経過する日までの間に、相続税の課税対象となった非上場株式をその発行会社に譲渡した場合において、その相続人が株式の譲渡の対価として発行会社から交付を受けた金銭の額が、その発行会社の資本金等の額のうちその譲渡株式に対応する部分の金額を超えるときであっても、みなし配当課税はなされず、発行会社から交付を受ける金銭の全額が株式の譲渡所得に係る収入金額として譲渡所得課税がなされるという特例である。これは、個人株主にとって有利となる譲渡所得課税を適用することにより、相続税の納税資金が確保しやすくなることを目的としており、事業承継の局面においても、オーナー経営者の相続開始前の段階において、納税資金確保のための施策が十分なされていない状況で、他方、発行会社の財務体力に相応の余力がある場合等は、この規定を活用すべきであると考える。

図表6－18　自己株式の取得に係る株主側の課税関係

	個人株主	法人株主
みなし配当	原則、配当所得として総合課税（最高税率は所得税40％、住民税10％）のうえ、配当控除（所得税5％、住民税1.4％（注1））の適用対象。	原則、受取配当等の益金不算入（注2）の対象。対象金額は、完全子法人株式等は配当等の額の全額、関係法人株式等は配当等の額から一定の負債利子を控除した額（＝A）、その他はA×1/2。
譲渡損益	申告分離課税（所得税15％、住民税5％）。譲渡損が生じた場合、他の所得との損益通算は認められない。	法人税の所得金額を構成（注3）。税率は地方税（住民税・事業税）と合計で40％程度（注4）。
源泉所得税	申告納税額から控除される。控除しきれない場合は還付。	所得税額控除の適用対象。元本所有期間による按分計算は不要。

（注1）　その他の所得と配当所得の状況に応じて、課税所得金額で1,000万円以下の場合等は、所得税10％、住民税2.8％の税率を適用し計算する。
（注2）　受取配当等の益金不算入の規定については、後述Ⅱ2(4)a(a)③を参照。
（注3）　2010年10月1日以後に行われる完全支配関係がある内国法人間の自己株式の取得については、譲渡損益を認識しない。
（注4）　法人税等の実効税率は、2012年4月1日以降開始事業年度から35.6％程度（向こう3年間は復興特別法人税勘案後で38％程度）の実効税率となる。

　また、この場合の非上場株式の発行会社に対する譲渡による譲渡所得金額を計算するにあたり、その非上場株式を相続または遺贈により取得したときに課された相続税額のうち、以下の算式により計算したその株式の相続税評価額に対応する部分の金額（当該取得費に加算する特例を適用しないで計算した譲渡所得の金額を限度とする）を取得費に加算して収入金額から控除することができる（相続税額を取得費に加算する特例）。

$$その者の相続税額 \times \frac{その者の相続税の課税価格の計算の基礎とされた発行会社株式の評価額}{その者の相続税の課税価格 + その者の債務控除額} = 取得費に加算する相続税の額$$

　その他、平成22年度税制改正により、法人株主が自己株式として取得が行われることが予定されている株式等を取得した場合は、当該自己株式の取得により認識するみなし配当は、受取配当等の益金不算入の規定の適用対象外とされた。「自己株式として取得が行われることが予定されている」という点について、法人税基本通達3－1－8において、たとえば上場会社等が自己の株式の公開買付けを行う場合における公開買付期間中に、法人が当該株式を取得したときの当該株式との例示がある。取得請求権付種類株式等を保有している場合、自己株式の取得によりEXITすることが一つの手段として考えられるが、当該規定の適用可否については、株式等の取得時の状況、他のEXIT方法の有無、実際の自己株式の取得時の状況等をふまえ判断することになると考えられるため留意が必要である。

② 自己株式取得における発行会社側の処理

　自己株式取得における発行会社側の処理は、取得価額（前述の株主側の処理でいう譲渡価額をいう）と資本金等の額相当額のいずれか小さい金額を資本金等の額から減少させ、取得価額が資本金等の額相当額を超える部分の金額は、利益積立金額を減少させる。また、減少させた利益積立金額は株主側でみなし配当として取り扱われるため、発行法人側で所得税の源泉徴収が必要となるため留意が必要である。

　図表6－17「自己株式の取得に係る税務処理（株主側）」のパターン①・②の場合における発行法人側の処理は、図表6－19のとおりである。

　なお、上場会社が自己株式を市場で購入した場合等は、株主側でみなし配当課税がなされないため、利益積立金額の減少は行われない。しかし、

図表6-19 自己株式の取得に係る税務処理（発行法人側）

〈ケース①〉
資本金等の額　40　　　現　預　金　　88
利益積立金額　60　　　預　り　金　※12
※みなし配当60×20％＝12

〈ケース②〉
資本金等の額　60　　　現　預　金　　92
利益積立金額　40　　　預　り　金　※8
※みなし配当40×20％＝8

図表6-20 自己株式の処分に係る税務処理

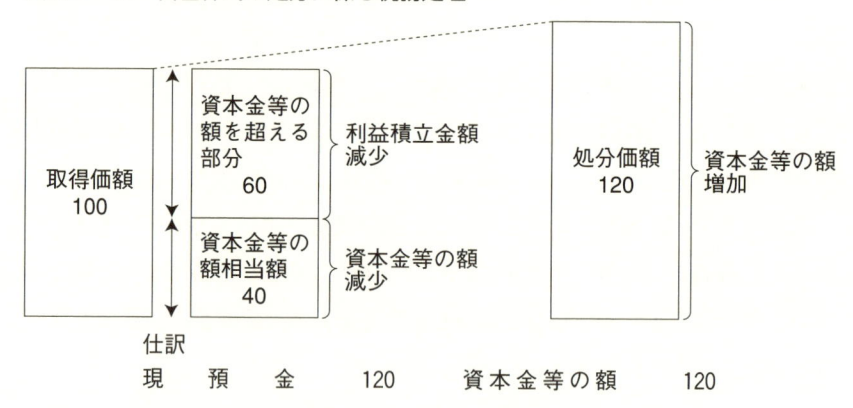

```
                    資本金等の
                    額を超える    利益積立金額
                    部分          減少
取得価額              60
100                 ─────────────
                    資本金等の
                    額相当額      資本金等の額
                    40           減少

                    処分価額      資本金等の額
                    120          増加
```

仕訳
現　預　金　　120　　　資本金等の額　　120

相続により取得した非上場株式を発行会社に譲渡した場合は、一定の要件を満たした場合、株主側ではみなし配当課税がなされない半面、発行法人側では利益積立金額の減少処理を行う必要があることに留意が必要である。

③ 自己株式処分に関する税務

会社法上、自己株式の処分は新株発行と同様に取り扱われ、税務上も資本等取引として、資本金等の額の増加処理がなされることになり、自己株式の譲渡損益は認識されない（図表6-20）。

(3) 種類株式の活用

　2006年の会社法制定により、種類株式についても各種整備がなされ、さまざまな機能を有する種類株式の利用が可能となった。事業承継の局面において、株式については「財産的価値」と「経営権」の二つの側面をいかにコントロールするかが大きなポイントとなるが、多種多様な設計により、これらのコントロールを可能にする種類株式は利用価値が非常に高いといえる。

　会社法108条1項では、以下の九つの事項について異なる定めをした内容の異なる2以上の種類の株式を発行できるとしている。

一　剰余金の配当
二　残余財産の分配
三　株主総会において議決権を行使することができる事項（議決権制限株式）
四　譲渡による当該種類の株式の取得について当該株式会社の承認を要すること（譲渡制限株式）
五　当該種類の株式について、株主が当該株式会社に対してその取得を請求することができること（取得請求権付株式）
六　当該種類の株式について、当該株式会社が一定の事由が生じたことを条件としてこれを取得することができること（取得条項付株式）
七　当該種類の株式について、当該株式会社が株主総会の決議によってその全部を取得すること（全部取得条項付株式）
八　株主総会において決議すべき事項のうち、当該決議のほか、当該種類の株式の種類株主を構成員とする種類株主総会の決議があることを必要とするもの（拒否権付株式）
九　当該種類の株式の種類株主を構成員とする種類株主総会において取締役又は監査役を選任すること（取締役・監査役選解任権付株式）

　ここでは種類株式について、概要・評価方法を説明するとともに、事業承継における活用方法について解説する。

a 種類株式の概要と活用方法

(a) 議決権制限株式

① 概　　要

　議決権制限株式とは、株主総会の決議事項に係る議決権の行使に一定の制限を加えるものであり、事業承継においては経営の主導権を握る株主グループの議決権比率を維持・確保することを目的として利用される。議決権行使に関する定め方は、①一部の事項について議決権を有しない、②一部の事項について議決権を有する、③すべての事項について議決権を認めない完全無議決権株式の三つがあげられ、また、それぞれにつき議決権を行使するための条件を定めることができるとしている。

　また、議決権制限株式は、議決権が制限されることについての代償が必要な場合は、配当優先の議決権制限株式とするのが一般的と考えられる。これは、議決権行使には関心がなく、株式としての財産価値を重視し高配当を期待する株主にとっては受け入れやすいものであり、発行会社と株主双方のニーズを満たした資金調達が可能となる。なお、公開会社においては、議決権制限株式の数が発行済株式総数の2分の1を超える場合は、直ちに2分の1以下にする措置を講じなければならないとしているが、非公開会社においては会社法施行に伴い当該規定は撤廃されている。

② 事業承継における活用方法

　事業承継における議決権制限株式の活用方法は、以下のような方法が考えられる。

【ケース①】

　後継者を長男にすることは確定しているが、年齢的にも能力的にも完全に経営を任せられる状況ではないため、オーナー所有普通株式の一部を、株主総会における重要な決議事項（定款変更・事業譲渡等）について議決権がない議決権制限株式に転換し、後継者たる長男へ移転（譲渡）。オーナーとしては重要な決定権を保持したまま、事業承継を図る

ことができる。

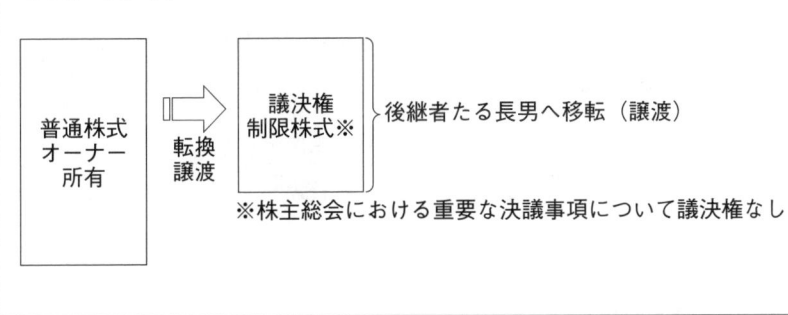

```
普通株式          議決権
オーナー  転換    制限株式※  → 後継者たる長男へ移転（譲渡）
所有    譲渡
                ※株主総会における重要な決議事項について議決権なし
```

【ケース②】

　オーナーに子息が二人いて、長男は後継者、次男は経営にまったく興味がないという状況において、後継者たる長男に確実に経営権を承継したい場合、オーナー所有の普通株式の一部を配当優先無議決権株式に転換し次男へ相続、残りの普通株式を長男へ相続する。

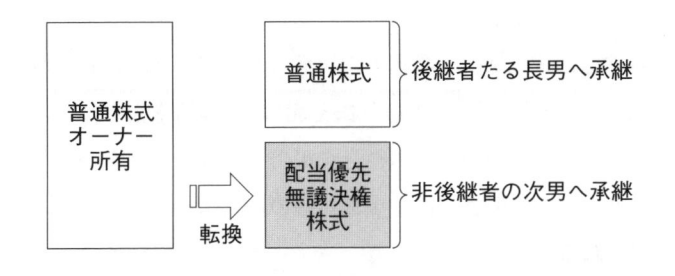

```
普通株式           普通株式    → 後継者たる長男へ承継
オーナー
所有     転換     配当優先
                 無議決権    → 非後継者の次男へ承継
                 株式
```

【ケース③】

　役員へ事業承継をする場合で、一定の株式を譲渡により承継し、その後、後継者として経営権を委譲して問題ないと判断したときは、経営の自由度を高めるため、オーナー一族が所有する普通株式を配当優先無議決権株式へ転換する。

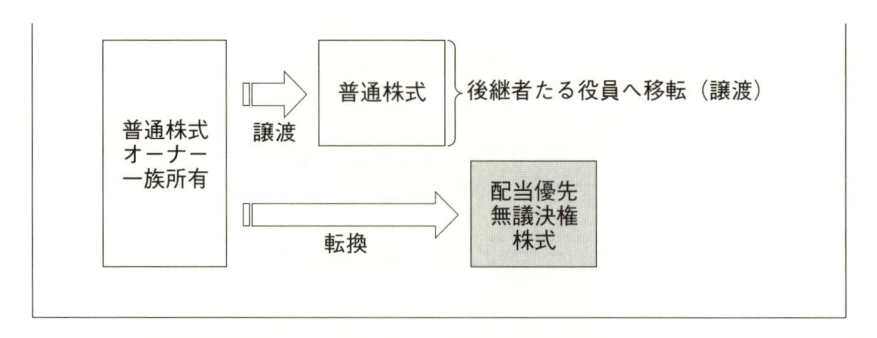

```
  ┌─────────────────────────────────────────────────────┐
  │  ┌──────┐          ┌──────┐                         │
  │  │普通株式│  ⇒譲渡   │普通株式│→後継者たる役員へ移転(譲渡) │
  │  │オーナー│          └──────┘                         │
  │  │一族所有│          ┌──────┐                         │
  │  │       │  ⇒転換   │配当優先│                         │
  │  └──────┘          │無議決権│                         │
  │                    │株式  │                         │
  │                    └──────┘                         │
  └─────────────────────────────────────────────────────┘
```

(b) 取得請求権付株式

① 概　要

　取得請求権付株式とは、株式につき、株主が発行会社に対してその取得を請求することができる株式をいう。発行会社が取得する際に株主に交付する対価としては、金銭、他の種類の株式、社債、新株予約権、その他の財産があげられる。

② 事業承継における活用方法

　取得請求権付株式は、事業承継の局面において、他の権利内容の定めをした株式（配当優先株式、拒否権付株式等）に取得請求権を付して、一定期間経過後、当該他の権利内容の役目を果たした後に、株主から発行会社に対し、普通株式への転換請求や金銭対価の取得請求ができるようにする場合に活用されるケースが多い。

　他の権利内容の定めをした株式の株主として、たとえば配当優先株式の株主の場合、当然出資段階で優先配当可能な水準で発行会社の業績が推移すると見込んではいるが、万が一業績が悪化し十分な分配可能額を創出できない場合に備えて、一定の条件に該当した場合は早期に金銭回収したり、普通株式への転換を請求できる建付けを確保しておきたいところであり、バックアッププランとして活用されることも多い。

(c) 取得条項付株式

① 概　要

取得条項付株式とは、発行会社が一定の事由が生じたことを条件に、強制的に取得することができる株式である。よって、他の権利内容の定めをした株式（配当優先株式、拒否権付株式等）に取得条項を付して、一定期間が経過したときまたは一定の条件を成就したときならびに一定の条件に該当することとなったときに、その権利内容を排除・解消することを目的として利用されることとなる。また、取得請求権付株式と同様に、発行会社が取得する際に株主に交付する対価としては、金銭、他の種類の株式、社債、新株予約権、その他の財産があげられる。

② 事業承継における活用方法

　事業承継における取得条項付株式の活用方法は、以下のような場合が想定される。いずれの場合においても、取得条項を株式の内容として定め、行使したい段階において、それから定款変更決議等をとる場合は、導入が困難になることが想定されることから、あらかじめ取得条項を定めて株式を発行する必要がある。

　ⅰ　オーナー所有株式に付した拒否権や取締役・監査役選任権などの権限を、事業承継の進捗に応じて消滅させたいような場合

　ⅱ　事業承継初期に役員等に所有させた議決権制限株式について、事業承継の進捗に応じて普通株式に転換させたいような場合

　ⅲ　配当負担軽減を目的に、ある一定期間経過後、配当優先株式を強制的に取得したい場合

(d)　拒否権付株式

① 概　　要

　拒否権付株式（黄金株ともいう）とは、株主総会または取締役会における決議事項のうち、ある種類の株式の種類株主総会の決議を要することを内容とした株式である。対象となる決議事項に制限はなく、定款でこれらの決議事項とされているものであれば拒否権の対象とすることができる一方、あくまで拒否権を与えられているにすぎず、自ら積極的に決定できる

権限があるわけではない。また、議決権制限株式とも異なり、「株主総会等の決議を拒否することができる」という「種類株主総会における議決権」を与えられた株式である。

拒否権付株式は、支配株主による多数決の濫用を防止することや重要な決議事項について、ある特定の株主の意思を反映させることを目的として発行されることが多く、経営への影響力も大きいものである。よって、拒否権付株式が他の者に移転されると不都合が生じるため、拒否権付株式に譲渡制限を付すことはもちろんのこと、他の者に株式が移転する場合には取得事由が発生するような取得条項の定めを設けたり、一定期間経過後には拒否権の効力がなくなる定めを付したりする措置を講じることが多いだろう。

② 事業承継における活用方法

後継者を長男にすることは決めているが、まだ若く、オーナーの意向に沿わない方向へ経営の舵をとり暴走する可能性があるため、オーナー所有株式の一部を拒否権付株式へ転換し、それ以外の普通株式を順次後継者たる長男へ移転していく。また、オーナーの相続が開始した場合、拒否権付株式がそのまま法定相続人である長男へ移転することは望ましくないため、当該拒否権付株式はオーナーの相続開始を事由とした取得条項付株式としておく。

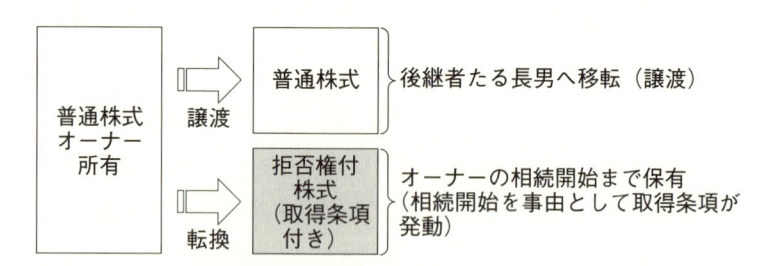

```
普通株式       譲渡    普通株式    →後継者たる長男へ移転（譲渡）
オーナー所有
              転換    拒否権付
                      株式        →オーナーの相続開始まで保有
                     （取得条項     （相続開始を事由として取得条項が
                      付き）        発動）
```

(e) 取締役・監査役選解任権付株式

① 概　　要

取締役・監査役選解任権付株式とは、その種類株主を構成員とする種類株主総会において、取締役または監査役を選任することを内容とする株式である。この取締役・監査役選解任権付株式が発行されている場合は、取締役・監査役の選任は、株主総会で行われず、種類株主総会においてなされることとなる（複数の種類株主による共同選任も可能）。

この取締役・監査役選解任権付株式を発行できる会社は、委員会設置会社以外の非公開会社であり、選解任権の対象となる役員の範囲について、会計参与や会計監査人は対象となっていない。

② 事業承継における活用方法

役員へ事業承継をする場合で、オーナーから後継者たる役員へ普通株式の譲渡による移転はすでに進めているが、オーナーとしては経営への影響力についてのみは保持しておきたいと考えている場合、オーナー所有株式の一部を取締役・監査役選解任権付株式へ転換し、それ以外の普通株式を順次後継者たる役員へ移転していく。また、オーナーの相続が開始した場合、取締役・監査役選解任権付株式がそのまま法定相続人である配偶者へ移転することは望ましくないため、当該取締役・監査役選解任権付株式はオーナーの相続開始を事由とした取得条項付株式としておく。

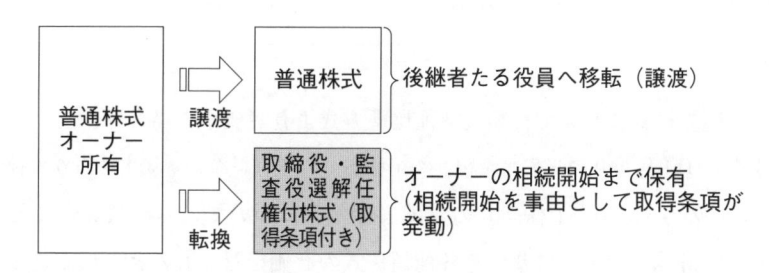

```
                    譲渡    ┌─────────┐
┌─────────┐  ═══▶  │ 普通株式 │  ▶後継者たる役員へ移転（譲渡）
│ 普通株式 │          └─────────┘
│ オーナー │
│  所有   │         ┌─────────┐
└─────────┘  ═══▶  │取締役・監│  ▶オーナーの相続開始まで保有
                    │査役選解任│   （相続開始を事由として取得条項が
             転換   │権付株式（取│    発動）
                    │得条項付き）│
                    └─────────┘
```

b 相続税法における種類株式の評価方法

従前より、税務上の種類株式の評価方法については、統一的な見解がなく、種類株式の活用を遅らせている一因との指摘があった。種類株式の評価方法に関しては、平成19年2月26日付課審6－1ほか2課共同「相続等によ

り取得した種類株式の評価について（平成19年2月19日付平成19・02・07中庁第1号に対する回答）」により、国税庁から、相続等により取得した種類株式の評価に関して、①配当優先の無議決権株式、②社債類似株式、③拒否権付株式の3類型の種類株式について、評価方法が示された。

ただし、上記評価方法は、あくまで中小企業庁からの照会に対する回答であり、また、種類株式は上記3類型以外にもさまざまな設計が可能であることから、現行税制においても、税務上の種類株式の評価方法は、財産評価基本通達その他関連通達において明確に規定されてはいない状況である。よって、個々の事例ごとに、国税庁より示された評価方法を参考にしつつ、普通株式との権利内容の差異や、他の株式への転換条件などを考慮のうえ、個別に評価することになると考えられる。

国税庁より示されている種類株式の評価方法は、以下のとおりである。

(a) 配当優先株式の評価

> 配当について優先・劣後のある株式を発行している会社の株式を①類似業種比準方式により評価する場合には、株式の種類ごとにその株式に係る配当金（資本金等の額の減少によるものを除く。以下同じ。）によって評価し、②純資産価額方式により評価する場合には、配当優先の有無にかかわらず、従来どおり財産評価基本通達185（純資産価額）の定めにより評価する。

配当優先株式について、類似業種比準方式より評価する場合は、三つの比準要素（①1株当りの年配当金額、②1株当りの年利益金額、③1株当りの純資産価額）のうち、「①1株当りの年配当金額」についてのみ種類株式ごとに区分して計算し、それに基づき各種類株式の評価を行うものとされている。

また、配当還元方式により評価する場合も株式の種類ごとにその株式に係る実際の配当金により計算することとされている一方、配当金が評価の計算過程に入らない純資産価額方式で評価する場合は、従来どおりの評価方法となる点につき留意が必要である。

(b) 無議決権株式の評価

> 同族株主（原則的評価方式が適用される同族株主等をいう。以下同じ。）が無議決権株式を相続又は遺贈により取得した場合には、原則として、議決権の有無を考慮せずに評価するが、次のすべての条件を満たす場合に限り、前記(a)（配当優先株式の評価）又は原則的評価方式により評価した価額から、その価額に5％を乗じて計算した金額を控除した金額により評価するとともに、当該控除した金額を当該相続又は遺贈により同族株主が取得した当該会社の議決権のある株式の価額に加算して申告することを選択することができる（以下、この方式による計算を「調整計算」という。）。
> 【条件】
> イ　当該会社の株式について、相続税の法定申告期限までに、遺産分割協議が確定していること。
> ロ　当該相続又は遺贈により、当該会社の株式を取得したすべての同族株主から、相続税の法定申告期限までに、当該相続又は遺贈により同族株主が取得した無議決権株式の価額について、調整計算前のその株式の評価額からその価額に5％を乗じて計算した金額を控除した金額により評価するとともに、当該控除した金額を当該相続又は遺贈により同族株主が取得した当該会社の議決権のある株式の価額に加算して申告することについての届出書が所轄税務署長に提出されていること。
> ハ　当該相続税の申告に当たり、評価明細書に、調整計算の算式に基づく無議決権株式及び議決権のある株式の評価額の算定根拠を適宜の様式に記載し、添付していること。

　この取扱いは、議決権の有無により、株式価値に差が生じるべきという考え方に配慮して、納税者の選択により、無議決権株式の評価額を5％減額し、当該減額した金額を議決権のある株式の評価額に加算することで、株式評価額の総額は同額として評価額を無議決権株式と議決権のある株式に割り振ることとしている。当該調整計算についての算式は、以下のとおりである。

（調整計算の算式）
無議決権株式の評価額（単価）＝ A × 0.95

$$\text{議決権のある株式への加算額} = (A \times \text{無議決権株式の株式総数(注1)} \times 0.05) = X$$

$$\text{議決権のある株式の評価額（単価）} = (B \times \text{議決権のある株式の株式総数(注1)} + X) \div \text{議決権のある株式の株式総数}$$

　A…調整計算前の無議決権株式の1株当りの評価額
　B…調整計算前の議決権のある株式の1株当りの評価額
　(注1)　「株式総数」は、同族株主が当該相続又は遺贈により取得した当該株式の総数をいう（配当還元方式により評価する株式及び社債類似株式を除く。）。
　(注2)　「A」及び「B」の計算において、当該会社が社債類似株式を発行している場合は、社債類似株式を社債として、議決権のある株式及び無議決権株式を評価した後の評価額。

(c)　社債類似株式の評価

　次の条件を満たす株式（以下「社債類似株式」という。）については、財産評価基本通達197－2（利付公社債の評価）の(3)に準じて発行価額により評価する。また、社債類似株式を発行している会社の社債類似株式以外の株式の評価に当たっては、社債類似株式を社債であるものとして計算する。
【条件】
イ　配当金については優先して分配する。また、ある事業年度の配当金が優先配当金に達しないときは、その不足額は翌事業年度以降に累積することとするが、優先配当金を超えて配当しない。
ロ　残余財産の分配については、発行価額を超えて分配は行わない。
ハ　一定期日において、発行会社は本件株式の全部を発行価額で償還する。
ニ　議決権を有しない。
ホ　他の株式を対価とする取得請求権を有しない。

　社債類似株式は、その経済実態が社債に類似していることから利付公社債の評価に準じて評価されるが、あくまで株式であることから既経過利息に相当する配当金の加算は行われない。
　他方、社債類似株式発行会社において、社債類似株式以外の普通株式等の評価額を計算する場合、社債類似株式は、資本金等の額・株式数・年配当金額・年利益金額・純資産価額の計算すべてにおいて社債（＝負債）として取

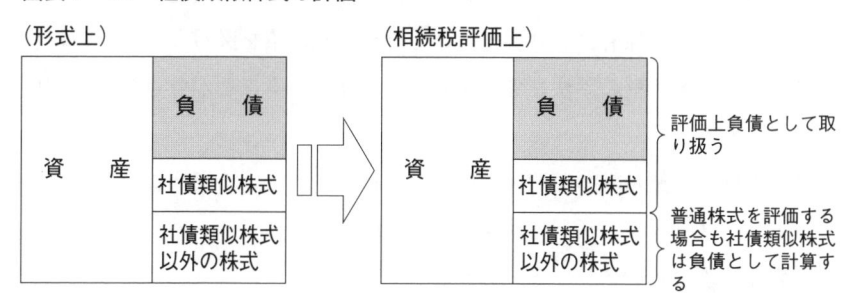

図表6－21　社債類似株式の評価

（形式上）

資　産	負　債
	社債類似株式
	社債類似株式以外の株式

（相続税評価上）

資　産	負　債
	社債類似株式
	社債類似株式以外の株式

- 評価上負債として取り扱う
- 普通株式を評価する場合も社債類似株式は負債として計算する

り扱われる。類似業種比準方式における年配当金額・年利益金額の計算にあたっては、社債類似株式に係る配当金は利息（＝費用）として計算され、純資産価額の計算にあたっては、社債類似株式の発行価額は負債として認識される（図表6－21）。

(d)　拒否権付株式の評価

> 拒否権付株式については、普通株式と同様に評価する。

この取扱いは、「拒否権」そのものについては価値がないという考え方に基づき、特別な調整計算を行わないこととしている。

(4) 資産管理会社の活用

非上場会社のオーナー会社においては、オーナー一族で株式の大半を所有するケースやオーナーの資産管理会社による間接保有を含めてオーナー一族で大部分を所有するケースが大半を占める。また、上場会社においても、上場準備期間中などに、資本政策の一環で安定株主対策として資産管理会社に自社株式の一部を保有させるというケースも見受けられる。

いずれにおいても株価水準が将来大きく上昇すると見込まれる場合や、株式市場への上場を目指す場合において、資産管理会社へオーナー保有の対象

会社株式を譲渡し、一定の納税資金の確保と株式評価の固定化を図りつつ、直接保有から間接保有に切り替えることで相続税対策を図ろうとしているものであり、事業承継の手法を考察するにあたり欠かすことができないツールの一つであろう。

ここでは、事業承継の専門書等において紹介されている資産管理会社のメリット・デメリット、活用方法等について解説する。

a 資産管理会社のメリット・デメリット

(a) メリット

① 評価差額に対する45％控除による評価引下げ

資産管理会社の株式（取引相場のない株式）の相続税評価を純資産価額方式で行う場合に、純資産価額から評価差額に対する法人税等相当額（45％）を控除することができる（財基通185）。この評価差額に対する法人税等相当額は、課税時期における相続税評価額による純資産価額から帳簿価額による純資産価額を控除した評価差額に45％を乗じて計算する。資産管理会社へ株式を移転（間接保有へ変更）した後で、経営戦略による成長や株式上場等により株価が上昇した場合は、直接保有の場合と比べ相続税評価額が圧縮されることとなる（図表6−22）。

図表6−22 評価差額に対する法人税等相当額の控除

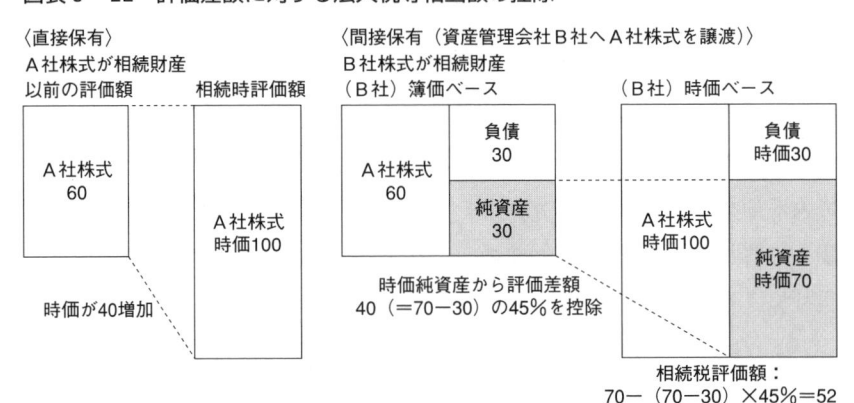

〈直接保有〉
A社株式が相続財産
以前の評価額　　　相続時評価額

A社株式 60　　　A社株式 時価100
時価が40増加

〈間接保有（資産管理会社B社へA社株式を譲渡）〉
B社株式が相続財産
（B社）簿価ベース　　　　（B社）時価ベース

A社株式 60　　負債 30
　　　　　　　純資産 30

A社株式 時価100　　負債 時価30
　　　　　　　　　純資産 時価70

時価純資産から評価差額 40（＝70−30）の45％を控除

相続税評価額：
70−（70−30）×45％＝52

② 類似業種比準方式による評価

　資産管理会社が対象会社の株式以外の資産も保有する（オーナー保有の不動産の譲渡、すでにある関連事業会社が対象会社の株式を取得する等）ことにより、資産管理会社が事業型化することで、後述の株式保有特定会社に該当しなくなった場合には、資産管理会社の株式の評価に類似業種比準方式を評価要素として加えることができる。この場合、当該資産管理会社の配当・利益金額・純資産価額の状況によっては評価が下がることも考えられ、また、大会社の場合は、類似業種比準方式のみの適用により資産管理会社の保有する対象会社の株価の影響が排除されることも考えられる。

③ 受取配当等の益金不算入

　資産管理会社が内国法人から受領する配当金については、二重課税排除の観点から、法人税の計算において以下の受取配当等の益金不算入の適用があり、課税所得を圧縮することができる。発行済株式総数の25％以上を資産管理会社が取得した場合、対象会社の株式は当該資産管理会社の関係法人株式等として100％の掛け目になるため、相応のボリュームの株式を資産管理会社に保有させる場合はタックスプランニング上25％が一つの目安となるだろう。

【受取配当等の益金不算入額の計算概要】

○完全子会社株式（注1）

　→配当額全額

○関係法人株式等（注2）

　→（配当額－負債利子）×100％

○その他株式

　→（配当額－負債利子）×50％

（注1）　配当等の額の計算期間を通じて完全支配関係があった内国法人の株式。
（注2）　配当等の効力発生日前6カ月以上、発行済株式総数の25％以上を継続保

有している内国法人の株式（注1を除く）。

(b) デメリット・留意点

① 所得税の譲渡所得課税と法人税課税

個人の所得税の計算における株式の譲渡所得課税は、譲渡益に対して20％（所得税15％、住民税5％）（上場株式等の場合は10％[1]（所得税7％、住民税3％））の申告分離課税である。これに対し、法人税における株式の譲渡所得課税は、他の所得と一律で実効税率40％程度（法人税・住民税・事業税の合計）であるため、繰越欠損金がある場合や損失発生の予定がある等のタックスプランニングを立てられる場合以外は、資産管理会社として取得した株式については、頻繁に売買を繰り返すのではなく、保有し続け安定株主としての役割を果たすべきであると考えられ、大量に取得した後に資本政策の変更等で売却が必要となるといった事態は避けるよう留意が必要である。

② 大口株主以外の個人株主の配当所得課税

上場会社の大口株主（持株割合5％以上（2011年10月1日以後に支払を受けるべき配当等については3％以上））以外の個人株主の場合、上場株式等の配当は10％[2]（所得税7％、住民税3％）の源泉徴収のうえ、①総合課税、②申告分離課税、③確定申告不要制度の適用のなかから選択をすることができる。他方、資産管理会社に対する法人税は、実効税率40％程度（法人税・住民税・事業税の合計）であるため、受取配当等の益金不算入の規定の適用についてその他株式等となる場合等で、上場株式の大口株主以外の個人株主から資産管理会社が株式を取得する場合、配当への税負担という意味においては個人で保有したほうが有利となるため留意が必要である。

b 相続税法における株式保有特定会社の評価

財産評価基本通達における取引相場のない株式の評価について、類似業種

1、2 10％の税率については、現時点で2014年分以降は20％となることが予定されているため留意が必要である。また、毎年の税制改正において税率が変更されうる。

比準方式が適用にならず、原則純資産価額方式により評価しなければならない「特定の会社」として、「株式保有特定会社」があるが、資産管理会社の場合、総資産のうちに占める株式の割合によっては「株式保有特定会社」となるため、ここではその要件・留意点について解説する。資産管理会社が対象会社の株式以外の資産も取得し、事業型化した場合などは、「株式保有特定会社」の要件から外れるケースもあるだろう。

株式保有特定会社とは、会社区分に応じ、以下の株式保有割合となる会社をいう。

会社区分	株式保有割合
大会社	25％以上
中会社	50％以上
小会社	50％以上

$$株式保有割合 = \frac{株式等の価額の合計額（相続税評価額）}{総資産価額（相続税評価額）}$$

また、留意点は、以下のとおりである。
① 株式等の価額や総資産価額は相続税評価額による金額で、簿価ではない。
② 株式等とは、株式・出資をいい棚卸資産として所有しているものも含む。
③ 課税時期前において合理的理由もなく評価会社の資産構成に変動があり、それが特定会社の判定を免れるためのものと認められるときは、その変動はなかったものとして判定を行うこととする（財基通189なお書）。
④ 株式の評価方法は純資産価額方式が原則となるが、「$S_1 + S_2$方式」（株式保有特定会社を株式のみを保有するA社と株式以外の資産を保有するB社に区分し、A社を純資産価額方式（S_2）、B社を原則的評価方式（S_1）で評価し、その合算額を当該株式保有特定会社の株式の評価額とする方法）による評

価も認められている。

c　資産管理会社の形態

　資産管理会社の活用を考えるにあたり大きなポイントとなるのは、対象会社株式の買取資金の確保である。新たに対象会社の株式保有のみを事業とする資産管理会社を設立する場合は、買取資金を調達するにしても返済原資が対象会社からの配当のみという状況になり、金融機関からの資金調達が難航する可能性もあるため、オーナーが売却資金の一部を貸付・再出資するなど工夫が必要となるだろう。ただ、資産管理会社の株主を後継者にすることを考えた場合は、新設会社のため、理想とする株主構成を反映しやすい。他方、既存の不動産事業や対象会社の関連事業等を行う事業型資産管理会社を活用する場合、返済原資や担保による保全の確保の観点で資金調達上優れている半面、既存株主から後継者へ支配権を集中するには、なんらかのトランザクションが必要となる。

　また、対象会社株式の譲渡による資金化という効果はなくなるが、株式移転・株式交換・分割等を活用し持株会社化を図ることで、資金調達を要さず、直接保有から間接保有に切り替え、資産管理会社としてのメリットを享受することも可能であろう。

(5)　信託の活用

　信託とは、特定の者が一定の目的に従い財産の管理または処分およびその他のその目的の達成のために必要な行為をすべきものとすることをいう。つまり、委託者が信頼できる受託者に対して、自分の金銭、不動産、株式等の財産を移転し、受託者は委託者の目的に従ってその信託財産の管理・処分を行い、そして受益者が受託者から信託財産に係る利益の給付を受ける制度である。この関係を図示すると、図表6－23のとおりである。

a　信託の概要

　信託の主な特徴をまとめると、以下のとおりである。

図表 6-23　信託の関係図

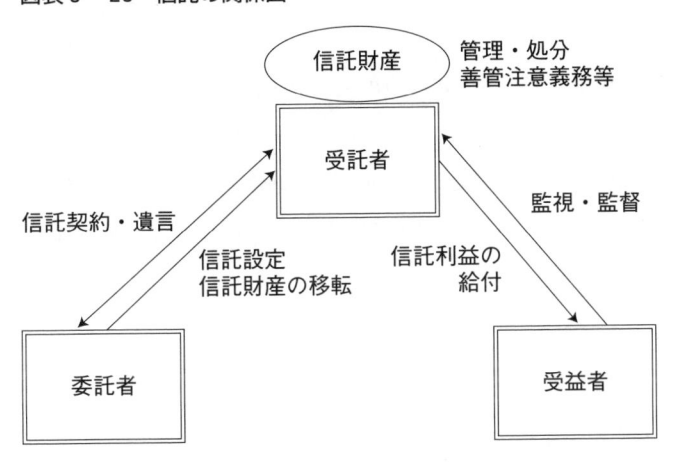

```
                    信託財産        管理・処分
                      ○           善管注意義務等
                      │
                      ▼
                    ┌─────┐
                    │受託者│
          信託契約・遺言   └─────┘    監視・監督
                  ↗           ↖
            信託設定          信託利益の
          信託財産の移転          給付
         ┌─────┐                    ┌─────┐
         │委託者│                    │受益者│
         └─────┘                    └─────┘
```

図表 6-24　信託の方法

名称	方　　法
信託契約	委託者と受託者の契約により信託を設定する方法であり、最も一般的
遺言信託	委託者が遺言で信託を設定する方法をいい、委託者が亡くなった後にその信託設定指示に基づいて信託する方法
自己信託	委託者が自らを受託者として信託設定する方法（信託宣言）

① 信託財産の名義が受託者であり、信託財産は委託者の手を離れて受託者が一括して専属管理・処分する。
② 信託財産は受託者の固有財産と独立・分別して管理されることが義務づけられており、万が一受託者や委託者が倒産等の手続の開始決定を受けた場合はその影響を受けない（ただし、信託財産自体が債務超過等に陥った場合はその限りでない）。
③ 受託者は委託者の設定した信託目的に従って信託財産を管理・処分しなければならない。

④ 信託財産の実質的な所有権は、信託財産に係る利益の給付を受ける受益者である。

また、信託設定の方法は、図表6－24の三つである。

b　信託の類型

信託の主な類型は図表6－25のとおりであり、2009年の信託法改正により、自己信託、目的信託、事業信託、責任限定信託、受益証券発行信託などの新しい類型の信託が創設された。

図表6－25　信託の類型

名称	類型
自益信託	委託者自らが受益者となる信託。
他益信託	委託者以外の者が受益者となる信託。
自己信託	委託者が受託者となる信託。自ら財産を信託して受益権として投資家に販売することにより資金の調達手段として活用。
目的信託	受益者の定めのない信託。目的信託では受益者の存在が想定されておらず、一定の信託目的達成のために信託財産の管理運用が行われることとなる。
事業信託	委託者が事業そのものを信託財産として受託者に信託することをいう。自己信託で設定することにより、リスク分散のために事業を分散することが可能であり、事業資金の調達手段としても活用可能。
責任限定信託	受託者が信託のすべての信託財産責任負担債務について信託財産に属する財産のみをもってその履行の責任を負う信託。
受益証券発行信託	受益証券（信託行為の定めによって受益権を表示する証券）を発行する信託。有価証券化により容易に譲渡が可能となる。
受益者連続型信託	受益者の死亡により、受益者の有する受益権が消滅し、他の者が新たな受益権を取得する旨の定めのある信託。
遺言代用信託	委託者自身の死後における受益者を定めることで、委託者の死亡後における財産の分配を信託によって実現させるもの。委託者の生前に信託を設定するため、委託者の死亡後に信託が成立する遺言信託との比較では、遺言の際の公正証書等による厳格な手続が不要となる点や委託者の生存中に所有権移転登記手続を行うため円滑に手続を進めることができる点がメリットとしてあげられる。

c 信託税制

　信託課税は、その経済的実質に着目し、信託財産に属する資産および負債を受益者が有し、かつ、信託財産から生じた収益費用は受益者に帰属するものとして受益者に課税する、いわゆる「パススルー課税」が原則である。

(a) 収益発生時の課税関係

　税務上は、信託収益の発生時に受益者に課税する方法（受益者段階課税（発生時課税））を原則としながら、例外として分配時に課税となる受益者段階課税（受領時課税）、収益発生時において受託者に課税される法人課税信託がある。

　具体的な課税方式の概要は、図表6－26のとおりである。

図表6－26　課税方式の概要

課税方式	信託の種類	概　　要
受益者段階課税（発生時課税）	財産の管理または処分を行う一般的な信託	受益者は、信託財産に属する資産・負債を有し、かつ、信託財産に帰属する収益・費用は受益者に帰属するとみなして受益者の各事業年度の所得計算を行う方式
受益者段階課税（受領時課税）	・合同運用信託 ・証券投資信託 ・国内公募等投資信託 ・退職年金等信託 ・特定受益証券発行信託 ・特定公益信託　等	受託者段階では課税されず、受益者が現実に受領した時（分配された時）に受益者に対して課税する方式
信託段階法人課税	・受益証券発行信託 ・受益者等が不存在の信託 ・一定の投資信託 ・特定目的信託　等	受託者を納税義務者として、その信託財産に係る所得について、受託者の固有資産に係る所得とは区分して法人税が課税される方式

(b) 設定時の課税関係

信託設定時の課税関係について（以下、原則の受益者段階課税（発生時課税）について説明）、信託の設定により名目上の所有権は委託者から受託者へ移るが、受託者はあくまで財産を預かって管理等をするだけであり、信託財産に係る実質的な経済利益は受益者が受けることとなるため、委託者から受益者へ信託財産が移転したものとして課税関係を判断することとなる。委託者と受益者がそれぞれ個人または法人の場合に区分した場合の信託財産の設定に係る課税関係は、図表6－27のとおりである（受託者に対する課税はない）。

(c) 期間中の課税関係

また、信託期間中の課税関係について、受益者は資産および負債を有するものとみなし、信託財産に帰せられる収益および費用は受益者に帰属するものとして課税される一方、委託者・受託者については、双方とも課税は生じ

図表6－27　信託財産の設定に係る課税関係

ケース	委託者		受益者	
	適正対価あり	適正対価なし	適正対価あり	適正対価なし
委託者：個人 受益者：個人	譲渡所得課税	譲渡所得課税	課税なし	贈与税（または相続税）課税の可能性
委託者：法人 受益者：法人	法人税課税	法人税課税＋寄附金認定	課税なし	受贈益課税
委託者：個人 受益者：法人	譲渡所得課税	譲渡所得課税（時価の2分の1未満の低額譲渡→みなし譲渡）	課税なし	受贈益課税
委託者：法人 受益者：個人	法人税課税	法人税課税＋寄附金認定	課税なし	一時所得課税の可能性

ない。

　信託終了時においては、委託者・受託者に課税は生じず、受益者についても信託設定時において委託者から受益者へ信託財産が移転したものとみなして課税されているため、新たに課税されることはない。ただし、信託契約等において信託終了時の権利帰属者を受益者以外の者とする定めがある場合は、受益者から権利帰属者へ信託財産が移転したものとして課税がなされることとなるため留意が必要である。

d　活用方法

　事業承継の局面において、信託が活用される場合として、たとえば以下の場合が想定される。スキームの選定にあたっては、各スキームのメリット、受託者の選定、受託者への信託報酬の水準等を勘案し決定することとなる。

【ケース①】

　遺言代用信託の活用として、オーナーが生前において、自社株式を対象に信託を設定する。信託契約では自らを当初受益者として、オーナーが亡くなった際に後継者である息子が受益権を取得する旨を定める。この場合、委託者が受益者変更権を有しない旨を定めれば後継者が確実に受益権を承継することができ、地位が安定する。また、信託契約の定めに従って当然に後継者が受益権を取得することとなるため、経営の空白期間が生じないというメリットがある。

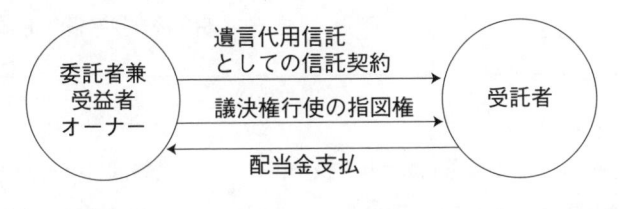

委託者兼受益者オーナー　──遺言代用信託としての信託契約──→　受託者
委託者兼受益者オーナー　──議決権行使の指図権──→　受託者
委託者兼受益者オーナー　←──配当金支払──　受託者

【ケース②】

　オーナーに子息が二人いて、長男は後継者、次男は経営にまったく興味がないという状況において、後継者たる長男に確実に経営権を承継し

たい場合、オーナー所有普通株式の一部を長男へ譲渡し、残りの次男へ承継する予定の普通株式を信託して、その受益権を次男へ承継する方法が考えられる。信託された株式については受託者が株主となり、信託の目的に従って株主としての権利を行使することとなるため、信託契約等においてあらかじめオーナーが決めることで、長男が経営に集中できる環境を整えることができ、かつ、次男に対しては受益権を承継することで財産権は確保できる。

　種類株式を活用する場合、株主の内容を変更するためには全株主の同意が必要であることは前述のとおりであるが、信託の場合は、委託者（オーナー）と受託者の同意さえあれば、他の株主の同意は不要であるという点において大きな差異がある。また、無議決権株式にした場合も株主として本来認められている最低限の権利（差止請求権や閲覧請求権等）までは制限できないが、信託の場合は、あくまで株主は受託者であるため信託の目的次第でいかようにもコントロールできるのである。

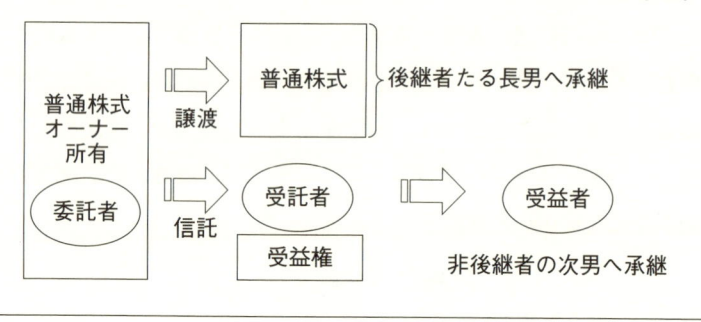

```
普通株式         譲渡    →  普通株式        → 後継者たる長男へ承継
オーナー所有
委託者           信託    →  受託者          → 受益者
                            受益権            非後継者の次男へ承継
```

【ケース③】

　後継者候補として長男と甥がいて、オーナーは最終的に長男を後継者として選定したが、もし長男に万が一のことがあった場合は、甥に経営権を委ねたいと考えていたとする。しかし、通常の遺言書では、長男に株式を承継した後、長男の相続についてまではコントロールできないという問題があった。その場合、「受益者連続型信託」を活用すれば、信

託契約等の定めに基づき信託設定時から30年経過後に最初に発生する受益権の移転まで、受益者の流れを指定し、オーナーの思いどおりに経営権の承継を実現することができるようになる。

「受益者連続型信託」とは、信託行為に死亡その他の事由により受益権が順次移転する定めのある信託をいい（死亡を起因として受益権が移転するものは「後継ぎ遺贈型の受益者連続の信託」と呼ばれる）、一定事由の発生により受益権が次の受益者へ移転する場合、各受益者は常に直前の受益者から当該受益権（信託財産）を取得したものとみなして、相続税または贈与税が課されることとなる。

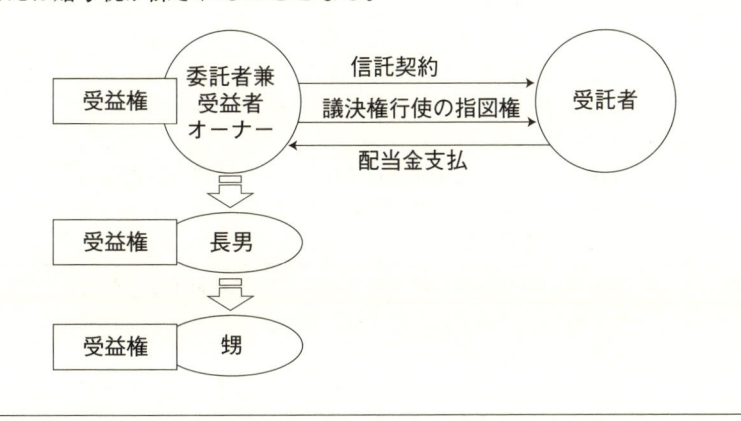

(6) M&Aの活用

事業承継にあたっては、外部の第三者に株式譲渡等を通じて経営権を譲り渡して、当該外部の会社または個人を新たな後継者とすることが考えられる。外部への譲渡によって対象会社がより発展すると考えられる場合や、親族に有力な後継者がいない場合、および現在の株主が創業者利潤を確定したい場合などに経営権譲渡＝M&Aを検討することとなろう。

a　M&Aの手法

M&Aの一般的な手法については、図表6－28に示したような手法が考え

図表6－28　M&Aの手法と概要

M&A手法	概　　要	事業承継での利用
株式譲渡	発行する全部または一部の株式を後継者に譲渡する方法。法的主体として対象会社が存続するため、原則として、雇用関係や契約関係に大きな変更を加えることなくそのまま譲り渡すこととなる。	◎
増資	対象会社が株式を発行することによって、後継者に一定の持分比率を保有させる方法。対価は、対象会社に支払われるため、増資のみでは既存株主が手元に金銭を取得することができないことに留意が必要。	△
事業譲渡	対象会社の事業部門の一部を譲渡する方法。対価は、対象会社に支払われるため、株主が手元に金銭を取得するためには、配当や会社の整理・清算などの追加的な手続きが必要。 好採算の事業部門を売却して現金化し、不採算部門を当該キャッシュインなどを含めて整理するようなケースが考えられる。	○
合併	どちらかの会社が存続会社となって、2社以上が1社となる方法。消滅会社の株主は、存続会社の株式を受け取ることが一般的。 なお、株式を対価として取得した場合、手元に金銭を取得するためには株主は現金化を行う必要が生じる。	△
株式交換	完全親会社となる会社が株式等を対価として対象会社を完全子会社化する方法。1回の法的手続きで完全親子関係を形成できることに特徴があるが、完全子会社となる会社の株主は、完全親会社の株式を取得することが一般的。 なお、対価が株式である場合、合併同様に現金化を行う必要が生じる。	△
株式移転	完全親会社となる新たな会社が株式等を対価として対象会社を完全子会社化する方法。現金を対価とすることはできないことに留意が必要であり、対価が株式等となるためにその後現金化を行う必要が生じる。2社が共通の	△

	持株会社を設立する場合に利用されるが、事業承継では利用される局面は限定的。	
会社分割	対象会社の事業の一部または全部に係る権利義務を包括的に他の会社に承継させる方法。事業の一部または全部を取り扱う点で事業譲渡と似ているが、個別の同意が必要ではなく、当該分割対象事業に係る権利義務を包括的に譲り渡すことができる点が異なる。 なお、対価が株式である場合、合併等と同様に現金化を行う必要が生じる。	○

(注) なお、合併、株式交換、会社分割といった組織再編行為を実行する場合で、当該組織再編行為の対価がキャッシュ（現金）であるとき（それだけに限らず税制適格の要件を満たさないとき）、税務上において非適格組織再編とされる。この場合、対象会社および株主において資産の時価評価やみなし配当が生じるなど、適格組織再編と比較すると税務上の取扱いが異なるため、実行にあたって留意が必要である。

られる。M&Aの場合には、単純な株式譲渡だけでなく事業譲渡などの手法を組み合わせることも考えられるが、最終的に既存の株主がキャッシュを得ることを目指すのが通常である。

b　**M&Aのプロセス**

いずれのM&A手法を利用するにせよ、一般的には以下のプロセスを経ることになる。プロセスの推進にあたっては、M&A情報の取得や専門的知識を補完するため、M&Aのアドバイザリー会社・仲介会社、会計士・税理士、弁護士などの専門家に助言を依頼することも検討すべきであろう。

【標準的M&Aのプロセス】

① M&A戦略の策定

　まずM&Aによって達成したい目的を明確にすることが望ましい。経営権の譲渡にあたって、後継者の問題が解消され、対象会社の中長期的な成長が見込まれる可能性があるのか、また、譲渡を通じて資金的なニーズが満たされる可能性があるのかなど、目的を整理しておく必要がある。そのうえで、検討可能な相手先についてできるだけ多く

リストアップしておき、事業面、財務面などから望ましい相手先の優先順位をつけ、アプローチ先の絞り込みを行う。

② 先方へのアプローチ

候補先企業が決まったところで、優先順位づけのルールを考慮しながら先方へのアプローチを行うことになる。直接に相手方に接触する場合もあれば、M&Aアドバイザリー会社や仲介会社などを利用して接触する場合もある。ただし、直接にせよ専門家を利用するにせよ、対象会社のレピュテーションを勘案して、売却のうわさなどが拡大して企業価値が毀損するような状況は回避しなければならない。

③ 秘密保持契約の締結

相手方が検討を開始してもよいということであれば、秘密保持契約を締結して、事業、財務資料等を提供して条件の整理を開始する。通常は外部に提示しない事業、財務にかかわる資料を提示して、価格、譲渡ストラクチャーなどの譲渡に係る主要項目を初期的に定めていく。

④ 初期的条件の交渉

上記の資料をもとに初期的な条件を交渉する。主な交渉項目は、価格、譲渡ストラクチャー、取得比率、スケジュール、その他付帯的な条件となる。初期的条件交渉において、後述の第三者との企業価値評価の手法を利用しながら価格の合意を形成していくほか、双方の案件に関する考え方（経営への考え方、事業運営の方向性、など）をすりあわせ、双方の思惑が大きく乖離していないかどうかを確認することも重要であろう。

⑤ 基本合意書の締結

基本合意書は、上記のような主要条件を記載することになるが、それらに加えて、デューデリジェンス（DD）の実施なども項目として盛り込まれる。なお、基本合意書の法的拘束力のいかんにもよるが、

まだ詳細調査前の段階であるために、次のDDのステップにおける発見事項によって価格が変わりうるとの合意になるケースがもっぱらである。

⑥ DDの実施

DDにおいては、買い手側が会計・税務・法務・事業等の側面から対象会社に対して専門家等を派遣して過去数年分程度の帳票や契約書等をレビューして、それぞれにおける問題点を洗い出していく。なお、DDは対象会社にとっても負担のかかるプロセスであり、十分な人員配分等が必要であることに留意したい。

⑦ 最終条件の交渉・最終契約の締結

DDによる対象会社の詳細調査をふまえて、法的な拘束力のある最終契約の締結交渉を行う。価格を含めた諸条件は、拘束力を有するものであり、この価格にて確定させるものとなる。

⑧ 最終契約の締結

最終契約には、経営権の譲渡に係る場合には、価格等の諸条件のほかに、表明保証や補償といった事項が盛り込まれることがもっぱらである。表明保証や補償といった条項を含めて、通常の売買契約とは異なる条項が盛り込まれたりすることとなるため、売り手であっても買い手であっても弁護士による助言を仰ぐことが望ましい。なお、この時点で外部への公表がなされることが一般的であり、従業員や取引先へどのような説明を行うかについて検討しておく必要があろう。

⑨ クロージング

最終契約締結後、クロージングにおいて株式等と金銭のやりとりが行われる。クロージング日においては、各種のクロージングの前提条件が整っていることを確認のうえで、株式とその対価としての金銭のやりとりが実行に移される（逆にいえば、当該クロージング条件が充足されない限りはクロージング＝対価の受領は生じない）。契約締結とク

> ロージングの日付が離れるのは、たとえば一部の資産の売却が条件となっていたり、独占禁止法上の待機期間を要するなど、ケースバイケースである。

c 税務上のポイント

M&Aにあたっては、原則として、個人・法人のいずれが売却主体となるか、および対象会社ののれんを顕在化させるかがポイントとなる。

(a) 株式譲渡による売却

株式譲渡の場合には、非上場株式であると、必要経費を除いた所得に対して個人株主の場合には20％の税率が生じ、法人株主の場合には通常の損益計算のなかに織り込まれて約40％の法人実効税率を要することとなる。

個人株主に対する非上場株式等の譲渡所得に係る課税の概要は、以下のとおりであり、譲渡価額と必要経費がポイントとなる。

【個人株主の非上場株式等の譲渡所得に係る課税の概要】

○株式等の譲渡価額－必要経費（取得費＋委託手数料等）
　＝株式等の譲渡所得の金額
○譲渡所得の金額×20％（所得税15％・地方税 5 ％）＝税額

前述の役員退職慰労金を支給した場合、株主価値はその分減少し、株式等の譲渡価額は当該支給を勘案した価額となる。一方で、必要経費に関しては、取引に関連する費用のうち委託手数料や取引固有に要した専門家への費用負担などが個人株主に生じていれば、当該経費を含めた額とすることとなる。なお、これに加えて、上場会社を完全親会社とする株式交換を通じ、上場株式と交換して税率を上場株式等にかかる10％[3]とする方法も想定されなくはないが、実際に売却できるのかも含めて、実務上の考慮が必要である。

---

[3] 税率については、p.374同様の留意が必要。

また、法人株主の場合、株主として配当金を受領した後に株式等を譲渡することもあるだろう。その場合、株式等の譲渡価額は当該配当金を控除した価額となり、法人株主としては、当該配当金につき、前述の受取配当等の益金不算入の規定の適用が考えられるが、法人株主の対象会社に対する出資比率によって益金不算入の額が決まるため、その点を考慮しつつ検討を進めることになる。なお、配当は対象会社の分配可能額の範囲内でしか行えないという会社法上の制約にも留意が必要である。

(b)　買い手側の節税メリットの獲得

　株式譲渡以外のケースでは、それぞれ多様な課税関係が生じるために個別事情に沿った税務上の考慮が求められるが、買い手との交渉によっては、買い手側に生じた節税メリットを売り手として一部享受することが考えられる。たとえば、税制適格要件に該当しない会社分割を行った場合には、税務上非適格組織再編となり、原則として対象会社（分割法人）において、時価により移転資産負債の譲渡損益が認識され、分割新会社（分割承継法人）においては、移転資産負債を時価により受け入れ、時価と交付新株等の価額との差額は「のれん」として認識され、実行後の複数年にわたってのれんが損金算入されるようになる。この場合、対象会社の分割事業を会社分割によっ

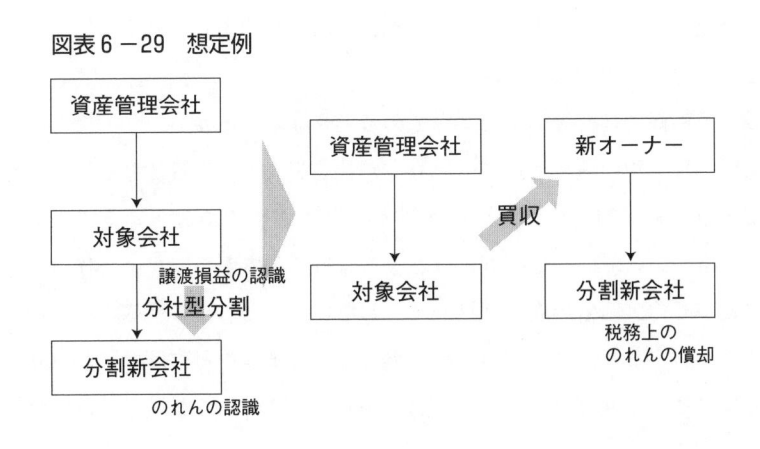

図表6-29　想定例

て譲渡し、譲受け側が当該のれんの償却メリットを売り手に還元するかたちで譲渡対価の上乗せができる可能性がある。

したがって、個別ケースに沿った税務上の考慮を行いながら、最終的な税引後の手取り想定額の計算を行っていくことが必要である。

d 論点となりやすい事項

各ステップにおいて、それぞれ個別事情に応じて検討・交渉がなされるが、案件推進上において論点になりやすい以下の事項について説明を加えたい。

(a) だれがアプローチするか

相手方に対してだれがアプローチするかについては、自ら行うのか、あるいは外部の専門家を起用するのかについて決まった方法はないが、メリット・デメリットを勘案しながら行うことが必要である。

自ら行う場合には、自らの意思疎通を明確にできる半面で、選択肢が自らの関係先に限定されたり、売却に係るうわさを招いたりなどのデメリットがある。専門家を起用した場合、意思疎通が間接的になるきらいがあるものの、広い選択肢から譲渡先を検討できるだけでなく、売却に係るうわさなどは一定程度コントロールできるなどのメリットがある。したがって、事業承継においてどういったゴールを設定するのかによるものの、企業価値の向上や資金化を目的とする場合には、外部の専門家を起用して事業承継先を検討することも一つの方法である。

(b) 秘密保持契約締結後にすべての資料を開示するか

秘密保持契約の締結時点では、双方が「協議入り」することが決まったのみであり、最終的な合意に至るかどうかは不透明であると考えてよい。特に、価格については、その裏付けとなる資料をみてからでないと検討しにくいことが多く、価格形成で意見が一致しないことも考えられる。そのため、譲渡側からすると、すべての資料提供をしてしまうことには抵抗があり、業務のコアとなる資料を出しにくい場合がある。このような場合、買い手から

要請を受けた資料をすべて提出するのではなく、取引の趣旨を勘案して、たとえば、一定の利潤獲得が目的であれば、価格に関する資料を重点的に提示し、そうでない資料は一定の秘匿性を担保する（たとえば、顧客の上位10社については、社名を開示せずに売上規模と粗利のみを提示することや、重要技術の中身については概略にとどめる）などの工夫の余地があろう。したがって、あくまで取引の目的を達成できることが前提となるが、初期的な時点でどの交渉項目の目線を相手方とあわせておかねばならないかを勘案して資料提供を進めていくことが求められる。実務的には、売り手と買い手にアドバイザーがついていたとしても、どこまでの資料を提供するかで時間を費やすこともある。

(c) 基本合意書の法的拘束力がないのはなぜか

基本合意書については、DD前であることもあって法的拘束力をもたせないことが多くみられる。その背景には、後継者側（買い手側）からみれば、DDによる詳細調査の前に価格を確定させることができないという事情があるからである。譲渡側としては、当該価格で確定させることはできないおそれがあり、かつ、DDという詳細を調査されるステップに入ってしまうことに懸念をもつことも少なくないが、考え方としては、買い手がコストをかけてDDを行うというプロセスに入ろうとしているところ（会計士・税理士・弁護士を雇ってDDを行わせ、社内のリソースを割いてさらに調査を進めている段階）であり買い手の意向としても検討が進む段階にあること、および、法的拘束力はなくとも双方の「合意形成」の途上であることは明らかであり変更には合理的な理由が必要であること、といった状況であることについて一定の理解を有しておくことが望まれよう。

(d) DDでの不満をどう緩和するか

DDにおいては、調査範囲が詳細に及んでいくことがありうる。受入れ側にとっては負担の大きいプロセスであるし、実施側にとっては「開示が少ないのではないか」との疑念が生じやすいプロセスであり、双方の不満がたま

りやすい状況といってよい。要因としては、「当社ならこんな資料があるので、そうしたデータや資料があるはず」といった買い手の思い込みや、「すでに基本合意もしていて、信頼してくれるならそれほど詳細な調査は不要なはず」といった売り手の想定などが根底にある。このような誤解が解けることはないが、そもそもDD自体が、買い手にとっては取締役として義務を果たすために必須のプロセスであり、売り手にとっては業務負担のかかるプロセスであることをあらかじめはっきりさせるとともに、それぞれの要請の理由について双方が明確に理解をしておくことが望まれる。この点、会計士・税理士、弁護士等、アドバイザー・仲介会社等の専門家の目をよく入れて、そうした状況について一般的な事例や相手方の事情を説明してもらうようにしておくと円滑になるケースがあり、経験のある専門家を起用することが望ましい。

(e) 最終契約で表明保証・補償が規定されるのはなぜか

　最終契約においては、表明保証・補償という項目が含まれることが一般的である。英米法から持ち込まれた概念であって理解がしにくいだけでなく、長大な文言になっていて生理的に受け付けにくい場合が想定される。そもそも表明保証とは、ある時点における対象物（経営権の移る株式譲渡においては株式および対象会社であることがもっぱら）に対して一定の事実が真実かつ正確であることを宣言するものであり、宣言に誤りがあれば補償というかたちで原則として金銭的に賠償を行うものである。表明保証には、経営権が移る前の事項については当該売り手が対象物または対象会社にコントロール権があったとして、前保有者が責任をもち、ある時点で区切ってその後の責任から分離するという機能を有している。したがって、内容については弁護士を入れて双方とも精査することが必要であるが、当該内容が詳細にわたる可能性があることに理解が必要であろうし、また、その機能を含めて、経営権を有している間の責任を分担していることについて理解をしておくことが望まれる。

e　MBOを検討する場合

　MBOとは、現在の経営陣が株式の取得を通じて対象会社の経営権を取得し、経営と資本を一体化する買収のことであり、株式譲渡の一類型といえる。相続人が有力な後継者ではなく、現経営陣に引き継ぎたい場合に活用が検討されうるものである。

(a)　MBOの活用が検討される状況

　のれん分けも一つのMBOであるとすると、事業承継にあたって一般的に検討されてしかるべきであるが、以下のようなケースでは検討の俎上に載せることが考えられる。

① 相続人がいない。
② 現経営陣が経営に意欲があり、後継者としてふさわしい。
③ ファンドや金融機関からの提案がある。
④ 経営と資本を一体化して事業課題にあたることが望ましい。
⑤ 営業キャッシュフローとのバランスで借入金が少ない。
⑥ （上場会社の場合）上場しているメリットが薄れている。

(b)　MBOのストラクチャー

　後継者がファンドや金融機関とともにMBOを実行するとした場合、基本的には図表6－30のようなストラクチャーで対象会社の株式を取得する。まず、後継者、ファンドで買収目的会社を設立する。当該会社には、後継者およびPEファンド[4]が資金出資するだけでなく、買収資金として金融機関からローンで資金を調達するケースがほとんどである。その後、買収目的会社は、オーナーから株式を100％取得し、対象会社と合併することになる。なお、合併を行うのは、金融機関から調達したローンを対象会社のキャッシュフローから返済することを目的としている。

---

[4] 投資家から集めた資金を主に未公開株に投資し、経営への関与などを通じて企業価値を向上させて、株式の売却や株式公開によってキャピタルゲインを得ることを目的とするファンド（プライベートエクイティファンド）をいう。

図表6-30　MBOの基本ストラクチャー

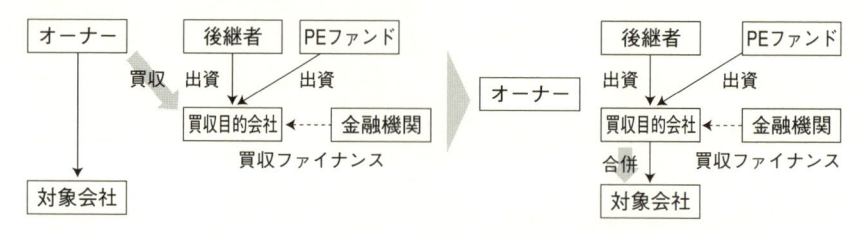

```
オーナー       後継者  PEファンド              後継者  PEファンド
   │買収       出資│    │出資                  出資│    │出資
   ▼          ▼    ▼           オーナー          ▼    ▼
              買収目的会社◄---金融機関            買収目的会社◄---金融機関
                  買収ファイナンス              合併  買収ファイナンス
対象会社                                        対象会社
```

　後述するが、PEファンドはいずれ株式を売却することとなり、後継者や対象会社が取得するか、外部の第三者が取得するかといった局面が後々生ずることに留意が必要である。また、合併後の対象会社は、買収資金を負担するため借入金に係る財務上の負担が重くなることとなり、この金利負担や返済原資をキャッシュフローから捻出できるかどうかが、PEファンドに係るリターンを提供できるかとともに、実行可能性の課題となる。

(c)　MBOのメリット・デメリット

　事業承継において、MBOを利用するとしてもメリット・デメリットが生じうる。

① 　現オーナー

　　円滑に事業を承継（内部の事情に詳しい現経営陣を後継者とできる）し、実際に高値で譲渡されれば、多額のキャッシュを得ることができる。

　　しかしながら、理論的にいえば、現状の経営体制が維持されるために、シナジーの生じうる（企業価値を高める可能性のある）買い手よりも価格は低く抑えられる可能性があるし、加えて、現在の経営陣と価格交渉を行う必要がある点には留意をしておきたい。譲渡の局面は、現オーナーにとっては自らの意見について最後のわがままをいうような局面でもあり、現経営陣との関係にひびが入るようなことや、あまりに高値にしたために、後継者に大きな負担となることもありうることに留意が必要である。

② 　後　継　者

後継者にとっては、自らが経営権を握ることによって経営の自由度を増すことができるとともに、IPOなどを目指してインセンティブが増し、モチベーションが高まる可能性がある。また、外部の第三者に譲渡されることに比較して、現経営体制を維持できる安心感もある。

　一方で、自ら資金調達することは容易ではなく、また、外部の金融機関、PEファンドの利用にあたっては、双方にリターンを提供しなければならないことに留意が必要である。また、優良企業であれば、買収価格は高くなりやすいし、また現オーナーとの交渉も厳しい可能性がある。

　外部からの資金調達は、MBOの実現を手助けすることになるものの、求めるリターンは相当程度高いため、事業に対して一定の見通しと自信が不可欠であると考えられよう。

　なお、外部のファンド等を利用した場合には、当該ファンドも一定期間後に資金化をする必要があるために、最終的に外部の第三者に売却されることや、一定のリターンで買取りを迫られることがあることに十分な留意が必要である。外部のファンド等を利用したMBOはそもそも対象会社の事業内容および財務体質がよい場合に限られる側面もあり、ファンド等からの提案を受けることは、彼らにとっても実行可能性があるような高い事業ポテンシャルが対象会社に存するということでもあって、仮にリターンが高いように思われたとしても、当該リターンの可能性のあるビジネスであり財務内容である、といった前向きな受止め方も重要であると思われる。むしろ、事業計画などを外部のファンドなどとすりあわせる際に、いずれはEXITする投資ファンドであることを念頭に置きながら、双方の目線を十分に理解しておくことが重要である。

(d)　MBOの留意事項

　経営と資本が分離されている場合（上場会社の場合が典型例）に、MBOを実施しようとする場合、経営陣は「買い手」となり安く購入するインセンティブが働き、その他の株主は「売り手」として高く売却したい立場となっ

て利害対立が生じる。また、価格を決定するにあたって重要となる事業の見通しについては、経営陣が事業に係る知識や見通しを十分に理解している一方、一般株主にはそれがなく情報ギャップが生じうる。特に、経営陣は、当該事業への経営ノウハウを買われているために取締役となっているのであって、そうした一般株主との情報量のギャップの状況は容易に想像しうる。このため、MBOにおいては、経営陣が自らに有利となるよう事業見通しを抑制的にし、買取価格を低く抑えているのではないか、という立場上の疑念が生じうる。

　上場会社のMBOにおいて特に問題とされる局面であるが、こうした場合には、利益相反構造に対する十分な検討と手立てを講じておくことが必須である。たとえば、経営陣以外の「売り手」株主を保護するために、①MBOに参加する取締役以外が交渉主体となり、当該非参加取締役に対してフィナンシャル・アドバイザーや弁護士をつけて、買い手たる経営陣との間で第三者間での交渉が実施されること、②当該交渉について、非参加取締役は外部委員会からの意見を取得すること、③取締役会が公開買付けに対して意見表明するにあたっては通常の株式価値算定書ではなくフェアネス・オピニオン（当該価格が株主にとって公正である旨の意見をフィナンシャル・アドバイザーが取締役会に提出する）を取得すること、などの体制を整える必要がある。

　特に、上場会社のMBOに対するマーケットからの目は厳しいため、利益相反構造に対する配慮については十分な検討を要するし、当該体制を整えたとしても、株主からの不満は消えずに株式買取請求を通じて裁判所での決定に持ち込まれるケースもよくあるため留意が必要である。

　また、当然のことながら、上場会社であることから、インサイダー情報の取扱いについては十分な留意を要する。通常のM&A同様にインサイダー情報の管理を行うことはもとより、関係者については対象会社の株式の売買はいっさい禁止される。また、対象会社がMBO以外でインサイダー情報に該当するような情報を有している場合、公開買付けを開始する前に開示してイ

ンサイダー情報としないための手当をしておく必要がある。MBOにおいては、経営陣が取得主体となるため、対象会社のインサイダー情報またはそれに該当するような情報を有しがちであり、実務上十分注意したい。

III

株式の評価

1
企業価値評価の目的

　事業承継の検討を進めるにあたっては、対象会社が経済上どのような価値を有するかについて正確に把握しておくことが必要である。企業価値評価にあたっては、①取引目的であるのか（第三者との取引を検討しようするものであるのか）、②税務目的であるのか（税務当局への説明を主眼とするためのものであるのか）について明確にしたうえで検討を加えることとしたい。第三者との取引であれば、当該価格が時価とされることとなるため、M&Aのケースでよく利用される手法について説明し、その後、税務目的の評価について説明することとする。なお、対象会社が非上場会社であることが多いと考えられることから、取引相場のない株式であることを前提とする。

2
第三者との取引目的の評価

　M&Aなどの第三者との取引（たとえば、株式譲渡やMBOなどが想定される）においては、一つの手法によることなく、複数の手法を用いて事業・企業の価値に対してアプローチし、当該企業価値を算出することが一般的である。第三者との取引においては、対象会社が属する業界の特質や経済環境、財務内容や収益性、譲渡者の株主構成、譲受け者の買収目的などを勘案しながら

図表6−31　価値評価の手法

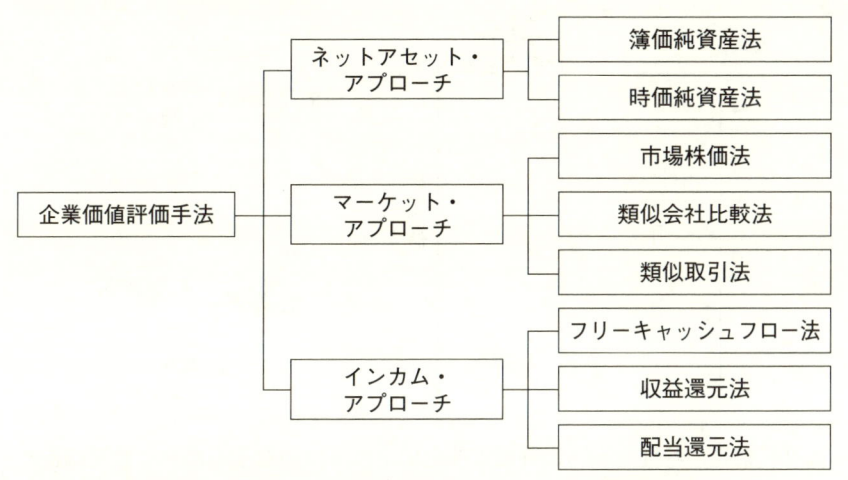

```
企業価値評価手法 ─┬─ ネットアセット・アプローチ ─┬─ 簿価純資産法
                  │                                └─ 時価純資産法
                  │
                  ├─ マーケット・アプローチ ─┬─ 市場株価法
                  │                          ├─ 類似会社比較法
                  │                          └─ 類似取引法
                  │
                  └─ インカム・アプローチ ─┬─ フリーキャッシュフロー法
                                            ├─ 収益還元法
                                            └─ 配当還元法
```

（出所）　日本公認会計士協会編「企業価値評価ガイドライン」を参考に作成。

対象会社の価値が算出され、検討・交渉材料とされたうえで、最終的に双方において価格合意がなされることとなる。なお、算出された「価値」は、あくまで複数の評価手法を用いた場合の算定数値であり、最終的に交渉によって決定される「価格」と必ずしも一致するものではないことに留意すべきである。もちろん、価格と価値が異なるからといって、対象会社の価値評価がムダになるものではなく、むしろ、現状のビジネスをあらためて理解することにつながるとともに、価格決定の際の交渉のベースとなるものでもあるため、譲渡者の貴重な判断材料となる。

　企業価値や株主価値を算出する手法は複数あるが、価値評価の手法を区分すると、図表6−31のようになる。

　図表6−31の各手法にはそれぞれ特徴があり、それぞれのアプローチからの価値の見方が示されるため、複数の手法を利用することが望ましい。たとえば、それぞれのアプローチのうち、時価純資産法・類似会社比較法・フリーキャッシュフロー法（以下「DCF法」という）により価値を算出し、評

図表6-32　企業価値・事業価値・株主価値の関係

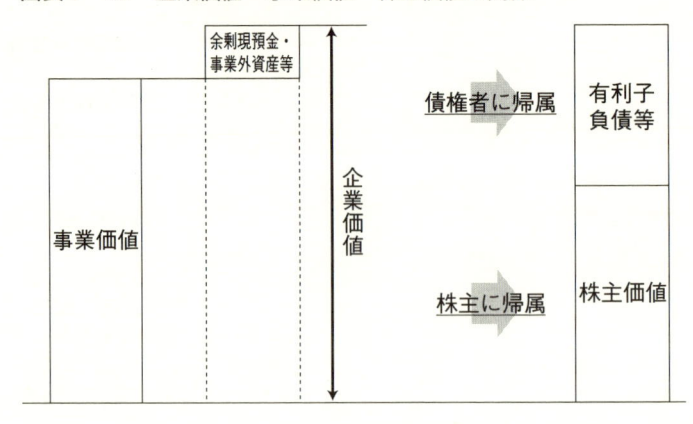

価対象企業の特性にあった評価方法を中心に一定の幅をもたせて企業価値や株主価値を考えることがよく行われる。

　一般に、「企業価値」「事業価値」「株主価値」などの用語は、混乱されることがあるが、これらの言葉については、以下の違いがあることに注意を要する。「企業価値」「事業価値」「株主価値」の関係を表すと、図表6-32のようになる。

　基本的には、事業価値（ビジネスバリュー）をスタートとして、余剰現預金を含む非事業用資産を加算したものが、企業価値（対象会社全体の価値）となる。企業価値は、債権者に帰属する価値と株主に帰属する価値に分解することができ、債権者に帰属する価値を除いた部分が株主に帰属する株主価値となる（図表6-32参照）。なお、少数株主持分が存在する場合には、上記の対象会社の株主に帰属する価値ではなく、外部の株主に帰属する価値であるため、上記の株主価値からは差し引かれる。

　次項以降においては、それぞれのアプローチにおいて代表的な手法について説明する。ネットアセット・アプローチから時価純資産法を、マーケット・アプローチからは類似会社比較法、インカム・アプローチからDCF法を取り上げる。

(1) 時価純資産法（ネットアセット・アプローチ）

a　時価純資産法の基本概念

　時価純資産法は、直近の貸借対照表を利用して、資産・負債の項目について時価評価できる項目を洗い替えることにより株主に帰属する純資産を調整し直す方法である（図表6－33）。

b　時価純資産法の留意点

　時価純資産法は、企業の静的価値に着目した方式であり、実在する資産の価値を基礎としていることから、非上場会社の評価において理解されやすい半面、過去の蓄積のみに注目した評価方法であるため継続企業としての将来の利益成長等を反映していない。この短所を補完する措置として、営業権を加味したうえで時価純資産価額＋営業権をその企業の株主価値として評価する方法も用いられる場合がある。

c　補完的修正（営業権の算定の考え方）

　営業権の評価は、個別の企業が同種の他の企業より高い収益力を有する場合、その企業の超過収益力を評価し、今後生み出される利益を株主価値に加算する方法である。営業権の構成要因としては、以下のような事項が考えられる。

① 企業の伝統、のれん、社会的信用

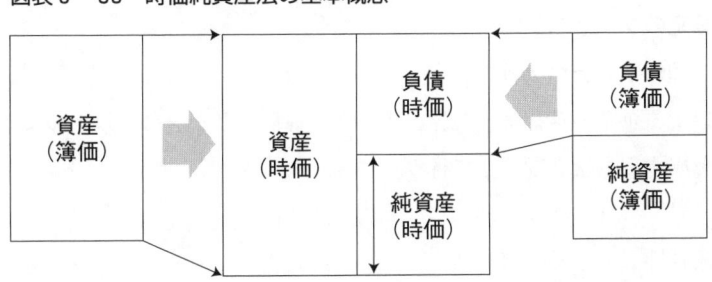

図表6－33　時価純資産法の基本概念

図表6－34　評価方法

評価方法	内　　容	備　　考
純益年倍法	過去数年間の平均年間純利益×年数	年数の把握いかんで金額が変わってしまう
営業量基準法	経営における営業量（仕入れ、販売量、路線料、戸数等）を基準とする	営業純益と営業量が比例する業種であれば有効
超過収益還元法	超過収益を資本還元する方法	後述DCF方式に類似のメリット・デメリットをもつ

② 立地条件、生産条件、技術、人材
③ 取引先、顧客
④ その他の営業上のノウハウ

　これらを評価するため、実際には、図表6－34のような方法で簡略化して算出することになる。

(2) 類似会社比較法（マーケット・アプローチ）

a　類似会社比較法の基本概念

　類似会社比較法は、同種の上場会社の株価指標をもとに対象会社の価値を算定する方法である。倍率法、乗数法と呼ばれることもあり、(a)類似する上場会社の選択、(b)使用指標の検討、(c)当該指標の対象会社への当てはめ、の各手順を踏んで対象会社の株主価値を算出する（図表6－35）。

b　算定のプロセス

(a)　類似する上場会社の選択

　類似する企業の選択は、業界、成長性、規模などを含め、以下のような株価を形成する要素を勘案して行う。

① 業界　　　③ 規模　　　⑤ 地域性
② 成長性　　④ 収益性　　⑥ 流動性

図表6－35 類似会社比較法の基本概念

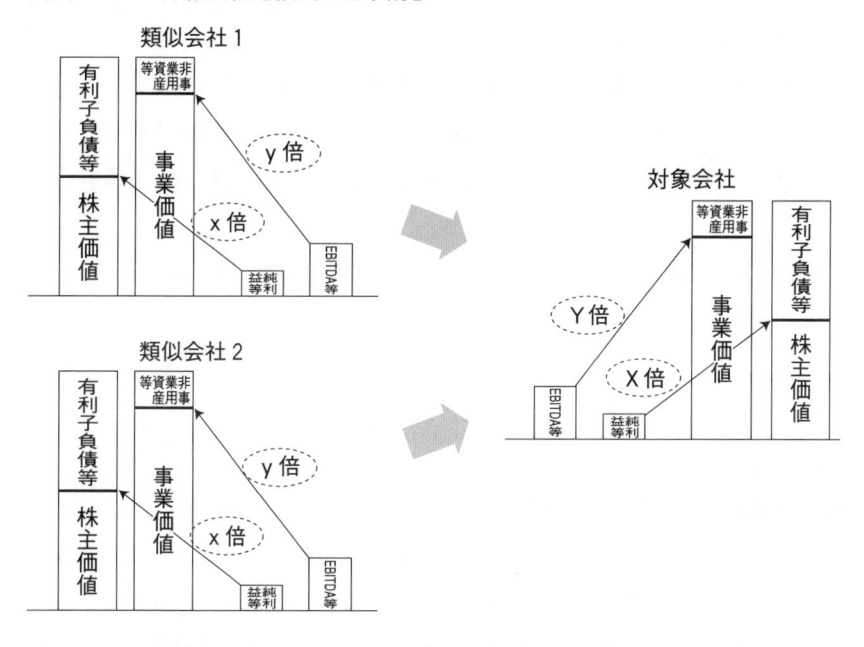

　実際には、同種の事業を行う上場会社が見つかりにくい場合、規模が大幅に異なる場合、同種の事業を行っていたとしても一部の事業部門である場合など、「類似性」が必ずしも確保されない場合もある。そうしたケースには、検討する会社の範囲を広げることによってサンプル数を増加させることや、類似会社比較法を評価の参考値にするなどとする対応が考えられる。

(b)　使用指標の検討

　類似会社比較法において、頻繁に使用される指標は、PER（株価利益倍率）、PBR（株価純資産倍率）、EBITDA倍率の三つである。ここでも、どれか一つの指標に偏るよりは、収益力や会社資産への考慮をするために複数の指標をみながら評価を定めていくことが望ましい。

　それぞれの算出方法は、以下のとおりである。

〈基礎となる計算式1〉
・PER＝類似会社株価／（当該類似会社純利益／発行済株式総数）
・PBR＝類似会社株価／（当該類似会社株主資本／発行済株式総数）
・EBITDA倍率＝（時価総額＋純有利子負債）／（営業利益＋減価償却費＋のれん償却費）

（ここでは、純有利子負債＝有利子負債等－非事業用資産（現預金等を含む）として定義する）

　実務上、上記の計算式においては数値の採用にあたっては、いくつかの課題が生じる。
① 類似会社の株価の採用期間
　　類似会社の株価をどの時点または期間で取得するかという点は、類似会社において、業績を大きく変更させるような事象によって株価の大きな変動が生じていない限り、直近から1カ月、3カ月、6カ月程度の平均株価または加重平均株価を利用することがよく行われる。
② 発行済株式総数
　　発行済株式総数は、仮に類似会社が自己株式を有している場合には、当該自己株式を控除した後の数値を用いる。自己株式分は、すでに当該類似会社自身が取得してしまったものであるため、株主に帰属する価値は自己株式控除相当分であるからである。また、新株予約権等の潜在株式に関しては、仮に株価水準に照らしてイン・ザ・マネーの水準にあるならば、当該潜在株式考慮後の数値とすることが合理的であろう。
③ PL、BS項目の時点
　　PL項目は、今期予想値が会社から公表されている場合や、外部の金融データベース提供会社から取得できる場合などにおいては、当該予想数値を利用する。市場株価は、基本的には将来予想を織り込むかたちで形成さ

れていると考えられるからである。一方で、BS項目については、直近に公表された数値を利用する（四半期決算が公表されているのであれば、当該数値）。なお、営業利益については、より厳密には経常利益に支払利息を足し戻して計算することにより、営業外損益に含まれる恒常的に発生する収益・費用を取り込むことも考えられる。

④ 有利子負債等の範囲

　有利子負債等は、最終的に株主価値を算出するために、債権者に帰属する債務を取り除く手法であり、通常は、借入金、退職給付債務、リース債務等の合計額を利用することが行われる。本来、類似会社の事業価値を正確に計算するため、非事業用資産等を取り除くことを検討する必要があるものの、実際に類似上場会社の非事業用資産や余剰現預金を区分することは困難であるため、現預金等の全額を非事業用資産とみなし、一律に有利子負債等から、当該現預金額を差し引いて利用することも多い。

(c) 指標の当てはめ

計算から導かれたこれらの数値を、対象会社の数値に当てはめて対象会社の価値を算出する。

〈基礎となる計算式2〉
・対象会社株式評価額＝算出PER×対象会社1株当り当期純利益
・対象会社株式評価額＝算出PBR×対象会社1株当り純資産額
・対象会社株式評価額＝（(算出EBITDA倍率×対象会社EBITDA）－
　　　　　　　　　　純有利子負債）÷発行済株式総数

なお、類似会社と対象会社の数値については、時点をあわせることに留意すべきである。類似会社および対象会社の指標は、予想値を採用したものであるのか、実績値を利用したものであるのかを明確に区分しておく必要がある。前述したように、株式市場が将来予想を織り込むかたちで形成されるこ

図表6-37 類似指標の算出方法例

評価対象企業：X社
類似上場会社：A社、B社、C社、D社、E社
XYZ業界（売上高1,000億円未満）

会社名	直近期	売上高		EBITDA		営業利益	
		前期実績 （百万円）	今期予想 （百万円）	前期実績 （百万円）	今期予想 （百万円）	前期実績 （百万円）	今期予想 （百万円）
X社	2011／3	15,000	15,750	700	788	450	473
A社	2011／5	64,691	73,194	3,177	2,771	2,164	2,771
B社	2011／6	51,517	60,000	2,391	1,600	1,351	1,600
C社	2011／2	42,159	44,000	1,641	1,669	1,029	1,669
D社	2011／2	37,093	44,170	1,213	1,170	775	1,170
E社	2011／2	35,029	50,000	661	869	297	869

※1　有利子負債と少数株主持分と優先株式の合計額
※2　現金および預金、有価証券、投資有価証券の合計額
※3　自己株式控除後

XYZ業界（売上高1,000億円未満）

会社名	直近期	株価 過去1カ月平均 （円）	時価総額 （百万円）	企業価値 （百万円）
X社	2011／3			
A社	2011／5	1,253	9,726	11,655
B社	2011／6	1,578	5,417	9,599
C社	2011／2	112,205	3,202	4,331
D社	2011／2	2,231	2,975	8,574
E社	2011／2	148,333	3,153	11,303

倍率	平均値
	中央値

X社株主価値 （百万円）	平均値
	中央値

X社株式価値 （円）	平均値
	中央値

経常利益		当期純利益		総資産	株主資本等	有利子負債等 ※1	現金等 ※2	発行済株式総数 ※3
前期実績（百万円）	今期予想（百万円）	前期実績（百万円）	今期予想（百万円）	直近期／直近四半期（百万円）	直近期／直近四半期（百万円）	直近期／直近四半期（百万円）	直近期／直近四半期（百万円）	直近（千株）
450	473	270	284	5,000	2,000	2,000	500	10
2,243	2,800	1,048	1,552	30,348	9,680	5,607	3,678	7,762
1,724	1,950	904	1,000	21,919	6,971	5,186	1,004	3,433
1,131	1,781	577	320	19,238	6,556	4,087	2,958	29
725	1,112	331	564	19,588	3,844	7,685	2,086	1,334
407	1,000	228	321	25,610	3,624	9,831	1,681	21

EBITDA倍率		PER		PBR
前期実績（倍）	今期予想（倍）	前期実績（倍）	今期予想（倍）	前期実績（倍）
3.7x	4.2x	9.3x	6.3x	1.0x
4.0x	6.0x	6.0x	5.4x	0.8x
2.6x	2.6x	5.5x	10.0x	0.5x
7.1x	7.3x	9.0x	5.3x	0.8x
17.1x	13.0x	13.8x	9.8x	0.9x
6.9x	6.6x	8.7x	7.4x	0.8x
4.0x	6.0x	9.0x	6.3x	0.8x
3,330	3,701	2,349	2,102	1,600
1,307	3,228	2,430	1,789	1,600
333,000	370,080	234,900	210,160	160,000
130,700	322,800	243,000	178,920	160,000

図表6-36　使用指標のイメージ

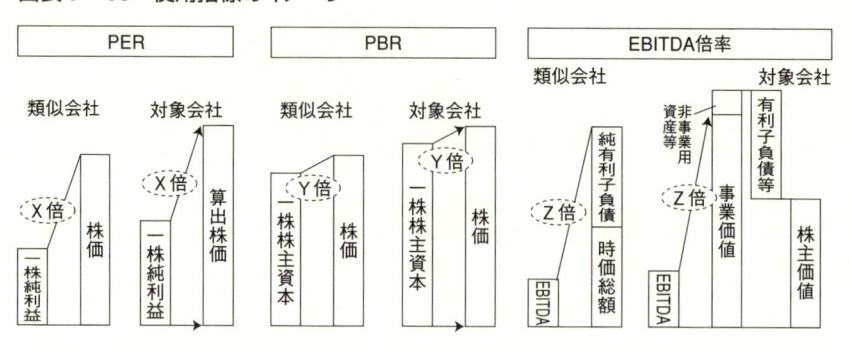

とから、当期の予想数値を利用している場合には、対象会社の数値も今期予想数値を対応させることが必要である。

また、異常値を取り除く調整も必要と考えられる。PERが顕著であるが、当該期に特別損失等が発生して、比較対象となる上場会社や対象会社において平準的な純利益と乖離している場合がありうる。そうした場合には、当該特別損失を取り除いた数値を利用することや、過去の純利益水準からみた水準を設定することが合理的といえよう。

(d)　ケース例（図表6-37）

(3) DCF法

a　DCF法の基本概念

DCF法は、対象企業の事業計画に基づいて導き出される一定期間のフリーキャッシュフロー（以下「FCF」という）および事業計画期間以降のFCFを、一定のリスクを勘案して設定した割引率（＝加重平均資本コスト）を用いて割引き、現在価値にして企業価値を算出する手法である。この手法は、対象企業が将来生み出すキャッシュに注目した評価方法である。一方、将来のFCFの予測が必要である点、および、割引率の水準の決め方で結果が大きく異なってしまう点などに留意する必要がある。評価のコンセプトは、

図表6-38 DCF法の基本概念

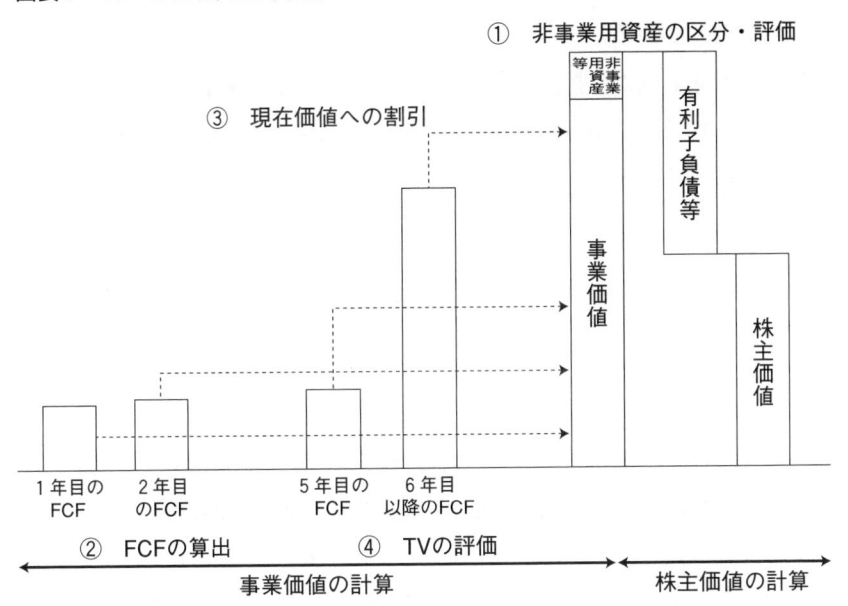

```
                                    ① 非事業用資産の区分・評価
                                   ┌──┐
                                   │非│
                                   │事│┌──┐
                                   │業││有│
          ③ 現在価値への割引          │用││利│
                                   │資││子│
                                   │産││負│
                                   │等││債│
                          ┌──┐    ├──┤│等│
                          │    │    │    │└──┘
                          │    │    │事  │┌──┐
                          │    │    │業  ││株│
                          │    │    │価  ││主│
                 ┌──┐   │    │    │値  ││価│
                 │    │   │    │    │    ││値│
      ┌──┐    │    │   │    │    │    ││  │
┌──┐│    │    │    │   │    │    │    ││  │
│    ││    │    │    │   │    │    │    ││  │
 1年目の  2年目の  5年目の  6年目   
 FCF    のFCF   FCF   以降のFCF

   ② FCFの算出       ④ TVの評価
  ←─────事業価値の計算─────→ ←株主価値の計算→
```

図表6-38のとおりである。

b 算定のプロセス

DCF法による算定プロセスは、(a)事業用資産と非事業用資産の切分け、(b)FCFの算出、(c)FCFの割引率の算出、(d)TV（ターミナルバリュー）の算出、の順にて行う。以下、それぞれの内容について説明する。

(a) 事業用資産と非事業用資産の切分け

まず、対象会社のBS項目を事業用資産と非事業用資産に区分する。この切分けは、対象会社へのヒアリングなどをもとに区分けしていくこととなるが、たとえば、遊休土地などを保有している場合、非事業用資産として区分しておくこととなる。これは、後述するが、割引率はあくまで特定のビジネスに係るリスクを割り引くために使用されるため、事業を明確に区分することが必要であることから、当該遊休土地は現時点での売却価格で別に評価す

ることが考えられる。

(b) FCFの算出

次に、対象会社から提出を受けた5年程度の事業計画に基づいてFCFを算出する。FCFの導出方法は複数の手法が考えられるが、一つの方法は、以下のとおりである。

$$FCF = NOPAT + 減価償却費・のれん償却費 - 設備投資額 - 増加運転資本$$

① NOPAT（税引後事業利益）

事業用資産から生み出される利払前利益から当該利益に対する税金を差し引いた数値である。事業利益とされるのは、前述の事業価値のコンセプトをみればわかるように、本業から生み出されたCFを正確に計りたいためである。なお、あくまで事業用資産から生み出される利益を計算するため、非事業用資産から生じた売上げ・コストについては取り除いておくことが合理的である。ただし、営業利益×（1－実効税率）で簡易的に代用することもある。

② 減価償却費・のれん償却費

減価償却費・のれん償却費は、現金支出を伴わない費用項目であるため、いったん足し戻す。

③ 増加運転資本

増加運転資本は、日常のオペレーションに利用される資産項目－負債項目で定義される。基本的には事業に使用される流動資産および流動負債の差額の増分で計算する（ここでは金利払いを伴う負債は除かれる）。流動資産項目が増加する場合、キャッシュの減少項目となるため、「増分」はFCFに対してマイナスとなる。

(c) 割引率の算出

次に、将来のFCFを現在価値に置き換えるために、一定の割引率で当該FCFを割り引く。FCFはすでに当局向けの税金分を控除しているため、残りの価値を有利子負債を有する債権者と残余分に係る請求権を有する株主とで分けることになると想定する。したがって、債権者および株主が対象会社に対して要請するリターン（対象会社からみると資本調達コスト）を基礎に割引率を計算する。

この際、株主が対象会社のビジネスに対して要求するリターンは、CAPMを利用した株主資本に対する要求リターンを用い、債権者が要求するリターンをウェイトした割引率＝WACC（Weighted Average Cost of Capital、加重平均資本コスト）で割り引くことになる。ここでは、WACCの導出過程をみることにする。

【WACCの導出過程】

① 株主資本コストの算出

まず、株主が要求するリターンである株主資本コストを算出することになるが、実務的にはCAPM（資本資産価格モデル）が広く利用されている。CAPMは、投資家が要求する株式へのリターンが、安定的な収益を得られる資産に係るリターンをベースとしつつ、一定のビジネスリスクに対応する追加的なリターンを求めることを想定するモデルである。CAPMによる株主資本コストの算定は、以下の式による。

$$r_e = r_f + \beta \times (r_m - r_f)$$

・r_f（安全利子率）

r_fは、債務不履行のない資産のリターンとされている。そのため、10年満期の長期国債の流通利回りなどを利用する。

・r_m（市場収益率の期待値）

r_mは、市場における株式に係る期待リターンとして定義される。実務においては、金融データベースの提供会社による株式市場でのリ

ターンと安全利子率の差であるリスクプレミアム（$r_m - r_f$）を利用することがよく用いられる（なお、厳密には、投資可能な資産全体のリターンであるが、この点は利用可能な数値がないこともあって株式市場でのリターンとして検討する）。

・β（個別株式のベータ）

βは、株価指数と比較対象会社株価の市場におけるの収益率の連動性（1であれば、株式市場全体が1％上昇すると、比較対象会社の株価が1％上昇していることを表す）の数値であり、市場から観察される比較対象企業の数値を採用することや金融データの提供会社による業種別β値なども利用できる。

なお、市場から観察される個別企業のβ値は、個別企業の財務状況を反映していると考えられるため、有利子負債がない場合のβ値（アンレバードベータ）を利用することが重要である。上記のような数値を用いながら、r_eを設定することとなる。

なお、市場から観察されるレバードβをアンレバードβとするには、簡易的には、以下の式から推定する。

$$\beta_u = \frac{\beta_l}{(1 + (1-t) \times D/E)}$$

・β_u：アンレバードβ
・β_l：レバードβ
・t：実効税率

② r_d（負債コスト）

負債コストは、有利子負債に係るコスト＝借入金利である。したがって、現状の対象会社の借入金利を利用するか、格付等があれば、当該格付に見合った借入金利を設定する。DCF法においては、対象会社が長期的に存続することが仮定されていることから、長期的な借入コストを測定できることが望ましい。

③ WACCの算出

WACCは、上記で設定した株主資本コストと負債コストの加重平均値である。資金調達は株主および債権者からなされており、それぞれの期待リターンに応える必要があることから、それを加重して対象会社全体の調達コストを算定することとなる。算定にあたっては、以下の式を利用する。

$$\text{WACC} = \frac{D}{D+E}r_d(1-t) + \frac{E}{D+E}r_e$$

・D：有利子負債等総額
・E：株主価値

理論的には、D、Eともに時価を用いて算出することが望ましい。ただし、Eについてはあらかじめ数値が用意されているわけではないため、類似上場会社から観察されるD/E比率を最適資本構成とみなして使用する場合や、DCFによって算定された株主価値総額から循環計算してD、Eの比率を求めていくことが行われている。

(d) ターミナルバリューの算出

ターミナルバリュー（以下「TV」という）とは、予測最終期後のFCFの合計価値（残存価値＝ターミナルバリュー）のことを指す。最終期後の価値は、評価額の大きな比率を占めることが多いため、評価における重要なパーツとして検討することが必要である。

TVの算出の方法は、FCFが継続すると仮定する方法と、最終期のEBITDA水準に基づいて市場評価がなされたと仮定する方法の二つの方法が考えられる。

① FCFが継続すると仮定する方法

ビジネスが継続することから、最終期のFCFがその後も継続すると考えるものである。この際、一定の成長率を見込むことも可能である。

$$TV = \frac{FCF_{t+1}}{(WACC - g)}$$

・FCF_{t+1}＝予想最終年度の翌期以降の標準化されたFCF

・g＝最終期後のFCF成長率

・WACC＝加重平均資本コスト

　なお、上記によって算出された数値は、あくまで最終期におけるFCFに加算できる価値であり、最終期の現価係数を利用して現在価値に引き直すことが必要であることに留意が必要である。

② 予測最終年度のEBITDAで市場評価がなされたと仮定する方法

　ビジネスを継続することが前提であるものの、最終期末に市場評価されることを想定し、当該時点の評価額を算出して割り戻す方法である。この場合、将来の市場評価の額は、現在の類似会社比較法によって得られたEV／EBITDA倍率を利用することが一つの方法である。

$$TV = EBITDA_t \times (EV／EBITDA倍率)$$

・$EBITDA_t$＝予測最終年度（t期）のEBITDA

・EV／EBITDA倍率＝類似会社比較法によって算出された倍率

c　ケース例（図表6－39）

　なお、算出された評価額については、割引率、成長率について一定の幅をもたせてレンジとして表現される場合がもっぱらである。

図表6-39 ケース例

・FCFの算出   (単位:百万円)

対象会社の事業計画		前期	1年目	2年目	3年目	4年目	5年目	6年目以降
(1)	売上高	15,000	15,750	16,538	17,034	17,545	18,071	18,071
(2)	売上総利益	3,000	3,150	3,308	3,407	3,509	3,614	3,614
(3)	販管費	2,550	2,678	2,811	2,896	2,983	3,072	3,072
(4)	営業利益 =(2)-(3)	450	473	496	511	526	542	542
(5)	EBITDA	700	788	820	842	859	877	877
(6)	NOPAT(注1) =(4)×(1-t)		284	298	307	316	325	325
(7)	減価償却費	250	315	324	331	333	335	335
(8)	設備投資		400	400	350	350	350	335
(9)	増加運転資本(注2)		60	63	40	41	42	
(10)	FCF =(6)+(7)-(8)-(9)		139	158	248	258	268	325
(11)	EBITDA						877	

(注1) 税引後営業利益とする。
(注2) 必要運転資本は売上高の8%程度の想定。なお、6年目以降は売上成長しないことを前提に増加運転資本はゼロとする。

・割引率の算出

	割引率の算出	
(12)	r_f (安全利子率)	1.5%
(13)	β (類似会社の平均値)	0.95
(14)	$r_m - r_f$ (リスクプレミアム)	6.0%
(15)	r_e (株主資本コスト) =(12)+(13)×(14)	7.2%
(16)	r_d (負債コスト)	2.5%
(17)	t (実効税率)	40.0%
(18)	E/(D+E) (資本構成)	0.8
(19)	WACC =(15)×(18)+(16)×(1-(17))×(1-(18))	6.1%

・事業価値・株主価値の算出   (単位:百万円)

最終期後の成長率を利用する方法		1年目	2年目	3年目	4年目	5年目
(20) 最終期後のFCF成長率	0.0%					

㉑	事業価値※ （TV価値※）	4,847	131	141	208	204	199 3,966
㉒	非事業用資産等	500					
㉓	有利子負債等	2,000					
㉔	株主価値	3,347					

（注）※＝現在価値に引き直した数値。

（単位：百万円）

EBITDA倍率を利用する方法							
㉕	EBITDA倍率	6.0x					
㉖	事業価値※ （TV価値※）	4,795	131	141	208	204	199 3,913
㉗	非事業用資産等	500					
㉘	有利子負債等	2,000					
㉙	株主価値	3,295					

（注）※＝現在価値に引き直した数値。

・試算結果

最終期後の成長率を利用した場合の株主価値

（単位：百万円）

		FCF成長率		
		−0.5%	0.0%	0.5%
WACC	5.6%	3,456	3,818	4,252
	6.1%	3,047	3,347	3,702
	6.6%	2,696	2,949	3,242

EBITDA倍率を利用した場合の株主価値

（単位：百万円）

		EBITDA倍率		
		5.0x	6.0x	7.0x
WACC	5.6%	2,734	3,402	4,069
	6.1%	2,642	3,295	3,947
	6.6%	2,553	3,190	3,827

3

税務上の評価

　事業承継の局面においては、株式譲渡による自社株式の現金化・評価額の固定化、増資による評価単価の引下げ等が図られるが、その際の譲渡価額・発行価額の決定については注意を要する。上場株式の場合は時価が明らかであるが、非上場株式の場合は時価が明確ではなく当事者間で決めることができるからである。

　純然たる第三者間の譲渡の場合は、お互いの経済合理性に基づき交渉により価額が決定されるため、そこに税務が介入できる余地はなく、その価額は常に合理的な価額として税務上も是認される。他方、利害が一致することのある同族会社等における株主間では、個人・法人問わず、状況に応じてその取引価額をいかようにもコントロールできる環境下にあるため、税務上の取扱い（時価）を意識して譲渡価額・発行価額を決定する必要がある。

　ここでは、各税目における時価の考え方、時価と乖離した金額で譲渡・増資した場合の取扱いについて解説する。

(1) 法人税法上の時価

　法人税法における時価は、法人税基本通達9－1－13と9－1－14に規定されている。

> **法人税基本通達9－1－13　上場有価証券等以外の株式の価額**
> 上場有価証券等以外の株式につき法第33条第2項《資産の評価換えによる評価損の損金算入》の規定を適用する場合の当該株式の価額は、次の区分に応じ、次による。
> (1) 売買実例のあるもの
> 　　当該事業年度終了の日前6月間において売買の行われたもののうち適正と認められるものの価額
> (2) 公開途上にある株式（金融商品取引所が内閣総理大臣に対して株式の上場

の届出を行うことを明らかにした日から上場の日の前日までのその株式)
で、当該株式の上場に際して株式の公募又は売出しが行われるもの ((1)に該当するものを除く。)
　金融商品取引所の内規によって行われる入札により決定される入札後の公募等の価格等を参酌して通常取引されると認められる価額
(3)　売買実例のないものでその株式を発行する法人と事業の種類、規模、収益の状況等が類似する他の法人の株式の価額があるもの ((2)に該当するものを除く。)
　当該価額に比準して推定した価額
(4)　(1)から(3)までに該当しないもの
　当該事業年度終了の日又は同日に最も近い日におけるその株式の発行法人の事業年度終了の時における1株当たりの純資産価額等を参酌して通常取引されると認められる価額

　ただし、法人税基本通達9－1－13(4)は具体性に欠ける部分があるため、9－1－14では課税上弊害のない限り、以下の内容を評価の条件として、法人税法上も相続税法上の評価（財産評価基本通達の定めに基づく評価）により時価を算定してよいこととされている。

法人税基本通達9－1－14　上場有価証券等以外の株式の価額の特例
〈相続税法による評価の条件〉
(1)　株主（法人）が発行会社にとって「中心的な同族株主」（発行済株式数の25％以上の持株比率を保有）に該当する場合は、たとえ会社区分が「大会社」「中会社」であっても、「小会社」として評価する。
　これは、法人税法における株式の価値を考えるにあたり、純資産価額方式を完全に切り離して評価することは適切ではないことから、類似業種比準方式の割合が大きくなる「大会社」「中会社」の場合の評価方法ではなく、純資産価額方式を重視した「小会社」として評価すべきとしたものであり、次のいずれか低い価額となる。
① 　純資産価額方式
② 　類似業種比準方式×0.5＋純資産価額方式×0.5
(2)　土地又は上場有価証券を有する場合は、純資産価額算定にあたり、実勢価額を適用する。
　これは、発行会社が土地（土地の上に存する権利を含む。）又は金融商品

> 取引所に上場されている有価証券を有しているときは、特に土地について一般の市場価額と相続税法上の土地評価額との間にかなりの乖離がある可能性があることから、これらについては純資産価額算定上、財産評価基本通達に定める評価方法により評価するのではなく、事業年度終了時における実勢価額で評価すべきとしたものである。
> (3) 評価差額に対する法人税額等に相当する金額は控除しない。
>   これは、財産評価基本通達における含み益に対する法人税額控除（45％控除）は清算価値を前提にした取扱いであるが、法人税法上は継続企業を前提に評価すべきという考え方に基づくものであり、上場有価証券等の時価算定の概念と権衡を図る観点からも法人税額等相当額の控除は行わないこととされている。

(2) 所得税法上の時価

所得税法における時価は、所得税法基本通達23～35共－9や59－6に規定されており、(1)の法人税法上の時価と同一基準となる。

(3) 相続税法上の時価

相続税法上の評価については、主に対象会社が非上場会社であることを前提として、取引相場のない株式の評価について説明する。取引相場のない株式の場合、取得する株主の属性および対象会社の属性に応じ、原則、図表6－40のような評価手法が定められている。したがって、評価方式の選定の手順を概観したうえで、評価方法について説明を加える。

a 取得株主の属性

取得株主の属性については、図表6－41に基づき、原則的評価方式が必要となる株主か、例外的評価方式（配当還元方式）となる株主かを判定する。

① 「同族株主」

　同族株主とは、課税時期における評価対象会社の株主のうち、株主の一人およびその同族関係者の有する議決権の合計数がその会社の議決権総数の30％以上である場合におけるその株主およびその同族関係者をいい、

図表6－40　取得株主・対象会社の属性に応じた評価方式

取得株主の属性	対象会社の属性		評価方式
例外的評価方式となる株主			配当還元方式
例外or原則 ↕	特定の評価会社	比準要素数1	純資産価額方式または類似・純資産併用方式
		株式保有特定会社	純資産価額方式またはS1＋S2方式
		土地保有特定会社／開業3年未満／比準要素数0	純資産価額方式
		開業前または休業中	純資産価額方式
原則的評価方式となる株主	特定or一般	清算中	清算分配見込金額
	一般の評価会社	大会社	純資産価額方式または類似業種比準方式
		中会社	併用方式
		小会社	純資産価額方式併用方式

　50％超となる株主グループがある場合、それ以外のグループはたとえ30％以上を有していても同族株主とはならない。
② 「中心的な同族株主」
　中心的な同族株主とは、課税時期において同族株主の一人ならびにその株主の配偶者、直系血族、兄弟姉妹および1親等の姻族（これらの者の同族関係者である会社のうち、これらの者の議決権割合が25％以上となる会社を含む）の有する議決権の合計数がその会社の議決権総数の25％以上である場合におけるその株主をいう。
③ 「中心的な株主」
　中心的な株主とは、課税時期において株主の一人およびその同族関係者

図表6－41　取得株主に応じた原則的評価方式と例外的評価方式の判定基準

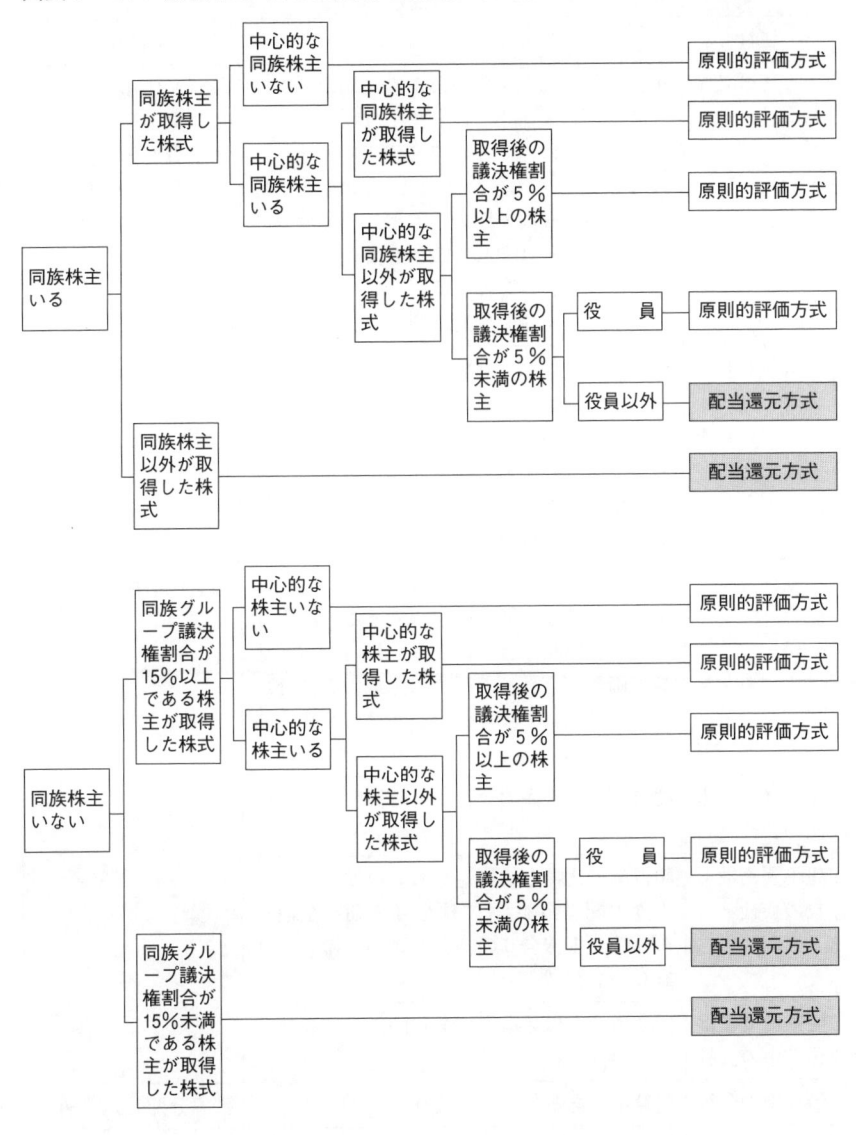

同族株主いる
- 同族株主が取得した株式
  - 中心的な同族株主いない → 原則的評価方式
  - 中心的な同族株主いる
    - 中心的な同族株主が取得した株式 → 原則的評価方式
    - 中心的な同族株主以外が取得した株式
      - 取得後の議決権割合が5％以上の株主 → 原則的評価方式
      - 取得後の議決権割合が5％未満の株主
        - 役員 → 原則的評価方式
        - 役員以外 → 配当還元方式
- 同族株主以外が取得した株式 → 配当還元方式

同族株主いない
- 同族グループ議決権割合が15％以上である株主が取得した株式
  - 中心的な株主いない → 原則的評価方式
  - 中心的な株主いる
    - 中心的な株主が取得した株式 → 原則的評価方式
    - 中心的な株主以外が取得した株式
      - 取得後の議決権割合が5％以上の株主 → 原則的評価方式
      - 取得後の議決権割合が5％未満の株主
        - 役員 → 原則的評価方式
        - 役員以外 → 配当還元方式
- 同族グループ議決権割合が15％未満である株主が取得した株式 → 配当還元方式

第6章　事業承継期

図表6-42 特定の評価会社の属性

属性	属性の定義	評価方式
比準要素数1の会社	類似業種比準方式に定める直前期の「1株当りの配当金額」「1株当りの利益金額」および「1株当りの純資産価額」のそれぞれの金額のうち、いずれか二つが0であり、かつ、直前々期末を基準にして同項の定めに準じそれぞれの金額を計算した場合に、それぞれの金額のうち、いずれか二つ以上が0である評価対象会社	純資産価額方式または類似業種比準方式と純資産価額方式の併用方式（L＝0.25）のいずれかから選択
株式保有特定会社（Ⅱ2⑷b参照）	課税時期において評価会社の有する各資産を財産評価基本通達に定めるところにより評価した価額の合計額のうちに占める株式および出資の価額の合計額の割合が25％以上（中会社および小会社については50％以上）である評価対象会社	純資産価額方式またはS1＋S2方式のいずれかから選択
土地保有特定会社	課税時期において評価会社の有する各資産を財産評価基本通達の定めるところにより評価した価額の合計額のうちに占める土地等の価額の合計額の割合（土地保有割合）が70％以上（中会社および一部の小会社については90％以上）である評価対象会社	純資産価額方式
開業後3年未満の会社	開業後3年未満の会社である評価対象会社	
比準要素数ゼロの会社	類似業種比準方式に定める直前期の「1株当りの配当金額」「1株当りの利益金額」および「1株当りの純資産価額」のいずれも0の会社	
開業前または休業中の会社	開業前または休業中である評価対象会社	
清算中の会社	清算中である評価対象会社	清算分配見込金額

の有する議決権の合計数がその会社の議決権総数の15％以上であり、かつ、単独で10％以上の議決権を有している株主をいう。

b 対象会社の属性

対象会社の属性については、資産の保有状況や、営業の状況等に応じ、図表6－42に定める特定の評価会社に該当する場合には、それぞれその属性に応じた評価方式が定められている（財基通189）。

c 会社規模

aで原則的評価方式により評価を実施することとなった場合で、bの特定の評価会社にも該当しない会社は、一般の評価会社として、図表6－43のとおり業種別の会社規模を純資産価額および従業員数基準または取引金額基準によって大会社、中会社（中会社の大、中、小）、小会社に区分され、評価方法が確定される。なお、純資産価額および従業員数基準による判定と取引金額基準による判定が異なる場合は会社規模の大きいほうで判定することとなる点、図表6－43にかかわらず、従業員数が100人以上の場合は大会社に区分される点、留意が必要である。

d 各評価方式

(a) 純資産価額方式

純資産価額方式は、課税時期において各資産・負債を財産評価基本通達の定めに従って相続税評価額で評価替えした純資産価額により株主価値を評価する方法である。

相続税評価額によって資産・負債を洗い替え、相続税評価ベースの純資産価額を計算する。仮に、相続税評価ベースの純資産価額から簿価純資産額を差し引いた評価差額が生じた場合、当該評価差額に税率（45％）を乗じた金額を計算し、相続税評価ベースの純資産価額から差し引くことにより純資産価額とする（その後1株当りの金額とする）。

なお、純資産価額方式の計算は、あくまで税法上の計算であることから、資産・負債にそれぞれ含めることのできない項目が存在するため留意する必

図表6-43　会社規模の判定と評価方法

・卸売業

総資産価額および従業員数	取引金額	判定	
20億円以上かつ50人超	80億円以上	大会社	
14億円以上かつ50人超	50億円以上80億円未満	中会社	中会社の大
7億円以上かつ30人超	25億円以上50億円未満		中会社の中
7,000万円以上かつ5人超	2億円以上25億円未満		中会社の小
7,000万円未満または5名以下	2億円未満	小会社	

・小売・サービス業

総資産価額および従業員数	取引金額	判定	
10億円以上かつ50人超	20億円以上	大会社	
7億円以上かつ50人超	12億円以上20億円未満	中会社	中会社の大
4億円以上かつ30人超	6億円以上12億円未満		中会社の中
4,000万円以上かつ5人超	6,000万円以上6億円未満		中会社の小
4,000万円未満または5名以下	6,000万円未満	小会社	

・卸売業、小売・サービス業以外の業種

総資産価額および従業員数	取引金額	判定	
10億円以上かつ50人超	20億円以上	大会社	
7億円以上かつ50人超	14億円以上20億円未満	中会社	中会社の大
4億円以上かつ30人超	7億円以上14億円未満		中会社の中
5,000万円以上かつ5人超	8,000万円以上7億円未満		中会社の小
5,000万円未満または5名以下	8,000万円未満	小会社	

以上の区分に従って、それぞれ、以下の評価方式を採用する。

大会社	類似業種比準方式または純資産価額方式のいずれか小さいほう
中会社	併用方式または純資産価額方式のいずれか小さいほう ※併用方式＝類似業種比準価額×L＋純資産価額×（1－L） （なお、中会社の大の場合はL＝0.90、中会社の中の場合はL＝0.75、中会社の小の場合はL＝0.60）
小会社	併用方式または純資産価額方のいずれか小さいほう ※併用方式＝類似業種比準価額×0.50＋純資産価額×0.50

図表6-44　純資産価額方式

① 相続税評価額への洗替え

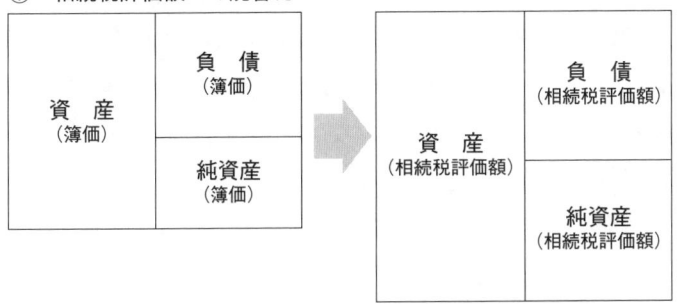

（図：資産（簿価）・負債（簿価）・純資産（簿価）→ 資産（相続税評価額）・負債（相続税評価額）・純資産（相続税評価額））

② 評価差額に係る税額の計算（純資産の相続税評価額から簿価を差し引いて残額がある場合）

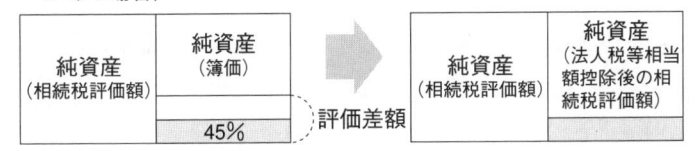

（図：純資産（相続税評価額）・純資産（簿価）・45%（評価差額）→ 純資産（相続税評価額）・純資産（法人税等相当額控除後の相続税評価額））

要がある。資産項目における土地・家屋等のうち、課税時期前3年以内に取得または新築した土地および土地の上に存する権利ならびに家屋およびその附属設備または構築物の価額は、課税時期における通常の取引価額に相当する金額によって評価することとなる（財基通185）。また、負債項目における貸倒引当金、退職給与引当金、納税引当金、その他の引当金および準備金については負債に計上することはできない（財基通186）。

(b)　類似業種比準方式

類似業種比準方式は、評価対象の会社と同一の事業を営む業種の株価を元に、1株当りの配当金額、利益金額および純資産価額の三つの要素を比準要素として株式の価額を評価する方法である。

① 類似業種の選定

業種目の判定は、「日本標準産業分類の分類項目と類似業種比準価額計算上の業種目との対比表」を参考にし、原則として、小分類に区分されて

いる業種については小分類または中分類、小分類に区分されていないものにあっては中分類または大分類のいずれか有利なほうを使用する（財基通181）。また、2以上の業種目に分類されるものがあれば、取引金額が50%を超える業種目を当該評価対象会社の業種目とし、50%を超えるものがなければ、財産評価基本通達181－2の分類に従うこととなる。

② 類似業種比準価額

$$A \times \left\{ \frac{b/B + c/C \times 3 + d/D}{5} \right\} \times 規模別比率 \times \left(\frac{1株当りの資本金等の額}{50円} \right)$$

A：類似業種の株価（課税時期の属する月、前月、前々月、前年の4つの株価のうち最も低いもの）

B：課税時期の属する年の類似業種1株当りの配当金額

C：課税時期の属する年の類似業種1株当りの利益金額

D：課税時期の属する年の類似業種1株当りの純資産価額

（A～Dは国税庁が公表する「平成〇年分の類似業種比準価額計算上の業種目及び業種目別株価等について」より金額を入手）

b：評価会社1株当りの配当金額

c：評価会社1株当りの利益金額

d：評価会社1株当りの純資産価額

規模別比率：0.7（大会社）、0.6（中会社）、0.5（小会社）

1株当りの資本金等の額：直前期末の資本金等の額÷（直前期末の発行済株式数－直前期末の自己株式数）

〈評価会社1株当りの配当金額〉

$$\frac{直前期末以前2年間の配当金額合計 \div 2}{直前期末の資本金等の額 \div 50円}$$

(注) 配当金額には、中間配当が含まれる一方で、特別配当、記念配当などの非経常的な配当は除かれる。各事業年度中に配当金交付の効力が発生した配当金額を基として計算する。

〈評価会社1株当りの利益金額〉

①と②のいずれか小さいほう

① $\dfrac{直前期末以前1年間の利益金額}{直前期末の資本金等の額 \div 50円}$

② $\dfrac{直前期末以前2年間の利益金額合計 \div 2}{直前期末の資本金等の額 \div 50円}$

(注) 利益金額＝法人税の課税所得金額－非経常的な利益金額＋益金不算入とされた剰余金の配当等の金額（源泉所得税控除後）＋損金に算入された繰越欠損金の控除額

〈評価会社1株当りの純資産価額〉

$$\frac{直前期末における資本金等の額＋利益積立金額に相当する金額}{直前期末の資本金等の額 \div 50円}$$

(注) 純資産価額は法人税法上の数値により、利益積立金額相当額がマイナスである場合には、資本金等の額からマイナスし、控除後の金額がマイナスであるならばゼロとする。

(c) 配当還元方式

配当還元方式は、配当金を10％の配当還元率で割り戻した価格を株式の評価額とするものであり、配当還元方式の算式は、以下のとおりである（財基

通188－2）。

$$1株当り配当還元価額 = \frac{1株当り（50円換算）の年平均配当金額（注）}{10\%} \times \frac{1株当りの資本金等の額}{50円}$$

（注）　直前期末以前2年間の配当金額合計÷2
　　　　直前期末の資本金等の額÷50円

　　上記金額は銭未満切捨て。ただし、当該金額が2円50銭未満となるもの、無配のものは、2円50銭として計算を行う。なお、配当金額には、特別配当や記念配当などの非恒常的な配当や資本金等の額の減少による配当は含まれない。

(4) 低額譲渡・高額譲渡の取扱い

　株式譲渡に際して、その譲渡価額が時価と比較し、低額の場合または高額の場合における売主・買主への課税関係をまとめると、図表6－45のとおりである。

図表6－45　低額譲渡・高額譲渡の課税関係

区分	低額譲渡（売価＜時価）	高額譲渡（売価＞時価）
（売主）個人 （買主）個人	（売主側） 「売価－取得価額」譲渡所得課税 （買主側） 「時価－売価」贈与税課税	（売主側） 「売価－時価」贈与税課税 「時価－取得価額」譲渡所得課税 （買主側） 課税なし
（売主）法人 （買主）法人	（売主側） 「時価－売価」寄附金認定 「時価－取得価額」法人税課税 （買主側）	（売主側） 「売価－取得価額」法人税課税 （買主側）

	「時価−売価」受贈益課税	「売価−時価」寄附金認定
（売主）個人 （買主）法人	（売主側） ① 売価が時価×1/2未満 　「時価−取得価額」（みなし譲渡）譲渡所得課税 ② 売価が時価×1/2以上 　「売価−取得価額」譲渡所得課税 （買主側） 「時価−売価」受贈益課税	（売主側） 「売価−時価」一時所得、給与所得 「時価−取得価額」譲渡所得課税 （買主側） 「売価−時価」寄附金認定、役員賞与認定
（売主）法人 （買主）個人	（売主側） 「時価−売価」寄附金認定、役員賞与認定 「時価−取得価額」法人税課税 （買主側） 「時価−売価」一時所得、給与所得	（売主側） 「売価−取得価額」法人税課税 （買主側） 課税なし

(5) 有利発行の取扱い

　第三者割当増資に際して、時価よりも低い価額を発行価額とすることは「有利発行」となる。会社法において第三者割当増資の発行価額が「特に有利な発行価額」となるときは株主総会の特別決議が必要となるが、その有利な発行価額に関する具体的な基準はない。他方、税務上は以下のとおり有利な発行価額に関する規定を設けており、有利発行により引受人が受けた利益について課税がなされることとなるため、留意が必要である。

法人税基本通達2−3−7／所得税法基本通達23〜35共−7
〈有利発行の基準〉
　社会通念上相当と認められる金額を下回る金額であるかどうかは、当該株式の価額と当該株式と引換えに払い込むべき額との差額が当該株式の価額のおお

第6章　事業承継期　429

> むね10％相当額以上であるかどうかにより判定する。

　有利発行がなされた場合で引受人が法人であるときは、時価と発行価額の差額につき、受贈益課税がなされることとなり、引受人が個人であるときは、一時所得または給与所得（発行会社の役員・従業員の場合）課税がなされる。

Ⅳ

ケーススタディ

1

A社のケース

(1) 会社概要

a 事業内容

A社は、関東地方に本社をもつ、昭和40年代創業の精密部品の製造・加工会社である。専門的かつ高度な加工技術に基づく高品質製品の製造を強みとし、複数の業界大手企業を取引先にもつ、高収益企業。従業員約60名。

b 財務情報

売上高約25億円、営業利益約4億円、役員報酬約5億円、当期純利益約3億円、純資産40億円、現預金20億円の実質無借金。

c 株主構成

創業家一族で100%の株式を保有。

(2) 事業承継の経緯

事業については、安定した顧客基盤をもち、ニッチな分野ながらもトップの市場占有率を誇り、不安はさほど感じていなかったが、本事業を40年前に興した株主でもある現社長・副社長は、年齢も70代となり、そろそろ引退を検討し始めていた。まず、経営者という観点で社内を見渡した場合、親族の役員がいるものの、明確に経営を承継する意思を有するものはおらず、後継

者として事業を託せるものがいない。一方で、保有株式の価値は高収益な事業業績を反映して年々高まっていき、親族等への承継を考えた場合には、多額の相続税・贈与税がかかり、現実的ではないという悩みを抱えていた。

当初、配当を通じた株主への還元や株価を低くしたうえでの親族への株式承継を検討していたが、配当課税の影響が大きい点や、そもそも事業の承継を託すものがいないという根本的な問題を解決できず、漠然と事業承継に対する悩みをもっていたところであった。

(3) 第三者への株式譲渡手続へ

a 論　点

このように、新しい経営陣への事業の承継と株主への価値還元という観点で選択肢を検討した場合、第三者への譲渡という選択肢が有力な候補として考えられる。実際、このA社の場合も、M&A支援会社とアドバイザリー契約を締結し、第三者への譲渡の道を探ることとなった。

第三者への譲渡という選択肢を検討する場合、次の2点が大きな論点となる。

第一点目は、株主として、株主売却価格を最大化できるような売却手続、売却スキームを検討することである。第二点目は、経営者として、新株主による経営が、事業のさらなる安定、拡大、残される従業員にとっても幸せな経営が継続されるかという観点である。

このうち第一点目の論点については、M&A支援会社等の外部専門家を有効に活用することが有力な選択肢となる。A社の場合、M&A支援会社が複数の関心企業を同時並行的に検討させるいわゆる限定的な入札方式をとることで、売却価格の増大化を実現することができ、また、経営陣でもある株主にとっての税務的観点も考慮し、役員退職慰労金の支給と当該支給を勘案した価額での株式譲渡というスキームが採用された。

第二点目の新経営者についての論点では、実際にはさまざまなケースが考

えられる。たとえば、事業面で協業する大手事業会社が新株主となる場合には、いままでの単独企業としての独立性に大幅な制限がかかる可能性が高い一方で、人的・財務的な観点からは、豊富な人材プール、安定的な事業基盤・財務基盤での事業運営が可能になるといえる。また、投資ファンドが新しい株主となり、新経営陣を派遣するということも、近年ではしばしば事例がでてきている状況である。

b 投資ファンドについて

投資ファンドを新株主として迎え入れるメリットとしては、大企業傘下になり、一定の系列化・グループ化のなかでの事業活動を継続するのではなく、投資ファンドによる自主独立的な事業運営が志向できる点にある。

一方で、デメリットとしては、投資ファンドの場合は、3～5年後程度に投資収益を確保するために株式の譲渡（EXIT）を検討することとなるため、再度、事業承継・経営権の移動に対する検討が必要となってくる点があげられる。また、投資ファンドによるファイナンス手法として、承継対象株式の買取資金の相当部分を借入金で調達するいわゆるレバレッジド・バイアウトで行う場合には、事業承継前に比し借入金返済負担が重く、事業の短期的・一次的な悪化が事業継続に重大な影響を与える可能性もあるといった点があげられる。実際に、投資ファンドが関与した案件において、当初想定したような業績が達成できず、経営陣の交代、第三者への再売却を強いられるようなケースも散見されるのが現実である。

c 事前法務デューデリジェンス

A社の場合は、最終的には事業会社・投資ファンドを対象にした限定的な入札が行われた。手続としては、まずM&A支援会社の選定を行い、M&A支援会社とのアドバイザリー契約を締結。その後、M&A支援会社との十分な事前協議をふまえ、売却手続を開始する前に、簡易的な法務デューデリジェンスが行われた。この事前法務デューデリジェンスの目的は、売却手続を進める過程で論点となるであろう法務的側面を事前にチェックし、補完す

べき事実があれば売却手続開始前に対応を行うことにある。A社の場合、過去の親族間の株式譲渡に関する契約に一部不備がみられたため、補完的に契約関係の整備を行った経緯がある。

d 売却手続

売却手続に移行する段階では、情報流布による事業面への影響、特に取引先や、従業員への情報流布には細心の注意を払う必要がある。そのためには、情報提供先と秘密保持契約書を締結することを大前提とし、情報提供先が取引先や従業員に直接接触をしないことを義務づける等の対応が重要である。また、主要従業員の引抜きなど、予期せぬ事態が発生する可能性がありうる点も、留意が必要である。

e 情報開示

次に、情報開示先であるが、これは事業面、価格面の両面から候補先をリストアップし、絞っていくこととなる。M&A支援会社等の外部専門家と連携し、初期的なリストを作成し、1社1社、打診の是非を検討していくことが望ましい。A社の場合、M&A支援会社が提示した約30社の初期的情報開示先リストから、最終的に事業会社5社、投資ファンド7社への打診を行うこととなった。

(4) 検討プロセス（一次入札）

a 初期的打診

本件では、M&A支援会社による初期的な打診を行ったところ、A社の安定的な事業基盤、専門性に対する評価は非常に高く、事業会社3社と投資ファンド6社が初期的関心を示し、秘密保持契約書を締結、初期的開示情報に基づく検討が開始されることとなった。通常、M&A支援会社は、インフォメーションパッケージと呼ばれる事業概要書を作成し、秘密保持契約書を締結した候補先に提示する。インフォメーションパッケージの開示後、開示資料に対する質疑応答を経て、約1～1.5カ月後に第一回目の入札期日が

設定されることが多い。本件では、特に事業会社による検討が遅れ気味であったために、実際にはインフォメーションパッケージ開示後、2カ月後に第一回目の入札期日を設定することとなった。

b　異なる経営戦略

一次入札では、結局事業会社1社、投資ファンド4社による応札が行われた。この選定過程では、さまざまな観点での検討が、株主・M&A支援会社間で行われた。たとえば、事業会社とのヒアリングにおいては、A社は事業会社の1事業部門という位置づけとなり、事業会社全体の最適生産体制構築の一環として、大幅な組織再編の可能性が見込まれること、A社経営陣も大幅な入替えの可能性があるなど、残されるA社現経営陣にとっては必ずしも望ましい戦略ではないことが逆に明確になった。一方、投資ファンドといっても、各社ごとに戦略が異なる点は非常に興味深いものであった。ある投資ファンドは、数年後のIPOを目指す戦略での投資、海外ネットワークに強い投資ファンドは、中国やインドへの進出を目指し、さらに継続的な買収を行い、事業を3倍程度に拡大させた後、最終的に第三者への売却を目指すという戦略であった。

c　価格提示

また価格面については、通常、事業会社はA社とのシナジー効果が見込まれるため、より高い価格提示が可能と推測されるが、本件では投資ファンドが事業会社を大幅に上回る価格提示となった。この背景には、金融マーケットの状況が大きく影響しているものと考えられる。本件が行われた2010年前後は、いわゆるリーマンショック後に金融マーケットがアグレッシブになったタイミングと重なっており、各金融機関が積極的な買収ファイナンスの提供を行っていたのである。

(5)　二次入札プロセス

本件では、各種諸条件を比較検討し、結局、二次入札に進む候補先を投資

ファンド3社に絞った。この判断は、価格面で優位であった投資ファンドを選定したという側面に加え、最終的な大手事業会社への傘下入りを目指す移行期間としての投資ファンド下での事業継続・拡大を目指すという戦略を、株主が優先したいという判断が下された側面も大きい。

投資ファンドによる二次入札では、A社の資産査定（デューデリジェンス）が実施され、A社経営陣による候補者との面談（マネジメントインタビュー）が実施された。ここでは、A社経営陣による説得力のある事業戦略の説明が、候補者から好条件を引き出す重要な要素となるため、M&A支援会社と協力しながら、予行練習を実施するなど、入念な準備を行うことが望ましい。

二次入札では、投資ファンド3社が法的拘束力のある価格提示を行い、最終的に、価格、事業戦略の両面において好条件を提示した国内投資ファンドが最終スポンサーとして決定された。本件は、最終的に簿価純資産を2倍以上上回る価格での株式譲渡が実現した。安定した事業基盤、高い専門性、拡大する成長市場での事業展開といった観点が高く評価されたことに加え、M&A支援会社を有効に活用し、投資家候補者間の競争環境が醸成された点も大きい。

2

B社のケース

(1) 会社概要

a 事業内容

B社は、関東地方に本社をもつ、昭和30年代創業の印刷機製造・販売会社である。もともとは国内大手企業の系列子会社として事業を行ってきたが、国内大手企業の事業再構築の一環として、4年前に国内投資ファンドに株式

が売却された。従業員約150名。

b　財務情報

売上高約35億円、営業利益約4億円、当期純利益約2億円、純資産約15億円、総資産約35億円、有利子負債約10億円。

c　株主構成

投資ファンドが100％の株式を保有。

(2) 事業承継の経緯

投資ファンドは、投資実行後すでに4年が経ち、投資回収のための事業の売却の検討を開始。事業は、投資ファンドのもとで派遣された新社長を中心に、コスト削減、アジアを中心とした海外進出に努め、継続的な安定成長を実現。投資ファンドの売却意向をふまえ、経営陣としての対応を迫られている状況であった。

(3) 金融機関への相談、MEBOの実現へ

本件の場合、投資ファンドの株式売却意向という外部環境に対し、経営陣が、自分たちに望ましい新しい株主を自ら探るという動きを検討し始めたのが出発点となった。当初、取引関係のある地元金融機関に相談し、地元金融機関を通じてD銀行にも相談されることとなった。

a　新株主像の見解

経営陣にとっては、株主である投資ファンドが入札方式で株式の売却を進めようとするという事実に直面し、利益が相反する二つの点で、本件はむずかしい判断を迫られることとなった。

第一点目は、取締役としての善管注意義務の遂行という観点である。取締役として、株主である投資ファンドから信任され、経営を執行している立場としては、投資ファンドの株式売却という意向を受け、株式価値が最大化され売却されるような責務を負っているといえる。

第二点目は、企業のさらなる発展を考えた場合の新株主像への見解である。再度、別の投資ファンドが新株主になると、新しい経営方針のもとで事業が運営されることとなり、さらに数年後にまた同じようなことが繰り返され、株主の変更が起こりうることを考えると、従業員や取引先を含めた会社利害関係者の不安が大きいと考えていた。また、大会社の傘下に入ることも、経営の安定性という点ではメリットが大きいと考えながらも、すでに一度大会社の経営不振に伴う事業再構築の一環として売却された経験があり、必ずしも最適な選択肢ではないと感じていたのである。

b　MBOの検討

　経営陣は、地元金融機関同席のもとで、M&A支援会社に相談したところ、経営の自主独立を約束するような大手事業会社の傘下に入ること、自らその大手企業を探し、打診する案が提案された。さらに、代替案として、経営陣が自ら新株主として経営を行うマネジメントバイアウト（いわゆるMBO）という手法もないわけではないという提案があった。また、M&A支援会社からは、投資ファンドの株式売却案件では、最終的には株式の価格が最重要であるので、投資ファンドと金額で合意することが最も重要なポイントであるとの付言がされた。

　経営陣は、聞きなれないMBOという言葉に対し、M&A支援会社の説明を当初不安げに聞いていたが、説明を聞くうちに、自ら株主になり経営にあたるという新しい選択肢を与えられ、おおいに勇気づけられるとともに、本当に自分たちでできるのかという不安を抱えていたのも事実である。

　一方で、投資ファンドは、実は、経営陣に株式の売却意向を伝えながら、独自で入札手続を進めていた。一次入札で、事業会社が1社、投資ファンドが1社選定され、この2社のいずれかに株式の売却意向があるとの説明を、経営陣は投資ファンドから説明を受けたのである。

　経営陣は、その際に、MBOという手法にて自らが株主になるという選択を検討したい旨、投資ファンドに伝えた。投資ファンドの反応は、条件面で

最も有利であれば、当然選択肢として受け入れる旨の回答であり、B社経営陣は、この回答を受けてから、一方で入札手続のスケジュールをにらみながら、最短でMBOの提案を固めるべく、M&A支援会社、金融機関との資金調達の相談を精力的に進めることとなったのである。

一般に、大型案件の場合におけるMBOとは、必要資金を出資、融資で調達する場合、出資の一部、たとえば5％程度を経営陣が自ら出資し、残りの出資の95％が実は投資ファンドが出資する事例が多い。また、出資、融資の中間的な資金の位置づけとして、メザニンと呼ばれる優先株式や劣後ローンによる資金調達も行われる。出資の部分に焦点を当てると、大型案件の場合、MBOといっても、投資ファンドが主要な議決権を握り、実態は投資ファンドによる買収に近い事例が多いといえる。

c　従業員の出資への参加（MEBO型へ）

本件の場合、経営陣は実質的な投資ファンド傘下になることを避けるため、経営陣自ら、従業員有志、取引先からの出資で、必要となる出資金の全額を調達する構想を考え、従業員に説明会を開催し、MBOに賛同してもらうべく、会社の置かれた状況、今後の経営戦略を説明し、MBOへの出資を求めた。結果は、驚いたことに従業員全員が少額ながらも出資に賛同するということになり、MBOはいつしか経営陣・従業員全員参加型のMEBO（マネジメント・エンプロイー・バイアウト）というさらに発展したスキームとなり、出資の部分についてはなんとか最低限の金額が調達できるメドが立ったのである。

d　融資の実行

一方で、融資の部分については、地元銀行を通じ、このようなMBOローンの実績を有するD銀行にも相談されることとなった。通常、このようないわゆる買収ローンは、ノンリコース・ローンとして数カ月の審査が必要であり、コベナンツとして事業運営上に厳しい制約が課されることが多いが、こちらも、安定成長を続けてきた実績に裏打ちされた明確な事業戦略、安定し

た経営陣が高く評価されることとなり、最終的には、D銀行および地方銀行が共同で、メザニン・ローンおよびシニア・ローンを提供することとなった。

なお、本件における資金調達の構成は、以下のとおりである。

> 出資：経営陣・従業員7,150万円、取引先1,350万円の合計8,500万円
> 融資：金融機関2行によるシンジケート・ローンにて合計16億円

e　モニタリング

本件の場合、経営陣の熱意が関係者を動かし、MEBOの提案を約1.5カ月間という短期間で固めることに成功し、投資ファンドが進めていた最終入札に間に合うタイミングで、経営陣自らMEBOの正式提案を実行することができた。結果的に、価格を含めた条件面で、経営陣主導のMEBO提案が最も好条件となり、このドラマチックな事業承継は幕を閉じたのであった。

数年後B社を訪問し、MEBOを実現した経営陣と面談したところ、厳しい外部環境にもかかわらず、事業は安定成長を続けていること、そして何よりも経営陣・従業員全員が株主となったことによるモチベーションのアップが会社の雰囲気を明るくし、より強い会社になったとの説明を受けた。この事業承継は、一つの成功事例であったといえるだろう。

3

C社のケース

(1)　会社概要

a　事業内容

C社は、東北地方に本社をもつ、昭和20年代創業の工業用部品製造・販売

会社である。もともとは創業家オーナーが100％の株式を保有していたが、昭和50年代後半に、日本における当該事業拡大を目指す海外総合大手電機メーカーに株式を譲渡。その後、C社は、海外総合大手電機メーカーの系列会社として、国内大手企業との安定的取引、中国等の海外からのコスト競争力のある部品・材料調達、世界レベルでの生産管理を行う等の強みを生かした事業を行っている。従業員約150名。

b　財務情報

売上高約15億円、営業利益約2億円、当期純利益約1億円、純資産約5億円、総資産約10億円、有利子負債約3億円（親会社からの貸付）。

c　株主構成

海外総合電機メーカーが100％の株式を保有。

(2)　事業承継の経緯

海外総合電機メーカーは、全社レベルの業績悪化への対応策として、事業再構築を進める経営戦略を打ち出し、日本事業の位置づけの見直しに着手。その一環として、C社をノンコア事業として位置づけ、グループ外への切離しを模索することとなった。一方、C社のM社長は、C社事業の位置づけを海外本社役員と議論をする過程で、早くからC社が売却対象となる可能性が高いことを察知。さらに、M社長は、C社事業の将来性について、海外展開や既存技術を活用した新事業進出により、さらなる事業拡大が期待できることに対し、大きな可能性を感じていた。

また、海外総合電機メーカーも、全社的にはC社事業をノンコア事業と位置づけたものの、C社経営陣に対する評価は非常に高く、グループからのC社切離しについても、M社長を中心としたC社経営陣にその実行を委ねる意向を示していた。

(3) 社長の決意と、金融機関の支援対応確立へ

a　MBOの検討

　そうしたなか、M社長はC社経営陣と幾度となく議論を積み重ねるうちに、新しい大手資本の傘下となるよりも、経営陣自らが株主となり、現体制にて事業を承継することが、事業の永続的発展と従業員のために最も適切な解ではないかと考え始めるようになっていった。また、M社長に主導されるかたちで他のC社経営陣も決意を固め、経営陣主導のMBOが動き出したのである。

　まず、M社長は親会社の海外総合電機メーカーとの協議においては、公正な価格での株式買取りを条件に、第三者に売却するようなことがないよう、慎重に交渉を進めていった。また、いままで大手海外総合電機メーカーの系列として人事・財務・調達・生産管理等の多くの側面で親会社に依存していたため、独立するに際しても、一定期間の継続支援を求めたのであった。M社長の戦略的な交渉が功を奏し、親会社である海外総合電機メーカーは、一方的に第三者への株式売却を進めるのではなく、まずはMBO案を優先的に検討してくれることとなった。

b　事業計画と資金調達

　一方で、MBOを実行するための事業計画の策定、その事業計画に基づいた金融機関からの資金調達については、困難を極めたのであった。

　まず、事業計画については、大手電機メーカー傘下からの離脱の影響や、新規事業分野への進出による事業拡大の見込み、またそのための設備投資について、精緻な数値計画に落とし込むことが非常に困難であった。C社経営陣は、これらの課題を解決するために、親会社との協力関係の維持を書面で合意することや、外部コンサルティングファームによる市場調査を実施した。

c　金融機関の支援

　また、金融機関との交渉はさらに困難であった。C社は、海外大手電機メーカー傘下になって以来、親会社が一括して金融機関との交渉・調整を行っていたため、地元の地方銀行を含め、金融機関との直接の取引関係がまったくなかったのである。当初、M社長が事業計画を持参し、MBOを進めたいという相談を地元金融機関にしたところ、まだ地方の小規模MBO事例が皆無であったことや、事業計画の信憑性に疑念をもたれ、地元金融機関からは支援がむずかしいとの反応が返ってきた。M社長を含めた経営陣は、あきらめきれず、同地域内にある別のD銀行を訪れ、MBO実現に向けた計画を熱心に説明したところ、この金融機関の担当者からは意外にも、今後の調査次第だが、本店の関連部署とも相談し、検討を進めたい旨の返事があり、これがMBO案が大きく動き出した第一歩でもあった。

　その後、C社はMBO実行支援をするためのM&A支援会社とのアドバイザリー契約も締結し、資金調達や全体スキーム構築の検討を依頼した。本件では、M&A支援会社から提示された複数のスキーム案のメリット、デメリットを比較検討し、経営陣がまず新会社を設立し、その新会社が海外総合電機メーカーから株式を買い取り、その後新会社を存続会社としたC社との合併というスキームをとることを決定した。新会社への出資については、当初は経営陣のみでの資金調達を検討していたが、従業員の経営への参加意欲を高めるために従業員からも出資を募ることとした。そのため、新会社では新しく従業員持株会を立ち上げ、この持株会を通じて、従業員全員から出資を募ることに成功した。また、D銀行からは、ノンリコースのMBOローンを調達する方向で最終的に調整することとなり、地元の有力地方銀行や信用金庫もMBOローンに参画するかたちのシンジケート・ローンを組成し、必要資金額を全額調達することに成功した。

　なお、本件における資金調達の構成は、以下のとおりである。

> 出資：経営陣・従業員持株会を通じた従業員全員で1億2,000万円
> 融資：D銀行、地方銀行、地元信用金庫のシンジケート・ローンとして5億円

　こうして、地方の小規模なMBO案件としては異例の経営陣・従業員全員参加型のMEBO案件となり、海外親会社からの独立という事業承継が成立することとなった。

■ 参考文献
- 中小企業庁財務課『中小企業事業承継ハンドブック』
- 税理士法人プライスウォーターハウスクーパース編『資本取引税務ハンドブック』（中央経済社、2008）
- 森文人編『法人税基本通達逐条解説』（税務研究会出版局、2011）
- 税理士法人トーマツ編『Q&A事業承継をめぐる非上場株式の評価と相続税対策〔第6版〕』（清文社、2009）
- 税理士法人山田＆パートナーズ、TFPコンサルティンググループ㈱、TMI総合法律事務所編『信託―実務のための法務と税務』（財経詳報社、2008）
- 税理士法人平成会計社編『戦略的事業承継対策と税務　徹底解説』（ぎょうせい、2008）
- 小谷野幹雄著『PB・FPのための上場会社オーナーの資産管理実務』（税務研究会出版局、2009）
- 小谷野公認会計士事務所編著『事業承継対策の実務』（セルバ出版、2010）
- 笹島修平著『信託を活用した新しい相続・贈与のすすめ』（大蔵財務協会、2011）
- 金子雅実著『徹底解説　種類株式　法務・税務の取扱いと事業承継における活用』（清文社、2010）

事項索引

【A～Z】

5％ルール ……………202, 206, 207
ABL（Asset Based Lending）……40, 45, 46, 149, 264～267, 271, 281～283
CAPM …………………………………411
DCF ……16, 44, 399, 402, 408, 409, 412
DDS
　→デット・デット・スワップ（DDS）参照
DES
　→デット・エクイティ・スワップ（DES）参照
DIP ……………………………………45, 157, 226, 234, 235, 237～241, 244, 247, 248, 252, 253, 256, 259, 262, 263
EBITDA ………16, 178, 179, 414, 415
EBITDA倍率 ……………………16, 403, 404, 407, 408, 414, 416
EXITファイナンス ……………234, 238, 244～246, 254～258, 283
IFRS（国際会計基準）……………171
M&A ……………………………………47, 183, 318, 321, 326, 383～386, 388, 396, 398, 432～436, 438, 439, 443
MBO …………………………………323, 330, 393～398, 438, 442～444
MEBO …………437, 439, 440, 444
NOPAT（税引後事業利益）……410, 415
PBR ………………16, 403～405, 407
PER ……………16, 402, 403, 407, 408
PEファンド ……………………393～395
TLO ……………………………………56
WACC ………………410, 413～416

【ア行】

アーリーDIPファイナンス ……234, 255～258, 262
安全利子率 ……………………411, 415
アンレバードβ ……………………412
意匠権 …………………………………43
遺留分 …………………329, 334～336
遺留分の減殺請求 …………………335
遺留分の民法特例 ……………335, 336
インカム・アプローチ ………399, 400
受取配当等の益金不算入 …………331, 357～359, 373, 374, 389
売出し ……………………16, 20, 333, 418
エクイティ ………………………………2, 37, 40, 46, 47, 51, 165, 167, 182～185, 285, 288
欧州連合 ………………………………64

【カ行】

外債登記 ………………………………81
会社更生手続 ………………………225, 228, 238～240, 242, 246, 253, 279, 314, 315
会社更生法 ………………188, 228, 310
会社分割 ………………………………219, 232, 233, 346, 354, 385, 390
買取請求権 ………………………25, 27
株式移動 ………………………………17
株式分割 …………………………17, 19
株式併合 …………………………17, 19

事項索引　445

株式保有特定会社 ……………373〜375, 419, 422
株主価値………………………………318, 346, 399, 400, 403, 405, 406, 408, 409, 415, 416
株主間契約 ………………………25, 50
株主資本コスト …………411, 413, 415
株主割当増資………………………………17
関係者間協定 ………………………170
管財人 ……………………………228
元本返済猶予 ………………147, 152
機関投資家………………………………54
企業価値 …………………………………15, 19, 20, 29, 57, 218, 318, 386, 390, 394, 399, 400, 406, 408
企業価値評価 …………386, 398, 399
企業再生支援機構 …163, 188, 253, 288
議決権 ……………………………………19, 20, 25, 26, 48, 49, 206, 318, 323, 333, 336, 339, 344, 349, 361, 369, 370, 419, 420, 421, 423
議決権制限株式……361〜363, 365, 366
基本合意書 …………………………391
共益債権……………………………238〜241
強制売却権（Drag along）………25, 29
共同研究契約………………………………57
共同売却権（Tag along）………25, 29
共有特許の不実施補償………………57
拒否権付株式……………………………361, 364〜366, 368, 371
金利減免 ……………………150, 158, 159
グロースキャピタル ……46, 47, 49, 50
継続企業（ゴーイングコンサーン）…108
現地法人 ……………70, 71, 76, 77, 80, 81
権利行使………………………………20〜23
公開会社 ……………………172, 354, 362
工業所有権…………………………………43

行使価格 ……………19, 20, 22, 23, 41, 42
合弁 ………………………………70, 77
公募 ………………………16, 20, 185, 418
コベナンツ ………………………………49, 161, 173, 179, 200, 222, 276, 439

【サ行】

債権者間協定 ………………170, 244
再生債権………………………………43
再生ファンド …………184, 284, 285
債務不履行（デフォルト）…………168
先買権 ……………………………25, 29
サブライセンス………………………57
産学連携 ……………………………56, 58
産業革新機構 …………………………287
産業再生機構 …………………………287
残余財産優先分配権 ………………47, 48
時価純資産法 ………………399〜401
事業価値 ……………………………………15, 145, 190, 195, 235, 237, 400, 403, 405, 408〜410, 415, 416
事業再生ADR ……………………163, 188, 193〜195, 197〜199, 241, 243, 253, 256
事業譲渡 ………………232, 233, 384, 385
自己株式（金庫株）の活用 ………330
資産管理会社…323, 332, 333, 371〜376
下請法………………………………………34
実抜計画 ……………………………162
私的整理 ……………………………………45, 147, 188, 189, 211, 212, 218, 237, 248, 253, 284, 291, 293, 305, 307, 309, 313, 314
資本的借入金 ………………170, 179
資本的劣後ローン ………180, 182, 200
社債類似株式の評価 ………370, 371
集合動産………………………………45

主幹事証券会社……………………52〜55
取得条項…25, 28, 48, 49, 171, 365〜367
取得条項付株式…………………349,
　350, 361, 364〜367
取得請求権……………………………25,
　27, 28, 48, 49, 168〜173, 177,
　364, 370
取得請求権付株式………………349,
　350, 361, 364, 365
種類株式……………………………17,
　19, 20, 25, 26, 28, 47〜50, 323,
　332, 333, 349, 361, 362, 367,
　368, 382
純資産価額方式…………………346,
　368, 375, 418, 420, 422, 424, 425
償還権……………………………48, 49, 169
上場会社監査事務所登録制度………55
譲渡禁止特約…………………268, 274
譲渡制限株式……………………………361
譲渡担保権……………………269, 273
商標権……………………………………43
新株予約権……………………………17,
　20〜23, 29, 40〜42, 177, 353,
　354, 364, 365, 404
　新株予約権（ストックオプ
　　ション）…………………………17
　新株予約権付社債（融資）………17
　新株予約権付社債…………………41
　新株予約権付融資（新株予約
　　権付社債）………………………40
　新株予約権付融資…………………41
新興国……………………………………64
スウェットエクイティ………11, 17, 18
スポンサー…………………………148,
　150, 231, 260, 292, 295
清算型会社更生………………314, 315
清算型民事再生………………314, 315

絶対劣後…………………………………171
潜在株式………………………………20, 404
全部取得条項付株式……………………361
専用実施権……………………………57
増資後時価総額（Post-money
　Valuation）………………………16
増資前時価総額（Pre-money
　Valuation）…………15, 16, 18, 20
相続時精算課税…………………328, 342
相続税額を取得費に加算する特
　例…………………………………358
相続税の納税猶予制度……………336,
　338, 339, 343, 344, 346
相対劣後…………………………………171
贈与税の納税猶予制度…341, 343, 346

【タ行】

ターミナルバリュー…………409, 413
ターンアラウンドマネージャー…139,
　143〜145, 284, 293〜296,
　298, 299
第三者割当……………17, 41, 185, 429
退職所得………………………………348
担保権消滅請求・担保実行中止
　命令………………………………240
地域再生ファンド……………………288
知的財産権……………40, 43〜46, 57, 74
チャプター11…………………………45
駐在員事務所…………………………70
中小企業再生支援協議会スキー
　ム…………………………………188,
　189, 193, 194, 199
中心的な株主……………………420, 421
中心的な同族株主……………418〜421
通常実施権……………………………57
低額譲渡・高額譲渡………………428
デット・エクイティ・スワップ

（DES）…………………166,
174, 179, 190, 195, 199,
202～204, 206, 207, 212, 237,
245, 284, 287～289, 291
デット・デット・スワップ
（DDS）…………………166,
174, 179, 181, 199, 202, 237,
284
デットエクイティレシオ …………183
デットリストラクチャリング………91
デューデリジェンス（Due diligence）…5, 7, 195, 386, 391, 433, 436
転換権……………………………49, 169
転換請求権 ………………………168
登記事項証明書 ……………274, 280
動産譲渡登記 …………269, 272, 277
投資契約……………………………25～28
同族株主…………369, 370, 419～421
投注差………………………………81
独占禁止法…………………34, 206, 388
独占的通常実施権……………………57
特別清算………………305, 309, 312～314
特別清算手続 ……………225, 312, 313
土地保有特定会社 ……………420, 422
特許権……………………………43, 113
取締役・監査役選解任権付株式
………………………361, 366, 367

【ナ行】

日本版バイ・ドール ………………56
ネットアセット・アプローチ……399,
401
のれん…………352, 353, 388～390, 401

【ハ行】

バイアウト ……………………46, 47, 292
配当還元方式……………………368,
370, 419, 421, 427
配当優先株式…………19, 364, 365, 368
配当優先株式の評価 …………368, 369
破産管財人………………………310～312
破産手続………225, 237, 279, 310～313
破産法……………………………188, 310
バリューチェーン（Value Chain）…7
ビークル……………………………285
非公開会社 ……………………172, 367
比準要素数1の会社 ……………422
非上場株式等の譲渡所得 …………388
非適格組織再編 ……………385, 389
評価損益税制 ……………209, 210, 211
表明保証・補償 ……………………27, 392
ファンド……………………………2,
27, 47, 50, 167, 285, 433～439
負債コスト ………………………412
フリーキャッシュフロー
（FCF）……111, 112, 125, 399, 408
プレDIPファイナンス ………234,
237, 241～244, 262
プレパッケージ型申立て …………230
プログラム著作権……………………43
プロラタ ……………………155～157
分配可能額 …………………………27,
48, 170, 331, 333, 349,
350～353, 364, 389
β …………………………………412
別除権…………………………43, 226, 310
法的整理……………………………147,
183, 188～190, 218, 225, 228,
248, 293, 310, 314
募集…………………………………21
ボロイングベース・ファイナンス ……………256, 261, 275, 276, 280

【マ行】

マーケット・アプローチ………399,
　400, 402
マンデート………………………52
みなし資本化 ……………………199
みなし配当………………………329,
　331, 349, 355～360, 385
民事再生手続……………………225,
　226, 239, 240, 242, 247, 253,
　279, 314, 315
民事再生法………………………188,
　209, 225, 228, 244, 310
無議決権株式………19, 369, 370, 382
無議決権株式の評価 ……………369
無議決権優先株…………………48
メザニン・ファイナンス………165,
　166, 167～169, 172～174,
　176～179, 332, 349, 350

【ヤ行】

役員退職慰労金 ……347, 348, 388, 432
優越的地位の濫用………………34
優先株 ……………………17～19,
　47, 49, 165, 166, 168, 169,
　170～172, 177～179, 207,
　350
優先配当権 ………………19, 47～49
優先弁済性 ………………239, 256
有利発行 ………170, 185, 186, 429, 430

【ラ行】

ライセンス契約…………………57
リスクプレミアム ……………412, 415
リファイナンス …………………177
類似会社比較法…………………399,
　400, 402, 403, 414
類似業種比準方式………………346,
　347, 368, 371, 373, 374, 418,
　420, 422, 425
レイター DIPファイナンス ……234,
　254, 256, 258, 262
劣後ローン………………………165,
　166, 168～171, 173, 177, 179,
　180, 439
レバードβ ……………………412
レバレッジド・バイアウト
　（LBO）…………………166, 433
ロックアップ規制………………23

【ワ行】

割引率 ……………………409, 411, 414

コンサルティング実務体系
―企業ライフステージ別アプローチ―

平成24年5月17日　第1刷発行

編著者　日本政策投資銀行
発行者　冨　川　　　洋
印刷所　図書印刷株式会社

〒160-8520　東京都新宿区南元町19
発行所・販売　株式会社きんざい
　編集部　TEL 03(3355)1770　FAX 03(3355)1776
　販売受付　TEL 03(3358)2891　FAX 03(3358)0037
　　　　　　URL http://www.kinzai.jp/

・本書の内容の一部あるいは全部を無断で複写・複製・転訳載すること、および磁気または光記録媒体、コンピュータネットワーク上等へ入力することは、法律で認められた場合を除き、著作者および出版社の権利の侵害となります。
・落丁・乱丁本はお取替えいたします。定価はカバーに表示してあります。

ISBN978-4-322-12102-5